休閒活動經營管理

——發展執行與永續經營

The Administration of Leisure Service

吳松齡◎著

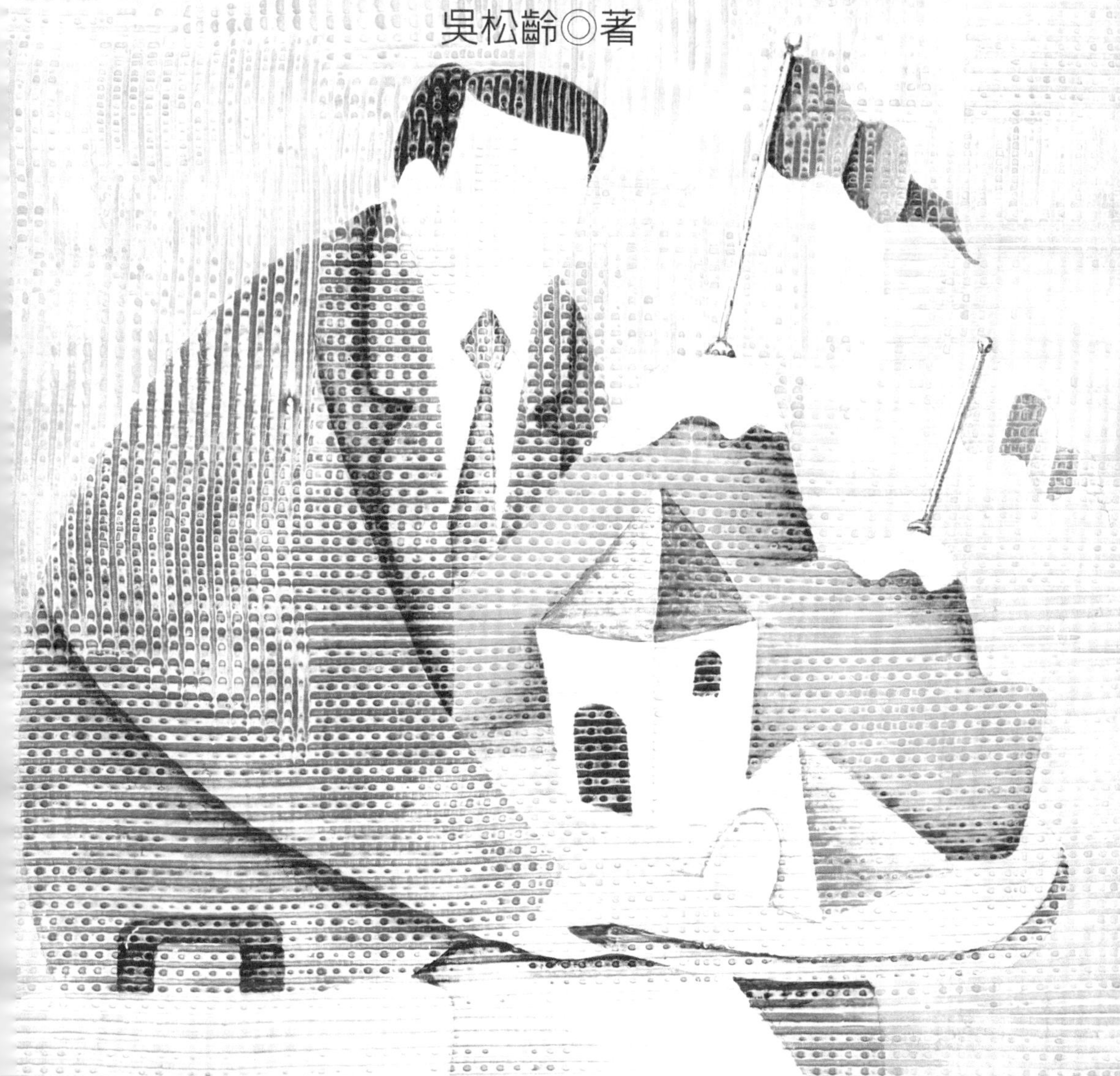

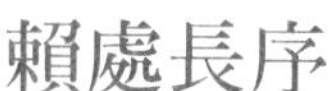

賴處長序

台灣經濟發展已邁入知識經濟時代，產業朝向創意密集、技術密集、知識密集方向發展；企業間競爭朝向腦力競爭，品質、創意、知識與速度的競爭。由於國人兢兢業業的工作態度，持續創新、研發設計，運用資訊科技提升速度效率，專注利基市場，以及企業家興業精神之充分發揚，已爲台灣創造出經濟繁榮發展的佳績，產業結構進入如同先進國家以服務業爲主的經濟形態。

爲因應知識經濟的發展、產業結構的改變及提升國民生活品質，行政院經濟建設委員會與相關部會已研訂服務業發展綱領及行動方案，以服務業發展再創台灣經濟奇蹟爲願景，提高附加價值、創造就業機會爲二大主軸，俾促成服務業支援農業及工業的發展，「台灣服務」成爲台灣經濟的新標誌，與「台灣製造」同享國際盛名。

台灣的休閒風氣已開，休閒活動已逐漸成爲國人參與休閒與體驗休閒的認知與共同語言。爲使休閒活動產業化，必須透過休閒服務業的規劃、包裝及行銷，崇尚休憩、知性、娛樂、身心修養、健康取向，整合產業、景觀、生活、生態、文史、觀光與休閒等資源，例如民宿結合休閒農業與社區營造，舉辦休閒產業體驗活動，大型化、主題化及客層分層規劃之觀光遊樂設施之規劃，以及休閒服務業專業人力素質之提升，俾充分發揮產業特色，打造台灣成爲多元且優質的觀光之島，以帶動地方經濟發展、創造就業機會，增加國民所得。

休閒活動的規劃設計，已成爲休閒組織與活動規劃者亟需追求的知識。本書休閒活動設計規劃，在「概念基礎篇」剖析休閒活動的系統概念、活動價值，休閒體驗服務與互動交流意涵，參與休閒活動的顧客行爲，以及顧客休閒需求的評估。作者說明休閒組織如何呈現出良好的休閒活動規劃設計，如何創造出一個優質休閒體驗的活動環境，以及活動規劃者所應該扮演的角色。

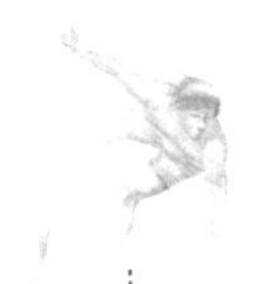

在「設計規劃篇」中，本書指出良好的休閒活動規劃設計，乃是必須以系統化的活動企劃、活動研究、活動發展、活動執行與活動回饋等程序階段活動，俾將休閒活動展現出完整的活動服務作業流程，體貼與關懷入微的體驗服務，自由自在與享受活動體驗的價值，各自參與活動的目標與目的之實現，活動計畫編制與建立程序、活動計畫主要內容，以及充分達成所有利益關係人的期待等方面的休閒活動價值與效益。這些課題是從事休閒活動規劃設計時，休閒組織與活動規劃者必須努力的方向。

在「經營管理篇」中，作者詳細敘述定價方法與發展活動定價、影響定價決策的有關要素，揭示活動營運的經營管理計畫，休閒活動的促銷組合策略，顧客申訴處理與顧客回應，活動評估與活動生命週期管理，優質休閒與社會責任，理想的休閒生活方式，風險管理與經營診斷，休閒服務業化，以及休閒教育與休閒活動諮詢服務。另外，本書說明休閒者與活動參與者之期望與需求體驗之目標、價值與效益，和休閒組織與活動規劃者的活動規劃設計目標、利益與效益當作概念主軸，俾引導閱讀者從企業家精神、目標管理與利益計畫的策略方案指引之下，進行系統化的成功活動規劃設計。

本書以淺顯易懂文字描述休閒活動設計規劃、經營管理，理論架構清晰嚴謹，引用許多實際案例予以印證，廣泛剖析活動參與者心理層面，將休閒需求理論與活動規劃設計程序結合運用。有效的引領閱讀者的專業觀念與思維，推展休閒活動概念與發展方法，促進閱讀者成功運用之機會。本書對於從事休閒、觀光、運動、遊憩、旅遊等行業之專業人士，可供進修學習，在閱讀、汲取、應用、加值中，中小企業對休閒服務業之創新經營將產生啓發作用，更可促成完善的休閒體驗與環境、良好與優質休閒活動之早日呈現，本人樂於爲序推薦。

經濟部中小企業處處長

賴杉桂

2006年1月

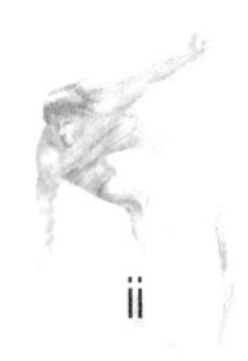

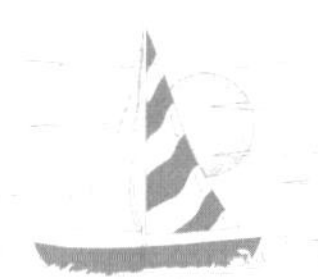

洪校長序

一般說來，休閒具有：非工作之閒暇時間中進行、合乎自己的興趣與個性、自由自在的、有建設性的、可以個別的或是團體的參與、愉悅快樂或刺激興奮、學習成長或自我挑戰、輕鬆舒放等消遣的特質。在以往的年代裡，人們、組織、社會與國家，無不兢兢業業戮力於追求經濟的豐富化、生存需要的滿足與出人頭地的卓越，自然不會重視休閒活動這個領域。在以往的年代中雖然不講究休閒，甚至排斥休閒，但並不是說人們沒有休閒活動，而是將休閒活動與宗教族群節慶、生老病死、國家慶典相結合，那個時代乃是將休閒活動依附在節慶之中，藉由節慶的活動以達到休閒的功能。所以以往的社會雖然強調兢兢業業的工作概念，但是卻仍然能夠藉由生老病死紀念日、民俗節慶、宗教廟會、族群及國家慶典的活動，得到暫時放下身邊工作的機會，冠冕堂皇的進行休閒，而不必遭到他人的異樣眼光，如此的參與休閒活動，仍是可以達到調節生理及心理的平衡，滿足個人的休閒需求與期望。

基於「若是能夠擁有良好的休閒活動與休閒行為，是可以建構良好的生活形態」的原則，我們以為良好的休閒活動規劃設計與經營管理，乃是參與休閒活動者的休閒目標、價值與效益（諸如：身心健康、知識學習、家庭美滿、生涯規劃、社會和諧、經濟發展、文化發展等）是否達成其所期望與需求的重要影響因素。所以，我們以為做好休閒活動規劃設計與經營管理，乃是休閒組織與產業的重要關鍵性使命與目標。而在進行休閒活動規劃設計之際，即應針對休閒活動類別的選擇、休閒哲學與休閒主張、休閒組織與活動參與者的需求與期望、休閒活動的安全與價值的考慮、休閒技能的培育與活動傳遞、休閒時間與活動流程安排、休閒組織與活動參與者的互動交流機制、活動參與者參與後的服務與活動績效評估等構面加以整合，確保良好的顧客關係管理，達到休閒組織與活動參與者雙贏的高顧客滿意度境界。

休閒化已成爲時代的共通語言與認知，休閒活動自然而然的在休閒產業之中扮演著相當關鍵的角色，休閒活動之企劃、研究、發展、執行與回饋等五大階段，乃是休閒活動規劃設計的重要程序。良好與妥善的休閒活動規劃設計，無疑的將會把休閒組織與活動參與者引導進入緊密的互動交流網絡中，在如此的情境裡，雙方的休閒主張將會更爲契合，因而休閒組織與活動規劃者得以獲取合適的報酬、強化繼續推展休閒活動的信心，與永續發展的優勢，活動參與者則獲致休閒目標的達成、愉快的活動參與經驗，與再度參與活動的期待。另外，在這個超音速的世代裡，休閒活動的規劃設計作業已經無法跳脫出企業家精神的框架，休閒組織與活動規劃者必須將活動規劃設計當作事業來經營與管理，不可以僅僅將之當作是一件商品、服務或活動而已，這就是將活動規劃設計與休閒組織的願景、使命與經營目標相結合，以建構系統化的休閒活動規劃設計程序的理由。

我個人以爲一本好的書籍不僅可以有效啓發閱讀者的觀念與思維，更可以間接推展書中的概念、論點，以及促進社會的發展，我很高興看到吳松齡老師所寫的這一本書能夠扮演這些角色。這本書採取理論與實務並重方式加以編寫，全書分爲：概念基礎、設計規劃等兩大部分，其企圖引領讀者由理論研究到實質運用之意圖至爲明顯，且本書架構嚴謹、層次分明、理論扎實、實務性高，頗爲契合休閒活動組織與活動規劃者之需求。

本書作者吳松齡老師，任職於大葉大學企管系，同時也在工商產業與休閒產業界任職輔導顧問，並爲經濟部的經營輔導專家、中小企業榮譽指導員、創業顧問師、勞委會多元就業開發計畫諮詢輔導委員、創意計畫競賽指導業師與文建會創意產業專案中心經營管理顧問。我有感於吳松齡老師在忙碌之餘，仍不忘寫書立著，其努力與用心值得肯定，因此在接獲作者的邀請，爲本書作序時，覺得十分欣慰與光榮。同時藉此鄭重推薦本書給各位先進研讀，並期待作者將來在學術界與產業界能夠有更大的成就，是以相當樂意爲之作序。

大葉大學校長

洪敏雄

2005年12月15日

自　序

由於休閒風氣的逐漸形成，休閒與活動參與者更且衍生了更新奇、更感性、更多元的活動需求，因而促使了休閒活動之設計規劃理論的興起，休閒活動設計規劃的專業知識與技術，也就更爲受到休閒組織與活動規劃者的重視。我個人在十多年的休閒產業的輔導生涯中，對三個面向有較深的感觸：首先，休閒活動雖然在學校休閒教育體系之中，具有一定程度的重視與納入學程規劃，只是單純的理論教育，並沒有辦法讓選修者能夠藉由「休閒活動設計規劃」課程的學習，而能夠獲取有關休閒活動的整合與運用能力，也就是不容易將其在學校所學習到的休閒活動設計與規劃理論，應用到休閒產業之中。對於這一個感觸，我個人在進行產業輔導的過程中，深深引以爲應該爲有志於休閒產業者，提供一套系統化、合理化與具有市場性的「休閒活動設計規劃」書籍，應該能夠對於他／她們產生相當重要的幫助力量。

其次，對於現在已經進入休閒產業的人們來說，他／她們多半來自於各個業種與業態，但是不可否認的是他／她們均有志於提供休閒商品／服務／活動給予休閒活動者進行體驗。對於這些已經具有休閒活動設計規劃經驗者而言，能夠重新學習「休閒活動設計規劃」之理論與實務運用，將會有更爲透徹的休閒活動設計規劃之認知與創新構想，對於其往後的休閒商品／服務／活動之設計規劃與經營管理技術、能力、創意與知識之精進，更會有事半功倍之效。對於這一個感觸，我個人以爲已經進入休閒產業的人們有必要在進行活動經營之際，不要忽略了「做中學」的道理，能夠更進一步的學習「休閒活動設計規劃」之理論與實務運用，將會有助於本身與所屬組織的活動經營績效之持續成長與發展。

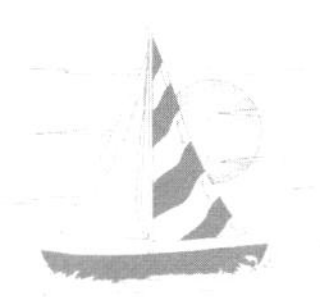

最後，休閒與活動參與者喜好的休閒流行風氣，以及休閒組織與活動規劃者爲迎合休閒需求之急就章活動經營手法，乃是現今休閒活動規劃設計的盲點，由於活動參與者與休閒組織的趕流行與一窩風，以致於一項辦得轟轟烈烈的休閒活動所帶來的休閒價值與效益卻是有限的。休閒活動之所以會如此，應該是休閒組織與活動規劃者太迷信於追流行與搶搭順風車的低活動規劃設計成本思維，以及活動規劃者大多是站在「過來人、經驗者」角度而把活動設計規劃之技術當作專業來進行，可是卻未以同樣專業的眼光來進行活動企劃、活動研究、活動發展、活動執行與活動回饋等程序階段活動。對於這一個感觸，我個人以爲「休閒活動設計規劃」乃是一種專業的經營管理活動，休閒組織與活動規劃者必須以企業管理的概念來進行設計規劃，才能了解、進入、掌握、管理與發展休閒活動市場，以及滿足休閒與活動參與者之需求與期望。

所以，我個人興起了撰寫「休閒活動設計規劃」的念頭，期望藉由本書的問世，以協助休閒系所學生、有志於休閒活動產業者、以及已進入休閒活動產業者，能夠扎實休閒活動設計規劃的基本功，並且妥善做好準備，如此不論是已進入者或是即將進入者，均能迅速的就定位爲所屬組織發揮實質的功能，爲其所屬組織奠定良好與優質的休閒活動設計規劃與經營管理基礎、建構所屬組織永續經營的競爭力。只是在撰寫過程當中，每每想起即使能夠設計規劃出優質的休閒活動，然而若是沒有佐以良好的活動經營與管理，則無非糟蹋了此優質的休閒活動，內則無法符合內部利益關係人與投資者的期待，外則更無法取得外部利益關係人滿意與需求，尤其顧客／活動參與者的活動體驗價值與目標／利益將無法達成，如此的休閒活動將會是失敗的！故而燃起同時撰寫「休閒活動設計規劃」與「休閒活動經營管理」的思維，這就是這兩本書同時撰寫的緣由。

由於我個人長期在工商與休閒產業進行產業診斷與輔導服務，以及在大學院校的多年教學經驗，對於休閒活動設計規劃的看法，

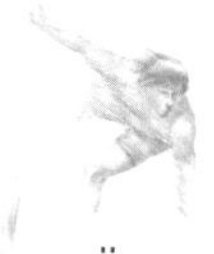

也許不同於坊間類似書籍，只是我個人相當企盼這兩本書能夠帶給對於休閒活動規劃設計有興趣，以及有心做好休閒活動設計規劃的學生、活動規劃者，或休閒活動組織相關人員，在活動設計規劃作業或研究上的某些助益。這兩本書的內容與撰寫手法乃是將企業管理的精神與思維融入於休閒活動之設計規劃作業程序中，主要目的乃在於跳脫昔日活動設計規劃所缺乏的系統化、合理化與市場性之瓶頸，同時基於較廣、較深與較高層次的思維，嘗試建置活動規劃設計所應具備的理念架構、基本條件、作業程序與核心價值之關鍵體系。

在撰寫過程中，承受到相當多的產業輔導績效以及教學之壓力，但是爲能將產業輔導與教學相長所得之經驗，傳遞給有興趣與有志於休閒活動規劃設計者分享，也就咬緊牙關將之完成付印。但是在匆促之中，疏漏與嚴謹度不足之處自是不少，衷心盼望諸位先進能夠不吝指正。

這兩本書得於完成，首先要感謝揚智文化事業公司對於文化出版事業的堅持，以及對於休閒觀光遊憩教育的熱愛，更難能可貴的，能夠在經營困境之中排除萬難支持本書的發行。如今這兩本書得以順利付梓出版，除了感謝該公司經營者、閻總編輯暨胡琡珮主編的付出與貢獻之外，對於撰寫過程中，內子洪麗玉小姐與家人之支持分攤家務的辛苦，特此深深致歉與感激，另外對於揚智文化事業公司全體工作同仁之辛勞與協助，也都對這兩本書具有卓越的貢獻，在此我個人深深感謝她／他們對於這兩本書的無怨無悔與認眞專業的投入。

吳松齡 謹識

2007年1月1日

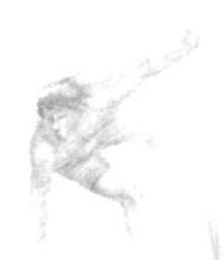

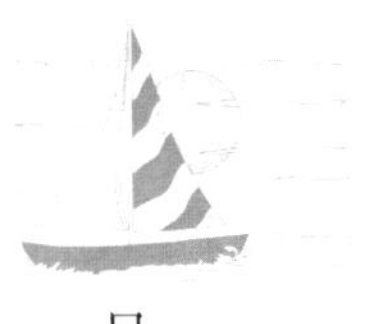

目　錄

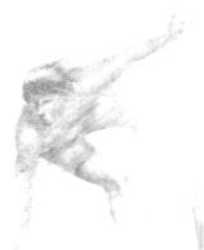

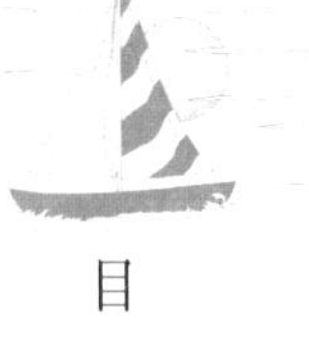

Part 2 永續經營篇 269

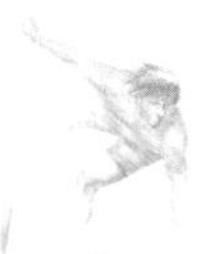

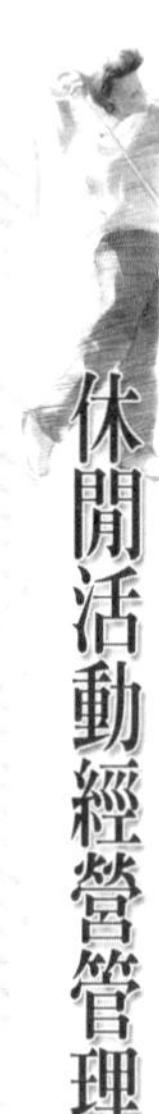
休閒活動經營管理

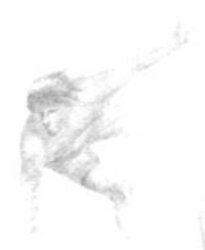

焦點議題

在此部分乃是探討休閒活動在規劃設計作業告一段落後的執行與發展階段。在這個階段裡的休閒活動計畫之資源供需分析與財務資金預算、定價策略之思考、活動分期分區發展計畫與經營管理計畫、進行商業化可行性分析與市場測試、整合行銷傳播策略、受理報名與活動傳遞、報到管理方式，及以顧客為重以顧客為尊的服務作業系統等方面的探討、測試、執行與調整修正。本部分之目的乃在於引導出休閒／活動組織發展與執行有關的休閒活動行動力，並提供系統化的策略行動方案與具體建議，以為讀者進行休閒活動經營管理策略與行動的參考。

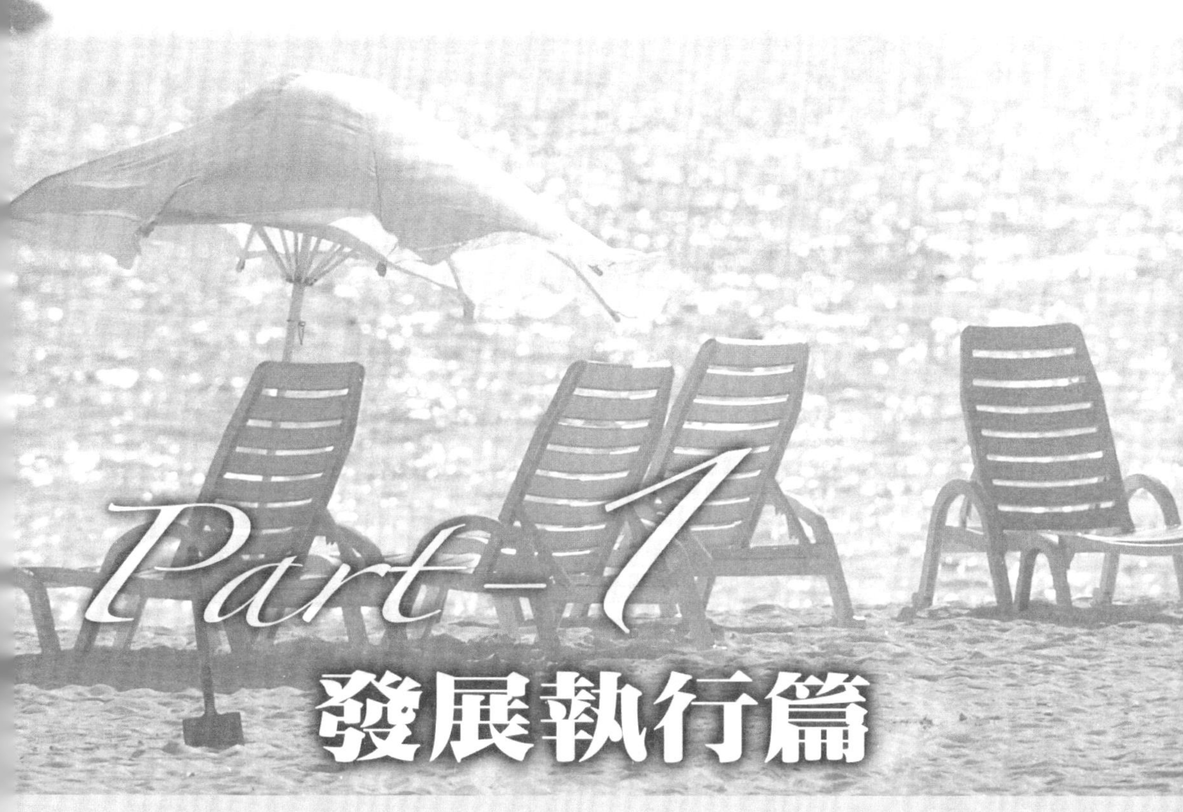

Part-1 發展執行篇

本篇主題

▲ 晨曦的賞心悅目

晨曦乍現星光燦爛的那一刻，眺望萬里天空，鳥兒自由自在的飛翔，而人類最渴望最嚮往的行為模式是自由、放逐、遠離喧囂、休憩與冥想。只是這是需要我們的相互扶持與打氣才能夠完成，雖然人生旅途過程有喜怒哀樂、驚嚇興奮、跌撞成功，然而最難忘的乃是抵達終點時家人與朋友迎接的掌聲。

照片來源：林虹君

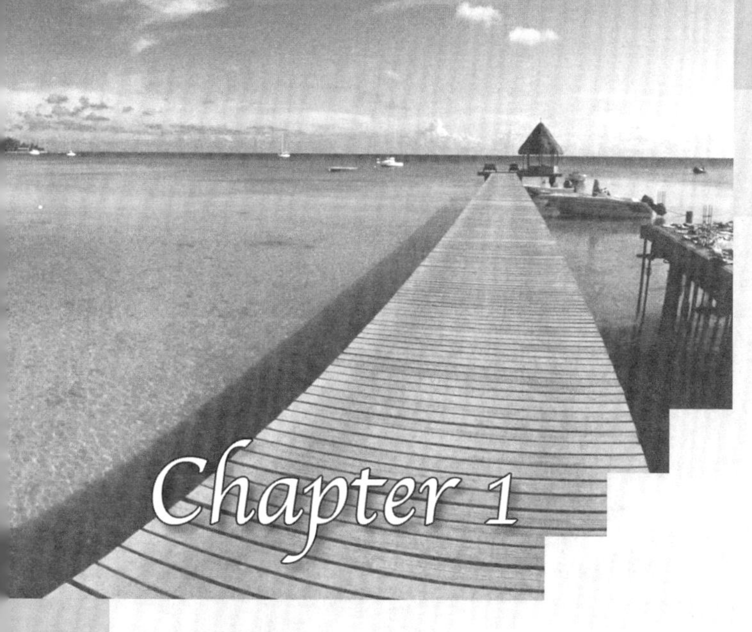

休閒活動資源與財務預算

Easy Leisure

一、探索休閒活動資源供需情形與成本結構
二、釐清休閒活動方案確實成本與資金需求
三、了解休閒活動方案預估與試算財務報表
四、認知外部資源開發取得計畫與種類管道
五、學習傳統成本制度與作業基礎成本制度
六、界定休閒活動方案成本與所需外部資源
七、提供休閒活動資源與財務預算計畫方向

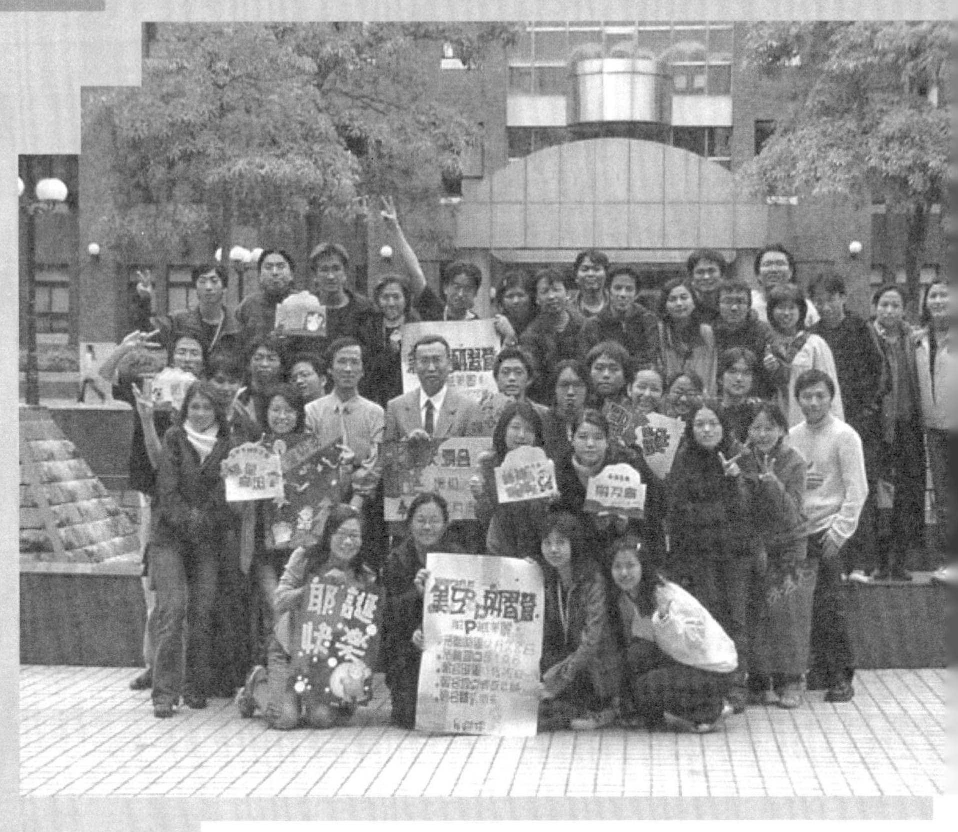

▲ 美工研習營

美工研習營主要在於學習海報的裝飾技巧、字體的變化、海報的製作格式及公式等。人們往往在重複而瑣碎的人生旅程中，經常覺得原來充沛的工作服務的熱誠與創意，隨著時間和壓力而逐漸流失，那麼，該是替自己安排一個創意思維與心靈充電的好時機了，希望藉由美工研習營，讓您感受到不同的生命經驗，透過學員之間的交流，激盪對創意與創新的創造力，進而可以實踐在您的人生現場。

照片來源：王香詥

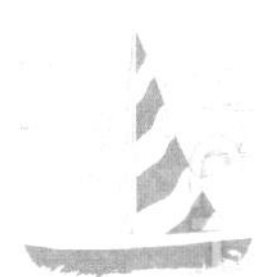

在休閒活動規劃與設計過程中，財務管理的好壞，往往會是導致整個活動計畫成功與否的重要關鍵因素，所以我們將休閒活動的財務預算與資源的調配管理，列爲活動計畫同等重要的課題。事實上不論休閒組織是否爲營利事業、非營利事業，或政府機構休閒部門，均會將顧客的高滿意度與活動經營績效列爲其辦理休閒活動的重要基本前提，而若是一份活動計畫沒有合乎企業管理精神的財務計畫與資源管理計畫，則將會導致該份活動計畫發生「巧婦無米之炊」的窘境，而且在此狀況下的活動計畫應該會是無法依計畫內容與目標予以推動。一個聰明而有理性的活動規劃者，應該會運用財務計畫與資源管理的技術，使其活動計畫的預算與資源得以密切配合，因而得以創造出合理的利潤與收入，如此的活動規劃者與休閒組織才能達到自給自足，與衍生次一活動規劃設計的動力，這就是我們常說的資源效率化、效能化與最大化，及成本開支撙節化與最小化的休閒活動經營管理之最佳化境界。

第一節　確立休閒活動方案的成本

休閒組織必須在活動執行之際，依照管理會計之原則進行活動成本的預算計畫，只是在進行休閒活動預算計畫之前，乃須透過如下五個步驟將其活動成本予以確立：(1)蒐集並掌握活動方案的各項成本；(2)編制成立休閒活動之設計開發與製作傳遞作業的執行單位，及支援執行單位的服務單位；(3)了解與蒐集執行單位與服務單位之各分類項目的成本預算；(4)確立服務單位成本分攤進入執行單位之分攤原則；以及(5)進行服務單位的各分類成本之分攤進入執行單位成本分類的分攤作業。

一、蒐集與掌握活動方案的各項成本

在進行休閒活動方案各項成本的估計作業當中，本書將跳脫以往依照傳統成本會計制度模式的框架，改以作業活動爲基礎的成本會計制度之模式來進行成本的估算。

(一)利用作業活動基礎成本會計制度來進行成本估計

傳統成本會計制度的缺點大致上有：(1)間接成本分攤過於粗略（僅採單一分攤基礎加以分攤）；(2)產品成本僅限於生產過程中所發生的製造成本，而將生產製造之前作業活動(包含研發設計)及次作業活動（包含行銷、配送與服務）之成本列爲期間成本；(3)偏重在產品實際發生之成本的累積，而忽視如何迅速發現資源浪費之處理與謀求矯正預防措施之管理等項缺點。所以才發展出來作業基礎成本會計制度，所謂的作業基礎成本制乃指：以企業組織在經營管理過程中所發生的各項作業活動爲成本標的（即成本彙集的中心），衡量各個作業活動耗用之資源數量與成本金額，並將各作業活動成本的發生主要因素予以掌握，而這些成本發生的主要因素即是各項作業活動成本的分攤基礎，至於間接成本則依照其所投入之作業活動應分攤之成本而加以累積者。簡單地將傳統的成本會計制度與作業基礎成本會計制度以**表1-1**說明之。

實施作業基礎成本會計制度之步驟如下：

■劃分作業活動並建立成本資料庫與確認成本動因

確認組織的全部營運活動，辨識各個消耗資源的主要作業活動中心，並決定其成本及分設不同的成本資料庫（cost pools），至於若將每一項作業活動中心均予以獨立及作爲歸屬與分攤成本之標的，乃是不符合經濟效益的，所以較爲實務作法乃是將數個作業活動中心予以合併整合，以減少分攤的不經濟，至於要如何劃分爲主要作業活動中心，則有所謂分類標準可供依循，分類標準包括有作業層次標準（activity-level criteria）及成本動因標準（cost-driver

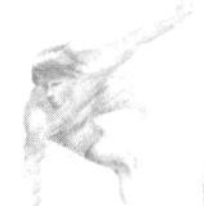

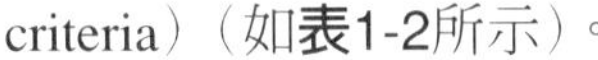

criteria)（如表1-2所示）。

表1-1　作業基礎成本制與傳統成本制的比較

分攤階段／成本制度	第一階段分攤	第二階段分攤
傳統成本會計制度	間接成本————→各個部門	————→產品
作業基礎成本會計制度	間接成本————→作業活動	————→產品
成本制度／差異項目	**傳統成本會計制度**	**作業基礎成本會計制度**
成本資料庫的基礎	以部門為成本庫，選擇單一的分攤基礎來進行各部門成本之分攤。	以作業活動為成本庫，各有不同成本動因，以成本動因為各作業活動成本之分攤基礎。
分攤基礎之範疇	以財務性因素（如：直接人工、直接材料）為分攤基礎，惟偶會以非財務性因素（如：人工小時、機器小時、生產數量）納入考量。	以耗用資源之作業活動加以分析，以分析各作業活動成本發生之原因。其採用分攤基礎不限於財務性因素，也包括測試時間、採購次數、使用材料數量等非財務性因素。
成本發生原因與分攤基礎之關係	分析成本發生原因及成本與作業活動間並不一定具有高度因果關係。	分攤基礎與成本發生之間並不一定會存有高度因果關係。
間接成本的定義與範疇	僅限於製造成本，所以大多數間接成本為製造費用。	不限於製造成本，凡是與產品有關的作業活動，而其成本不易直接歸屬到產品之各個前作業活動與次作業活動，均歸為間接成本。
分批分步成本會計制度之配合	本來就是由傳統成本會計制度發展出來的，故無所謂配合問題。	可以並行運用也不會衝突，只是製造費用仍須以作業活動為分攤基礎。

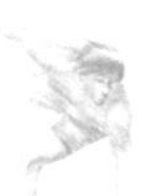

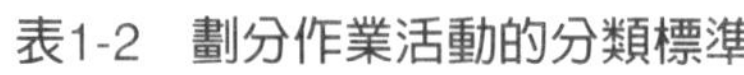

表1-2　劃分作業活動的分類標準

按層次分類標準劃分	產出數量層次之作業活動（unit-level activities）	即產量相關作業或稱之為單位層級作業，乃為每一次生產／服務一個單位之商品／服務／活動所執行的相關聯作業活動，而此產出數量層級的作業成本應和產出／提供服務的數量成正比關係。例如：動力、直接人工、直接材料、間接材料、品質稽核、內包裝材料……等，均屬於此層次的作業活動。
	批次層次作業活動（batch-level activities）	即每一次生產／提供服務的商品／服務／活動所執行的層級作業，與每批次的數量是沒有關聯的，但是隨著每批次商品／服務／活動的生產／提供服務而發生的批次層級成本，則與所需生產／提供服務的批次數目有正相關聯，但與生產／提供服務之數量不相關聯。例如：每批訂購單、生產或服務設備設施運送之設定、生產／服務提供流程之安排……等，均屬於此層次的作業活動。
	產品層次作業活動（product-level activities）	即與商品／服務／活動相關的作業，且通常是不管多少批次或多少數量，均必須執行的作業，而此類作業活動隨產品之品類品項數目而增減，但與產量數量與生產／服務提供之批次無相關性。例如：產品的設計開發、活動的設計規劃、商品／服務／活動之廣告宣傳、商品／服務／活動專案經理與職員之雇用……等，均屬於此層次的作業活動。
	顧客層次作業活動（customer-level activities）	即與特定的顧客／活動參與者有關的作業活動，例如：拜訪顧客、郵寄目錄、寄發電子郵件、寄送樣品、客訴處理與顧客退貨處理……等一般性技術與支援的作業活動均屬之。
	組織維持性作業活動（organization-sustaining activities）	即執行與服務哪一個顧客／活動參與者、生產／服務提供哪一類商品／服務活動、批次次數、生產／服務提供數量均沒有關聯，此一類的作業活動乃指的是：場所空調、場所5S作業、網路架設、貸款安排、編製財務報表、員工教育訓練、員工福利及員工聘雇等作業活動。
	設施維持性作業活動（facility-substaining activities）	即維持整備設備設施及其周邊設備設施的作業活動，此一活動通常不與商品／服務／活動產生直接的相關性。例如：財產稅、設備設施保險、設備設施汰換、設備設施的管理、設備設施的折舊、設備設施的修護等活動。

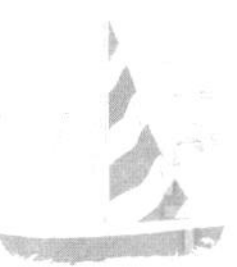

（續）表1-2　劃分作業活動的分類標準

	作業活動層次	作業活動名稱	成本庫內容	成本動因
按成本動因標準劃分（舉例說明）	產出數量層次之作業活動	原材料管理	進行驗收、倉儲管理、倉庫物流	原材料數量（重量、數量、體積）
		製程檢驗	首件、自主與巡迴品質稽核人工成本	產出／提供數量
		組立包裝	內包裝容器、內包裝人工	產出／提供數量
	批次層次作業活動	採購管理	採購人工成本、採購單成本	採購次數
		服務流程規劃	服務作業規劃人工成本及有關成本	新服務活動開發次數
		設備開機作業	設備設施開機人工成本	開機次數
	產品層次作業活動	設計開發與規劃	設計開發與設計規劃人工成本	設計開發工時數量
		新活動設計	人工與材料／補給品成本	新活動件數
		廣告宣傳	廣告設計成本、媒體廣告成本	廣告次數
	顧客層次作業活動	顧客訪問	訪問人員薪資與交通、差旅費用	銷售／活動收入或主要往來顧客數目
		寄發DM／摺頁	DM／摺頁設計、製作與發送費用	新休閒活動件數
		客訴處理	服務人員薪資、交通與差旅費、賠償／交換費用	客訴處理次數
	組織維持作業活動	場地空調	訓練人員、場地租金、講師與資料費用	訓練次數（或時數）
		人員訓練	人員訓練、場地租金、講師與資料使用費	訓練次數（時數）
		員工福利	福利、旅遊與子女教育補助、生日禮物、聚餐……等	員工人數
	設施維持作業活動	廠房使用	折舊、保險、稅捐、水電照明與維修……等	使用面積
		設備設施維護	設備設施保養折舊與維修……等	設備設施使用小時（或人次）
		設備設施汰換	新購成本、汰換之殘值、稅額	設備設施使用小時（或人次）

■選擇作業活動成本庫並彙集作業活動之成本

確定作業活動中心之後，有關的各項作業之成本即應予以按分類進行彙集，而且要盡可能地直接對經常費用予以追溯到最終的成本標的。在作業基礎成本會計制度乃是將最終成本標的定位在商品／服務／活動，或是顧客／活動參與者及其訂單／參與活動；另外在作業基礎成本會計制度裡，乃是將所有的成本視為是經常費用（overhead），而將之分配到適當的成本標的之內。例如：(1)設備設施的維護作業為例，則將修理與維護成本彙集到該作業中心，包括有維修保養、全體員工薪資、各項有關維修保養所需的補給品與原材料、折舊費、與其他作業共享的共同費用（如：設備設施所占用場地建物之折舊、財產保險費等，可依占用面積比例為基礎分攤）；(2)運輸成本則可追溯到顧客訂單／活動參與者的參與活動，而將每一個交運給顧客／活動參與者之訂單直接製作傳票／帳單，故可將此些成本直接追溯到顧客之訂單。雖然顧客可能並未支付這些實際的運輸成本，而是由他們支付標準的運輸成本，也就是休閒組織所收到貨運公司的收款帳單之費用與當初和顧客說明／預收的運輸費用有所不同；(3)無法直接追溯到商品／服務／活動或顧客、顧客訂單之其他成本，則應依據作業基礎成本會計之分類標準作為分攤之成本標的，或者是由其企業組織確認，除了作業活動之外的其他成本採取不適用或不分攤的作法。

■分攤各作業活動之成本

接著就要將各作業活動的個別總成本與個別成本動因（如**表1-3**所示）之數量列出，以計算出各項作業活動成本的預計分攤率：

（某）作業活動成本預計分攤率＝（某）作業活動預計的總成本／作業成本動因總數

而各批次商品／服務／活動在各個作業活動實際耗用的成本動因總數乘以該項作業活動的預計分攤率，所得結果就是該批次商品／服務／活動應分攤的該項作業活動之成本。

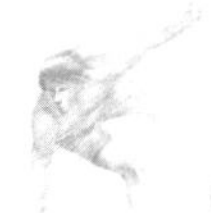

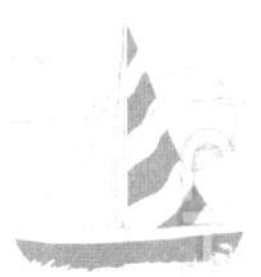

表1-3　作業活動分類與成本動因（舉例）

產出數量層次作業		批次層次作業		產品層次作業		設施維持作業	
作業活動名稱	成本動因	作業活動名稱	成本動因	作業活動名稱	成本動因	作業活動名稱	成本動因
動力照明	仟瓦	採購處理	採購次數	商品設計開發	設計工時	工廠管理	機器工時或直接人工小時
直接材料	產量	換模／架模作業	生產批次數量	活動設計規劃	設計工時	活動場地管理	活動工時或直接人工小時
直接人工	直接人工小時	服務流程設計	活動次數	新休閒活動試銷	試銷工時或數量	設施設備折舊	活動／機器工時或直接人工小時
品質稽核	產量	設備開機作業	開機次數	新產品試樣	試產工時或次數	場地建築物折舊	（同上）
內包裝材料	產量	生產／服務準備	批次數量	廣告宣傳	廣告次數	設施設備維護	（同上）

■彙總商品／服務／活動之直接與間接生產製造／服務提供之成本

基本上，在作業基礎成本會計制度下的商品／服務／活動之直接成本的處理作業方式，仍與傳統成本會計制度的作法是相同的，也就是均要追溯到其個別的商品／服務／活動；僅在間接的費用方面所採取的分攤過程有所差異而已。在上面所討論的間接費用的分攤過程裡，應該就可以把各批或各類別的商品／服務／活動的直接成本，和在各作業活動過程中所分攤之作業活動的間接成本加以彙總，而其結果就是各該商品／服務／活動的總成本與單位成本（如**圖1-1**所示）。一般來說，間接製造／服務提供的成本若是分攤不適當的時候，會影響到期末存貨評價、銷貨成本估算、政策錯誤與資源使用規劃不當，因而影響到休閒組織的利潤，例如：(1)所生產製造／提供服務的商品／服務／活動的成本，若與市場可接受價格相同或稍低一點，是否就不要銷售了呢？也許未必！因為減產、停產或不受理低價顧客報名參與活動時，很可能導致其組織喪失藉機

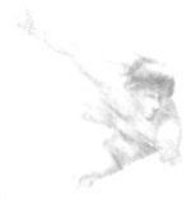

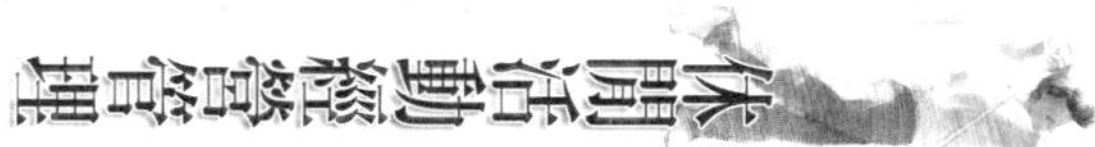

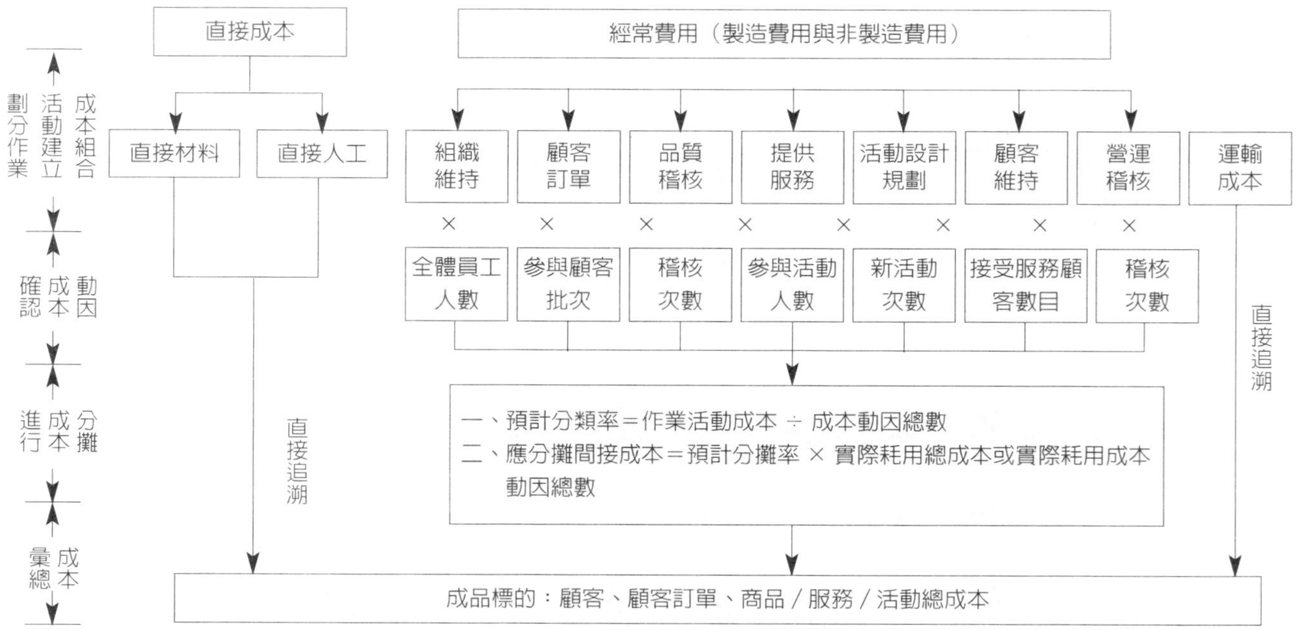

圖1-1　作業基礎活動成本會計制度下經常費用之分攤歸屬處理

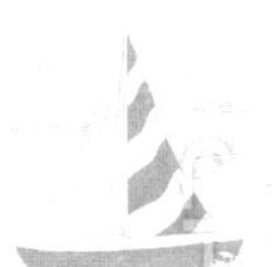

挹注固定成本機會，或許與其他商品／服務／活動組合的出售／提供服務，將可以有賺取利潤之機會；(2)市場沒有的商品／服務／活動，可能因無類似品類品項之市場價格可供參考，以至於可能低估市場接受的價格水準，或低估成本，以致定價過低與喪失賺取利潤之機會。

■做期末必要之調整與編製管理報告

在作業活動基礎成本會計制度中，若採取實際分攤率來進行各作業活動成本予以分攤到商品／服務／活動時，將會沒有所謂餘額未分攤或有多分攤少分攤之情事發生；但是若採取預計分攤率做分攤基礎時，則有可能會導致各個作業活動實際發生成本與預計可能發生之成本有所差異之情形，也就是有可能使每個作業活動有多／少分攤的情形存在。在這個時候就應該做調整修正了，而調整作業的進行一般來說大都在期末時，其進行方法有二：其一乃是將或多、或少分攤之結果，予以結轉到銷貨成本／營業成本之中；其二則爲將或多、或少分攤之結果予以按比例調整到相關的存貨與銷費成本／營業成本之中。

而經由彙總成本之作業（含調整作業）後，所得出來的直接人工、直接材料與經常費用及運輸成本，應予以結合在一起，然後將每一種商品／服務／活動之結合／彙總成本，由各品項商品／服務／活動的銷售／服務總收入中，加以扣除之後，可以得知各品項商品／服務／活動的邊際利潤（product margin），或商品／服務／活動利潤（如表1-4所示）。

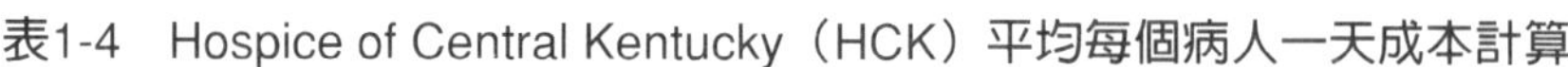

表1-4　Hospice of Central Kentucky（HCK）平均每個病人一天成本計算

一、HCK計算出來的作業成本分攤率：

作業成本庫	總成本	總作業量	作業成本分攤率
1.轉診前	$24,611	74次轉診＊	$332.58／轉診
2.轉診	10,873	74次轉診＊	$146.93／轉診
3.入院	1,960	46次入院	$42.61／入院
4.入院後	3,649	46次入院	$79.33／入院
5.死亡後	1,476	46人死亡	$32.09／死亡
6.喪親	12,670	46人死亡	$275.43／死亡
7.醫療服務	5,588	2,080通服務電話	$2.69／服務電話
8.接待	8,597	3,200通電話	$2.69／服務電話
9.會計／財務	13,566	5,553個病人日＊	$2.44／病人日
10.管理	17,107	5,553個病人日＊	$3.08／病人日
11.資訊系統	6,191	5,553個病人日＊	$1.11／病人日
12.簽發帳單	2,899	192張帳單	$15.10／帳單
13.義工服務	3,378	75名義工	$45.04／義工
合計	$112,565		

＊轉診與病人日依據疾病階段加權計算，實際病人日數3593，一個慢性病惡化病人日一天等於一個病人日，但是即將死亡之病人日一天約爲三個病人日，乃因此類病人需要更多的照顧之故。

二、利用ABC成本會計制度估算各種疾病階段之病人每一病人日平均成本為：

疾病階段	慢性惡化	快速惡化	即將死亡	死亡
每一病人日成本	$27.39	$29.84	$62.88	$381.57

三、結論：依傳統成本會計制度計算時，不論病人的病情嚴重程度如何，其分攤率為每一個病人日31.33美元（＝$112,565÷3.593病人日；依ABC成本會計制度估算後，HCK將可依此標準，據以向保險公司申請給付了。

資料來源：Ray H. Garrison & Eric W. Noreen著，莊雅妃、張玲玲譯，《管理會計》第十版，台中市：滄海書局，2003年4月出版，頁412-413。

(二)利用成本習性模型來進行成本估計

事實上，成本與作業活動之間每每存在有所謂的相關聯性，此相關性就叫作成本習性（cost behavior），休閒組織的策略管理者／活動規劃者對於成本習性的研究與了解，將有助於進行成本預估

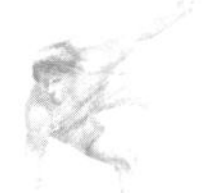

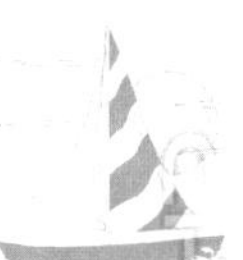

（cost prediction），而成本預估也因此定義在「對特定作業水準的成本預測」的含義之上（如圖1-2所示），而活動規劃者／策略管理者決定成本習性的類型與數額，也就是所謂的成本估計（cost estimation）。

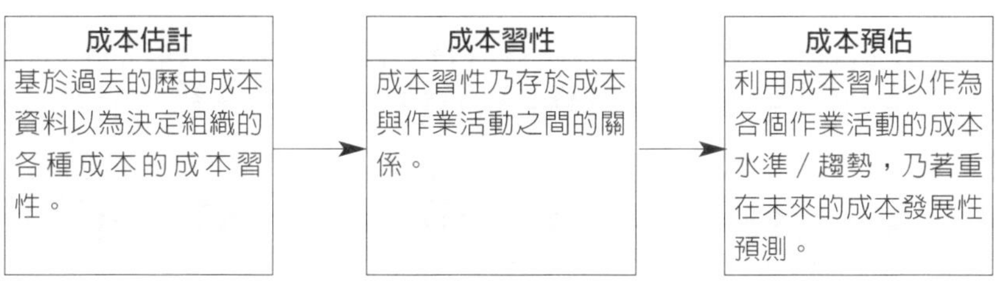

圖1-2　作業活動－成本習性－成本預估

■成本習性模型的介紹

成本習性的模型乃是依照某個特定作業活動的歷史資料作爲其成本的估計基礎，再把此習性模型拿來預估在某個特定的未來期間所可能的成本預估。這個成本習性就以「中寮植物染發展協會」的植物染上衣的成本預算書中的成本爲例（如表1-5所示）。

表1-5　南投中寮植物染成本習性類型（舉例）

成本名稱		內容範圍說明
直接原料		絲質布類、混紡棉質布類、植物染料、瓦斯、包裝袋。
直接人工		取染材師父、染液師父、染布師父、裁剪師父、裁縫師父修剪與分裝師父的工資與福利。
經常費用	設施設備	染液不銹鋼鍋、瓦斯爐、廠房、展示間、DIY室、地價稅、房屋稅及設備折舊、維修設備人員工資與福利。
	間接人士	專案經理、業務主管、開發設計師父、會計與公關人員、品管人員與資材人員工資與福利。
	運輸費用	郵寄費用、宅配費用、取染材卡車維修保養折舊／汽油／司機工資與福利。
	水電費	自來水費、電力公司電費、電信公司電話費及網際網路費用。

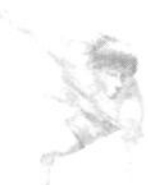

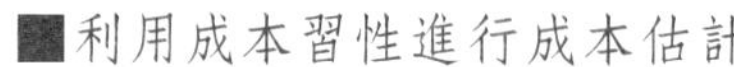

■利用成本習性進行成本估計

成本估計乃是決定一項特定成本習性的過程，而通常爲企業管理與管理會計學界所採用的方法約有：帳戶分類法、目測法、評估目測法、高低點法、最小平方迴歸法、多元迴歸、工程法與工作衡量法等多種，由於此些方法在一般的管理會計書籍中多有詳細介紹，所以本書就不做介紹，但是在第一章的章節之中有關預算部分，則是以預算模型加以探討而做的成本估計。

二、編制成立休閒活動執行與服務單位

休閒／活動組織之經營管理階層與活動規劃者，必須審慎考量其所擬推廣上市的活動方案特性、市場／顧客特性與可能參與人數／時間，及組織／活動之目標等因素，而編制成立有關的執行該休閒活動之執行單位與支援服務單位，同時也應選定該活動方案合宜的執行與服務單位之管理者，擔任有關業務的領導統御與經營管理責任。一般來說，任何活動方案之執行單位與服務單位乃是易於區分出來的，而且其各單位之成本也是會在會計人員的管理下，區分出哪些是執行成本與哪些是服務成本，惟一般休閒組織往往有意無意的會將兩種成本予以合併計算，所以我們在本書中將會建請休閒組織宜將此兩種成本予以分開探討與分開計算，如此將會有助於休閒活動做有效的成本管理。

(一)擔任活動設計開發與製作傳遞的執行單位

一般來說，在休閒／活動組織裡，擔任休閒活動（含各項活動方案）之設計規劃、開發製作與傳遞管理任務之內部組織，我們將之簡稱爲執行單位〔例如：擔任休閒活動（含各項活動方案）的設計規劃工作者、擔任休閒活動（含各項活動方案）的開發製作工作及傳遞管理者均屬之〕。這個執行單位除了規劃設計與開發製作、催生出有關的休閒活動方案之外，在其上市推展之際，即將該等休

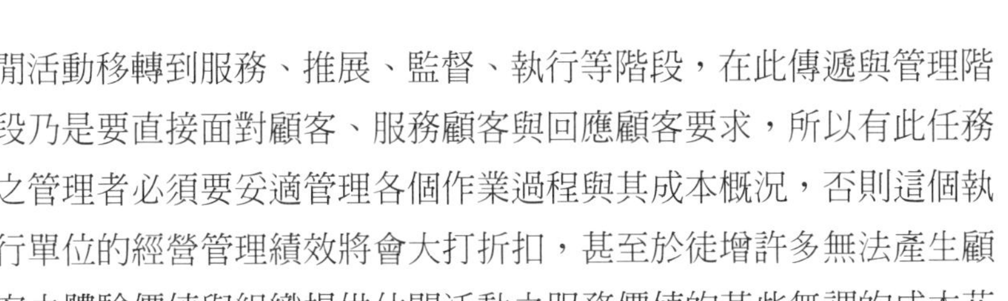

閒活動移轉到服務、推展、監督、執行等階段，在此傳遞與管理階段乃是要直接面對顧客、服務顧客與回應顧客要求，所以有此任務之管理者必須要妥適管理各個作業過程與其成本概況，否則這個執行單位的經營管理績效將會大打折扣，甚至於徒增許多無法產生顧客之體驗價值與組織提供休閒活動之服務價值的某些無謂的成本花費，甚而導致組織／活動的失敗。

對一個休閒／活動組織來說，該組織的資源乃是使用在完成其組織任務，而這個組織任務就是休閒商品／服務／活動的上市推展及獲取合宜合適的活動收入（包括無形的收入在內），所以任何休閒／活動組織的管理會計系統之最終目的，乃在於了解、掌握並計算出執行單位的所有花費或成本。當然支援執行單位的服務單位之花費或成本，也是必須加以分析、了解、掌握與計算出來的，只是執行單位若不是基於達成休閒／活動組織所賦予的任務時，那麼其服務單位基本上是不需要存在的。基於如上的討論，我們建議休閒／活動組織與活動規劃者，應將針對其組織／活動存在的執行活動設計、製作、傳遞與管理之所有任務予以整合，並作爲該休閒／活動組織之任務。如此的認知，乃有利於在執行活動行銷與傳遞過程的所有休閒商品／服務／活動之花費或成本的釐清與決定。

(二)擔任支援執行單位完成任務的服務單位

事實上，一個完美的執行單位是沒有辦法僅僅依靠該單位的力量，而得以順利達成其任務的，這也就是休閒／活動組織內部有必要存在有服務單位的主要原因。而服務單位的最主要工作，乃在於提供執行單位所需要的服務作業，雖然服務單位並沒有直接參與有關休閒活動的設計、製作、傳遞與管理的工作任務，但是沒有他們的服務，則休閒商品／服務／活動將會無法做有效的設計規劃、開發製作與傳遞管理作業，因爲他們乃是支援這些執行單位完成工作任務的不可或缺的單位／人員。例如：(1)會計單位乃在於提供活動方案成本分析、定價策略、工作人員薪酬獎金及稅法管理等服務；(2)管理單位則提供執行單位缺員補充、人員訓練、資訊管理、差勤管理與安全衛生管理等服務；(3)業務單位則提供活動宣傳、廣告與促銷企劃等服務。

此等服務單位乃基於支援與服務的角度，以提供執行單位執行工作任務時所需的支援與服務，休閒／活動組織若是缺了這些服務單位，將會變成整個休閒活動的系統性紊亂，甚至於根本無法有效的運作執行。而在上面我們提到在完成休閒活動執行任務過程中所有的花費或成本，當然也包括了這些服務單位爲支援服務作業任務而發生的花費或成本在內，只是這些服務單位之花費或成本，也許是該休閒／活動組織整體的休閒活動之支援服務成本／花費，並不一定只是單一活動方案的支援花費／成本。所以我們在進行成本管理或成本分析之際，就有必要去了解這些服務成本到底是支援哪些個活動方案所需要的花費，唯有如此，才能釐清或決定所有的休閒商品／服務／活動成本。

三、了解蒐集執行與服務單位之各分類項目的成本預算

如前所述，執行與服務單位的各項作業成本乃是必須加以釐清或決定的，雖然在本章節前面已由作業活動基礎的成本會計制度加以說明有關活動方案的各項成本之估算，但是在此處，我們必須再提出來的乃是有關執行或／與服務單位之分類預算（line-item object-classification budget）的概念。所謂的分類預算乃是依照休閒／活動組織所規劃設計之「預算編製作業準則」或「預算程式」來進行，並將執行單位與服務單位的各個成本項目／科目予以條列式的編製，以成爲該休閒／活動組織的收入與支出之資訊來源。

當然這樣子的分類預算有點類似「損益表」、「資產負債表」及「盈餘分配表」等的收入或支出科目之定型化模式，至於要如何設定其收入或支出之各項資源科目的順序，可基於稅務會計系統的模式或各組織自訂之模式爲之。只是，一般較常見的編製預算之方法，

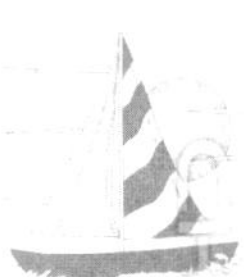

乃是先了解或計算出各個活動方案的支出，再確認其活動方案的未來收入數量與來源，其原因乃在於所有的收入與支出必須能夠相匹配，而且休閒組織經營休閒產業／活動之目的乃在於追求利潤，故一般來說，收入宜大於支出乃是營利形態的休閒組織之經營管理者與活動規劃者所期望的目標。

基於營利型休閒／活動組織要能夠追求活動利潤目標（當然非營利型活動組織也應追求自給自足之目標），所以對於執行單位與服務單位所需的花費／成本，就必須撙節管控在其預期收入來源之水準以內。一般來說，任何休閒活動的設計開發與製作傳遞所需要的花費／成本，大體上乃是在既定的策略規劃下所界定，而且不易於再做大幅度的調整，所以當休閒／活動組織已將休閒活動設計規劃出來時，其所必需的花費／成本大都已然確立，要想降低平均參與活動人員的執行單位成本，除了擴大與吸引更多的活動參與者／顧客前來參與活動體驗之外，大致上只有朝支援服務單位所需花費／成本的方向加以控制在某一定水準之內，也就是要逼迫每個人員在支援服務活動執行時所需的費用予以設法降低。而且，在此處順帶一提的，是這些支援服務單位之預算科目裡面，乃是沒有收入的部分，因爲服務單位乃是支援執行單位，以協助擴大執行單位的收入來源，本身是沒有直接生產力的單位。

四、確立服務單位成本分攤進入執行單位之分攤原則

基於如上的探討，我們知悉休閒／活動組織之服務單位乃爲支援／服務其活動執行單位之工作任務的達成，而不得不存在的休閒／活動組織內部單位，所以我們也就必須認眞考量，該服務單位在支援任何一項活動方案時所需的費用，及因而支持執行單位所獲取的收入來源。而在這個步驟裡，我們就應該考慮要如何將服務單位的所有花費／成本予以攤提進入執行單位的預算中，一般來說，在成本會計制度裡有提供我們許多的成本分攤方法，已在本章節前面

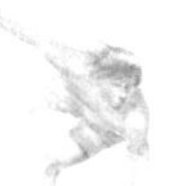

的作業活動基礎的成本會計制度中有所說明，請讀者參閱。惟讀者若想進一步了解有關分批成本制、分步成本制或批步混合制的成本分攤方法，則請參閱坊間的成本會計或管理會計學科之書籍或論文。

五、進行服務單位成本分配作業

至於成本分配（cost allocation），乃指的是「針對各種成本科目加以確認並予以分配的過程」。一般來說，服務單位為支援／服務執行單位所產生的各項花費／成本，乃是必須加以分配到執行單位的成本科目之中，當然這些成本分配的決策，乃是需要活動規劃者與該組織的相關單位（如：會計單位、企劃單位與執行單位等）討論之後，以確立該等服務單位之直接與間接花費／成本要依據什麼標準來分配之決策。而執行成本分配的原則，乃基於要將所有成本／花費得以反應出該活動方案的完全成本與實際成本／花費的現實狀況，活動規劃者與組織的經營管理者必須審慎地確立這些成本分配的決策，以免誤導活動規劃設計的方向，以及造成整個組織的經營決策失敗。

而成本分配方法大致上可分為：(1)間接成本平均分攤法（equal share of indirect expenses）：將執行單位所需要的間接費用（如：管理者薪資、無分電錶的電力費用、無各別水錶的水費、不易區分的維修保養費用等），依照執行單位所執行的多少活動方案（如：碰碰車、室內賽車、雲霄飛車、摩天輪、舞蹈等）平均分配其花費／成本；(2)使用面積法：乃是依據各活動方案所需的面積比例予以分配其花費／成本；(3)時間預算法：乃是依據有詳細記錄的個人或單位實際花費時間來加以分配其花費／成本；(4)比例預算法：則由該組織透過討論之後所確立的執行單位之預算比例來分配其花費／成本；(5)實際使用的成本追蹤系統（cost-tracking system）：乃指各項花費／成本均有一個實際使用記錄／情況的資

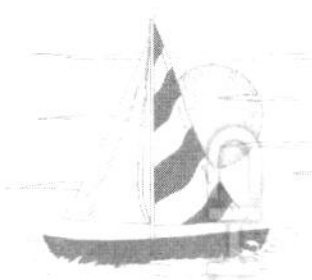

訊，可供追蹤其各項活動方案的實際花費／成本（如：有分電錶記錄各活動方案之使用電力情形，有充分報表／記錄各活動方案的使用材料／時間等）。以上這些成本分配方法，在坊間的成本會計與管理／會計書籍或論文／研究報告均有介紹，為節省篇幅起見，請讀者自行參閱。

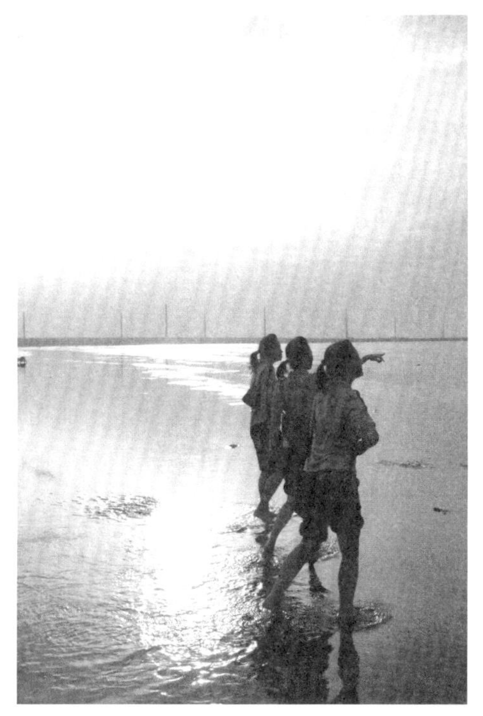

▲風雨前海灘漫步

暴風雨前夕的海灘是荒涼也是一幅美麗的畫，但是暴風雨前夕的冷清沙灘、風沙飛揚、昏暗天空對於討海的人是看慣了，不覺得有什麼了不得，都會城市來的人卻對它驚為天人，儘管海灘經過風雨吹襲之後，沙灘、貝殼與昆蟲仍然存在，但是人們在沙灘上的記憶，卻是很容易的被湮沒掉，只有再到海灘漫步方可想起過往的記憶。

照片來源：張淑美

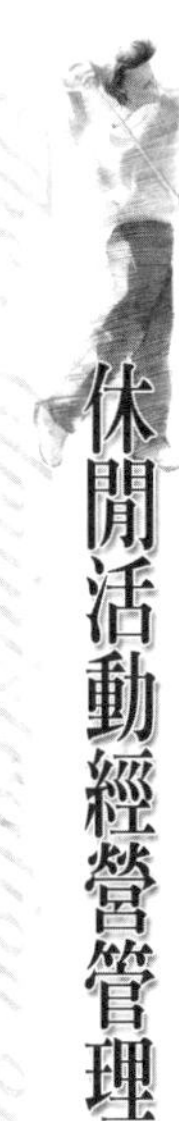

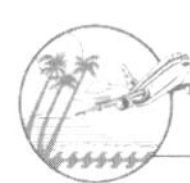

第二節　休閒活動方案的預算計畫

所謂的活動計畫預算，乃是說明一種數字性的計畫，其主要計畫內容在於說明應用於該項活動計畫之資源分配與調整，到各種活動方案內容或部門／組織中的有關作業活動，同時資源的分配與調整是否得宜或適當，將會是左右有關活動方案，甚至於整個活動計畫的執行效率與成敗。

一般來說，預算並不是在財務管理系統中的僅有項目，可是預算卻是大家所承認其價值性與重要性的認知，預算就如上面所說的，乃是具有財務資源取得與分配的意涵，所以預算就必須要能夠完整的、正確的與有責任性的資訊／資料，以呈現出有關財務管理上的交易或轉進／轉出之記錄。事實上由於休閒活動計畫的規劃與設計之同時就會有著預算的需求，這也就是說，並不是在規劃設計休閒活動時必須伴隨著該休閒組織的預算計畫，而是依照預算計畫再來進行活動的規劃設計之模式。就此論點來看待休閒活動規劃設計作業，乃是需要預算來配合活動規劃設計之進行的，也就是休閒組織／活動規劃者應該是先進行活動的規劃設計，之後再依活動計畫找尋／開拓有關活動所需要的資源，以便讓活動計畫得以順利地推展。

只是上述的論點有時候也不代表絕對是正確的，因為一個休閒組織若是在財務資源方面已經是資源短絀的局面，這個時候的活動規劃者自然會在撙節開支的前提下，來進行休閒活動的規劃設計，但是這個活動規劃者也會依照其組織的財務資源狀況，與曾規劃過的活動績效或經驗，來發展其新的活動計畫。如此的討論乃在於支持我們所謂的活動設計與規劃不應該受到財務資源的過度限制，以致無法創新活動計畫的觀點，因為若因此而受限制時，將會無法產生活動的創新構想，而會壓縮整個休閒組織的轉型或重生策略，因為在此惡性循環下，將更為萎縮其組織的發展機會與企圖心。

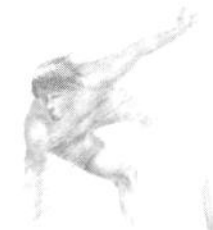

一、預算的重要性

預算在休閒活動設計規劃過程中既然扮演了如此重要的角色，那麼休閒活動之預算過程，就應與該組織的活動經營目標之績效與時程相結合，否則會導致預算僅是虛有其表而無實質的效用與價值。當然預算之所以和活動目標必須相匹配，乃爲求資源不會在目標達成前即消耗殆盡、資源的分配應用應在既定的時程控制之內，及預算控制需要注意訊息回饋的時效性，與正確傳遞訊息給予活動規劃者／經營管理者（請參閱本章第一節第二項的討論）。

二、預算的類型

活動規劃者在編製預算的過程中，每每會想到的是到底要採用哪一個類型的預算（budget types）？每個休閒組織均會有其不同的關注因素或角度的預算計畫之標準類型，休閒活動規劃者大都會依其組織的關心議題，來選擇活動計畫之預算類型。至於活動計畫預算類型有哪些？事實上，在近些年來預算的發展已有相當的成果，諸如：目標支出預算、活動方案預算、績效預算、計畫預算、設計計畫預算與零基預算等類型（如**表1-6**所示）。

三、運用目標企劃方法編製活動預算

如上討論到活動計畫之預算編製，我們可以相當肯定的指出，活動規劃者必須有責任去編製其各個活動方案的預算，而其預算勢必要和其組織內各個活動規劃者與各個部門／活動事業部門的預算相整合，作爲其休閒組織的預算基礎／依據。

這樣的方式乃在於指出，各個活動方案或各個部門／活動事業部門有必要發展出與其活動／組織目標相結合的系統化財務計畫，同時此一系統化財務計畫則需要能夠與活動方案／計畫有關的架

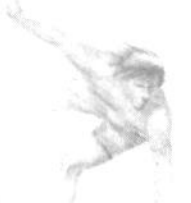

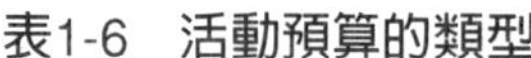
表1-6　活動預算的類型

區分	預算類型	簡要說明
一、預算運作方式	1.1由上而下的預算	此類型的預算運作策略，乃是基於休閒組織的高階經營管理階層的經驗與類似活動計畫資料，而將整個活動計畫的總成本予以分配到其組織在該年度規劃的所有活動方案之內，然後再交由活動規劃者進行預算計畫者。
	1.2由下而上的預算	此類型的預算運作策略，乃是由活動規劃者先依其活動計畫的個別預算與時程進行估算，然後再向上整合而成的預算計畫。此一方法是對於個別的活動方案內容進行詳細的估算，而後再由各個活動方案的活動規劃者往其上級主管呈報，及彙總為該組織的預算計畫書。
	1.3目標下達計畫上呈的策略	此類型的預算方法乃是1.1與1.2的整合，一般來說，近代的休閒組織大都會採取此一策略。首先是由高階經營管理階層要求各個部門／活動事業部主管提出其年度預算計畫，而後由各個部門／活動事業部主管要求其各所屬單位提出各種估算，然後再往上層彙報整合而成之預算計畫者。
二、預算主要方法	2.1目標支出預算法	此類型乃是將有關活動的成本與預算依據各休閒組織的特定分類方式，予以編製預算計畫書。此些分類大致上可延續一般財務管理上的成本分類方式加以區分，如：人事服務成本、契約性服務成本、設備設施等資產成本、補給品與原材料成本、銷售推廣費用、管理費用、資產成本、負債成本、利息支出成本……等。
	2.2活動方案預算法	此類型乃依各個活動方案之有關預算編製方法，至於預算計畫乃係依據2.1的分類方式進行之。此一方法，乃在個別活動方案的活動成本與利益的比較分析，當然也可彙集為全組織的目標成本與利益，做為整體性決策判斷的參考。
	2.3績效預算法	此類型乃是關注在組織的全部與各個活動方案之績效，以為策略決策的依循，而此種預算主要議題乃在於活動效率、活動人口數、平均每活動人口的附加價值、平均每平方公尺活動場地的收入數、活動時程準確度、活動目標達成率……等方面。
	2.4增額預算法	此類型乃是在編製預算計畫時，依據以往的基礎乘上一定成長比例而加以編製預算計畫者。這類型的預算方法重點乃是放在提供適當之預算給予各部門／活動事業部門；再由其主管依活動方案的重要性與優先順序，而進行資源的適當分配。

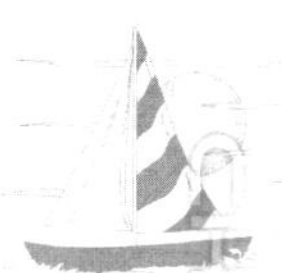

（續）表1-6 活動預算的類型

區分	預算類型	簡要說明
二、預算主要方法	2.5設計計畫預算法	此類型乃將資源分配到所想要達到之特定目標的各個活動方案之中，也就是將之分配到各個活動計畫之中，並不是分配到各個部門／活動事業部之中。此一預算方法乃是一種績效導向的原則，也就是將活動的結果與休閒組織之目標相結合，所以這個方法必須要有一套評估標準，以作為績效衡量的可接受度。
	2.6零基預算	此類型乃是利用專案預算的方式，把資源的分配與有關的活動專案之績效相結合，其主要特質有三：(1)預算須依年度的計畫效益重新估算；(2)資源分配乃依計畫所預估之績效目標為分配依據；(3)依達成目標的各活動專案資源分配之基礎。此一類型乃能有效提供每年度評估與檢視的機會，以利活動規劃者能夠思考現有的活動方案，及評量此些活動方案的目標與資源。

構，予以呈現其預算計畫。這個財務計畫／預算計畫乃如一般財務管理學的試算表（budget worksheets）一樣，其目的乃是將其預算／財務計畫予以一個簡明扼要且具有標準化格式（依各休閒組織的分類方式制定）所呈現出來的活動計畫之有關財務收支資訊。此一試算表乃在於協助活動規劃者估算其預算情形，及為休閒組織經營管理階層的活動規劃設計決策參考之目的。

至於如何運用目標企劃方法編製活動預算，主要乃依據組織的願景、使命與經營目標，並經由SWOT分析與PEST自我診斷方式來進行活動計畫之預算編製，此一活動預算也就是活動試算表（如**表1-7**所示）。另外，一份活動試算表若是能夠涵蓋活動的描述、活動的目標收入、活動的預估成本，以及活動的績效指標等方面的資訊，也就可以稱之為一份完整的活動試算表，當然在該份活動試算表中的資訊，尚應該能夠將該活動方案之定價一併加以規劃與設定（如**表1-8**所示）。

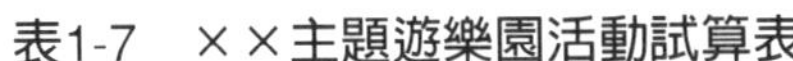

表1-7　××主題遊樂園活動試算表

××主題遊樂園

遊憩部門休閒遊憩活動試算表

一、收入：

科目	科目內容	A平均單價	B預估數量	C參與率(%)	收入(NT$)	備註
門票收入		800元／人	36,000人次	90%	25,920,000	保留10%門票作為公關服務，另20元／人為保險費予以撥出
住宿收入	度假山莊2人房×30間	1500元／間	1500間次	100%	2,250,000	
住宿收入	度假山莊4人房×15間	2000元／間	200間次	100%	2,000,000	
住宿收入	度假山莊6人房×10間	2500元／間	400間次	100%	1,000,000	
住宿收入	度假山莊8人房×10間	3000元／間	250間次	100%	750,000	
住宿收入	小木屋2人房×10間	2000元／間	1500間次	100%	3,000,000	
住宿收入	小木屋5人房×8間	2500元／間	400間次	100%	1,000,000	
住宿收入	小木屋10人房×6間	3000元／間	200間次	100%	600,000	
停車場收入	遊覽車×20車位	50元／部	500車次	0%	0	遊覽車均為免費停車
停車場收入	小客車×100車位	30元／部	5,000車次	100%	150,000	
停車場收入	機車×100車位	10元／部	1,000車次	100%	10,000	
餐飲收入		300元／人	36,000	70%	7,560,000	
商品銷售收入	自我銷售部分	300元	36,000	50%	5,400,000	
商品銷售收入	代銷／寄售部分	200元	36,000	50%	3,600,000	此部分50%為本部門管理服務費
其他收入		200元	36,000	10%	720,000	額外的服務收入
保險收入		20元／人	36,000人次		720,000	(1)意外保險，由門票中撥出 (2)不屬於本部門總收入之內
總收入			53,240,000			

二、支出：

科目	科目內容	D平均單價（元）	E預估數量（人）	F參與率(%)	支出(NT$)	備註
人事支出	服務人員	25,000元／月	30人	100%	9,000,000	
人事支出	契約人員	18,000元／月	30人	100%	6,480,000	
人事支出	主管人員	40,000元／月	5人	100%	2,400,000	
材料費用					4,550,000	
補給品費用					3,050,000	
銷售費用					7,050,000	
其他費用					1,500,000	
總支出			34,030,000			

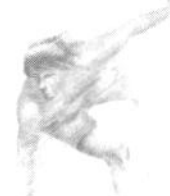

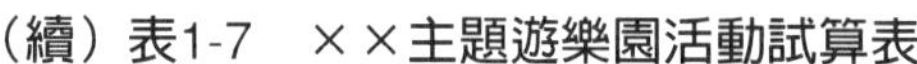

（續）表1-7　××主題遊樂園活動試算表

三、活動收益：
總收入－總支出＝53,240,000－34,030,000＝19,210,000（收益率36.0819%）
總經理：丁××　企劃部主管：蘇××　遊憩部主管：劉××　會計部主管：葉××　製表：王××

表1-8　活動成本定價分析表

<table>
<tr><td colspan="3">活動部門</td><td colspan="2">活動名稱</td><td colspan="2"></td></tr>
<tr><td rowspan="9">成本分析</td><td colspan="2">固定成本（元）</td><td colspan="2">可變動固定成本（元）</td><td colspan="2">變動成本（元／每單位）</td></tr>
<tr><td>科目名稱</td><td>金額</td><td>科目名稱</td><td>金額</td><td>科目名稱</td><td>金額</td></tr>
<tr><td>人事費用—固定
人事費用—契約</td><td></td><td>人事費用—固定
人事費用—契約</td><td></td><td>人事費用—固定
人事費用—契約</td><td></td></tr>
<tr><td>補給品費用
材料費用
其他費用
資本額</td><td></td><td>補給品費用
材料費用
其他費用
資本額</td><td></td><td>補給品費用
材料費用
其他費用
資本額</td><td></td></tr>
<tr><td colspan="6">總固定成本：
行政管理費用比率**：</td></tr>
<tr><td>總固定成本（調整後）</td><td></td><td>總可變動固定成本</td><td></td><td>總變動成本</td><td></td></tr>
<tr><td colspan="6">**表示可有可無的科目，乃用來彌補經常費用之負擔，由休閒組織／活動規劃者決定是否納入。</td></tr>
</table>

<table>
<tr><td rowspan="3">定價</td><td>總固定成本（調整後）（A）</td><td>總可變動固定成本（B）</td><td>總變動成本（C）</td><td>總成本（D＝A＋B＋C）</td><td>預估參與人數（人）</td><td>預估定價（元／人）</td></tr>
<tr><td></td><td></td><td></td><td></td><td></td><td></td></tr>
<tr><td colspan="6">說明
1.預估參與人數乃由休閒組織／活動規劃者依前三年國民參與休閒遊憩總人數，再輔以經濟情勢、國民可支配所得情形、國民參與休閒狀況，及該休閒活動的預估分配的參與人數比率予以估算之。
2.預估定價需要再乘以「回本比例」（percent of cost recovery），而得到的修正後預估定價，也就是向參與者收取的費用。
3.回收比例乃是休閒組織希望參與者支付的成本，其比例可由0至100%或以上：
（1）0%表示由政府出資的公共活動，不須由參與者支付任何費用。
（2）1%至99%表示由政府補助的半公共活動，參與者須支付政府補助外的成本費用。
（3）100%表示純由私人企業辦理的活動，參與者必須支付所有的成本費用。
（4）100%以上表示純由私人企業辦理的活動，同時參與者支付的費用會超過該活動的成本費用，乃是將超收之淨收入部分予以補貼其他活動。</td></tr>
</table>

資料來源：修改自J. R. Rossman 和 B. E. Schlatter等著，陳惠美、鄭佳昆、沈立等譯，《休閒活動企劃（下）》（一版），台北市：品度（股）公司，2003年，頁121。

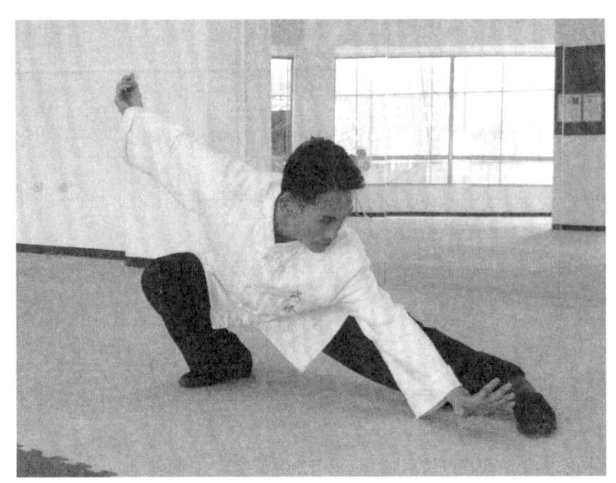

▲蛇身下勢

蛇身下式操作程序:向後揉胯下坐至後三七，同時扣前腳，前手墜肘沉手至膝內側，繼而隨身形前進前伸，後手維持吊勾形式。太極拳運動是一種運動，拳經裡許多的要訣，如「圓化直發」、「捨己從人」、「左重則左虛、右重則右渺」、「不丟不頂」……等等，這些道理其實與中國人的許多人生哲學與待人接物的道理是相通的。

照片來源：武少林功夫學苑www.wushaolin-net.com

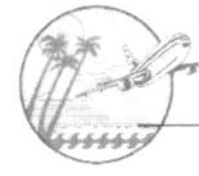

第三節　休閒活動的資源取得計畫

任何休閒活動的規劃設計與上市推展行銷作業，均需要有各種不同的資源配合，方得以順利推動活動計畫，所以休閒活動規劃不但要考量到財務／預算計畫，更要探討有關資源的配合與開發。這個資源的配合與開發計畫，也就是所謂的資源取得計畫（resource attainment plan），而此等資源的範疇除了上述所討論的財務資源之外，尚應包括：(1)活動場地與設備設施；(2)活動進行時間；(3)員工素質與人數；(4)原物料與補給品；(5)活動的通路；(6)活動計畫的商品／服務／活動；(7)活動的通信、電腦與網際網路；(8)活動場地的交通設施與建設；(9)及其他有助於達成活動目標的各種資源等方面在內。

活動進行所需的資源有可能是其休閒組織內部資源或外部資源，但是不論資源的來源為何，活動規劃者必須要有能力與技巧將有關的活動資源予以鑑別出來，並且予以深入的了解各項活動資源與活動方案計畫進行匹配探究，以期能夠在活動正式規劃設計之前，即能夠了解並掌握到其進行活動規劃設計作業所需的資源類別與數量，如此才不會在正式執行活動計畫之際，產生臨時開發資源卻有緩不濟急的窘境，也唯有在事前的了解與掌握，方能有策略性、系統化的活動創新能力被開發出來。

一、外部資源的開發與取得計畫

休閒組織辦理休閒活動所需的資源，必須與其活動計畫所需要的資源相匹配，否則空有資源，也無法有效調配到休閒活動計畫的執行作業上，如此也是一種資源的浪費與不經濟行為。所以活動規劃者要能夠先確認其為執行某項活動計畫所需的資源種類與數量，當然資源的開發與取得就顯得相當重要了，只是當活動規劃者所需要的資源有所匱乏時，那麼也就要考量到如何去尋求開發所需要的資源或是替代資源。至於要如何開發與取得執行活動計畫所需的資源？一般來說，應有如下幾個方法或步驟以為達成資源的開發與取得目標：

1.確認其所想要規劃設計與執行推動的活動計畫方案之目的與目標標的。

2.依據其規劃設計的活動計畫／方案所需的資源種類與數量加以確認，並形成一份資源供給與需求分析表。

3.針對資源供給與需求表中的資源種類審查該休閒組織內部的資源，並填入該表之中以了解到不足的資源之種類與數量。

4.針對不足資源之種類與數量，從組織外部（如：社區、同業／異業，與其他利益關係人）尋找相同或類似、替代的資源。

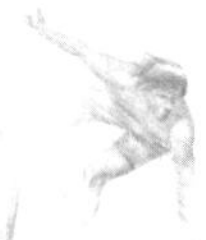

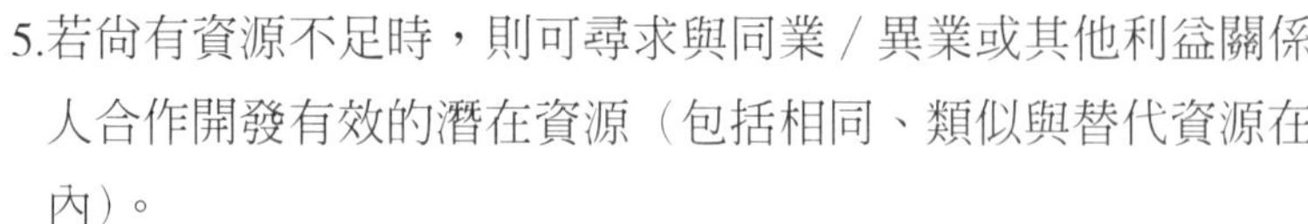

5.若尚有資源不足時，則可尋求與同業／異業或其他利益關係人合作開發有效的潛在資源（包括相同、類似與替代資源在內）。

6.確認需求資源的各種類之需求時程與數量，以及其可能的獲得時程與數量，同時也要確認這些外部資源，是否可長期性或短期性支援。

7.建構外部資源的開發與取得之策略，同時應該針對這些資源的取得、保管及評估開發績效的計畫，一併納入在該策略方案之內。

二、外部資源的取得種類與管道

休閒活動所需的外部資源乃爲彌補該組織內部資源的不足，惟有些外部資源的支援與取得並不盡然全是該組織所缺乏或沒有的資源，例如，有些外部利益關係人可能會採取贊助、捐贈或半買半送的方式，予以提供給該休閒組織，只是外部資源的取得種類與數量，有時並不是那麼容易被活動規劃者所確認與掌握，惟活動規劃者卻是可以依**表1-9**所示的幾個管道，尋求某些外部資源以爲支援其活動計畫的需要。

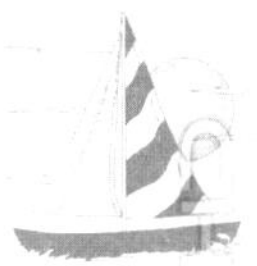

表1-9　外部資源取得的管道（舉例）

管道	可能取得的資源種類
1.採購與委外服務	本身組織所欠缺或不足的資源可以透過採購程序，以支付相對金額而得其所有權與使用權者，例如：原材料與補給品的採購、設備設施與活動場地的採購、活動場地委外布置、活動計畫委外設計規劃、商品的採購……等。
2.接受捐獻與捐贈	在某些特定活動（尤其是公益性活動）進行前與進行時，往往會有某些個人或企業組織／團體法人的主動與自願捐獻某些設備設施、活動中的遊憩／遊戲節目、裝飾品、禮券、（小）禮物、摸彩品或現金等方式，以表示對該活動的支持。
3.分享方式的贊助與合作	在某些活動計畫進行前與進行中，可能會有些個人、企業組織、團體法人或公營機構提供休閒組織在某方面的實體物質的贊助（如：原材料、補給品、人力支援……等），或是提供／開放場地設施設備以分享方式的合作（如：提供體育場與休閒組織合作辦理某項活動、認養道路保養與路樹維護……等），但是最重要的是，此管道的捐助與合作方式，乃是未經過財務處理／報償或承租之程序來進行。
4.合作方式的贊助與合作	休閒組織在辦理某項特定活動時，或因本身財務能力有限、資源有限或組織形象不足，而採取與其他組織／團體／機構或個人共同辦理某項活動（如：為休閒活動找尋掛名指導單位或共同主辦單位的知名組織／團體／機構或個人，藉以提升某項活動的知名度與媒體曝光機會、義務承辦特定組織為公益辦理的特定活動……等）。
5.資源再生利用	休閒組織利用廢棄資源的再生利用與資源化技術，使本已不具資源價值的物品（如：家具、廚餘、車輛與零配件、飲料罐與吸管……等），予以資源化而變成在休閒活動的設備設施、裝飾品、DIY材料、紀念品與收藏品。而此等資源的回收再利用過程，有可能不必支付任何財務預算或些許財務支出即可達成。
6.夥伴關係的共同開發	休閒組織可以其某項特定的活動計畫，透過其活動組織的人際關係網絡，尋求共同資助開發該特定活動，而其收支的分攤則依據其溝通協定之內容為之。本項活動的資源預算（費用成本與收入利益），乃是以合作共同開發的各方共同負擔與共同分享為原則。
7.招募志工服務	某些特定休閒活動計畫（如：關懷弱勢族群、兒童與老人照護、婦幼保護、聯合勸募、生態保育等活動），在其本質上乃是公益活動，而志工服務與公益活動最重要的資源乃是人力的支援，針對公益活動而公開徵求與招募志工參與服務活動，以達公益活動服務的目標（而參與的志工乃是不支薪的）。

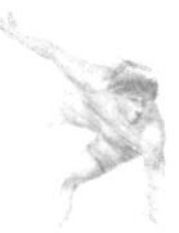

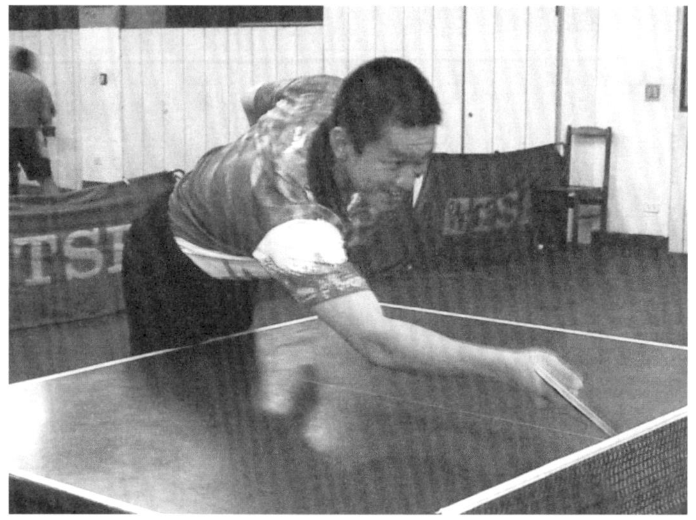

▲桌球運動

桌球又稱為Flim Flam或Goosima，1890年英人Jame Gibb從美國帶回賽璐珞球代替軟木球。當時因使用糕皮紙做成的球拍，所以打起來類似「乒乓」的聲音，故又有了乒乓球的別名。

照片來源：黃耀祥

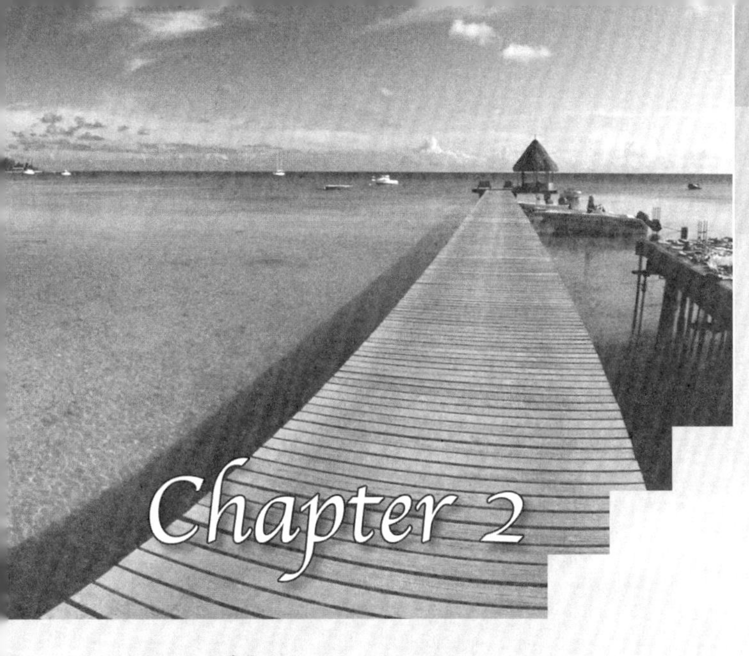

Chapter 2

休閒活動方案的定價策略

Easy Leisure

一、探索價格概念定價方法及影響決策因素
二、釐清顧客參與活動之本質與價格的關係
三、了解如何發展活動定價程序內容與策略
四、認知五種主要的定價方法之內容與運用
五、學習制定價格政策與影響定價決策因素
六、界定休閒活動服務分類系統與定價哲學
七、提供休閒活動方案定價策略之參考方向

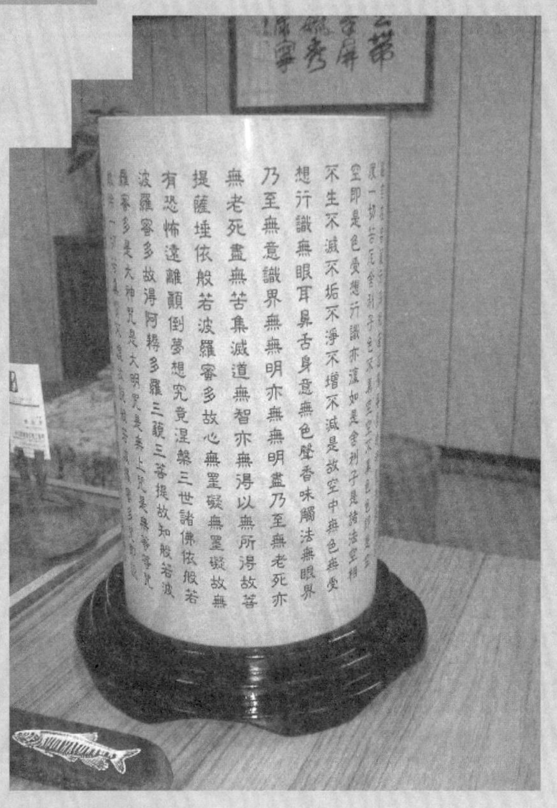

▲ 生活美學與文化人生

為什麼要研究生活美學？究竟是生活現狀出了問題？還是想試試換上另一副心靈的墨鏡，看看會不會好過些？喬瑟夫．坎伯（Joseph Canpbell）說：「世界是完美的，它是一團亂，它本來就是一團亂，我們不是要去改變它，我們的責任是去釐清自己的生活。」

照片來源：集集影雕工藝村　展智管理顧問公司　林志仲

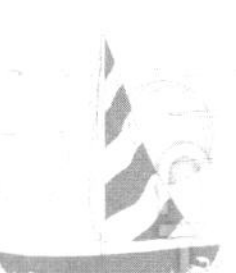

一般來說，所謂的價格乃是代表著有形商品與無形服務活動的交換價值，基本上，價格乃是因為顧客／活動參與者在活動體驗過程中所獲得的滿意與滿足，因而他們願意支付的價格。所以在進行訂價的時候，就必須考量到商品／服務／活動的屬性與市場定位，依據顧客／活動參與者對其所擬參與／購買／消費的商品／服務／活動之屬性要求與市場定位而有所不同，故而商品／服務／活動在基本上來說，因其屬性與定位而有所差異。

行銷理論中往往將價格（price）列為行銷4P之一項，本書也將價格列為休閒活動行銷9P之一項，價格在市場行銷有關組合要素中，是可以加以管控的變數，而且有些時候也會受到政府主管機關的限制（如：公平交易法、消費者保護法……等），以至於在理論上價格的定價方式，乃是由休閒組織或活動規劃者／策略管理者依其商品／服務／活動之屬性與市場定位來進行定價策略，會受到法令規章或社會輿論的影響，而導致策略決策空間的被影響。

在活動計畫的進行過程中，在休閒組織／活動規劃者於活動計畫之編製時，必然會對於活動的辦理是否能有所收益（至少需要收支平衡，如志工活動、政府機關與非營利組織所辦理的休閒活動……等）之考量，就足以產生了活動規劃者必須為活動收益負責之關鍵點，定價的概念與定價哲學／定價方法就會形成為活動規劃設計中的一個重要的考量因素。

第一節　活動價格的幾個基本概念

價格乃是指：以貨幣作為媒介物或參與服務活動的交換價值，對於顧客／活動參與者來說，交換價值乃意味著商品／服務／活動對提供休閒活動之組織所能給予顧客／活動參與者的滿足平衡點（或稱之為損益點）。基本上，交換價值乃是一個感性、感覺與感動的品質，以及效用、滿足與使用價值，所以說，價格不僅代表著顧

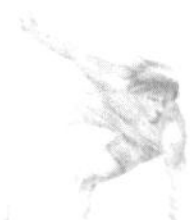

客／活動參與者對有形商品之屬性所付出之代價，同時也代表著無形的服務與活動之參與體驗所獲得的滿足而支付的代價，在休閒活動中即使是有形商品爲顧客／活動參與者所滿意，但是在活動過程及服務的感受不具有滿足感時，則休閒組織所供應的商品再怎麼好或價格再低廉，也是無法獲得顧客／活動參與者對價格的認同。

一、價格的類別

休閒活動之價格屬性與定位乃是受到市場的競爭情勢所影響，以至於價格會有如下幾種不同的類別：

(一)管制價格

管制價格（regulated price）也就是所謂的統制經濟（command economy）下的一種統制價格。主要乃是因爲受到政府或壓力團體、公益團體的要求，以至於休閒活動價格之定價無法如休閒組織／活動規劃者的策略思維予以執行，而這樣的價格之定價分類，主要乃是該項休閒商品／服務／活動對於一般社會大衆或經濟因素有所影響，而導致價格高低被限制之狀況。這方面的例子有很多，如：(1)休閒園區裡面運輸工具的票價，就會被要求依一般公路、鐵路或空運票價計價的原則而予以些許加成方式定價；(2)主題遊樂園門票太貴，往往會被學校、弱勢團體或社會公益團體要求降價，或針對某些特定遊客票價給予折扣；(3)有些地方特色產業因接受政府經費補助而經營之商品／服務／活動之定價，則會被要求不可以定價過高，以免支持之機構被批評爲圖利某些特定人士。

(二)競爭價格

基本上休閒產業乃是一個開放性的完全競爭市場，所以其定價策略就需要依據供應活動者與需要活動者之雙方關係所形成的價格，就稱之爲競爭價格（competitive price）。在這樣的競爭環境

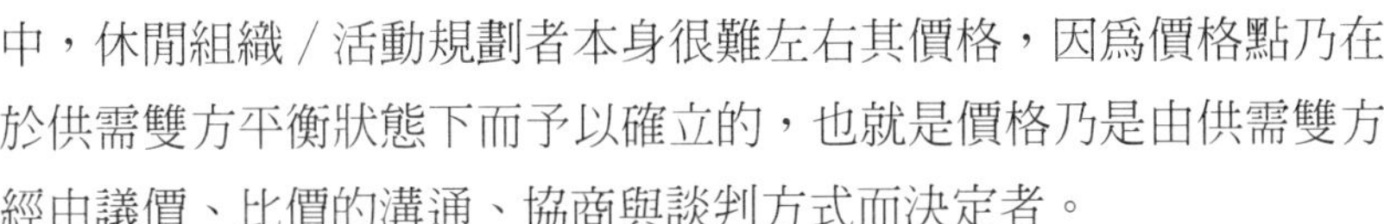

中，休閒組織／活動規劃者本身很難左右其價格，因爲價格點乃在於供需雙方平衡狀態下而予以確立的，也就是價格乃是由供需雙方經由議價、比價的溝通、協商與談判方式而決定者。

競爭價格雖然在理論上稱之爲完全競爭市場的供需各方所決定之價格，但是任何產業的經營環境並不是均呈現出完全競爭之模式，因爲在此市場中，休閒組織可經由策略聯盟、併購與托拉斯經營策略等，來企圖使價格能爲休閒組織／活動規劃者所掌握。另外由於顧客／活動參與者往往在參與／購買／消費新奢華主義、高價格高價值迷思及好面子主義等等心理因素的作祟下，導致有些休閒商品／服務／活動之價格，可以如休閒組織／活動規劃者隨心所欲而予以定價（如：健身俱樂部、生機有機食品／化妝品、選美報名……等）。

(三)管理價格

事實上，任何產業的經營環境大都處於非完全競爭的市場中，而在此市場中所形成的定價，即稱之爲管理價格（administered price）。在如此的市場裡，任何休閒組織／活動規劃者就必須將其商品／服務／活動的設計規劃、生產與服務作業、包裝、宣傳廣告與售後服務等方面，予以和既有市場中的類似或可替代性的商品／服務／活動有所差異化或區隔，則其價格的定價將可跳脫被既有市場價格的限制框架。也就是商品／服務／活動的差異程度愈高，其價格的價差也就會愈大，所以休閒組織／活動規劃者必須構思差異化的商品／服務／活動，以及差異化的行銷策略，如此很可能將其商品／服務／活動催化爲具有寡占的力量，而達成價格由休閒組織／活動規劃者所能管理與發展的管理價格目標。

二、顧客參與活動本質與價格的關係

(一)金錢意義和參與活動之關係

顧客／活動參與者因進行活動體驗，就需要支付某一定額度的金錢，才能進入體驗休閒的過程。但是不同的參與活動者雖然支付相同額度／數量的金錢，去進行某一個休閒活動之體驗，其金錢對於不同的顧客之意義，會因為其所得來源之差異，而有所不同的考量，因為所得較低的人們與所得較高的人們之金錢觀是有差異的，所以休閒組織／活動規劃者就應該將其休閒活動方案予以明確定義與定位，否則前來參與休閒活動者會因受到金錢意義的不同，而對其活動的休閒體驗價值產生不同的滿意度，如此的顧客參與活動行為過程與結果，就會受到金錢意義之不同而有所影響。

(二)時間意義和參與活動之關係

休閒活動場地、交通設施、公共建設、場地與辦理時間，均會對休閒活動參與者／顧客之參與活動意願有所影響，例如：(1)在都會區的健身俱樂部是否交通便利？有公用停車場或自備停車場？(2)在山野地區辦理的休閒活動就應該選擇假日節日與週末時段來辦理，否則活動參與者為了要來參與，就必須放棄工作而請假前來；(3)例假節日顧客大排長龍購票時，就要趕快加開售票口或入園口，或者修正購票／入園方式，以節省顧客等候時間。但是卻有些休閒活動是要設計成更長更久時間，以供顧客參與／購買／消費，例如：(1)咖啡店就要考量座位舒適、氣氛典雅及音樂輕鬆，以吸引人們入店消費（因為顧客大都是抱著休閒態度，或與朋友進行互動交流而前來喝咖啡的）；(2)購物中心則須將購物環境規劃為值得顧客前來shopping，而且將前來參與購物的過程當作是一種休閒與互動交流的體驗，如此才能發揮更大的集客力與成交率；(3)觀光旅遊行程更需要規劃為輕鬆、悠閒、不受干擾與自由自在

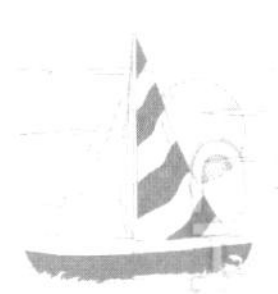

之活動過程，否則會被顧客抱怨此一行程根本不是觀光旅遊，反而是慢步行車之旅吧！

所以活動規劃的地點／位置，活動辦理時段，及活動場地交通便利性，均會對顧客／活動參與者在進行活動參與決策時有所影響，也就是說，即使價格再低但活動場地太偏僻、活動處所不方便停車、活動辦理時段在工作日等，都將會影響到顧客參與的意願。

(三)價格知覺和參與活動之關係

價格知覺（price perceptions）指的乃是：價格資訊要如何被顧客／活動參與者所理解，以及價格要怎麼去影響顧客／活動參與者之購買／消費／參與行爲？另外，顧客／活動參與者往往會把他們曾參與過之活動價格所產生的價格意識（price consciousness），拿來和目前他所想購買／消費／參與的休閒活動標示之價格做一番比較，這一個被拿來做比較的價格〔也可稱之爲內部參考價格（internal reference price）〕或許是以往的歷史價格，或許是顧客認爲的市場上的高價／低價，但是卻是被引用來評估是否應該接受目前的標示價格之參考依據！

當然，有些人們會在購買／消費／參與之前根本不問價格或不看標示價格，就決定參與該項活動，此類人們的購買／消費行爲乃是以忠誠度高的商品／服務／活動及品牌著稱之休閒組織／活動規劃者，作爲其參與活動之決策依據，根本不問價格／成本的因素如何。另外也有某些品牌形象的商品／服務／活動，早已爲人們所定位爲高價位或低價位形象，那時候人們對於其商品／服務／活動之價格資訊根本就不會去比較分析，而在人們心目中的價格意識中決定其是否參與／購買／消費之決策（例如：沃瑪百貨給人低價的形象、汽車旅館給人比觀光飯店的價格低的印象，家庭理髮比美容院便宜、休閒農場比主題遊樂園價格便宜、女性健身活動比男性健身活動費用來得高……等價格印象）。

(四)價值認知和參與活動之關係

一般來說，顧客／活動參與者之所以會決定購買／消費／參與某個休閒活動，乃是因爲他們認爲其活動體驗的價值必然會大於其所花費的金錢／成本，所以他們才會做此決策。雖然所謂價格的名詞定義有許多種（如**表2-1**所示），但是不可否認的，顧客／活動參與者在進行參與活動體驗決策之前，應該已經進行過各種成本與價值之抵換關係的評估，而且他們認爲是值得的，才會有所謂的活動參與決策！

表2-1　一般休閒產業中之價格的名詞

名　詞	用　途
活動價格	一般商品／服務／活動的價格，例如：參觀商展門票價格、購買某種設備的價格、參與選美的報名費、參與登山的費用、參加觀光旅遊的價格……等。
服務費用	參與／接受某種服務／活動之服務費用，例如：參加健身豐胸課程中的額外指導費用、接受生涯規劃專家諮詢服務之費用、報名參加舞蹈活動時由專業舞者個別指導之費用……等。
薪資報酬	乃是聘請計時或計日、計件的專業活動指導時所支付給該組織或專家學者之費用，例如：辦理滑冰活動時之聘雇教練與安全人員之費用、辦理登山活動所聘請的嚮導費用、個人旅遊活動所聘請之導遊或解說人員的費用……等。
交通費用	乃是運送／運輸的費用，如：辦理野外營隊活動時的交通運輸費用、國內外知名風景區自助旅行之交通運輸費用、辦理大型知性文化參觀旅遊時的交通運輸費用……等。
通行費用	在參加休閒活動之過程中，所須支付過橋與過路的規費，以及通關的費用，當然應包括長途電話費及國際電話費在內。
租金費用	在參與休閒活動過程中，為進行某項活動方案所須使用之設備設施而支付之費用，例如：水上摩托車、滑水板、滑雪裝備、潛浮裝備與球類器具之計時或計次使用費用等。
學習費用	在參與學習、成長活動所須支付的費用，例如：參加DIY捏陶與DIY植物染、參加知名導演演講、參加志工服務訓練課程、參加美容美姿訓練……等活動所繳交的學費。
利息費用	在參與活動時因為缺乏資源而先行以貸款方式參加，而須在參加之後一定時間內繳交所貸之本金與利息，例如：以貸款方式參加觀光旅遊或民俗技藝學習與工藝技術學習……等。

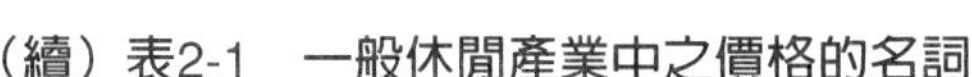
(續）表2-1　一般休閒產業中之價格的名詞

名詞	用途
材料費用	在參與活動過程中，因為想要多一次的體驗而增購多一次體驗的工本費／材料費，例如：參與DIY活動之後加購的DIY材料費，住宿旅館時使用旅館冰箱的啤酒或飲料、參與遊憩活動時的照相費用……等。
賄賂費用	在進行活動時受到當地政府或地方團體限制，而為達成該活動體驗目的所支付的非法行動之賄賂。
佣金獎金	休閒組織為吸引更多顧客參與而予以介紹的旅行社、地方士紳、仲介商或經銷／通路商的介紹獎金。

三、發展活動定價的程序與策略

在顧客／活動參與者與休閒商品／服務／活動的可參與性，可獲得性與其他情境因素之影響下，活動的價格乃是會影響到顧客／活動參與者的參與／購買／消費之行爲。依據Rossnian（1989, p.341）指出，他將活動的價格定義爲：「價格乃是活動主辦單位收取其提供活動參與者參與之休閒活動所支付的金額大小」，所以說，我們將活動的價格名詞定義爲：活動參與者在進行休閒活動體驗時，他們必須支付與承受的成本。而這個活動價格必須分由三個構面來說明：其一，從休閒組織／活動規劃者來看，活動價格乃是其提供服務活動與商品所必須反映的成本與合理利潤；其二，從休閒者／活動參與者與顧客的方面來看，活動價格應該就是他們認爲參與活動時所期待能獲取的體驗價值；其三，從一般社會機構與政府主管機關的監督立場來看，活動價格應該是休閒活動供需雙方平衡點，也是符合社會／法律的公平正義原則的價格意識，這個價格意識基本上是合乎競爭價格或管理價格、管制價格之基礎，而不會有壓迫、詐騙或取巧之行爲模式在活動定價行爲中呈現。

(一)休閒活動的定價策略

休閒組織在進行與發展活動定價策略時，有如下三種情境必須加以考量者：(1)爲新的商品／服務／活動設定價格時；(2)針對現有的商品／服務／活動進行長期性的價格改變時；(3)針對既有商品／服務／活動進行短期性的價格改變時。而休閒組織／活動規劃者在決定其活動的實際價格時，會有五個重要因素必須加以考量：(1)固定的直接成本；(2)固定的間接成本；(3)變動的直接成本；(4)變動的間接成本；(5)市場的需求預測等。

(二) 休閒活動的定價程序

本書提供如**圖2-1**所示的定價策略步驟，本模型與一般模型有所差異，其差異之處乃在於我們相當強調顧客的需求／購買／消費行爲分析，以及活動設計規劃的五階段所需要的休閒活動組織成本，與顧客／活動參與者的參與／購買／消費成本。

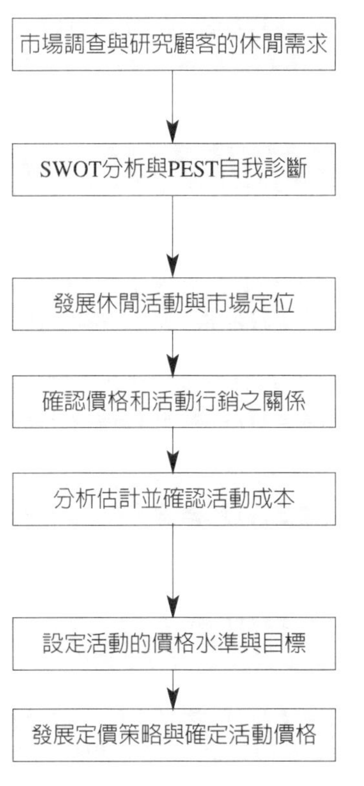

外部環境情勢	(1)顧客／市場的休閒需求；(2)同業與異業的競爭情勢；(3)顧客對休閒體驗品質的要求；(4)政府與法令規章限制；(5)休閒活動的設計開發與執行運作技術；(6)社會經濟情況；(7)中間商供應商運作體系……等。
內部環境情勢	(1)休閒組織的願景、使命與經營目標；(2)休閒組織的經營理念與經營管理政策；(3)休閒活動的成本；(4)休閒組織與其休閒活動之形象與市場定位；(5)休閒組織的活動差異化程度；(6)休閒組織之商品／服務／活動行銷組合；(7)休閒組織之行銷活動9P策略……等。
定價目標	(1)最大利潤；(2)投資報酬率最佳；(3)穩定價格；(4)因應競爭者競爭行動；(5)提升市場知名度與市場指名度；(6)擴大市場銷售數量與金額；(7)提高顧客滿意度與回流參與率……等。

圖2-1　休閒活動價格的定價步驟與定價體系圖

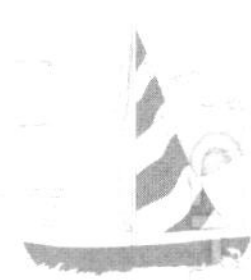

在《休閒活動設計規劃》一書中所說明的七大定價步驟與定價的三大環境變數（外部環境情勢、內部環境情勢與定價目標），已在該書各章節之中有所討論，故不另作說明。惟在此必須建議讀者／活動規劃者，爲了對於其所規劃設計的新休閒商品／服務／活動或既有休閒商品／服務／活動之定價做更好的管理，那麼休閒組織與活動規劃者／行銷管理者／策略管理者就必須爲其活動研擬出一套活動管理會計系統（management accounting system）來估算活動成本。所謂的管理會計系統，乃是有別於一般的財務會計系統，因爲財務會計系統乃是爲準備各種資料，以爲提報資產、負債、權益／淨值、經營損益、現金流量、盈餘分配與財務報表分析等財務狀況的報告，給其組織的經營管理階層、股東與董監事、證期會、金融機關及其他利益關係人了解該休閒組織的財務狀況與報酬水準、償債能力……等情形的一種會計制度。

至於活動的管理會計系統則是準備各種資訊，以提供給其組織經營管理者／活動規劃者／策略管理者進行規劃設計、研究開發、生產製造與銷售服務等PDCA（計畫、管理、執行、控制與改進）作業所需。管理會計在近幾年來已朝向即時管理會計及作業基礎成本管理會計（activity-based management or activity-based costing; ABM or ABC）領域發展，因爲近來的企業組織執行長以及活動規劃者與策略管理者必須要能夠掌握到即時的資訊，以利進行即時的分析、判斷與決策。現代的企業組織必須體現到「愈早取得資訊，就愈容易解決問題」的意涵，而且在二十一世紀3C科技的發展，已導致企業組織的製造銷售環境、休閒活動環境以及組織文化與政策方針，產生相當深遠的變化，因此新的管理會計理念與技術也就有如下幾種的變化：(1)研究創新與發展之管理愈形重要，同時必須要能將創意與創業創新列爲重要的管理重點；(2)有形商品的庫存管理方法必須創新與進行管理；(3)生產導向的行銷概念已徹底顚覆爲顧客／市場需求導向的行銷概念；(4)資訊管理與知識管理時代已經來臨，任何產業將會無可逃避地加以經營管理；(5)市場

競爭強勁程度導致任何產業經營資訊之內容與規格變得相當多，企業組織的執行長與策略者、規劃者、管理者所要學習的新管理技術更為多元化（如：ABC作業基礎成本管理、BSC、激勵獎賞與內部創業、併購與跨國聯盟、創新管理、6-sigma管理……等）。

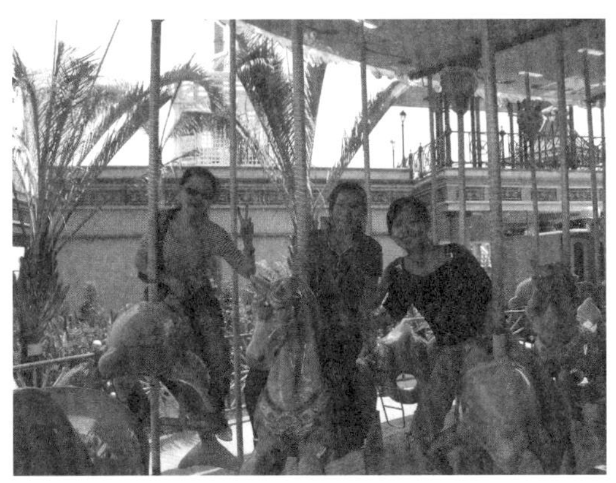

▲森林遊樂休閒

台灣國土面積中森林占全台之62%，以島嶼型國家而言，這幾乎可定位為山岳型海洋國家，這是個相當特殊之自然生物地理特色，惟這些特質一直以來卻均未成為國土發展之政策與施政主軸。1965年起，林務單位開始進行國家森林遊樂區之規劃建設工作，迄今共計約有十八處國家森林遊樂區，加上民間的森林遊樂據點與遊樂區則不勝枚舉。國人從事森林旅遊活動者，每年約三百五十萬人次。

照片來源：林虹君

第二節　休閒活動選擇定價的方法

休閒活動的定價方法，基本上有所謂的成本導向法、需求導向法、競爭導向法、實驗導向法與特殊定價決策等五種，然而在實務運用上，則可依據所面臨的外部環境與內部環境因素，而將上述五種方法合併採取運用。

一、成本導向定價決策

成本導向定價法（cost-oriented pricing method）的主要原則，乃在於企圖將其總成本回收為基本定價原則而為其定價之決策，所謂的總成本乃包括製造成本／購買成本、行銷費用、管理費用與財務費用，至於定價水準則為總成本與利潤的總和。事實上這個定價方法大都只適用於銷售導向或生活導向的產業，在這個時代裡已不是妥適的定價決策，至於此一定價方法約可分為：

(一)成本加成定價法

成本加成定價法（cost-plus pricing），乃是將商品／服務／活動的單位總成本加上期望的利潤作為其價格之決策，也就是售價與成本之差額即所謂的加成（mark-up），亦即所謂的銷售毛利，此一方法大致在零售業或批發業中乃較可行的定價方法。惟此一方法缺乏彈性，也忽略了顧客的需求彈性，而易於受到季節性與商品／服務／活動生命週期變化的影響，所以加成比例應和上述的變化做調整，例如：(1)主題遊樂園在非假日的價格優惠；(2)餐館於SARS或禽流感危險期的低價促銷；(3)寒暑假觀光旅遊的提高參加旅遊團團費等均是。

(二)損益平衡點定價法

損益平衡點定價法（break-even point method），乃是利用損益平衡點分析的方法計算出商品／服務／活動的銷售收入與支出相等之點，以為提供活動規劃者有用的財務資訊，並協助他們估計其活動定價的價格點是否在平衡點的右方或左方（如圖2-2所示），也就是在利潤的方向或在損失的方向，當然也提供他們辨識出在其定價的價格點處，其休閒活動的直接成本、間接成本、固定成本與變動成本之關係是怎麼樣。

一般來說，利用損益平衡點定價法的假設基礎乃建立在：(1)

該休閒活動之價格乃是可以任意決定的；(2)可以合理的將其活動的總成本劃分爲固定成本與變動成本；(3)不必考慮到該休閒活動的需求變動情形；(4)該休閒活動的需求量相當大……等方面之上，而所謂的損益平衡點（BEP）計算公式及運用方式可由**表2-2**所示的公式計算得知。

在**圖2-2**及**表2-2**的固定成本基本上可分爲：(1)固定的直接成本，即指實際與生產或休閒服務作業有關的成本，而這個成本乃是不會隨著參與人數或銷售數量的變動而跟隨變動的成本，也就是在活動的規劃設計時即已存在的成本，此成本包括有：該休閒組織與該休閒活動領導者的人事費用、促銷推廣費用、執行活動時的設施設備與場地費用……等在內；(2)變動的直接成本，即指依隨著參與人數或生產製造、銷售數量的多寡而改變的成本，此成本包括有：有形商品的材料與人工成本、代銷商品的數量或自製商品數量會跟隨著參與人數的增加而增加；(3)固定的間接成本，則伴隨著該休閒組織與活動的運作所需求的行政人員的人事費用、場地設施設備的折舊……等在內的基本活動成本，而這個成本與活動參與人數的增減沒有關係。所以我們在進行活動成本估算與活動定價時，乃是需要將關注的焦點放在固定的直接成本與變動的直接成本之

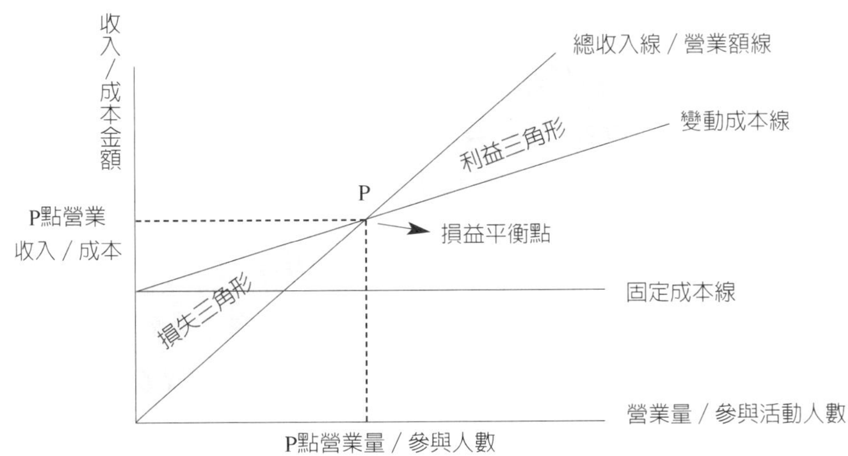

圖2-2　損益三角形與損益平衡點

表2-2　損益平衡點的幾種運用方法與公式

情況類別	損益平衡點	計算方式
基本公式	參與人數／銷售量的BEP	固定成本÷〔銷售價格－（變動成本÷參與人數／銷售數量）〕
	營業收入的BEP	固定成本÷〔1－（變動成本÷營業收入）〕
固定成本變動的情形	參與人數／銷售量的BEP	（固定成本±變動金額）÷〔銷售價格－（變動成本÷參與人數／銷售數量）〕
	營業收入的BEP	（固定成本±變動金額）÷〔1－（變動成本÷營業收入）〕
變動成本呈比例升降之情形	參與人數／銷售數量的BEP	固定成本÷〔銷售價格－變動成本×（1＋升高%或1－降低%）÷參與人數／銷售數量〕
	營業收入的BEP	固定成本÷〔1－變動成本×（1＋升高%或1－降低%）÷營業收入〕
售價調整的情形	參與人數／銷售數量的BEP	固定成本÷〔銷售價格×（1＋升高%或1－降低%）－變動成本÷參與人數／銷售數量〕
	營業收入的BEP	固定成本÷〔1－變動成本÷營業收入×（1＋升高%或1－降低%）〕
為達到某個盈餘目標時	應有的參與人數／銷售數量	（固定成本＋盈餘目標金額）÷〔銷售價格－（變動成本÷參與人數／銷售數量）〕
	應有的營業收入	（固定成本＋盈餘目標金額）÷〔1－（變動成本÷營業收入）〕

上，而尋求妥善可控制或降低此兩類成本的方法與策略，至於固定的間接成本則是在可控制上述兩類直接成本時，再予以深入研究可以降低成本或提高其成本效益之策略與方法。

二、需求導向定價決策

需求導向定價法（demand-oriented pricing method）乃是經濟學的定價模式，就經濟學觀點來說，需求乃是在一定的價格之情形下，活動參與者／顧客／消費者對於休閒商品／服務／活動之需要數量。這個需求法則（law of demand）乃以如下公式來表示：x＝f（P）（x＝總需求，P＝價格），而利用此一需求法則在定價決策上應考量之要素有：

(一)需求的價格彈性

需求的價格彈性（price elasticity of demand），乃指需求與價格之關係受到價格之變化而引起需求變動的反應程度，也就是在定價時要針對需求彈性加以分析，亦即所謂的價格彈性，而這個價格彈性可經由需求曲線（如圖2-3及公式）加以說明：

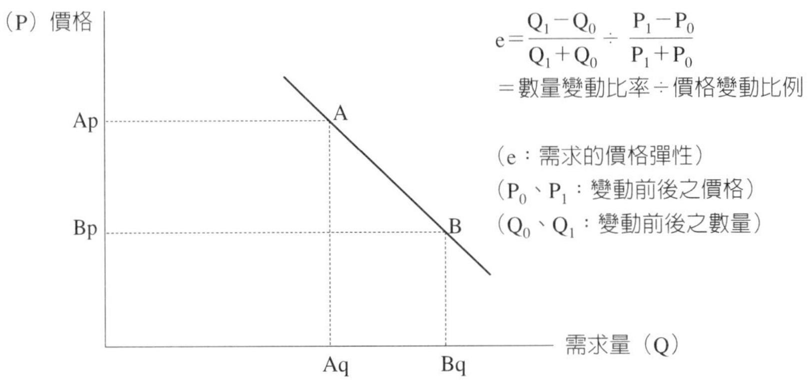

圖2-3　需求曲線圖

1.需求的價格彈性等於1時，價格變動與需求數量變動成正比例關係，價格變動對其總收入不會產生任何影響。

2.需求的價格彈性大於1時，價格變動與需求變動成反比例關係，也就是價格上升時，其需求量會呈現大比例的減少，以致使總收入減少；反之，則因價格下降導致需求量大幅增加與總收入增加。

3.需求的價格彈性小於1時，價格下降，需求量會呈小比例增加，總收入相對減少；反之，則需求量會小幅度減少與總收入增加。

(二)需求的所得彈性

需求的所得彈性（income elasticity of demand），乃指所得水準也會對於需求量產生增減的影響，而所得變動百分比與需求變動百

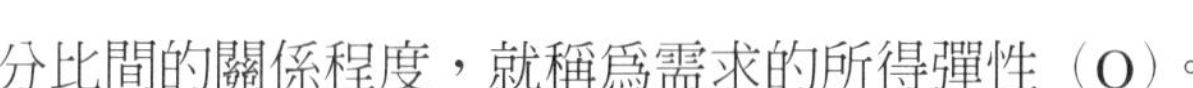

分比間的關係程度，就稱爲需求的所得彈性（Q）。

$$Q=\frac{Q_1-Q_0}{Q_1+Q_0}\div\frac{E_1-E_0}{E_1+E_0}$$（Q為需求的所得彈性，Q_0、Q_1為變動前後的需求，E_0、E1為變動前後的所得）

1.需求的所得彈性大於1時，所得增加會導致需求增加；反之，則會導致需求大幅減少，此類商品／服務／活動大都屬於高檔或奢侈性等級。

2.需求所得彈性介於0與1之間時，商品／服務／活動受到所得變動之影響較少，此類商品／服務／活動大都屬於一般性、日常性或必需性的層級。

3.需求所得彈性小於0時，價格不變，所得的變動與需求的變動乃是呈現反向之關係，此類商品／服務／活動大都屬於低檔或劣級層次。

(三)需求的交叉彈性

需求的交叉彈性（cross elasticity of demand），乃指若某項商品／服務／活動的價格變動一個百分點，所引起另一項商品／服務／活動需求量變動的百分比，此一彈性乃用於衡量某項商品／服務／活動受到另項商品／服務／活動的價格變動所影響到其需求量的變動程度，此變動程度即稱爲需求的交叉彈性（β）。

$$\beta=\left(\frac{Xq_1-Xq_2}{Xq_1+Xq_2}\div 2\right)\div\left(\frac{Yp_1-Yp_2}{Yp_1+Yp_2}\div 2\right)=\frac{Xq_1-Xq_2}{Xq_1+Xq_2}\cdot\frac{Yp_1+Yp_2}{Yp_1-Yp_2}$$

＝X商品／服務／活動的需求變動比率÷Y商品／服務／活動的價格變動比率（Xq_1、Xq_2為X商品／服務／活動變動前後的需求量，Yp_1、Yp_2為Y商品／服務／活動變動前後的價格）

1.需求的交叉彈性小於0時，X與Y兩項商品／服務／活動之間乃是具有相互依存的關係，也就是兩者乃是具有互補性的，例如汽油與大眾捷運工具、咖啡與奶精……等。

2.需求的交叉彈性等於0時，X與Y兩項商品／服務／活動之間乃是各自獨立的關係，也就是兩者之間的需求量與價格之間沒有任何影響力。

3.需求的交叉彈性大於0時，X與Y兩項商品／服務／活動之間乃是具有互相替代關係，也就是兩者乃是互爲替代品的，例如：根莖類蔬菜與葉菜類蔬菜、國內旅遊與國外旅遊……等。

三、競爭導向定價決策

競爭導向定價決策（competition-oriented method），乃是基於休閒組織的競爭對象之價格水準，而將之納爲本身有關商品／服務／活動的定價依據基準。一般來說，在這個定價決策基礎裡，乃以競爭對象的價格水準做基準，而考量本身組織形象與市場定位，和競爭對象的價格保持某一定差額（有可能高於對手，也可能低於對手）的價格，作爲其商品／服務／活動之定價，然而卻對其本身商品／服務／活動的成本高低，以及市場需求量大小不會太在意（甚至於忽視掉而沒有進行任何調整）。

(一)現行市價法

現行市價法（going-rate pricing），一般乃在於完全競爭市場機制下的一種定價決策模式。由於在完全競爭市場裡，所謂的休閒參與者與休閒組織雙方對於休閒商品／服務／活動的價格、品質與需求量等方面，均有相當充分的了解與認識，所以價格水準也就是取決於休閒市場供需情形，任何休閒組織與活動參與者均很難於更動其市場既有的價格水準，即使休閒組織想往上修正其價格，但除非具有差異化優勢，否則將會喪失既有的顧客再來參與活動之機會。

(二)競標法

競標法（sealed-bid pricing），乃是考慮競爭對手所可能的報價水準，再考量本身是否有能力依照競爭對手定價水準作為本身的定價，若有此能力，就可以將競爭對手的可能價格列為本身的定價，反之則應放棄此一市場，或轉而將既有商品／服務／活動予以創新，如：重新市場定位、差異化策略或退出市場。

四、新產品的策略性定價決策

新產品的策略性定價法（strategic pricing of new products），乃是針對新開發完成的商品／服務／活動予以策略性的定價方法。由於新商品／服務／活動的具有高度不確定性（例如：新的休閒活動的規劃設計與上市行銷過程中有什麼困難？所需的成本有多大？市場的需求是否存在？市場需求量多少？市場可接受的價格水準如何？），以及新休閒活動的定價到底要採取哪一種策略的挑戰，到底是撈油式定價法（skimming pricing）或滲透式定價法（penetration pricing），較為符合新休閒活動的定價策略？

(一)撈油式定價法

這個定價決策乃是將新的休閒商品／服務／活動的價格予以高檔層次的定價，也就是利用人們好奇、獨占鰲頭與滿足創新的心理，而將休閒活動價格定得很高，雖然只有少數人會參與，但是因為該類休閒活動初上市，其市場本來就小，故以高價位獲取短期利潤，俟一段時間之後將價格降低，使更多的活動參與者／顧客能夠均來參與。例如：家庭用電視遊樂器、新開發的個性化旅遊景點，及五星／六星級汽車旅館等。

(二)滲透式定價法

這個定價決策乃是將初期的定價壓得很低，而藉以深入與滲透整個新市場，迅速取得高市場占有率。例如：休閒農場與民宿的大量興建與上市，均係採低價滲透的策略，另外一般性的汽車旅館與普及化的藥膳餐廳也是如此。

五、實驗設計定價決策

實驗設計定價法（experimental pricing），乃是利用試銷、試遊或試用的實驗設計方法。

1.選擇兩處特性相同的地區或兩類休閒需求與休閒主張相類似的族群進行實驗，其中一處或一族群乃是控制區，另一處或另一族群則是實驗區，分別以舊有價格水準與試驗的價格，開放給此兩區人們進行參與／消費／購買，等經過一定時間之後，再依據參與人數／消費量做比較分析，以了解哪一個價格較適合或最有利，以爲進行定價之決策。

2.另外一種乃是採取試銷／試遊／試用的行銷手法，分別針對其試銷期間的參與者進行問卷調查與觀察其滿意度情形，以爲決定其定價之決策。此試銷方法也可以不同族群或人口結構（如：職業、地區、教育水準、所得水準……等），進行測試其對本項新的休閒活動的接受程度如何？可接受價格水準如何？

▶ 旅遊識別標誌

標誌之設計也應著重於社區整體形象，並賦予時代意義及附加價值。另一方面聯外道路與區內主要道路之交叉路口行車動線指示設施以指明入口意象，另外識別標誌須避免凌亂影響觀瞻、缺乏整體意象與特色，動線指示設施方面的設計也應配合形象識別標誌的設計原則。

照片來源：德菲管理顧問公司　許峰銘

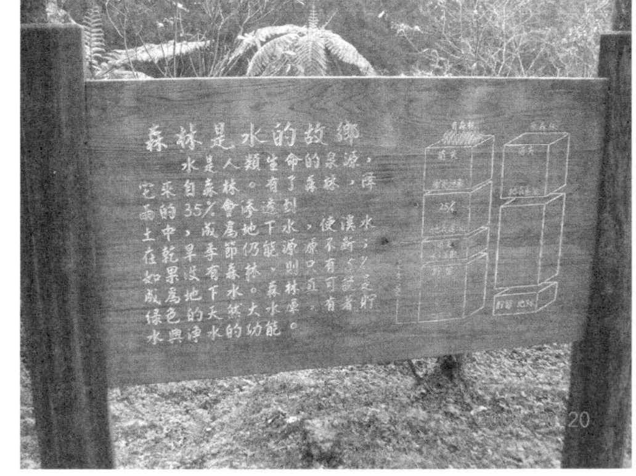

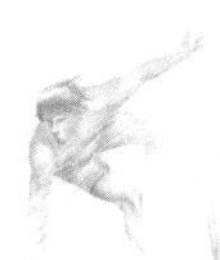

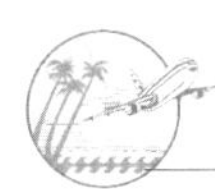

第三節　影響定價決策的有關要素

休閒組織對於新的休閒活動（不論是商品、服務或活動）的定價哲學與定價方法，除了滿足本身組織與顧客之需求外，尚必須考量到社會角色扮演中所可能需要的休閒活動類型，與其角色任務達成的所有可用資源。因爲休閒活動的規劃設計與上市推廣，除了要能夠承擔到其應該具有的社會責任之外，若沒有因爲其休閒活動所可能帶來獲利的資源，則其休閒活動將會無法持續地推動下去，那要如何去完成社會責任？所以休閒組織爲了善盡社會公民的責任與義務，就必須經由其休閒商品／服務／活動之銷售，以獲取合宜的利益收入，如此才能支撐其休閒組織的生存與完成應有的社會責任。至於休閒組織不論是營利型組織或是非營利組織／政府機構主辦的休閒組織，均需要確立其自給自足的目標，雖然非營利組織／政府機構可能採取不收費的原則，但是若無稅金收入或贊助、募款、捐款等資金來源，也是無法遂行其休閒活動之運作的！

一、制定定價的政策

休閒組織的定價政策大致上可分爲幾個方向來加以說明：

(一)新產品定價政策

新的休閒商品／服務／活動定價政策，乃是如上節所說的撈油式定價方法的初期高價政策，及滲透式定價方法的初期低價政策等兩種定價政策。高價政策，一般來說，(1)導入市場之初期若其價格彈性小於1，大多數的顧客並不了解此類休閒活動之特性，同時市面上也沒有替代品，所以初期會採取高價政策；(2)導入市場之初若其價格敏感度較低的市場，則採取高價政策進入市場，等市場的休閒活動生命週期進入成長期，則可降低價格水準以吸引價格敏感度較高的市場；(3)基於競爭市場之特性，於導入市場時以高價

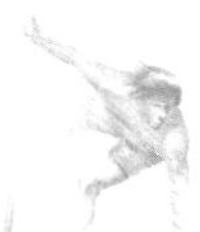

政策先行回收市場開發與研究發展之成本，期以取得有利的競爭地位，之後再降低價格水準。

至於低價政策則因：(1)其休閒活動之價格敏感度較高；(2)可藉大衆行銷方式吸引大量的顧客參與活動，以降低其成本；(3)預估在導入市場時立即遭到競爭者大量跟進，而爲求立即站穩市場，故以低價定價政策進入市場；(4)爲求迅速占有整個市場時，也可採取低價政策進入市場；(5)企圖藉由低價策略以降低跟進之競爭者數量等要件，而採行之定價政策。

(二)服務與活動的定價政策

休閒組織的產品若是以服務與活動等非有形產品爲之，則其定價政策自然與有形產品的定價政策有所差異。

1.若是牽涉到原材料與補給品的時候，則應將此等原材料與補給品的進項／採購價格，加上加值型營業稅與材料補給品的附加費（material loading charge），而此一附加費就是爲回收採購成本所需要的期望利潤（一般大約是進項總成本的30%至50%左右）。
2.若是牽涉到服務人員的參與／提供服務的時候，就應該分析所謂的直接工時收費率（即：人工直接成本，預定行銷與管理費、預估每小時每位服務人員的期望利潤等在內），再分析所提供的服務／活動的工時情形，而予以折算而來的。

(三)消費性商品與服務活動的定價政策

休閒組織的產品若屬於消費性商品時，其定價政策除了產品的成本與期望利潤之外，尙應考量到服務活動的價格水準。惟一般來說，消費性商品與服務活動的定價政策，不外乎：(1)心理定價方法，如：奇數定價法、習慣定價法、價格陣線法（pricing liming）與聲望定價法等；(2)促銷定價，如：領導定價、競標定價與個性折扣定價法（superficial discounting）等。

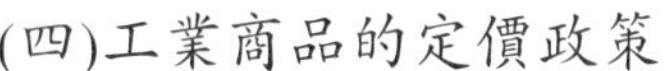

(四)工業商品的定價政策

工業商品的定價政策方法大都採取成本加成定價方法來進行其定價決策，而其定價的公式為：

價格＝（C＋P）M．Cp．Cs．Cc

C：表示總成本

P：表示期望利潤

M：表示市場的經濟因素

Cp：表示同業競爭壓力的強度

Cs：表示競爭品的替代性

Cc：表示顧客的價格意識

基於上面的公式，我們提出影響定價變數有M、Cp、Cs、Cc等四大因素，而當此四大因素的數值小於1時，乃表示對該休閒組織的獲利機會是不利的，也就是其定價之價格會低於（C＋P）；又若此四大因素的數值大於1時，則表示其獲利機會很高，即其定價之價格可高於（C＋P）。

而工業商品的定價政策除了上述公式的考量之外，尚應考量到：(1)運費；(2)地區別的市場需求、運費與稅金；(3)同地區價格的一致性；(4)同功能用途者價格相同，不同功能用途之價格彈性不同，故須有差別價格；(5)跨國外銷的價格與本地價格的差異性……等因素。

(五)反托拉斯法或公平交易法體制下的定價政策

台灣的公平交易法及歐美國家的反托拉斯法，往往會對工業與消費性商品（甚至服務／活動）進行一些特定形式的定價行為，在美國的Robinson-Patman法案、Clayton法案、Sherman法案均限制差別定價（price discrimination）的行為；另外也有一種禁止的定價行為，即掠奪式定價法（predatory pricing），乃是禁止以暫時性削低價格以擴大對商品需求，而在以後則會以限制供應數量的手法來拉高價格之行爲。在台灣，公平交易法禁止供應商聯合漲價或跌價、非法／未經報備的結盟行爲，例如：在2004至2005年台塑石油與中國石油兩家公司的聯合漲價／跌價行爲，便遭到公平交易委員會的罰款處罰，以至於在2005年8月底，因爲石油期貨市場價格突破每桶七十美元大關，台塑石油宣布汽油每公升上漲二點四元，而中國石油則不敢跟進。

二、影響定價的主要因素

休閒商品／服務／活動之價格訂定，應思考如下幾個要素，以爲定價時之參酌與決策依循：

(一)休閒商品／服務／活動之特性

■產品屬性的定價方面

任何產業（當然包括休閒產業在內）在定價時，應就其商品／服務／活動予以市場／顧客的定義與定位，也就是對其產品屬性（attribute）有所了解，例如：(1)在其有形的屬性上，乃針對該休閒商品／服務／活動的基本的特性、功能與價值進行了解，以確立其在顧客／活動參與者的認知與評價，到底是必需品？奢侈品？高價位或低價位之定位？(2)又在其無形的屬性方面，則依其商品／服務／活動對於顧客／活動參與者所能提供在心理上、社會上或其他方面的附加價值，進行了解並確定其在顧客／活動參與者心目中的地位與需要性。若某一個休閒活動參與者所定義與認知他參與活動的重要考量決策焦點，乃在產品屬性方面時，則休閒組織／活動規劃者就應將其休閒商品／服務／活動的定價策略放在低價位層次上面，因爲該等活動方案就屬於符合休閒之生理與安全層次的需求，例如：遊憩治療形態之休閒活動、生理健康要求的休閒活動、餐飲飲食需要的購物休閒活動等。又若活動參與者所參與活動的定位，乃在於獲取心靈成長、自我學習與美麗幸福……等層次需求時，則

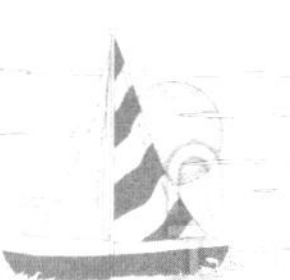

該等活動方案就應該可以放在高價位之定價決策上，例如：爲美容瘦身豐胸需求的購物休閒活動、享受放鬆自我與體驗被服務被尊崇需求的五星級以上飯店住宿活動、追求刺激娛樂的高空飛翔休閒活動……等。

■顧客／活動參與者的參與／購買／消費態度

往往顧客／活動參與者的參與休閒活動或購買／消費休閒商品服務之頻率，也會左右到休閒商品／服務／活動的定價決策。一般來說，購買／參與／消費頻率較高的休閒活動之定價就不宜高，否則就會影響到他們的參與／購買／消費的意願，而且價格的高低往往也是促進參與休閒活動的行動促進劑，例如：社區辦理的健行活動、土風舞活動與跆拳道館等。反之則應將其定價拉高，以提高其利潤，例如：選美活動、賽車活動與禪七活動……等。

(二)休閒商品／服務／活動的需求彈性

在本章第一節與本節前面已有所討論，故而在此處我們以**表2-3**來說明。

表2-3　需求彈性的定價之影響

需求的價格彈性	1.價格彈性大於1時，參與活動數量與價格漲跌乃成反比例關係，同時價格漲跌對於休閒組織所得到的收入，也呈現反比例的關係。 2.價格彈性等於1時，參與活動數量與休閒組織的收入之變化，不會受到價格之漲跌影響。 3.價格彈性小於1時，價格上漲將導致需求量／參與活動數量以較小比例的減少，休閒組織的總收入反而會增加；反之則需求量／活動參與數量會以小幅度的增加，而休閒組織的總收入則會減少。
需求的所得彈性	1.所得彈性大於1時，活動參與者之所得增加會導致活動參與數量的增加，反之則會導致活動參與數量的大幅減少。 2.所得彈性介於0與1之間時，活動參與者之所得增減變化與活動參與數量上升或減少之間，並無明顯的影響。 3.所得彈性小於0時，在價格穩定下，活動參與數量與所得之變動間，乃是呈現反方向之關係。

(三)休閒市場的擴張可能性

休閒商品／服務／活動在休閒市場的機制裡，若是某項休閒活動可以經由行銷與推銷手法，加以刺激其顧客的參與頻率，或每次參與時擴大其參與的範圍／購買消費金額，則休閒組織／活動規劃者／行銷管理者大可不必採取降低價格之策略，來激勵參與／購買／消費之數量／金額，反而可以採取反向操作方式將價格拉高，卻也不會影響到活動參與者／顧客的參與／購買／消費之行動，同時有可能會更爲擴大其營銷金額或參與人數。

當然這樣子的情境乃需要休閒組織予以研究分析有關市場擴張的可能性，當活動規劃者／行銷管理者／策略領導人進行實驗研究之後，若持正面肯定的結論，則休閒組織應該可以採行行銷與推銷的策略行動方案加以導入，例如：廣告活動、大衆報導與造勢名人代言等方式，均是值得納入在行銷策略與經營管理策略行動方案之中，藉以擴張市場與擴增活動參與數量，以及達成更多活動的營運收入。

(四)市場的定義與定位

休閒商品／服務／活動之目標顧客族群，必須加以明確定義清楚及妥善予以定位，也就是將其市場予以明確定義與定位，否則很可能會錯誤地加以定價，以至於不爲其市場／顧客所認同，甚至於爲其市場／顧客所拒絕。所以休閒組織／活動規劃者／行銷管理者必須妥適地區隔其顧客到底在哪裡？這些顧客參與休閒活動的動機在哪裡？參與的頻率有多少？每次參與的消費額度是多少？凡此種種的顧客族群明確化，乃是休閒組織所必須鑑別清楚的。經由如此的鑑別之後，也就是經由行銷學上的市場區隔（market segmentation）工具之分析與鑑定，那麼休閒組織的活動規劃者將會對其所規劃設計的休閒活動到底要怎麼來定價有所認知，如此一來的休閒活動價格，才不會爲其目標市場／顧客所排斥與拒絕。

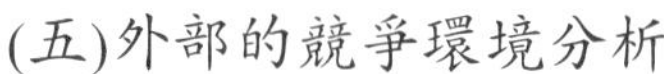

(五)外部的競爭環境分析

休閒組織／活動規劃者也應該明確地針對其所規劃設計的休閒活動方案所位處的產業環境有所了解，例如：(1)既有的休閒市場中是否有所謂的競爭者存在？有沒有可能再投入參與該市場之另個休閒組織或活動？(2)既有的休閒市場是呈現完全競爭狀況？不完全競爭狀況？或寡占／獨占狀況？(3)本身的休閒活動方案在休閒市場裡的利基點何在？優勢與劣勢點何在？(4)本身的休閒組織在產業中所獲得的企業／組織形象怎麼樣？(5)本身所規劃設計出來的休閒活動方案的評價怎麼樣？有沒有比競爭對手的類似或具互補性的休閒活動方案來得高評價或低評價？凡此種種的競爭環境分析，均是左右到休閒商品／服務／活動的定價決策因素。任何休閒活動推出上市之前，均應透過此一分析技術加以明確識別出來，否則休閒活動方案之定價有可能會在上市時即告失敗而退出市場，當然不管競爭環境如何，最重要的乃是休閒組織與活動規劃者／策略管理者均需要考量所謂的差異化、低成本與高休閒體驗價值等，作爲競爭的利器！

(六)內部競爭資源的分析

休閒組織／活動規劃者更要了解到其休閒組織／休閒活動的內部資源，例如：(1)休閒商品／服務／活動的作業活動成本如何？是否比競爭對象／活動的成本來得高或低？(2)休閒組織本身的服務人員（尤其第一線服務人員）之服務品質水準如何？顧客要求回應能力如何？服務作業流程是否符合顧客前來參與活動的需求與順暢／便利？(3)休閒活動方案所提供給予顧客在進行休閒體驗之需求與價值，能否給予他們一次購足的感覺？(4)休閒活動方案之進行過程中的標準作業程序是否嚴謹地規劃？有沒有建立標準的檢查／稽核作業程序？(5)休閒組織的活動預算與資源的匹配程度如何？(6)休閒活動進行之場地與設施設備是否足以讓休閒活動方案順利進行？(7)有沒有建構好妥善的緊急事件處理與應變的作業程序以供服務人員遵行？凡此種種因素均會左右到休閒組織的活動定價決策，休閒組織／活動規劃者／策略管理者均應在活動方案推出上市前，即自我診斷分析，以免讓顧客在進行活動體驗時有所遺憾或反彈／抱怨，如此將會影響顧客的參與意願。

(七)休閒商品／服務／活動的活動組合方案

由於休閒產業乃是服務產業的一環，所以休閒組織更要體會到顧客的一次購足與便利性要求，所以在現今的休閒產業裡，不論是學習型、挑戰型、文化型、遊憩型、觀光型、運動型或是購物型，均會被其顧客要求能夠在參與活動體驗時，獲取多元化的休閒體驗，也就是類似購物產業的一次購足與便利性的要求。如此的休閒需求與市場環境就會引導休閒商品／服務／活動的活動組合方案，這樣的趨勢乃是休閒活動規劃者所必須認知清楚的，例如：(1)主題遊樂園已涵蓋了遊戲、觀賞、學習、挑戰與文化等領域的休閒活動組合方案；(2)購物中心更踏進運動休閒、會議展演、餐飲美食、文化學習……等活動類型；(3)休閒農場也開發了餐飲美食、休息住宿、歌唱表演與產品銷售……等活動類型。

所以休閒組織與活動規劃者在規劃設計休閒活動時，必須考量到商品／服務／活動的多樣化，當然在活動組合方案定案時，就需要考量到是否要將某些活動方案的定價設定在包套服務的基礎上，予以組合定價，或者是依照各個活動予以個別定價？事實上所謂的組合定價，乃在考量其活動組合方案中各個活動的聯合成本，將全部的活動方案價格予以組合，構成方案的組合價格而加以定價的方式，如今已很少依個別活動方案予以個別定價，供顧客依需求選購參與（但是購物產業則會依個別商品／服務／活動加以定價）。但是當市場不景氣時，休閒組織的修訂價格方式有可能是將全體活動方案構成價格予以修訂；但最有可能的，乃是針對某些特定活動方案之價格加以修訂之後，再將整個活動組合方案之構成價格，依特

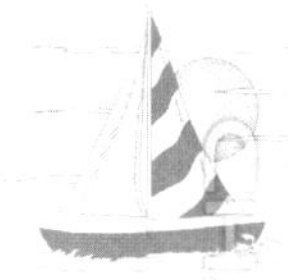

定活動方案修訂價格之幅度予以修訂，如此的思維乃是考量到低收益低參與率的活動方案採取低價策略，藉由活動組合方案之各活動組合比例，予以重新調整組合定價，其目的乃爲維持高收益高參與率的活動方案的收益能夠在一定水準的情況下，進行市場行銷活動。

(八)休閒活動處所／行銷分配通路

一般來說，有形的商品以及可伴隨有形商品移轉的服務與活動，乃是會受到行銷分配的通路之長短／遠近、方便性與其他特性而影響其價格之訂定。例如：(1)休閒組織爲某特定顧客辦理的休閒活動；或(2)有形商品須經由多種通路階層（channel level），才能送到某特定顧客手中；或(3)某特定顧客前來休閒組織參與活動體驗之後所購買的有形商品，委託該休閒組織以宅配或貨運、空運、海運方式送到該顧客手中……等情形時，則該休閒組織的定價策略就必須再考量到交通費、食宿費用、通路商利潤及運輸費用在內了，如此的價格定價水準，自然會比特定顧客直接到休閒活動處所參與體驗，與自行取走所購買商品的價格來得高了。

另外辦理休閒活動所在地點的到達方便性與否、距離遠近、交通設施是否齊全，以及處所周邊相關設施設備的完整性等方面，則會是另一個層面的價格影響因素。例如：(1)活動進行處所在深山，若是缺乏順暢的交通公共建設的支持，則該處所的活動項目即使相當吸引人，然而因交通不方便將會影響人們的參與意願，這個時候，活動方案的價格就需要考量是否可以高價策略或低價策略，來刺激顧客的參與意願；(2)活動進行處所有點偏僻，交通雖然方便，但是離住宿休息／吃飯睡覺的處所太遠時，則該活動的價格策略也同樣地陷入兩難的情境，當然休閒組織若能自備民宿時則可另當別論了；(3)若活動進行處所周邊地點涵蓋了吃的、喝的、用的、玩的、住的、睡的……等休閒組織，如此的環境有點類似休閒園區／度假勝地，那麼其活動定價自然可以往高處考量了！

(九)休閒組織／活動的服務機構之社會服務角色定位

休閒組織的社會服務角色定位，對於該組織的活動方案定價哲學具有相當大的影響力。首先來說明商業性質的休閒組織，因其社會服務角色是自我承擔一切經營成敗的責任，因此當然會以能夠充分獲取利潤的方式來進行活動方案的規劃設計與上市行銷，因此商業性的休閒組織之活動規劃者，就必須以提供商品／服務／活動的銷售與推展收入來滿足其社會服務之角色扮演，故而必須將休閒商品／服務／活動予以妥當的定價，藉其銷售的收入來平衡有關的設計規劃、生產製造、銷售推廣以及服務人員薪資，同時也必須能夠賺取合理的利潤。如此的社會服務角色的休閒組織在定價策略上，自然會和非營利休閒組織與政府主管機構附設之休閒組織，有顯著的不同定位，因爲非營利休閒組織與公營休閒組織的資金來源可能是稅收、募款、捐助或政府補助經費，所以這樣的休閒組織自然不能再考量其收支平衡與否，或是要有盈餘了。故而這樣的休閒組織所經營管理的休閒活動，有可能會採取完全免費參與的方式，或是採取活動參與者支付部分費用，另一部分費用則由此些組織的補助之服務方式。

(十)公共遊憩系統的定價議題

活動場地與設施設備所位處的遊憩系統，若屬公家所有時（如：展演場、公園、社區或政府機構附屬的遊憩場地與設施設備），則不論是商業休閒組織或是非營利休閒組織／政府機構，當其在此公家遊憩系統辦理有關的休閒活動時，則其收取的參與費用（如：門票、清潔費、管理費……等），就應該有所斟酌考量了。因爲這些公家的遊憩系統乃是經由人們的納稅錢，或是經由人們／企業組織的贊助／捐獻，而得以建設完成的，若是收取的門票（含管理費、清潔費）太高，則會引起有識之士或關心公共建設議題的人們／組織的大力抨擊，因而引起活動參與者的反感或卻步，而造成參與者／顧客的流失。

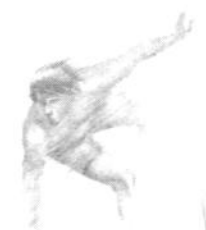

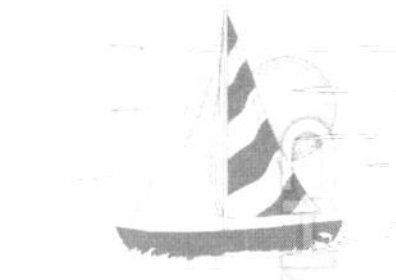

另外若不收門票（含清潔費、管理費）或定價過低，以至於缺乏資源的挹注，造成沒有辦法努力維持一個完善的遊憩服務，同樣的也會流失顧客。這樣的討論，本書並非就主張一定要收取費用，以維持完整的公家遊憩系統，或是主張要經由「使用者付費」的原則來收取費用，以彌補稅收的不足，而是我們要藉由此議題的提出，以爲有識之士、學者專家、休閒組織與政府主管機構共同來探討應該如何來收取費用，以爲平衡休閒遊憩服務之成本，以及如何運用稅收來補助商業休閒組織，以協助政府辦理公共休閒遊憩服務活動。另外所謂的BOT案又要如何來規劃、進行與管理，以免造成官商勾結與掏空國庫之危機，則顯然又是值得探討的議題。

當然公家遊憩系統的興辦乃是社會的期待，只是有幾個議題是值得我們更進一步探討的，諸如：(1)國家的各種建設愈爲多元化，而稅收資源已呈現入不敷出的赤字預算之世界潮流，政治與經濟的資源是否有能力持續支援公家遊憩系統的興辦與服務，實在是令人質疑的議題；(2)使用者付費的原則曾幾何時已成爲政府施政的方針，以至於公共遊憩服務設施，既然由公家機構運用人們納稅錢來興辦，但是卻要人們在使用公共遊憩服務時另行付費，如此的思維往往招致人們的抗議與拒絕使用公共遊憩系統的服務；(3)再者現代人參與休閒遊憩活動之需求已多元化及跨國化，而人們對於政府利用納稅錢來興辦的公共遊憩系統服務，已不再有耐心聽取任何政府官員的說詞，因爲人們不願意用自己納稅的錢來使用公共遊憩系統以滿足休閒需求，何況納稅的稅基乃是不公平的，繳納較多稅金的人們卻與未曾／少許繳稅的人們站在同一的收費基礎上，去使用公共遊憩系統，以至於有許多人反抗某些公共服務（包括公共遊憩服務在內）。

(十一)休閒活動服務分類系統的定價哲學

若依據經濟學家Howard和Crompton（1980）的區分財貨爲公共財（public）、半公共財（merit）與私有財（private）的形式，來

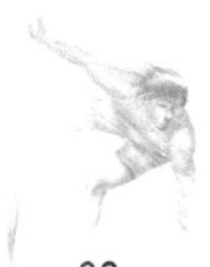

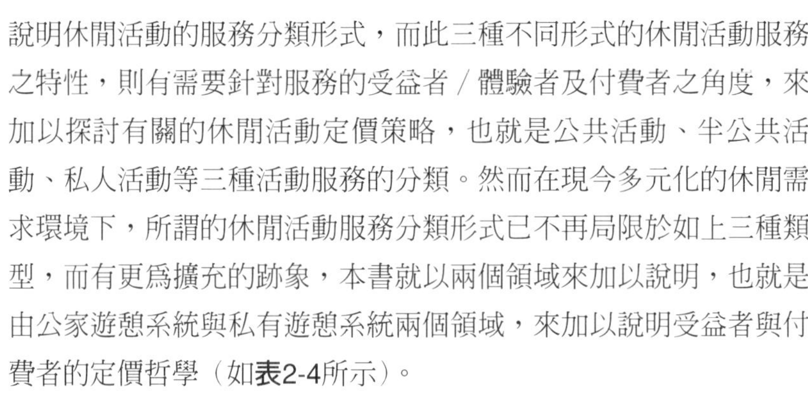

說明休閒活動的服務分類形式，而此三種不同形式的休閒活動服務之特性，則有需要針對服務的受益者／體驗者及付費者之角度，來加以探討有關的休閒活動定價策略，也就是公共活動、半公共活動、私人活動等三種活動服務的分類。然而在現今多元化的休閒需求環境下，所謂的休閒活動服務分類形式已不再局限於如上三種類型，而有更爲擴充的跡象，本書就以兩個領域來加以說明，也就是由公家遊憩系統與私有遊憩系統兩個領域，來加以說明受益者與付費者的定價哲學（如**表2-4**所示）。

(十二)價格定價與法律規範之關係

休閒活動方案之定價過程中，也會受到國家或國際性的法律規章所限制，任何休閒組織若在定價過程中稍有疏忽，很可能會觸犯國家的法規而受到處罰，或是觸動國際性法律規章之禁止／限制規範，而遭到其他國家法令／壓力團體的抵制。所以於休閒活動方案定價過程中，休閒活動之活動規劃者與行銷管理者／策略管理者就必須針對國家與國際性的法律，對商品／服務／活動的有關規定加以深入了解，以免發生觸法或犯衆怒之後果。

■價格協商

價格協商（price fixing）乃是組織在定價（含調整價格在內）時，不得和同業種的組織協議其商品／服務／活動的定價，以防止產業中發生聯合操縱價格之情形，在台灣有公平交易法，在美國有反托拉斯法案（如：Robinson-Patman法、Clayton法、Sherman法……等），均須加以注意與避免違犯法令規範之議題。

■低於最低法定價格

低於最低法定價格（miniman pricing）乃指的是：企業組織不得爲競爭需要，而長期將價格壓低在成本以下。在歐美先進國家均有此一規範，其目的乃在於防止大型企業組織以低於成本的價格策略，削減一些小型的企業組織，以至於造成壟斷市場之局面。

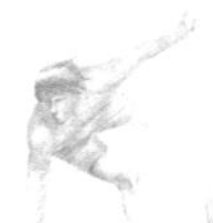

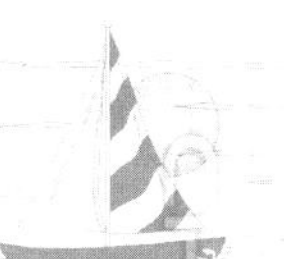

表2-4 休閒活動服務分類系統分類與定價哲學

	公家遊憩系統				私人遊憩系統		
	公共活動	半公共活動	私人活動	企業活動	公共活動	半公共活動	私人企業活動
定義	本系統內的設施設備與場地完全開放給所有的民衆參與有關的活動體驗。	除了公共活動服務之外，尚可經由管理機構規劃設計較特殊或高級的額外服務，供民衆體驗。	由私人企業在系統內辦理休閒活動。	符合政府施政政策時，可以承租本系統內設施設備與場地，以辦理休閒活動。	接受政府委辦休閒活動之經費，故本系統內設施設備與場地乃是完全開放給人們免費參與體驗。	接受政府部分經費的支持，除了基本服務採免費之外，尚規劃某些額外的服務供民衆參與體驗。	完全由私人企業自力在其系統區內進行活動服務之提供
受益者	凡是有參與意願的民衆均可直接受益，未能參與之民衆，也可享有間接休閒服務之利益。	只要有參加體驗者就能受益，所以參加頻率愈高者受益愈多，當然社區也會間接受益。	只有參加體驗者才會受益，但社區並不一定會有受益之機會。	只有參與體驗者會受益，社會不一定有受益機會。	凡是有參與意願者均可直接受益，無法參與者或可間接受益。	只要有參加體驗者就會受益，但社區不一定會有助益。	只要有參加體驗者就會受益，但社區則不一定會受益。
系統服務經費來源	本系統內設施設備與場地均由政府預算支應。	（同左）	（同左）	（同左）	本系統內設施設備與場地經費均由私人企業自行籌措支應。	（同左）	（同左）
付費者	參與者完全不收費，其活動經費源自於人們的納稅。	參與者支付部分或全部的直接費用，不足部分由政府經費補助。	參與者必須全部負擔所有的直接與間接營運成本，政府是沒有給予補助經費的。	參與者必須負擔全部的直接與間接營運成本，及場地設備設施之使用租金成本，政府是沒有給予經費補助的。	參與者完全不收費，其活動經費來自於政府預算或企業補助。	參與者須支付部分或全部的直接間接營運成本及資產成本，不足部分由政府或企業予以補助。	參與者須支付全部的直接與間接營運成本及資產成本。
個案舉例	1.2005年台北國際藝術博覽會 2.2005年台灣燈會在府城 3.2005 台東鐵道藝術村 4.公立學校體育場、棒球場 5.2005全國中等學校運動會	1.2005年瓊斯盃國際籃球邀請賽 2.國立台中美術館 3.國立故宮博物院 4.夜間球場 5.國立海生館	1.在公家場地辦理的國際標準舞、土風舞、武術 2.承租公家場地辦理的座談會、研討會 3.附屬在公家單位之餐飲店承包商、休閒活動承包商	租用公家系統的高爾夫練習場、商店、展售店、健身房、歌廳……等	1.2005年台中縣大甲媽祖國際觀光文化節 2.義診活動 3.國家品質獎、磐石獎 4.多元就業開發計畫——人才培訓地方企業輔導 5.九二一重建活動	1.承辦政府政策說明與輔導民衆申請之研討會與說明會 2.政府機關補助之文化藝術展演 3.政府機關補助之商品展示會	1.觀光旅遊活動 2.登山生態旅遊 3.購物中心 4.健身俱樂部 5.高爾夫球場

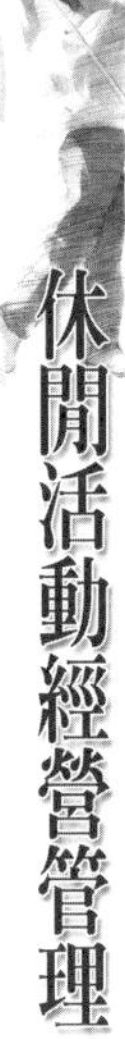

■轉手價格維持

轉手價格維持（resale price maintenance）的意涵乃在於：企業組織的商品／服務／活動之銷售到末端使用者／參與者過程，乃經由經銷商之銷售活動予以達成，惟若企業組織爲維持末端售價的穩定，常會以停止其經銷商資格，或停止供應給經銷商有關的商品／服務／活動時，並不會違反「薛個曼反托拉斯法」。

■價格提高

價格提高（price increase）乃指除非在政府規範的管制期間內，休閒組織對於其商品／服務／活動價格的提高，乃是不受國家法令規範的，惟若公家機構的商品／服務／活動價格的提高，則須依照國家的規範來進行，例如：2005年8月31日台塑石油公司宣布汽油每公升調漲二點四元，但是中國石油公司必須於9月初的經濟部與行政院協商討論之後，才可以確立是否調漲價格與調漲幅度多少之原則。

■價格差別化

價格差別化（price differentiation）乃指美國的Robinson-Patman法案規定，同一通路階層的交易對象雖有不同，但是其價格條件卻是不得有不同／差別的（如：百貨公司與購物中心，小百貨店對買東西的人們所給予的價格條件是要相同的），但是若有充分證據顯示其成本不同，則可不受該法案的限制。然而企業組織爲先占有市場而採取短暫性、局部性及防衛性的差別價格，乃是時有所見的行銷策略。

(十三)其　他

除了上述要素之外，一般顧客的交易／參與習慣、休閒組織形象、政治考量／利益團體的壓力、經濟景氣循環……等因素，也會影響到商品／服務／活動的定價行爲。舉例來說：(1)交易習慣會形成習慣價格（如：米、油、牙膏、味精、醬油等日常生活用

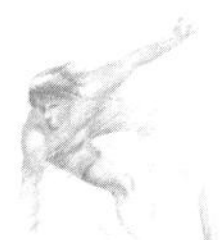

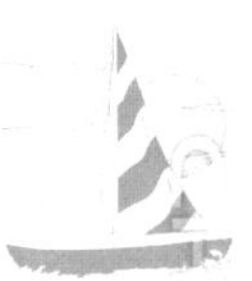

品）；(2)企業組織公衆形象（如：重視高品質形象者會購買高價商品／服務／活動，以配合其形象，如同在量販店買的商品有可能在台北101購買時，就要高出定價一倍的價錢）；(3)經濟不景氣時，民衆所得降低，對價格敏感度會提高，因而就必須降價，否則不易得到顧客的購買；(4)社會大衆咸認爲某些商品／服務／活動的利潤太高，因而受到媒體輿論的逼迫而調降價格；(5)或是被立法委員利用課徵稅基之立法加徵稅賦，以干預其價格。

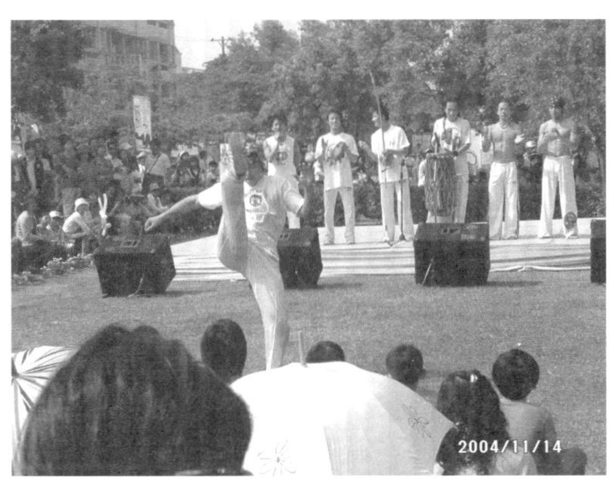

▲運動傷害與體適能

運動傷害是從事運動時與運動後發生的身體損傷。如何防範運動時或運動後發生運動傷害，是每一個從事運動者要注意的事項。在推展體適能活動時，由於對象是一般的社會大衆，身體的素質比之一般的運動員可能稍差，所以更要注意防範受到運動傷害的問題。

照片來源：德菲管理顧問公司　許峰銘

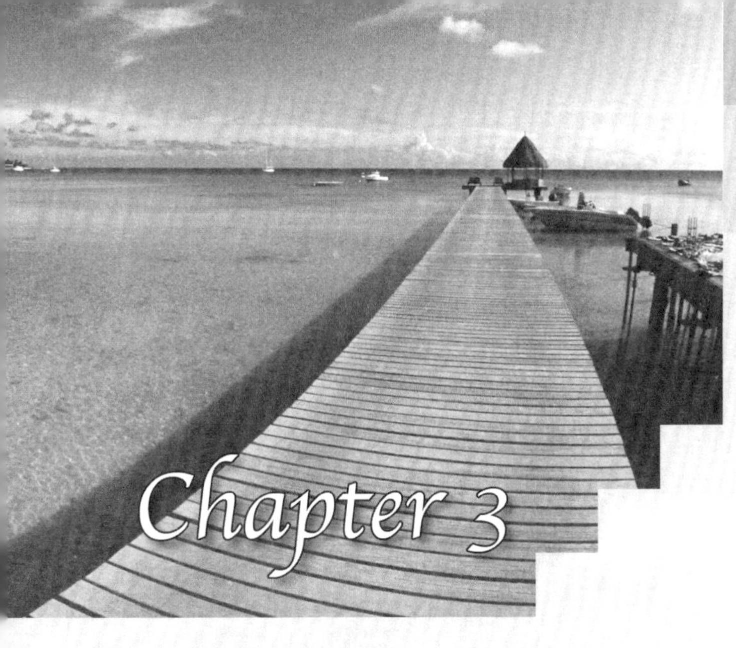

Chapter 3

活動的分期分區發展計畫

Easy Leisure

一、探索活動方案的活動方式及其導入規劃

二、釐清活動場地設施設備的實質發展計畫

三、了解七個活動據點的實質發展計畫方向

四、認知各種休閒類型的休閒遊憩系統計畫

五、學習如何擬定活動的分期分區發展計畫

六、界定休閒活動場地設施設備的財務計畫

七、提供規劃活動的分期分區發展計畫方向

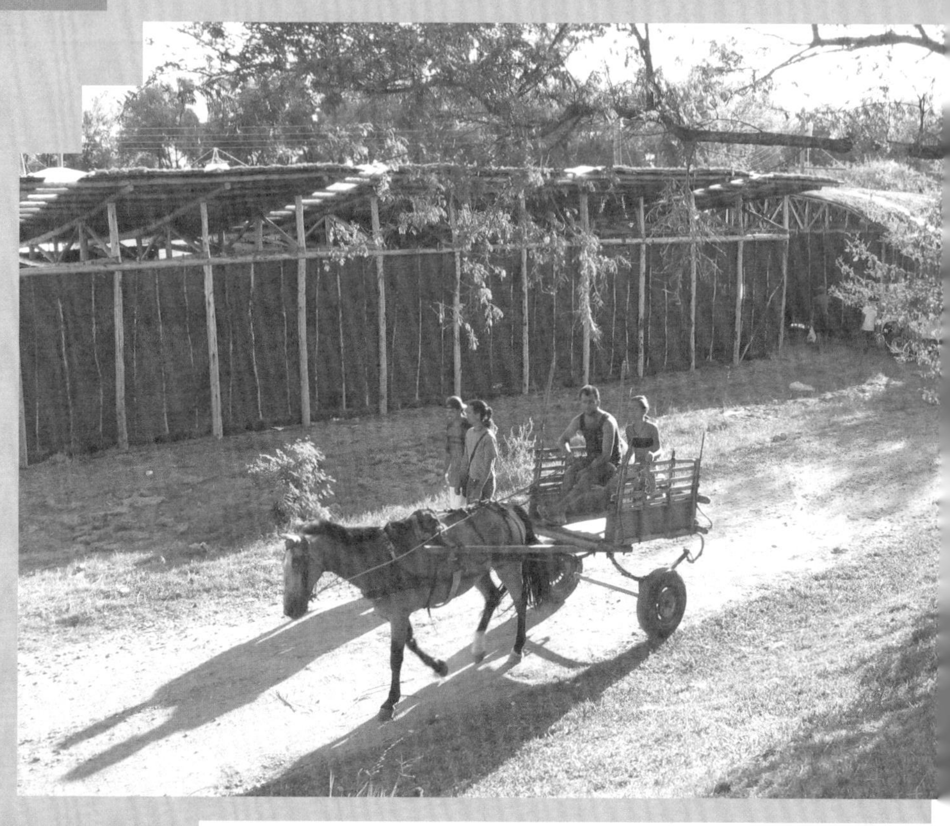

▲ 馬車休閒遊大街

馬術運動的騎手所使用的不是死的工具，而是活生生的動物，是與您一起演出的夥伴。牠不但有生理、體能上的問題，更有心理、情緒上的反應。再加上騎手自己的體能、技術、觀念、感覺等因素，相互影響下，使得馬術運動可以說是最困難、最具挑戰性的運動。馬術運動主要分為「馬場馬術」與「障礙超越」兩種；人類騎馬已有幾千年的歷史。要騎在馬背上，控制馬兒行走、奔跑、工作，其實不是太困難的事。然而，當騎馬成為馬術運動以後，那就不再是那麼簡單的事了。

照片來源：南投中寮阿姆的染布店　吳美珍

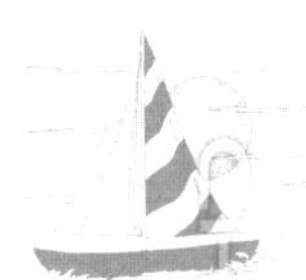

在《休閒活動設計規劃》一書中，我們已經討論過休閒活動之活動計畫書的編製與其主要內容，在本書第二章中我們也討論到有關活動定價及休閒財務資源與預算，緊接著就是如何將其已規劃設計完成的休閒活動予以導入經營管理活動之中，惟在尚未正式上市營銷之前，我們就必須依照活動計畫書的內涵與精神，轉化爲實質的經營管理計畫，並且在休閒市場之中嘗試行銷，以測試該活動計畫是否可行？顧客是否願意接受這樣的休閒活動？同時對於該項休閒活動方案的價格是否接受而進行參與休閒活動的體驗？更重要的是，休閒組織及活動規劃者／策略管理者與行銷管理者必須檢視試銷時顧客的參與反應與評價情形，而在未正式上市行銷之前給予適宜的修正，以期在正式上市行銷之時，能夠獲取高度的顧客滿意度。

任何計畫的執行，乃是將其所規劃設計與編製的計畫付諸實施，所以計畫執行可以說是促使計畫得以運作與施展的實施手段，計畫與執行基本上乃是一種連續的作業過程。當然休閒活動方案要能夠導入休閒市場之中，除了其休閒組織必須具備完善、豐富的資源可供運用外，更需要完善的經營管理組織與運作體系作爲其休閒活動方案順利實施與經營管理之基本要素。至於休閒活動要能夠順利地爲其組織所推展，並吸收顧客／活動參與者的高度參與率，以及創造出高度顧客滿意度，則該休閒組織／活動規劃者就必須要爲其組織與場地設施設備發展出一份完整的時程表。此份時程表不僅只作爲其組織所屬之設施設備與場地的活動計畫時程安排而已，尚且可結合年度節慶／時令來發展整年度的年度時程或季節時程表，而這份時程表的編製則需將活動參與者／顧客的參與率與滿意度予以相當的研究，期以創造出高度的顧客參與率與滿意度。

爲方便說明與介紹，本章以實際個案來探討研究，惟爲保護該個案之商業機密，且隱匿其組織名稱，並在說明內容中亦作修飾，尚祈讀者多多包涵。

個案說明：某休閒遊樂區在規劃其休閒活動及有關場地設施設備時，就擬定了如下的分期分區發展計畫。其規劃區規劃之目標，基於該規劃區的資源形態與有關規劃的活動導入之環境與原則，針對該規劃區的現況與未來的開發訂定優先順序，該休閒遊樂區擬以五年分爲五期的方式加以開發，以確保該組織資源之合理利用、開發品質與經營績效。

第一節　休閒活動方案的導入規劃

該休閒遊樂區針對該規劃區的自然環境、人文景觀與規劃策略，擬定出十三大類的活動方案，而此十三大類活動之方式分別說明如表3-1。

表3-1　某休閒遊樂區規劃的活動方案與活動方式（個案）

活動方案	活動方式
一、露營活動	露營活動依照該休閒組織／活動規劃者的看法與理念，及可能參與活動之族群進行分析後，採取家庭型露營為主，團體型露營為輔。 1.家庭型露營活動：以二至八人為單元的小團體或家庭單元為基準，其訴求重點乃在於確保小團體的隱秘性為主軸。 2.團體型露營活動：以同組織／團體為參與單元的活動，一般來說大約有二十人左右或以上的人員參與，其訴求重點乃在於該團體的休閒遊憩活動之滿足。
二、滑草活動	滑草活動乃是利用該規劃區的基地坡度之高低差變化的場地，作為青少年的活動參與者進行滑草等相關性休閒遊憩之行為。
三、體適能活動	本規劃區乃利用自然環境，結合一些自然的材料並轉化為各項獨特的戶外運動設施，供參與者進行跳躍、散步、攀爬、搖盪與跑步等活動，使參與者享受刺激、趣味、欣賞大自然、眺望山野與高樓／農場等悠閒樂趣，以及增加運動、健身與體適能強化之目的。
四、住宿休息	本規劃區依據未來顧客／活動參與者之族群特性與休閒需求、居住地區與休閒方式，而將本規劃區的住宿形態設計為如下五種類： 1.國民旅舍住宿：以供給年輕族群及大衆化消費之住宿需求為主，住宿設施乃以滿足基本的生活需求為主。 2.民宿住宿：以現有民宅／農舍加以修整改裝而成，乃提供人數較零散或是想要體驗山坡地住宿／生活者住宿。 3.蜜月型小木屋：以提供屋外自然風光、屋内可滿足高度私密性與空間完整性、不受他人干擾的基本生活需求之家居生活形態。

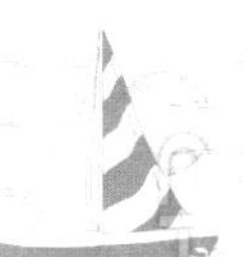

（續）表3-1　某休閒遊樂區規劃的活動方案與活動方式（個案）

活動方案	活動方式
四、住宿休息	4.家庭型小木屋：以提供屋外自然風光，屋內可滿足家庭或小團體使用的基本生活需求之家居生活形態，同時可提供遊戲使用。 5.汽車旅館：以滿足自備汽車的個人或團體之住宿需求，每一住宿單元均備有私用停車空間，而必須講求私密性的要求。
五、野餐烤肉	需要提供家庭型或團體式的野餐烤肉之場地，而且場地需要自然景觀優美且可在烤肉野餐之外，尚可進行休憩、觀景、遊戲、互動交流與經驗共享等活動目的（活動時間規劃為一至三小時）。
六、竹藝文化導覽解說	利用規劃區內的特有資源——近五十種竹類植物，予以針對各類竹子、竹藝品以及其製作過程，透過導覽解說、藝品展示、DVD / VCD錄影帶播放、植栽展示等活動，給予參與者深刻認知竹藝文化與其製作過程、竹類用途。
七、登山健行、採集標本、觀賞風景、夜遊、森林浴等活動	1.在規劃區內可利用地形地物及日夜間自然景觀之差異特性，設計規劃出夜遊路線（約三至五小時，來回二十公里）、自行車道、健行步道。 2.設計規劃出供參與者登山健行、眺望自然景觀、自導式解說活動、野餐、觀賞野生動物與植物昆蟲、進行森林浴、觀賞日出與日落。 3.竹林、茶園、杉木等的特殊風景的觀賞，以及生態保育的體驗。
八、竹藝盆栽DIY活動	提供如何將竹類轉為竹類盆栽的解說，並指派盆栽師父指導參與者進行盆栽的DIY活動，使參與者獲得更進一步認識竹類的知識與培育經驗。
九、採竹筍與茶葉DIY活動	利用規劃區內的既有竹林與茶園，參與者可依循服務人員導引到固定區位之中進行採竹筍與採茶之活動，藉此了解竹子與茶葉的生長、栽種與採收過程，進而體驗其中樂趣。
十、製茶DIY活動	參與人員利用採收之茶葉，經由專業服務人員指導如何分級、風乾、加工與成茶，使參與者了解綠茶、紅茶之分別與差異性，進而使參與者體驗到製茶與烘茶的樂趣與經驗。
十一、團體講習會議服務	提供五十人以內團體、地方性社團與學校社團進行戶外的團體研習活動（所謂的戶外並非會議服務在戶外進行，而是在會議室進行研習活動之後，可以進行一些戶外的休閒活動）。
十二、餐飲美食	提供規劃區與鄰近地區的地方特色美食小吃，以供來此休閒遊憩之顧客／活動參與者進行餐飲美食，本規劃區餐飲菜單並將竹筍大餐、竹筒飯、茶葉料理及其他有機食品予以入菜，以凸顯本規劃區的餐飲特色。
十三、特色商品展售	聯合鄰近地區的各地方特色業者，集合其商品／服務／活動在本規劃區以供顧客／活動參與者選擇，諸如布農族八部合音、植物染、影雕、石雕、農特產品……等。

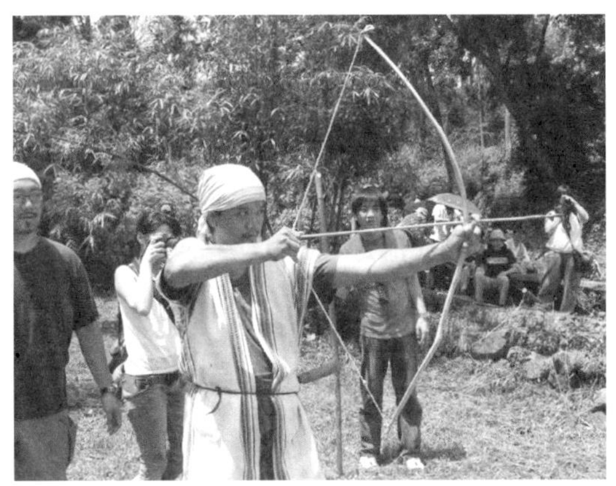

▲原住民狩獵射箭活動

人類早在二萬年前就使用弓箭進行狩獵活動，現代射箭運動則創始於英國。2006年10月5日在屏東縣國際麻里巴狩獵祭活動，活動時間共三天，內容包括松鼠遊蹤、射箭、擲矛及溯溪扛山豬長跑競賽，每項活動與原住民族狩獵文化技藝有關。屏東縣獅子鄉鄉長侯金助表示，溯溪扛山豬長跑競賽具挑戰性又有趣，適合喜歡戶外活動及對原住民狩獵文化有興趣的民衆參加。

照片來源：中彰投就業服務中心　張慧君

第二節　活動據點的實質發展計畫

在本個案的活動實質發展計畫大致上可分爲七個方向來加以規劃設計，這幾個方向分別爲：交通動線系統計畫、休閒遊憩系統計畫、公共設施系統計畫、生態保育與水土保持系統計畫、景觀美化系統計畫、導覽解說系統計畫及人力資源發展系統計畫等。

一、交通動線系統計畫

由於本個案乃屬於觀光休閒遊憩與戶外活動等非室內形態的規劃區，所以其交通動線系統計畫之評估與計畫執行，就顯得相當重要了。一般來說，交通動線系統計畫的好壞，對於休閒組織或活動場地的未來發展方向將會具有相當深遠的影響，所以在進行活動規

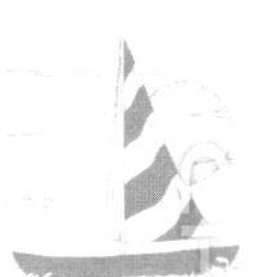

劃的實質發展時，有賴於休閒組織／活動規劃者的關注，否則會在活動正式展開時，遭到許多不可預期與可預期的發展衝擊。至於有關交通動線系統計畫，大致上可分為如下幾個重點加以思考規劃：

(一)聯外道路

規劃區基地的主要聯絡道路宜將規劃區與鄰近休閒遊憩系統做聯結性思考，例如：日月潭可經台二十一號道路往北至台三號道路、國道三號高速公路，聯絡其他縣市之遊憩系統，向東經台十四號道路到盧山溫泉與合歡山國家森林遊樂區，向南由台二十一號道路到水里蛇窯與鳳凰鵲園、溪頭國家森林遊樂區、玉山國家公園，向西經由台十六號道路到特有生物研究保育中心與八卦山國家風景區等。雖然這些聯外道路乃是固定的道路，不是任何休閒組織可做變更的，只是休閒組織若有做整體思考時，或可由縣道、鄉鎮道路與產業道路／健行步道的連結規劃，將會使規劃區與其他休閒組織進行聯結，如此的執行計畫將有利於顧客／活動參與者的吸引。

(二)區內道路

活動場地內的道路可分為主要道路與次要道路，而這些區內道路可利用原有的產業道路與人行步道加以拓寬，或開闢新的區內活動執行之類似產業道路的動線，作為區內休閒遊憩活動活絡、人潮行走路線與遊憩活動進行路線的運輸路徑。另外，區內道路之規劃乃是沿著有關自然景觀、人文景觀與活動設備設施而加以規劃，以形成活動場地內的完整動線，及串連規劃區內各個休閒遊憩據點，加以建構為該規劃區的合宜休閒遊憩，並可活絡整個休閒活動，以吸引更多顧客前來參與／購買／消費。

(三)階　梯

活動場地之內也可思考設計規劃提供顧客／活動參與者進行健行、登山、爬階梯，以及串連其他項目之休閒設施設備，藉以形成

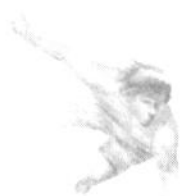

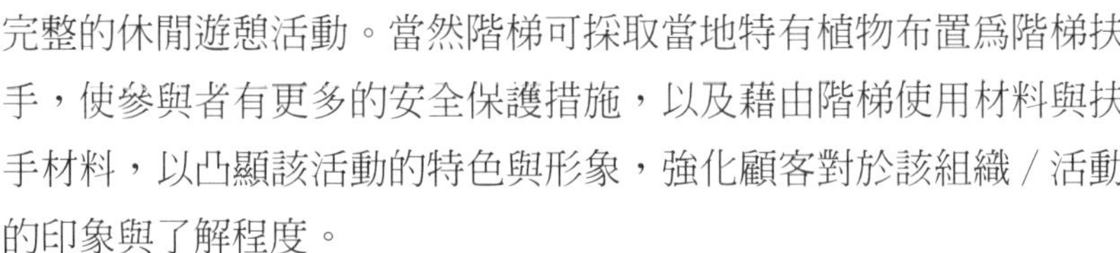

完整的休閒遊憩活動。當然階梯可採取當地特有植物布置爲階梯扶手，使參與者有更多的安全保護措施，以及藉由階梯使用材料與扶手材料，以凸顯該活動的特色與形象，強化顧客對於該組織／活動的印象與了解程度。

(四)台車道

這個交通動線乃爲提供顧客／活動參與者前來本活動場地之中，能夠由服務中心起，到生態景觀區（龍眼樹區、蜜婆樹區、螢火蟲區、昆蟲區）爲止，搭乘四人座台車進行森林遊憩、森林浴、生態了解、野生保育的另一種體驗方式，而且在搭乘台車過程中可欣賞沿途的自然、綺麗、浪漫的山林風光，以擴大活動方式的多樣性，惟台車道設置必須考量到安全性。

(五)道路設施之設計須注意事項

區內道路的建造應該秉持如下三大原則：(1)要盡可能的利用地形地物來建造，應減少使用挖塡的方法；(2)各種活動設施設備（即活動據點）間的動線系統宜將之區隔開來，以免產生互相衝突的情形；(3)道路建造之後要能夠定期保養，尤其下超豪大雨或地震之後，更應即時進行整理與維護保養。一般來說，在本個案之規劃區的道路設施有：(1)車道（不規劃給高速行駛者使用）；(2)一般的步道路寬宜在一至二點五公尺之間；(3)健行步道路寬宜在一點二公尺以上，同時也須有六十公分以上的路角；(4)階梯長度宜有九十公尺以上的距離，而其階梯之踏階高度應在十五至二十公分之間（通常以十七公分爲最佳）。

(六)停車場設施的設計應注意事項

地面停車場設置時應注意事項爲：(1)地面停車場基地應與道路直接臨接，而臨接道路之寬度不應低於八公尺；(2)停車場基地臨接道路的長度與面積（如表3-2所示）；(3)汽車出入口應設置空

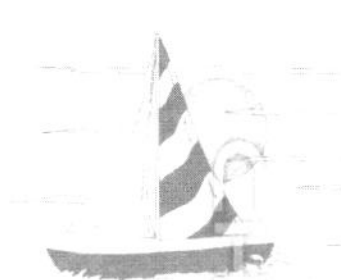

地之寬度與深度，為自建築線後退兩公尺之汽車出入口中心線上之一點到道路中心線上的垂直線左右各六十度以上範圍，且須為無障礙空間；(4)道路單車道寬度應在三點五公尺以上（雙車道寬度為五點五公尺以上）時，方可提供路旁自走式停車場，而且必須提供汽車出入道；(5)車道坡度不得超過1：6；(6)專供小客車使用之車道的內側曲線半徑應在五公尺以上（大型車則為十公尺以上），(7)停車場面積（如**表3-2**所示）小客車停車位為每輛車不得小於寬度二點五公尺，長度六公尺之空間（大客車停車位則每輛車寬度不得小於四公尺，長度十二公尺之空間）；(8)室外停車場與出入車道應有妥當的鋪築（如：使用粗面或其他不滑的材料等）。

(七)道路建造的分期分區計畫

道路建造與工程開發計畫依據休閒組織的規劃區分期分區計畫、活動設計規劃與其資源預算，而分為多少期多少區的分期分區計畫。例如：本個案的道路分區分期計畫共分為兩期工程區域，其一為主要道路、連接主要道路的次要道路與停車場，其二為各類活動據點間次要道路網絡與台車道。另外在道路的建造計畫中尚且應

表3-2　停車場設計標準

停車角度	停車方向	通道寬度（公尺）A	與通道方向垂直之停車深度（公尺）B	與通道方向平行之停車深度（公尺）C	計劃停車寬度（公尺）D＝A＋2×B	平均每部車所需面積（平方公尺）E＝C×D÷2
30°	前進停車	3.8	5.17	5.00	14.14	35.35
45°	前進停車	3.8	6.01	3.54	15.82	28.00
45°交叉式	前進停車	3.8	5.30	3.54	14.44	25.49
60°	前進停車	6.3	6.45	2.88	19.20	27.65
60°	前進停車	5.7	6.45	2.88	18.60	26.78
90°	前進停車	7.5	6.00	2.50	19.50	24.38
90°	前進停車	6.7	6.00	2.50	18.70	23.38

資料來源：行政院農委會委託，逢甲大學建築與都市計畫研究所景觀研究室，嘉義縣番路鄉巃頭休閒農業區規劃研究報告，1991年4月，頁228。

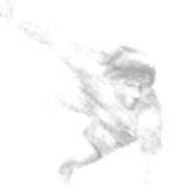

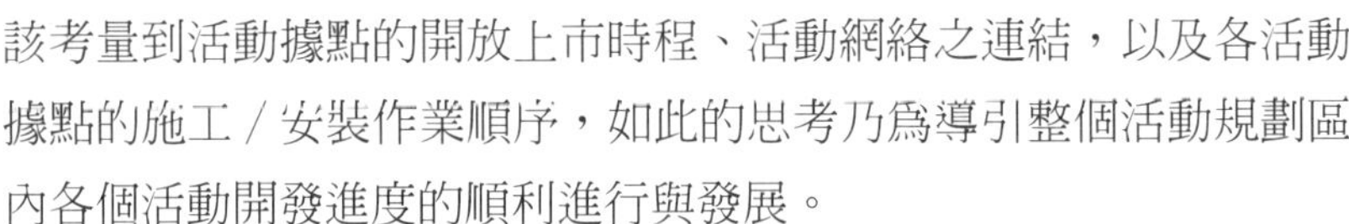

該考量到活動據點的開放上市時程、活動網絡之連結，以及各活動據點的施工／安裝作業順序，如此的思考乃為導引整個活動規劃區內各個活動開發進度的順利進行與發展。

二、休閒遊憩系統計畫

就本個案來說，依據活動規劃區內的休閒遊憩資源與有關規劃的休閒遊憩特性，予以安排為半日遊、一日遊與二日遊的遊程，以供顧客／活動參與者自由選擇參與遊程，或者幫特定團體另行規劃設計符合該團體特殊嗜好／需求之遊程。

(一)各活動方案的休閒遊憩據點分區與主要活動項目之規劃（如表3-3所示）

表3-3　某休閒遊憩遊樂區各分區主要活動表（個案）

活動方案	活動基地分區	各活動區內主要活動項目
1.餐飲美食活動 2.特色商品展售活動 3.滿意服務品質活動	微笑貼心服務區	售票、導引停車、停車場、餐飲美食、地方特色產業展演、特色商品展售、諮詢服務、尋人服務、短暫停留、DM或摺頁供給與衛生設施……等。
1.露營活動 2.滑草活動 3.體適能活動 4.野餐烤肉活動	青少年暨闔家團圓區	露營、烤肉、野餐、滑草、跳躍、攀爬、散步、搖盪、跑步及欣賞休閒遊憩景觀文物與大自然……等。
1.住宿休息活動 2.餐飲美食活動 3.特色商品展售	度假休息活力旺區	導引停車、停車場、餐飲美食、特色商品展售、小木屋（含國民旅舍、民宿、汽車旅館）住宿休息、欣賞休閒遊憩景觀文物與大自然……等。
1.竹藝與茶文化導覽解說 2.特色商品展售	竹藝和茶文化導覽解說區	認識竹子、竹藝文物展售、竹藝解說、茶葉與茶藝解說、品茶、購買特色商品、休閒遊憩景觀欣賞……等。
1.竹藝盆栽DIY 2.採竹筍與茶葉DIY 3.製茶DIY	DIY自我成長發展區	竹藝盆栽培植簡報與竹藝盆栽示範引導顧客DIY製作竹藝盆栽，指導如何採竹筍與茶葉，並引導顧客DIY採竹筍與茶葉、製茶過程解說及引導顧客參與製茶DIY……等。
團體講習與會議服務	團體社會交流互動區	研討會、座談會、發表會、教育訓練課程、年會、月會……等。

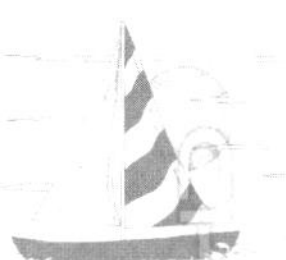

（續）表3-3　某休閒遊憩遊樂區各分區主要活動表（個案）

活動方案	活動基地分區	各活動區內主要活動項目
夜遊、登山健行、採集標本、觀賞風景與森林浴活動	森林遊憩生態保護區	登山、健行、夜遊、森林浴、生態之旅、生態保育解說導覽、採集標本、觀賞風景與大自然風光……等。
夜遊、登山健行、採集標本、觀賞風景與森林浴活動	登觀景樓以小天下區	觀景台、眺望鏡、餐飲美食、欣賞四周風景與天空雲團變化、休息遊憩……等。
夜遊、登山健行、採集標本、觀賞風景與森林浴活動	休閒遊憩愉悅自然區	休閒遊樂區內各種自然人文景觀、動植物與昆蟲、森林與生態資源，以及天空雲團月色之休閒遊憩。

(二)依各種不同的休閒遊憩形態的休閒遊憩系統規劃（如表3-4所示）

表3-4　某休閒遊樂區休閒遊憩系統規劃遊程表（個案）

休閒遊憩形態	休閒遊憩系統遊程規劃
一、半日遊	1.規劃重點：由於顧客來參與時間短暫，所以規劃遊程時，要盡可能地將本遊樂區內主要／重點遊憩資源納入遊程之內，以加深他們的印象，並為他日能夠前來重遊的誘發力量。 2.遊程舉例： (1)以學習成長為主軸： 微笑貼心服務區 → 竹藝與茶文化導覽解說區 → DIY自我成長發展區（竹藝盆栽、製茶DIY） → 微笑貼心服務區 (2)以觀賞停留為主軸： 微笑貼心服務區 → 竹藝與茶文化導覽解說區 → 登觀景樓以小天下區（觀景台、眺望鏡） → 微笑貼心服務區

（續）表3-4　某休閒遊樂區休閒遊憩系統規劃遊程表（個案）

休閒遊憩形態	休閒遊憩系統遊程規劃
一、半日遊	(3)以野餐烤肉為主軸： 微笑貼心服務區 → 竹藝與茶文化導覽解說區 → 青少年暨闔家團圓區（烤肉、滑草） → 微笑貼心服務區
二、一日遊	1.規劃重點：一日遊遊程規劃可以依照半日遊遊程為基礎，而增加某些與半日遊遊程不會過於性質重疊的活動（如登山、健行、森林浴、餐飲美食……等），當然必須與本遊樂區的主要特色之活動作為遊程主軸，如此才能將本遊樂區之特色活動傳遞出去。 2.遊程舉例： (1)以學習成長為主軸： 微笑貼心服務區 → 竹藝與茶文化導覽解說區 → DIY自我成長發展區（竹藝盆栽、製茶DIY……） → 度假休息活力旺區（小木屋、製茶區、餐飲美食……） → 休閒遊憩愉悅自然區（人文景觀、昆蟲、動植物……） → 登觀景樓以小天下區（觀景樓、眺望鏡……） → 微笑貼心服務區 (2)以野餐休憩為主軸： 微笑貼心服務區 → 竹藝與茶文化導覽解說區 → 青少年暨闔家團圓區（營隊、滑草、攀岩……） → 度假休息活力旺區（小木屋、製茶區、餐飲美食……） → 休閒遊憩愉悅自然區（人文景觀、動植物、昆蟲……） → 登觀景樓以小天下區（觀景樓、眺望鏡、賞風景……） → 微笑貼心服務區

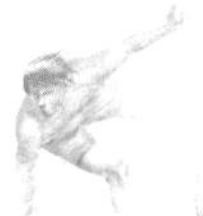

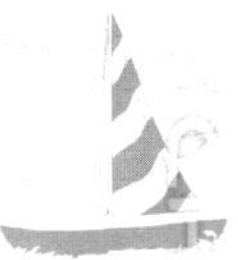

（續）表3-4　某休閒遊樂區休閒遊憩系統規劃遊程表（個案）

休閒遊憩形態	休閒遊憩系統遊程規劃
二、一日遊	(3)以森林遊憩為主軸： 微笑貼心服務區→竹藝與茶文化導覽解說區→森林遊憩生態保護區（登山、健行、森林浴、生態之旅） →登觀景樓以小天下區（觀景樓、眺望鏡、餐飲美食……）→休閒遊憩愉悅自然區（人文景觀、動植物、昆蟲……）→微笑貼心服務區
三、二日遊	1.規劃重點：乃以全休閒園區各項活動設施設備均納入在二日遊遊程之內，而二日遊行程必須在住宿方面予以妥善安排，所以前來參與的顧客所使用車輛應可停放在度假休息活力旺區，以利顧客得以盡情享受山林、野外、竹藝與茶文化、生態保育方面的樂趣。 2.遊程舉例： (1)以度假住宿休憩為主軸： 微笑貼心服務區→竹藝與茶文化導覽解說區→度假休息活力旺區（小木屋、國民旅舍、民宿、汽車旅館……等辦理住宿休息的登記事項）→DIY自我成長發展區（竹藝盆栽DIY、採竹筍與採茶DIY、製茶過程了解與DIY） →森林遊憩生態保護區（登山健行、森林浴、生態之旅……）→度假休息活力旺區（住宿休息）→青少年暨闔家團圓區（滑草、跳躍、攀爬、散步……） →休閒遊憩愉悅自然區（人文景觀、動植物、昆蟲……）→登觀景樓以小天下區（觀景樓、眺望鏡、賞風賞……）→DIY自我成長發展區（取回DIY作品／成果） →度假休息活力旺區（辦理退房事宜）→微笑貼心服務區

（續）表3-4　某休閒遊樂區休閒遊憩系統規劃遊程表（個案）

休閒遊憩形態	休閒遊憩系統遊程規劃
三、二日遊	(2)以露營住宿休憩為主軸：

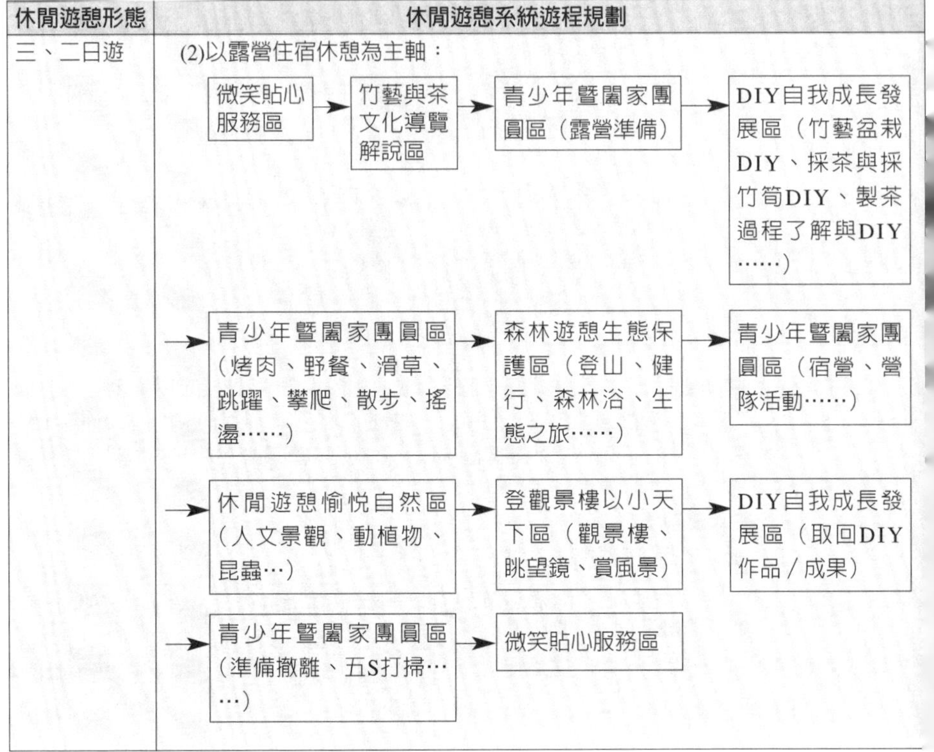

(三)公共設施系統計畫（如表3-5所示）

表3-5　某休閒遊樂區公共設施系統計畫（個案）

公共設施計畫	簡要說明
一、供電系統計畫	1.園區聯外道路方面：沿聯外道路（含產業道路在內）應考量行車安全及夜間活動所需的安全維護，而每隔四十至五十公尺設置路燈一盞，同時在轉彎處宜設置反光鏡。 2.園區內各活動區串連道路／步道方面：應在「微笑貼心服務區」、「竹藝與茶文化導覽解說區」、「DIY自我成長發展區」、「青少年暨闔家團圓區」及「度假休息活力旺區」設置照明燈與路燈，其他區域則可以不加以設置。燈具安裝時應注意事項為：(1)懸高燈具應加以遮蓋，以防止因眩光而影響駕駛與鄰近居民的視野；(2)路燈最好以水銀燈或鹵素燈為主，燈高度約為九公尺，步道燈高度則約為三點五公尺；(3)

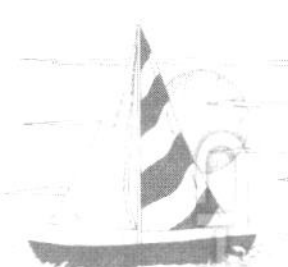

（續）表3-5　某休閒遊樂區公共設施系統計畫（個案）

公共設施計畫	簡要說明
一、供電系統計畫	主要道路的最低照度宜在平均照度40%以上，休憩步道則不應低於平均照度10%；(4)人行步道約每隔二十五至三十公尺設置步道照明燈或庭院式照明燈。
二、供水系統計畫	1.據點內已有自來水管，為恐水壓不足，故須加裝「加壓供水設備」及設置五座高架水塔，以因應遊客增加時的用水需求。 2.遊客用水乃以餐飲與盥洗為主要，依據有關資訊住宿遊客每天每人需要一百五十公升的用水，一般遊客用水則以每人每天需要二十五公升的用水量。 3.有關花木與5S清潔用水量，大致上為遊客用水量的10%。
三、排水系統計畫	園區內部排水溝與外部排水系統的規劃應當要注意如下幾個原則： 1.宜考量到園區的最大降雨時期的地表水與地下水是否能夠容納。 2.宜考量到園區的排水方向與雨水量多寡，以盡可能不會影響鄰近地區的排水方向與數量為原則，如確有存在規劃活動場地之需要時，則須設置停水調節池，以為因應如此改變方向與數量時的容納需要。 3.若須挖開地層時，須在新開挖之地層面做噴漿處理，以防止水直接流入地下層，而造成土石流之發生。 4.施工時期與施工後的活動營運時期，均要能隨時巡查各項保護措施有否損壞，若有損壞時應立即予以修護完成，絕不可拖延時日。 5.垃圾置放區與廢棄物（尤其盛裝化學物品之廢容器）暫存區不應在雨水逕流位置上，以防止二度污染地面與地下水源。 6.民生用水應設置污水處理站，經由污水處理之後方可排放。 7.最好善用各項設施所在地點的結構體之配合設置雨水排放設施，而利用自然排水系統則是最好的設計原則。
四、服務設施設備計畫	1.所謂的服務設施設備，乃為提供給予活動參與者／顧客在活動場地停留時所需要的設施與設備。 2.諸如：在各個活動基地分區中所設置的垃圾桶、座椅、廁所、照明、排水、電話、供水、污水處理站、急救站、遊客服務站、飲水機或飲料服務站……等均屬之。 3.上述各項設施設備數量多少，及在哪些分區中要設置哪些設施設備，均應在活動規劃時，考量各區活動參與人口數預估有多少，而參考有關公共設施容納量或設置標準來加以規劃與設置，例如：每四十個人需要一個垃圾桶，每四十五個人需要一個單元的廁所……等。

(四)生態保育與水土保持系統計畫

生態保育與水土保持乃是相輔相成與一體兩面的，在進行活動場地與設施設備分區發展計畫時，乃是不得偏廢其中任何一項的，而這些計畫之目的乃在於保護自然體系，促進自然生態之和諧、穩定與永續利用，並為環境改善與維護、涵養水資源與土壤、保護地質與防止地層崩陷或鬆動、控制蝕溝、防止土壤流失與裸露，以及增加整個園區與鄰近地區的生態體系之穩定等功能與成效。所以活動園地／基地的開發必須針對生態保育與水土保持方面加以正視、研究，及研擬出合宜的因應對策，否則會造成以後的災難頻傳（諸如：土石流、走山、活動基地滅失、人員損傷、財產損害等），而這些對策乃是參酌農政機構及營造、建築與休閒公會的研究成果與法令規範、作業規範而加以擬定為規劃的準則，諸如：利用既有地勢來規劃有關開發與整治之措施、了解當地區的自然生態資料並建構有關生態保育的概念或準則、不得破壞原有的優良自然景觀為前提、不得任意改變既有生態／自然環境、善用植栽技術以復舊已受破壞之生態環境、加強保護既有樹木／森林及地被植物、設置完善排水系統以維護裸露之地表或不穩定之邊坡、防止邊坡有被雨水沖蝕之可能危機應設置護坡工程或擋土工程、研究具美化環境與保育自然環境功能的水土保持措施、防止活動基地因上下邊坡之被沖蝕、活動基地應以綠化植生為最佳保存表土之方法、施工期間的臨時性防護措施，以及施工完成後的持續保持與防護措施……等。

一般來說，在建設活動場地與設施設備之分區發展計畫中，除了上述的規劃準則應該確實納入發展計畫外，對於護坡工程、擋土牆工程與蝕溝控制的考量與引用乃是很重要的「生態保育與水土保持系統計畫」的策略。例如：(1)護坡工程的種類可分為石砌護坡（漿砌卵石護坡、塊石護坡）、砌堡嵌磚護坡、噴漿護坡、混凝土框護坡、噴射混凝土護坡、植生護坡……等種類；(2)植生護坡又可分為植生帶鋪植法、挖穴施肥鋪網客土噴植法、打樁編柵客土植生

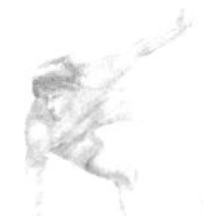

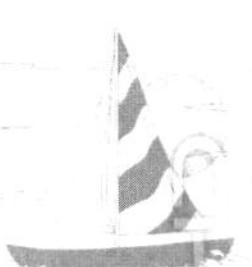

法、格框客土植生法等種類；(3)擋土牆工程可分爲重力式、三明治式、半自力式擋土牆，鋼筋混凝土懸臂式擋土牆，鋼筋混凝土框式擋土牆，預力地錨擋土牆……等種類；(4)利用暫時性保護措施的蝕溝控制對策，並配合坡地植栽的實施，方能有利於植物覆蓋的恢復，而一般採用的蝕溝控制方法爲多孔性節制壩之單籬蝕壩與雙籬蝕壩（以上資料來源乃參考同表3-1的資料來源，頁238-243，加以改編）。

(五)景觀美化系統計畫

任何活動場地設施設備的實質發展計畫，絕對需要考量到有關景觀美化系統的計畫，而實施此一計畫之目的乃在於創造出一個優美的活動環境，而此活動環境的動線系統、遊憩設施設備，以及公共設施經由景觀的美化，將可爲該活動園區帶來吸引顧客前來參與的意願，同時更須兼具有減少開發對自然生態環境之衝擊與破壞力量之功效。事實上活動場地的景觀美化系統計畫原則可能有：(1)依各活動分區之區位、自然環境與活動機能目標，分別界定其景觀區域風格尺度，及塑造其各分區的區域意象；(2)善用既有材料與自然景觀，以形塑地方特色風格與人文景觀特質；(3)各區間通道意象的塑造，作爲感知系列景觀形態變化之流通路徑；(4)盡全力維持自然景觀與生態保育之平衡，以爲生態、環境與景觀的相輔相成與永續利用；(5)盡可能利用景觀美化方法，以減少或彌補因開發所造成的視覺衝擊；(6)整個活動場地與各活動分區之整體景觀應保持其穩定性與和諧性；(7)設施設備所傳遞的訊息要能夠基於明快性、一致性與連貫性，以免造成遊客／參與者的混淆；(8)設施設備之造型、色澤、比例、尺度及使用材料應盡可能與既有環境與人文風俗相搭配；(9)設施設備之採用宜基於最好管理、最易維持與最經濟之原則來加以規劃等。

當然在進行景觀美化系統計畫時，除了遵行上述的計畫原則之外，尚須考量到全區的植栽計畫、動線系統美化、識別標示系統美

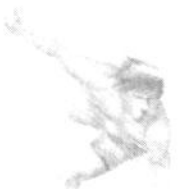

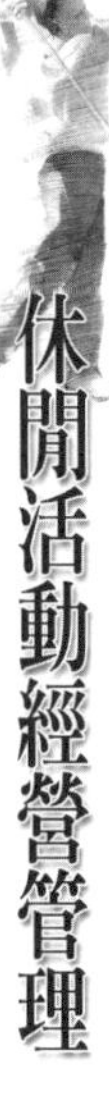

化與實質設施美化等重要景觀美化系統要項：

1.全區的植栽計畫方向，如：

(1)活動場所／據點之水土保持與生態保育措施應考量到視覺的美化、植生條件良好、林相優美的思維與作法。

(2)植栽品種須符合活動基地的氣候與生態條件。

(3)可規劃不同植栽品種，以品種多樣化、色彩與質感層次差異配合形成視覺變化。

(4)將活動基地內的植栽端景予以點出，以植栽框點法框出活動基地內的獨特景觀。

(5)活動場地設置花壇（灌木與花草），各活動分區則可採取自然植群方式加以分隔（喬木、灌木、花草）。

2.動線系統美化計畫方向則爲：

(1)區域內道路沿線的景觀美化可利用各活動分區與自然景觀特性加以規劃，如鋪路面材質不同、路邊植栽轉換、沿線視野收放變化……等塑造遊客賞心悅目之手法。

(2)通道視覺意象塑造，如：行道樹植栽等。

(3)停車場設計也可搭配各種不同花草樹木與地形變化搭配，以形塑視覺屏障與遮陽之功能形象。

(4)步道系統規劃應符合地形，進行各種服務設施設備及花草樹木植栽之規劃，以建立視覺開闊與優雅美麗景觀之形象。

(5)照明系統之色澤、材質與造型應和景觀搭配，進行整體設計以免破壞景觀品質。

3.實質設施美化之計畫方向爲：

(1)色彩在景觀規劃中，需要考量自然環境、植栽顏色、季節變化、光線方向與週期強度等對自然景觀與人爲設施設備之影響。

(2)設施設備之造型計畫乃需要配合現有地形地物與景觀特色

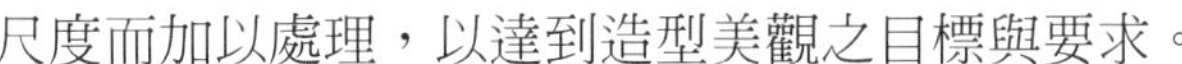

尺度而加以處理，以達到造型美觀之目標與要求。

(3)設施設備之材質計畫，乃須考量活動基地所在位置的地方特色風格，而在設施設備之造型、色澤與機能方面予以配合，並以選定之自然／本地材料為優先，惟須以易於保養維護及耐用為前提（本部分資料來源乃參考同表3-1的資料來源，頁245-246，加以改編）。

4.識別標示系統美化之計畫方向為：

(1)在聯外道路之路徑中應設置識別標示牌或旗幟，以為指引顧客／活動參與者的路牌指引，惟這些識別標示應與活動場地設施設備／活動主辦機構／休閒組織之形象特色相輝映，以吸引顧客的前進意願。

(2)在活動分區的路牌識別標示也應明確，同時標示路牌／旗幟之色澤與造型應與各活動特色相對應。

(3)服務設施設備之標示及色澤應能讓顧客一望標示識別即能了解其機能所在。

(六)導覽解說系統計畫

任何休閒活動的進行，乃需要借助於導覽解說系統計畫的實行，乃能：(1)協助／指引前來參與的顧客／參與者能夠順利地進行各項活動的體驗；(2)同時也在導覽解說過程中說明有哪些休閒遊憩活動的風險因子，以利顧客能夠了解有關風險，並採取趨吉避凶的活動參與方法；(3)服務前來參加活動體驗之顧客，使他們能夠在高品質的服務作業準則引領之下盡情地、愉快地、自由地與幸福地體驗有關的活動價值；(4)引導顧客配合休閒組織做好生態保育與珍惜自然資源的社會責任任務；(5)直接面對顧客，協助顧客在具有各項活動價值與目的／機能之現場體驗之中，獲取最佳的活動體驗價值；(6)導覽解說人員面對顧客時，有如小老師／教練之角色，為顧客在正式參與活動體驗之前的心情鬆弛、恐懼感消除與指導參與方法等方面，具有相當正面的助益與說服效果；(7)導覽解說之功用尚具有潛移默化與教育的功能。

當然導覽解說系統計畫乃基於：(1)導覽解說的指導、宣傳、教育、趣味與解惑等五大功能，而加以設計規劃出各個活動項目的解說內容與方式，以為強化顧客參與各項活動分區／內容的印象、興趣、意願與行動；(2)所以導覽解說乃是各種活動分區／內容各有其不同的導覽解說內容與方法，不可以一成不變或實問虛答；(3)導覽解說計畫乃是可以經由人為媒體的解說措施（如：諮詢服務、導覽解說人員的現場引領顧客進行導覽解說等），以及物為媒體的解說措施（如：VCD／DVD或錄音帶／錄影帶設備、識別標示之解說牌、摺頁／DM、出版刊物、自導式步道、陳列展示……等）而達成導覽解說之目的。

(七)人力資源發展系統計畫

休閒活動的進行與提供，乃藉由休閒組織的服務作業人員在各個活動現場／設施設備場地加以進行的，雖然有許多的活動參與者／顧客可能是重遊／回遊者，但是在活動進行中的服務作業人員乃是影響顧客進行活動體驗評價高低的一項重要因素，所以休閒組織在進行活動的分區分期發展計畫中，有關於服務作業人員以及各級主管人員的甄選、任用、訓練與管理，乃是相當重要的，休閒組織／活動規劃者必須在活動推進時程計畫中，將人力資源發展系統一併予以納入，並且依計畫進行人員的甄選、任用、訓練與管理有關各項重點工作，如此在活動試銷與正式行銷上市推展時，方能應付自如，而且能夠以符合顧客休閒體驗需求與期望的服務品質展現給顧客，如此的活動發展方能順利推展，及吸引預期的參與人潮前來參與活動體驗（這些人力資源的發展乃和休閒服務組織，以及活動服務程序、活動服務執行與活動傳遞有相當的關聯性，而有關於經營管理組織的編成將在稍後作討論，本處就不再陳述）。

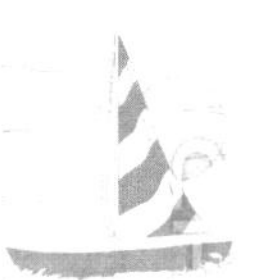

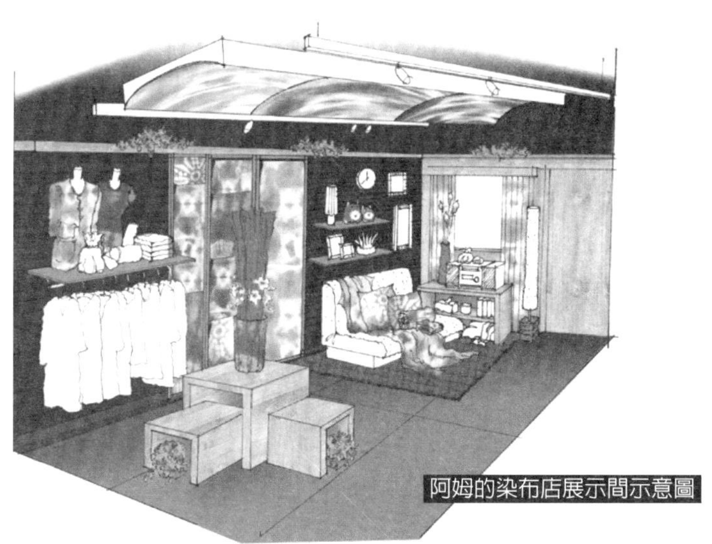

▲展示間示意圖

優雅與人性化的室內陳設，搭配四周落地玻璃帷幕設計，增添展示間在空間及視覺上的延伸效果。另外，室內景觀更設置水瀑造景與自動噴灌灑水系統，為展示間注入悠然活力，在一個有限的空間中展現這種無止境的企圖心，主要的空間機能包括了行政、業務、展示和樣品生產製造。

照片來源：南投中寮阿姆的染布店　吳美珍

第三節　活動的分期分區發展計畫

由於本個案乃是以大型休閒遊樂區爲規劃標的，其所需要的開發進程以及資源來源，自然受到該組織的經費預算、市場顧客的發展與開發，以及利益關係人的支持與反對、場地與設施設備的製作與安裝時程……等因素的影響，該個案的發展開發計畫分爲五年五期，而各年度／各期開發順序乃依據該個案的規劃目標、資源形態與導入活動等，制訂優先或稍後的發展順序，如此的分區分期發展計畫之最大目的，乃在於確保該休閒組織的所有資源之有效與合理利用，以及維持其高品質的經營管理與發展成果。

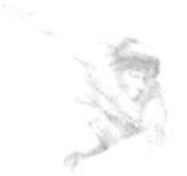

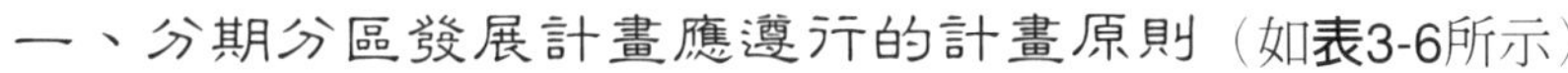

一、分期分區發展計畫應遵行的計畫原則（如表3-6所示）

表3-6　某休閒遊樂區分期分區發展計畫原則（個案）

一、活動基地／場所的交通動線計畫，以及公共設施系統計畫應該優先開發，如：聯外道路、區內道路、供電系統（照明燈）、供水與排水系統、服務系統（如：廁所、安全設施）等。 二、鄰近社區居民參與意願較高與發展阻力較低者優先開發。 三、對於自然環境、生態保育、水土保持與環境景觀維護較急迫性或重要性者優先開發。 四、符合目前或短期即將顯現的休閒活動發展趨勢者優先開發。 五、較具有投資回收效益或高利潤率預期者優先開發。 六、目前已開發完成的休閒活動只要稍加改變／修改／增加即可成為新的且具有成效預期者優先開發。 七、開發經費預算較低或成本較低者優先開發。 八、開發完成之後所需要投入的維護保養經費較低者優先開發。 九、較符合市場／顧客休閒體驗之需求與期望者優先開發。 十、目前已有發展的據點／基地且也具有一定的市場／品牌形象者優先開發。 十一、目前該類型活動運作技術已成熟且具有發展潛力者優先開發。 十二、屬於所屬休閒組織的形象／品牌代表性活動優先開發。 十三、對於所屬休閒組織的形象／品牌具有加分擴大效果之活動優先開發。

二、分期分區發展計畫的擬定

就個案的例子來說，該休閒遊樂區的規劃分期分區計畫共分爲五年五期的發展計畫（如表3-7所示）。

三、活動場地設備設施的財務計畫

(一)開發經費的預估

針對上述的分期分區發展計畫所需要的開發經費科目及其經費進行預估（如表3-8所示），其所得的各區各期總預估經費，乃是休閒組織所必須考量的資金需求。

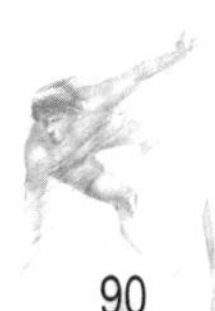

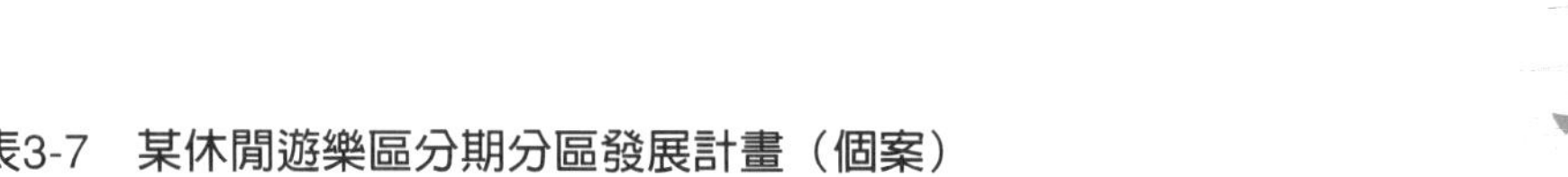

表3-7　某休閒遊樂區分期分區發展計畫（個案）

進度計畫 活動分區	第一期 2003年	第二期 2004年	第三期 2005年	第四期 2006年	第五期 2007年
1.入口植栽導引區	━━				
2.青少年暨闔家團圓區	━━				
3.微笑貼心服務區	━━	━━			
4.度假休息活力旺區		━━	━━	━━	
5.竹藝與茶文化導覽解說區		━━	━━		
6.DIY自我成長發展區	━━	━━			
7.團體社會交流互動區					━━
8.森林遊憩生態保護區	━━	━━	━━		
9.登觀景樓以小天下區	━━	━━			
10.休閒遊憩愉悅自然區		━━	━━		
11.導覽解說與景觀美化系統	━━	━━	━━	━━	

該休閒遊樂區分為五年五期的分期分區開發計畫，即2003至2007年每一年為一期，分別進行該遊樂區的開發計畫：

一、第一期（2003年）進行主要開發計畫，為針對該基地／據點之已開發地區及全區公共設施進行開發，包括山坡地水土保護設施、水電通信設施、污水處理設施、停車場、無障礙空間設施、廁所等公共設施，以及各種列為本期開發的活動分區：入口植栽導引區、青少年暨闔家團圓區、微笑貼心服務區、DIY自我成長發展區、森林遊憩生態保護區、登觀景樓以小天下區，及導覽解說與景觀美化系統等。

二、第二期（2004年）以休閒遊憩活動設施為主，提供豐富性、自然性與多樣性的戶外遊憩活動供顧客參與體驗，並開始導入住宿休息之活動於整個活動系統之中。此期主要乃針對微笑貼心服務區的擴充與完成、度假休息活力旺區及竹藝與茶文化導覽解說區的進行、DIY自我成長發展區與登觀景樓以小天下區的完成、持續進行森林遊憩生態保護區，及導覽解說與景觀美化系統，並進行休閒遊憩愉悅自然區工程作業。

三、第三期（2005年）仍以戶外休閒遊憩活動設施的進行為主，包括度假休息活力旺區、竹藝與茶文化導覽解說區、森林遊憩生態保護區、休閒遊憩愉悅自然區，及導覽解說與景觀美化系統。

四、第四年（2006年）則以將度假休息活動及景觀美化與導覽解說系統逐步完成預期的目標，當然還包括前面各期工程作業的持續完成未完成部分在內。

五、第五年（2007年）則導入團體社會交流互動區的會議場地與設施設備之作業，及持續前面各期未完成部分，以完成並配合進度計畫全面完成，方能使該休閒遊樂區得以順利運作。

表3-8　某休閒遊樂區開發經費預估表（個案）

經費科目		單位	單價	入口植栽導引區			青少年暨闔家團圓區				備註
				數量	總價	開發年度	數量	總價	開發年度		
1	整地工程費	m^2									
2	水塔（大）	座									
3	水塔（小）	座									
4	排水溝	m									
5	標示道路中心線	m^2									
6	陰井	處									
7	駁坎	m^2									
8	路肩整建	m^2									
9	警告、標示號誌	塊									
10	垃圾桶	個									不銹鋼
11	燈具	盞									
12	座椅	張									三人座椅
13	觀賞庭園	m^2									
14	戶外廣場	m^2									$120m^2$×高7m
15	涼亭	m^2									
16	眺望亭台	座									
17	主體建築物	m^2									
18	外牆裝修費	m^2									
19	停車場	m^2									分兩處建立
20	污水處理	處									
21	廁所	座									
22	觀賞植栽	株									
23	步道	m^2									
合計											

(二)資金來源及分配

針對開發經費預估總金額加上營運資金之後的總金額，就是休閒組織進行某項休閒活動規劃設計及上市行銷的資金總需求。一般來說，休閒組織針對資金來源應予以妥善規劃及依規劃方向進行資

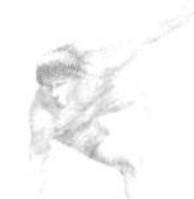

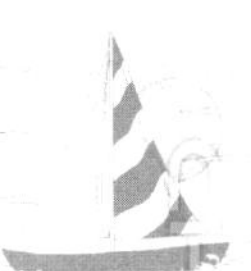

金籌措，就以個案來說，單就其活動場地與設施設備的總投資金額（不含營運資金部分的總投資金額）分爲五年五期進行投資，而各個活動分區投資金額的總和就是該休閒遊樂區所預計的資金總需求（如表3-9所示）。這些資金來源應予以規劃，如該休閒遊樂區的投資資金來源分別爲休閒組織的活動資金與股東增資、向國內銀行團貸款，以及申請政府發展觀光休閒產業的開發基金等來源。

表3-9　某休閒遊樂區發展計畫工程預算書（個案）

項目		單位	2003年	2004年	2005年	2006年	2007年	總經費	備註
1	測量費用	次	××××					××××	
2	規劃設計費用	次	××××					總硬體 ××××	金額的 3.0%
3	入口植栽導引區	式	××××					××××	
4	青少年暨闔家團圓區	式	××××					××××	
5	微笑貼心服務區	式	××××	××××				××××	
6	度假休息活力旺區	式		××××	××××	××××		××××	
7	竹藝與茶文化導覽解說區	式		××××	××××			××××	
8	DIY自我成長發展區	式	××××	××××				××××	
9	團體社會交流互動區	式					××××	××××	
10	森林遊憩生態保護區	式	××××	××××	××××			××××	
11	登觀景樓以小天下區	式	××××	××××				××××	
12	休閒遊憩愉悅自然區	式		××××	××××			××××	
13	導覽解說與景觀美化系統	套	××××	××××	××××	××××		××××	
14	水電與通信設備	套	××××	××××	××××	××××	××××	××××	總硬體金額的16%
15	運費與什雜費		××××	××××	××××	××××	××××	××××	總硬體金額的1.5%
合計			××××	××××	××××	××××	××××	××××	

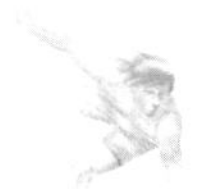

(三)活動營運利用風險管理

各種休閒活動的營運利用率乃指其休閒活動發展的潛力，一般在規劃時必須考量到所可能影響到其營運量的大小之有關變數，例如：國民參與休閒的需求情形、該休閒活動的活動內涵之吸引力、國民可支配所得水準、政府休閒觀光政策導向、鄰近地區休閒組織競爭力、本身的服務品質、本身的廣告宣傳策略、通往該休閒活動場地之公共建設情形，以及本身的顧客休閒需求滿足能力……等。所以任何休閒組織與休閒活動的營運均存在有其風險性，休閒活動在規劃設計時即應將其營運的利用率納入考量，而大體上一般的規劃設計過程中，大都將營運利用率假定在70%至80%之間。

(四)活動營運收益預估

休閒活動營運收益的預估，大致上可分三個方面來加以分析：本身的經濟收益、寄售的經濟收益及無形的社會收益，而進行此項收益的預估大都偏重在本身的經濟收益及寄售代銷的經濟收益，因爲這個有形的經濟收益乃是在評價該項休閒活動方案之投資可行性評估的依據，雖然社會收益乃是促進、導引與提升經濟收益的重要效益指標，但是基於投資可行性評估的衡量需要，乃是以經濟收益作爲活動營運收益預估之依據。

社會收益乃指的是由於該休閒活動方案的導入，將可帶動活動場地所在地區的居民就業機會、促進該所在地區與鄰近周邊地區的經濟繁榮與發展、提升該地區與鄰近周邊地區居民的生活水準與互動交流機會、降低該區域的經濟失衡社會結構發生機會、創造和諧與健康的居民生活品質……等方面的社會效益。

至於經濟收益方面，則可包括：門票收入、餐飲收入、住宿收入、停車場收入、有形商品展售收入、代銷寄售商品收入及其他因活動衍生的收入等方面。而在進行活動營運收益預估時，尙應考量到營運成本的因素，例如：人事支出、原材料支出、補給品支出、

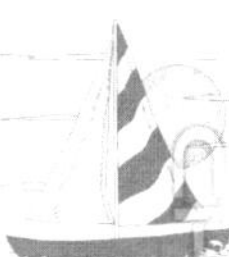

設施設備折舊、管理與銷售費用、安全衛生及設備設施維護費用、使用專利權費用及稅捐等營運成本。營運收入與營運成本的計算其損益金額，若屬正向的利潤，則可估算其活動場地與設施設備的投資回收年限及盈餘、現金流量……等營運要素，反之若屬負向的利潤時，則可告知該休閒組織是否要進行此項投資（如**表3-10**所示）。

表3-10　某休閒遊樂區活動計畫產出與成本效益分析表（個案）

科目＼年度			2003年	2004年	2005年	2006年	2007年	備註
營運收入	門票	(1)營運量（人）						
		(2)預計單價（元／人）						
		(3)小計（元）						
	住宿	(4)營運量（間）						
		(5)平均單價（元／間）						
		(6)小計（元）						
	餐飲	(7)營運量（人）						
		(8)平均單價（元／人）						
		(9)小計（元）						
	購物（自）	(10)營運量（人）						
		(11)平均單價（元／人）						
		(12)小計（元）						
	代售（銷）	(13)營運量（人）						
		(14)平均單價（元／人）						
		(15)小計（元）						
	遊憩	(16)營運量（人）						
		(17)平均單價（元／人）						
		(18)小計（元）						
	DIY	(19)營運量（人）						
		(20)平均單價（元／人）						
		(21)小計（元）						
	停車	(22)營運量（輛）						
		(23)平均單價（元／輛）						
		(24)小計（元）						
	(25)總收入							＝(3)＋(6)＋(9)＋(12)＋(15)＋(18)＋(21)＋(24)

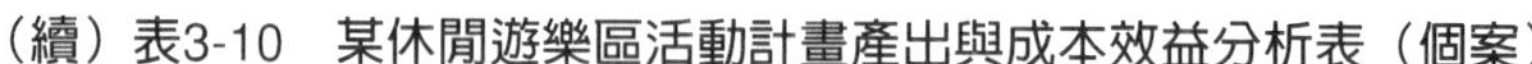
（續）表3-10　某休閒遊樂區活動計畫產出與成本效益分析表（個案）

年度／科目		2003年	2004年	2005年	2006年	2007年	備註
營運支出	(26)原材料（元）						
	(27)補給品（元）						
	(28)人事費用（元）						
	(29)變動間接費用（元）						假設為(25)×2.00%
	(30)折舊（元）						
	(31)固定間接費用（元）						假設為(25)×4.00%
	(32)變動銷管費用（元）						假設為(25)×2.00%
	(33)固定銷管費用（元）						假設為(25)×1.50%
	(34)清潔維護費用（元）						假設為(25)×3.00%
	(35)稅捐費用（元）						年度投資總經費×5%
	(36)總支出（元）						＝(26)＋(27)＋(28)＋(29)＋(30)＋(31)＋(32)＋(33)＋(34)＋(35)
利潤	(37)稅前利潤（元）						(25)－(36)
	(38)所得稅（元）						(37)×25%
	(39)稅後利潤（元）						(37)×75%
備註	一、假設營運利用率為75% 二、營運量（人數）預測成長比率假設每年逐年增加10% 三、遊憩收入包括參與使用戶外活動（不含在門票費用內）的自付額及其他顧客自選參與活動的費用在內。						

(五)活動營運的效益評估

從投資的觀點來說，投資活動無可避免地需要針對目前的支出與未來的利潤做比較分析，而在進行目前投資與未來售價的價值衡量時，時間就是金錢，無疑的利率將會是很重要的角色。休閒活動的投資決策，乃需要事先評估各個活動方案的成本、效益與風險，而後再考量到底要採取何種準則作爲其選擇的標準。一般來說，淨現值方法（net present value approach; NPV）與內部報酬率法（internal rate of return approach; IRR）或資本邊際效率（marginal efficiency of capital; MEC)，乃是較爲廣泛使用的投資準則。此等

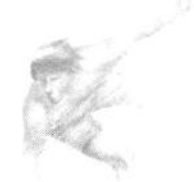

方法隱含著投資人屬於風險中立，決策過程以報酬率或現值高低為依歸，兩者波動（風險）並不在考量之範圍內。

淨現值方法及內部報酬率法、資本邊際效率均各有其優缺點，惟本書僅介紹淨現值法，乃是考量到此一方法較能夠反應出來其各項（分區分期）開發計畫有關的時間序列的理由。

$$NPV = \sum_{t=1}^{n} \frac{Yt}{(1+r)t} - I_0$$

（$\frac{Yt}{(1+r)t}$＝V表示資產現值，市場利率（或稱貼現率）為r，t為時間，Yt（為t年後的本利和或未來值）＝（1＋r）^{t}V，I_0為期初投資值）

當淨現值大於0之時，表示投資者可以大膽地付諸投資，而在投資時，同時規劃了多項投資方案，當這些方案的淨現值均大於0時，投資者就應該比較哪個投資方案的淨現值比較大，依淨現值大小予以定案，反之若淨現值小於等於0時，則投資人應考量予以停止該項投資方案。

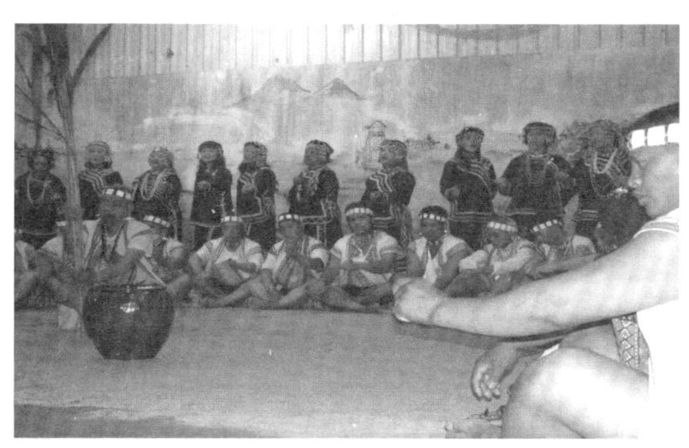

▲豐年祭是原住民最具有指標性的祭典活動

豐年祭是原住民祭典中最具有指標性的活動，阿美族、布農族、排灣族、泰雅族、鄒族、噶瑪蘭族人總會放下工作，進行一個盛大的「豐年祭」，讓所有的原住民能夠趁此機會同歡與樂。每年一到暑假七月份開始就是原住民豐年祭典的季節，各部落舉辦各場的歡樂，神聖祭典活動，其中以阿美族的豐年祭最受矚目。活潑的舞曲，豔麗的服飾總會吸引不少民眾前往觀賞，進而演變出專業的舞蹈表演及場所。

照片來源：中彰投就業服務中心　張慧君

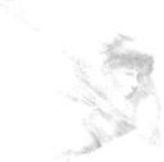

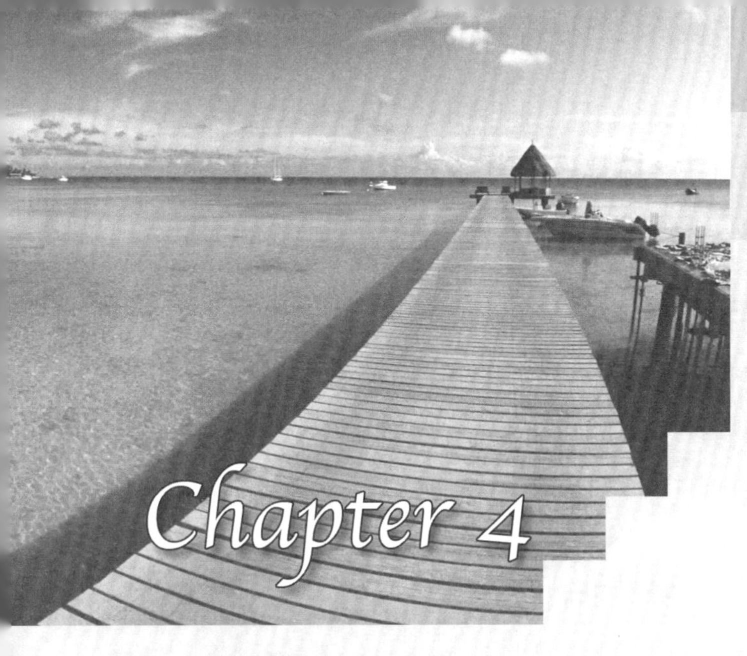

Chapter 4

休閒活動的經營管理策略

Easy Leisure

一、探索活動經營管理與人事管理有關議題
二、釐清經營管理內容與人事組織規劃課題
三、了解經營管理人事組織規劃之計畫重點
四、認知活動組織之經營管理策略規劃方向
五、學習如何進行經營管理與人事組織規劃
六、界定休閒活動經營管理策略的策略內容
七、提供活動經營管理與組織規劃策略方案

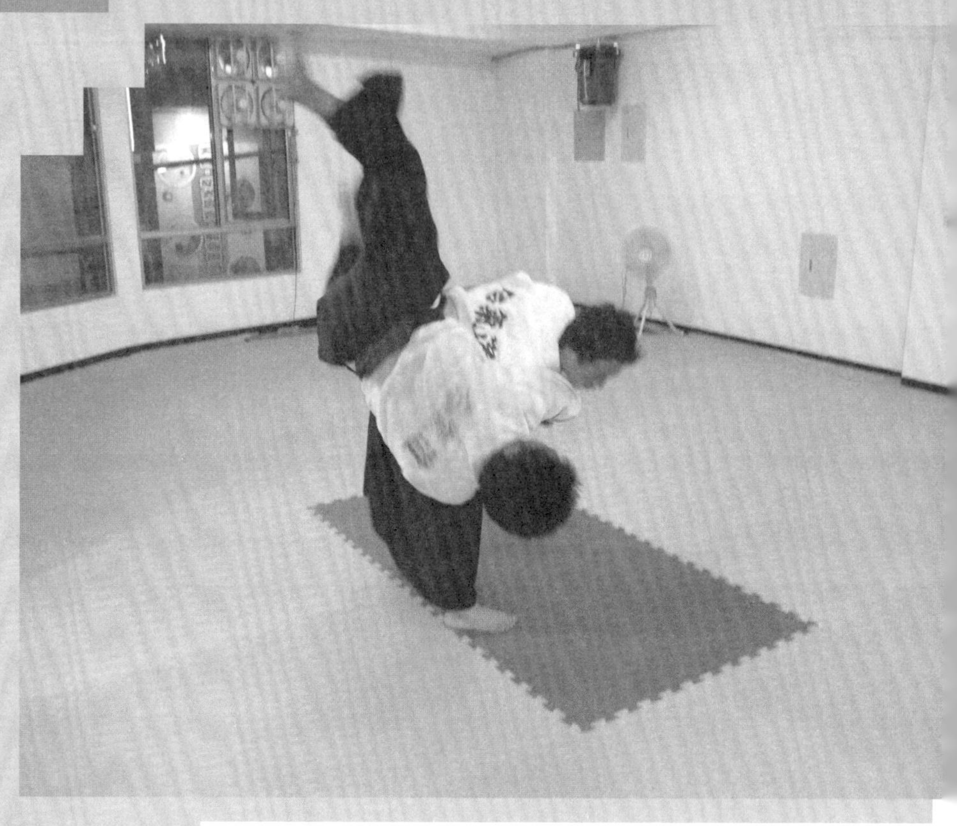

▲ 合氣道腰部摔

合氣道之所謂八大技法，嚴格講起來，只有三個最基本的技法：四方摔；入身摔；一教、二教、三教、四教、五教以後……迴轉摔、腰部摔全是一教的子技法。延伸技法（或補救技法）：天地摔為入身摔的子技法、反手摔為四方摔的子技法、十字摔為四方摔與一教的混合技法、呼吸摔大都是以三大技法為基礎的未完成動作，以立體圓帶動，拋摔對方。

照片來源：武少林功夫學苑 www.wushaolin-net.com

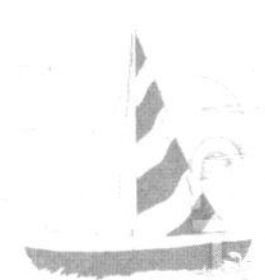

休閒活動的設計規劃主要目的，乃在於能夠順利將活動推展上市，而上市之後的一系列重要工作乃是經營管理的範疇。這些重要的工作涵蓋組織規劃、人力配置、教育訓練、服務作業流程、設施設備規劃、導覽解說、與顧客互動交流、立即正確回應顧客需求、售後服務等一系列的經營管理工作，有待休閒／活動組織、經營管理者與活動規劃者努力去認知與執行。而在執行經營管理工作之前，必然要能夠深入進行競爭環境與內在外在情境的分析，並擘劃出有執行可行性與價值性的經營管理策略，以構築有關的經營管理計畫與人事管理規劃，如此方能有效推展休閒活動之順利上市行銷與推展傳遞。

第一節　活動營運的經營管理計畫

休閒組織爲執行其新的休閒活動方案，除了前面各章節所談到的各種有關活動發展計畫之外，最重要的乃是將這些計畫付諸實施，將休閒組織與活動規劃者的活動經營管理理念依據有關的計畫予以推展。至於所謂的活動營運的經營管理理念乃涵蓋著：(1)休閒活動乃是一種事業而且要能夠滿足現有／未來的休閒需求；(2)休閒活動乃爲創造一種可供人們休閒的情境與環境；(3)休閒活動要能夠結合多種休閒哲學與休閒主張，以爲滿足人們的需求；(4)休閒活動需要具有改變或改進休閒事業所在環境之功能；(5)休閒活動要能具有改進當地居民生活水準之功能；(6)休閒活動要能夠提供人們進行自然、自由、幸福、愉悅與興奮的休閒體驗機會與情境、環境；(7)休閒活動乃是善用自然景觀與人文景觀、宗教文化等等各項資源的結合運用；(8)休閒活動要能夠創造在地就業機會與提高當地居民的經濟所得水準；(9)休閒活動也要能夠促進社會的發展，提升社會祥和氣氛與人員生活品質；(10)休閒活動應具有改進社會習性及提倡寓教於樂的價值；(11)休閒活動與工商產業活

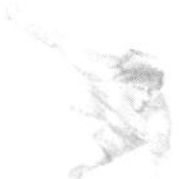

動並列爲二十一世紀的產業經營活動等理論背景。而這些休閒活動之經營管理內容，如經營管理體系與經營管理策略，若能得到休閒組織及其內部與外部利益關係人的認同、支持與肯定，則該項休閒活動的經營管理計畫將可有效地執行。

一、休閒活動的經營管理組織

休閒活動的經營管理組織乃須因應各種不同活動類型、活動規模及活動所屬休閒產業，而設計各種不同有關經營管理的執行模式，企圖以爲堅強的組織架構來執行各種複雜的經營管理任務。惟經營管理組織架構模式的功能需求，並不在於組織大小，而是在於依賴組織編制之專業人員的有效率執行，如此才能呈現出各個組織系統所應呈現的功能，當然這些行政管理的成本，乃會採取各種不同的方式轉嫁到各種休閒活動方案之經營成本裡面，所以在規劃組織體系時，必須考量到精簡、有效率的組織結構。

(一)經營管理組織架構模式的建制原則

1.組織架構的建制必須充分掌握住該組織所應管理的必要事項。

2.組織架構要能夠力求精簡、有效率，並且要能夠明確地訂定各職務的工作職掌，以及任職該職務人員所應具有的專長與學識、經驗。

3.組織應避免過於龐大，而盡可能結合橫向的獨立組織來運作。

4.宜建立任務性與功能性的組織，以減少常設組織單位，在各活動方案任務結束之時即予以解編。

5.編製權責區分明細表，力求給予各個組織單位的彈性與授權。

6.建立標準化、系統化的作業程序、作業標準以及各式報表的

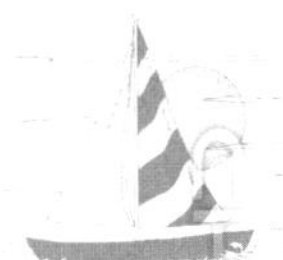

作業流程，確立妥適、完善與有系統的組織管理體系。

7.盡可能將各項活動方案的主題、規模與客源對象，納入組織形態建制與規劃的參考依循。

8.有可能的話，可考量委外承包駐點或管理機能外包之方式來建制組織形態，尤其購物中心、健身俱樂部與賽會活動等類型的活動組織，更可以考量採用。

9.建立經營管理發展與審查機制的管理審查會議機制，作為組織形態與各職務工作職掌的制、修、廢有關審核、查驗與確認的樞紐中心。

(二)組織架構（舉例說明）

■大型購物中心的組織架構（如圖4-1所示）

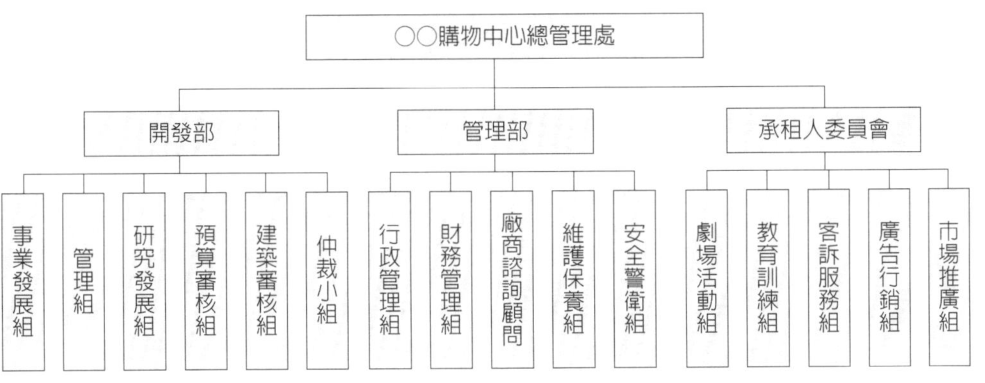

圖4-1　○○購物中心的經營管理組織架構（個案）

資料來源：經濟部商業司，《大型購物中心開發經營管理實務手冊》（第一版），台北縣：中國生產力中心，1996年9月，頁524。

■多點連鎖型俱樂部（總公司）的組織架構（如圖4-2所示）

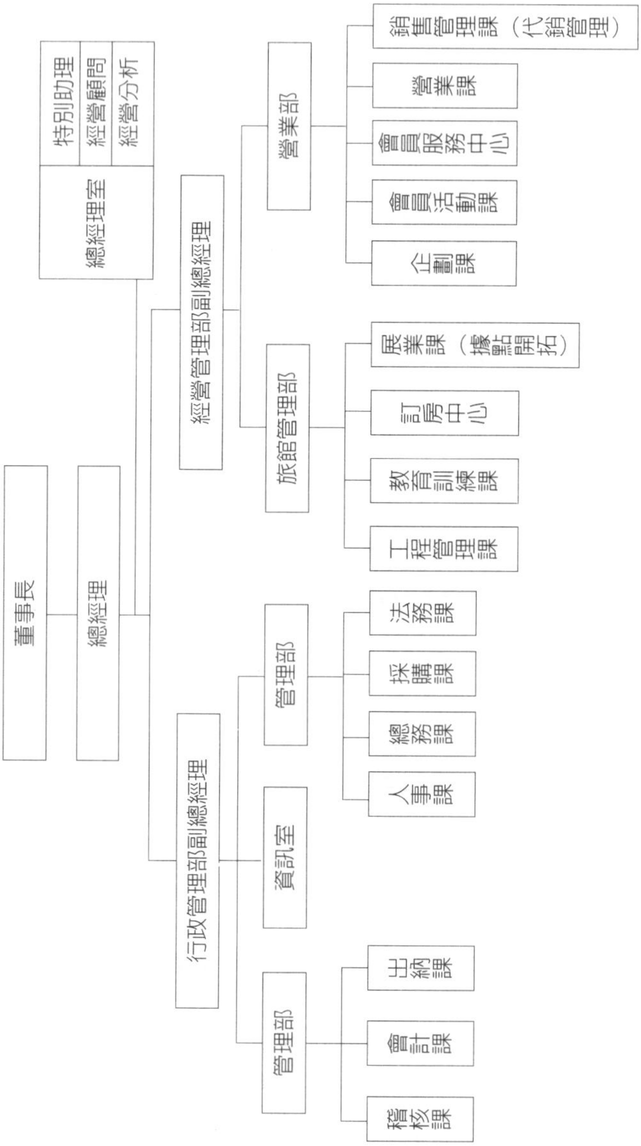

- 董事長
  - 總經理
    - 總經理室
      - 特別助理
      - 經營顧問
      - 經營分析
    - 經營管理部副總經理
      - 營業部
        - 銷售管理課（代銷管理）
        - 營業課
        - 會員服務中心
        - 會員活動課
        - 企劃課
      - 旅館管理部
        - 展業課（據點開拓）
        - 訂房中心
        - 教育訓練課
        - 工程管理課
    - 行政管理部副總經理
      - 管理部
        - 法務課
        - 採購課
        - 總務課
        - 人事課
      - 資訊室
      - 管理部
        - 出納課
        - 會計課
        - 稽核課

圖4-2　多點連鎖型俱樂部（總公司）之組織架構（個案）

資料來源：徐堅白，《俱樂部的經營管理》，台北市：揚智文化事業公司，2002年，頁106。

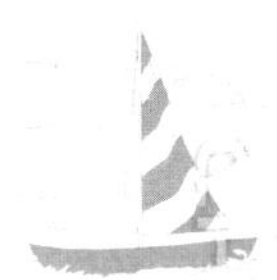

■多點連鎖型俱樂部（各營業據點）的組織架構（如圖4-3所示）

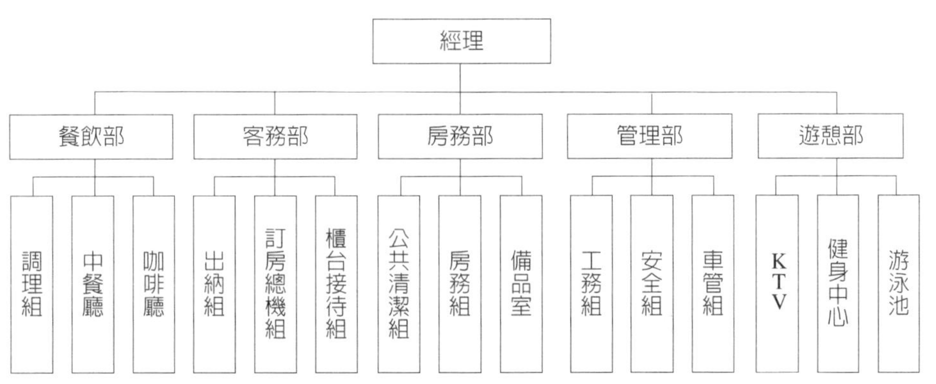

圖4-3　多點連鎖型俱樂部（各營業據點）的組織架構（個案）

資料來源：徐堅白，《俱樂部的經營管理》，台北市：揚智文化事業公司，2002年，頁107。

■都會型商務俱樂部組織架構（如圖4-4所示）

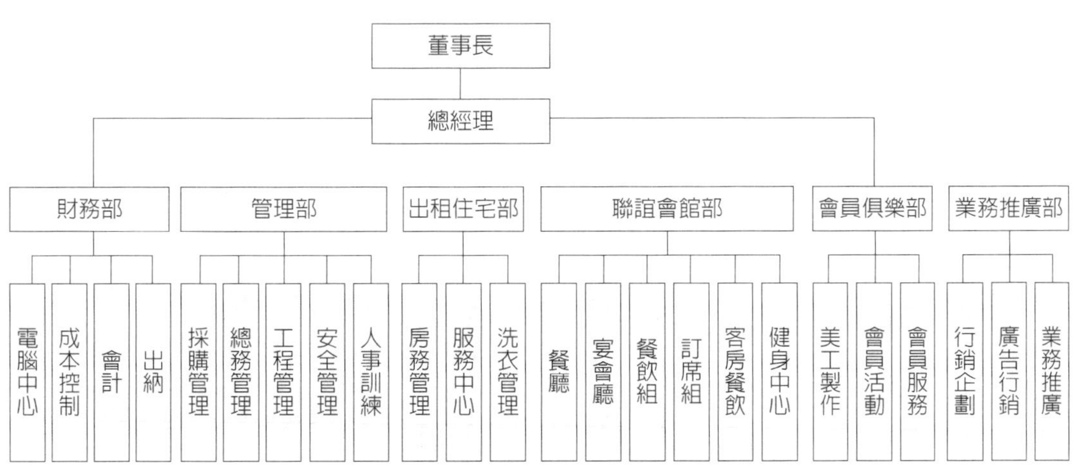

圖4-4　都會型商務俱樂部組織架構（個案）

資料來源：徐堅白，《俱樂部的經營管理》，台北市：揚智文化事業公司，2002年，頁109。

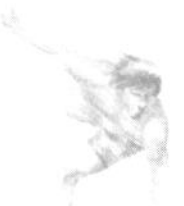

■健身俱樂部組織架構（如圖4-5所示）

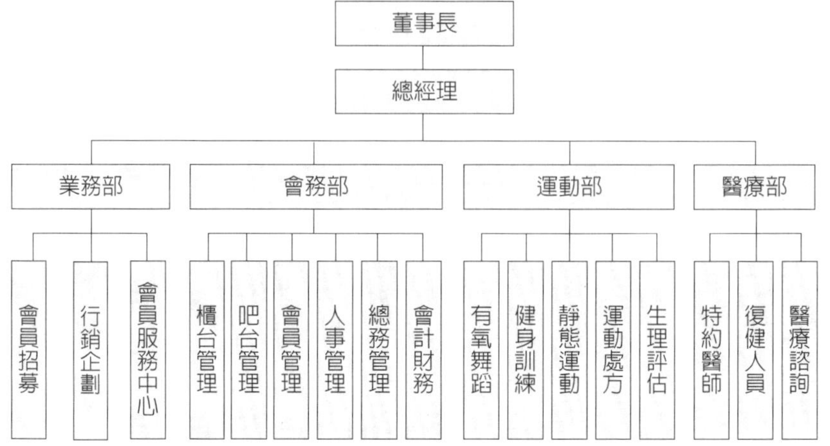

圖4-5　健身俱樂部組織架構（個案）

資料來源：徐堅白，《俱樂部的經營管理》，台北市：揚智文化事業公司，2002年，頁110。

■旅行社的組織架構（如圖4-6所示）

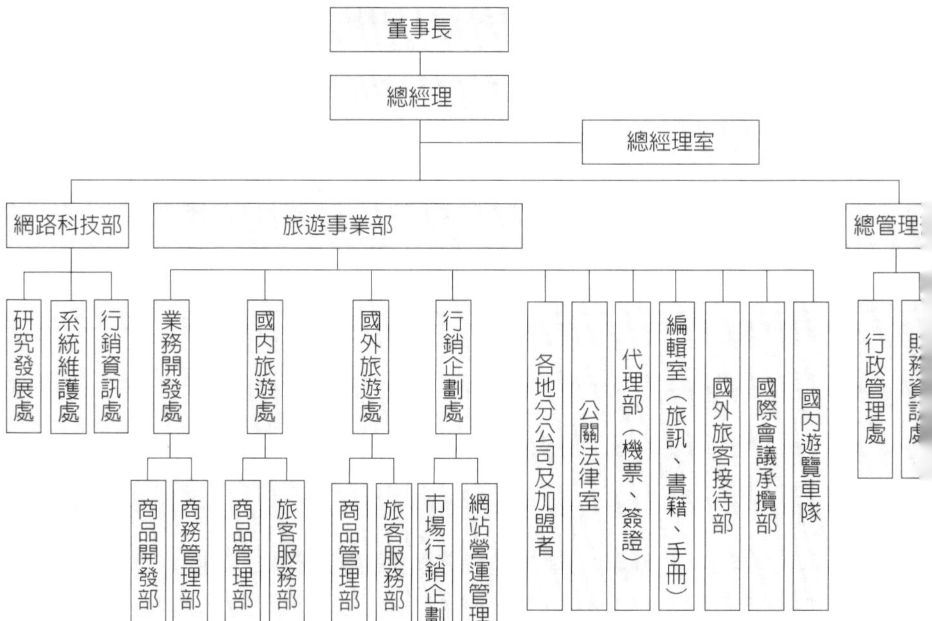

圖4-6　旅行社組織架構（個案）

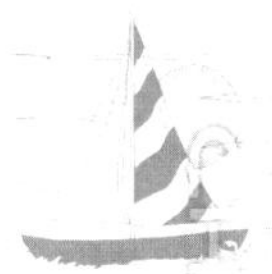

■休閒網站介紹（如圖4-7所示）

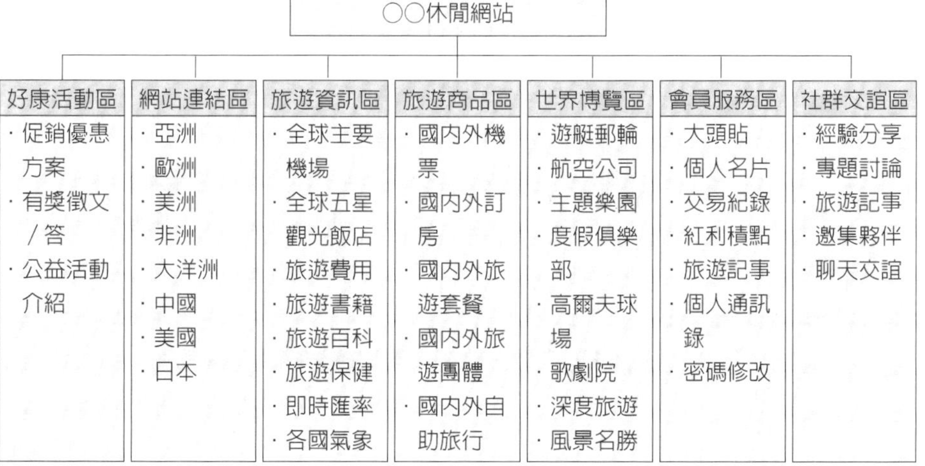

圖4-7　網站介紹（個案）

■主題遊樂園的組織架構（如圖4-8所示）

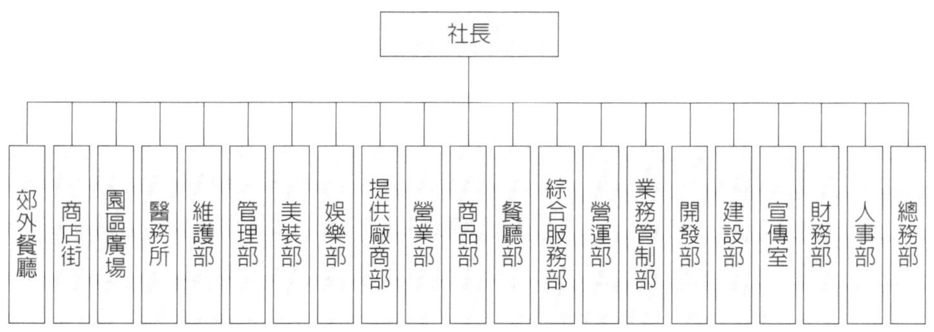

圖4-8　東京迪士尼樂園的組織架構

資料來源：謝其淼，《主題遊樂園》，台北市：詹氏書局，1998年2月，頁239。

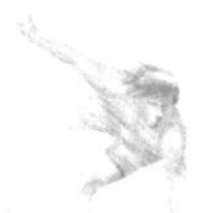

■運動賽會的組織架構（如圖4-9所示）

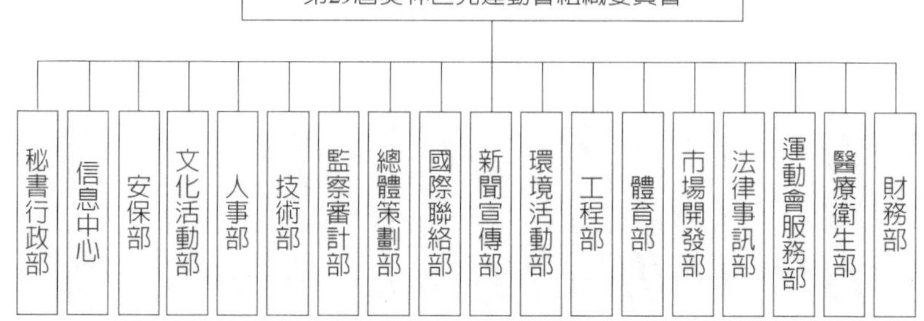

圖4-9　第29屆奧林匹克運動會組織委員會現階段功能部門

資料來源：Beijing 2008 （2003）. About us. Retrieved November 16, 2003 from Beijing 2008 Official Site. http://en.beijing-2008.org/89/83/article211613989.shtml

(三)經營管理組織架構的特質

由於二十一世紀乃處於全球性競爭壓力日益增加的環境，同時更由於新資訊科技高度與日益成熟的使用，以至於組織設計已經成爲當今各業種各業態的高階經營管理者的一項重要工作任務。同時更由於這個時代裡，管理者必須努力尋求更好更順的溝通協調與激勵管理方法，以爲其組織創造更多更好的價值。所以組織架構的設計與建立就顯得更爲重要了，而其原因有：(1)使其組織能夠應付這個多元化、國際化與多樣化的經營環境；(2)使其商品／服務／活動得到更好的競爭優勢；(3)協助其組織達成更有效地管理多樣性；(4)提升組織創新設計新商品／服務／活動之能力與績效；(5)達成其組織能夠永續發展。

事實上在二十一世紀的休閒組織或休閒活動爲求永續經營與發展，傳統的經營管理模式已不能勝任，而是需要經由專業人才或專業經理人所組成的經營管理團隊做有效的運作時，才能夠勝任愉快的。休閒組織／活動的經營管理組織在形成的過程中，爲能充實其現有的先決條件，就必須進行妥善的規劃，以及尋求適任的專業人

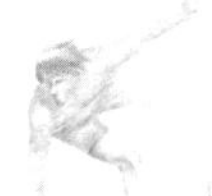

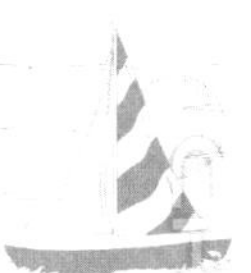

才／經理人，以建構出堅強有效率的經營管理團隊，並促其正視該休閒組織／活動所面對的競爭情勢與環境，以爲因應任何的衝擊與變化，以及管理風險與取得有利於其休閒活動之經營管理資訊；所以休閒活動的經營管理團隊就要能夠具有掌握未來、執行活動目標、因勢利導地創新商品／服務／活動，以及扮演承先啓後的角色，如此方能將其休閒組織永續經營與發展下去，同樣的，也才能有效地使其休閒活動順暢地運作下去。

一般來說，休閒活動的經營管理團隊必須具備有如下幾項特質：

1.組織的願景、使命、目的與目標標的要相當明確，以爲指引經營管理團隊，並作爲整個經營管理團隊規劃設計有關休閒活動的依據指標。
2.經營管理團隊應該能夠秉持PnDnCnAn管理指導原則，建立其對於休閒組織與休閒活動的營運業務之規劃、執行、稽核檢討與持續改進之運作機制，以追求最有效率與效能的經營目標實現。
3.經營管理團隊必須是該組織或活動的經營與管理領導中心，對於該組織／活動的運作及有關運作過程中的異常問題解決，均應擁有解決的能力與智慧，方能展現其組織／活動的經營管理績效。
4.經營管理團隊可以正式組織形態或非正式組織形態呈現，當以正式組織形態運作有關經營與管理活動時，乃是將其經營理念與管理行爲透過組織運作，以呈現其特質與績效；而若以非正式組織形態運作時，則可經由專案組織或委員會形態，擴大參與規劃與決策的人數，並做意見整合以收集思廣益之效果。
5.經營管理團隊乃集合各種不同專長、經驗與功能的專業人士，形成一個卓越而堅強的組織，如此的團隊分工與專業化

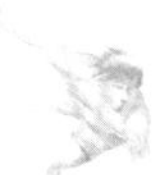

特質將是休閒活動成功與否、有無績效的最大原因。

6.經營管理團隊的專業經理人或領導人必須要能夠具有溝通、協調、諮商、說服、談判與仲裁的能力，同時更應該懂得授權給團隊成員分工負責，而且要記得授權乃是責任的開始，也就是授權而不授責。

7.經營管理團隊乃是該項休閒活動的實質領導人，不但要能夠領導整個團隊進行休閒活動的規劃設計與上市發展，更要作爲整個休閒活動的全體服務人員的領導者，不僅要做好領導統御與績效管理的基本任務，尙且要能夠引導整個團隊與全體服務人員通過風險、危機與競爭的考驗，以追求其休閒組織與休閒活動的永續發展。

8.經營管理團隊要能執行戴明博士的十四管理原則，確立整個休閒組織與休閒活動的具體與明確的經營管理績效。

9.經營管理團隊本身就要培養出具有激勵特質的團隊運作能力，以促進全體服務人員全力以赴，追求卓越與高顧客滿意度的具體服務作業品質之呈現。

二、休閒活動的經營管理內容

一般來說，各種業種的休閒組織或是各種不同類型的休閒活動的經營管理內容，大致上應該包含有如下幾個項目：

(一)休閒活動場地及設施設備的經營管理

1.開發階段有關活動場地方面之主要經營管理工作內容：公共設施可及性分析、必要公共設施之效用分析、土地使用配置規劃、開發預定進度、開發效益分析、開發團隊與財務預算管理……等項目。

2.開發階段有關設施設備方面之主要經營管理工作內容：各種活動設施設備的評估與選擇、營運利用率的選擇、各種設施

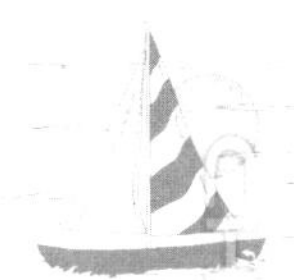

設備配置規劃、各種設施設備購進與安裝試俥預定進度、各種設施設備的效益分析、經營管理團隊與財務預算管理……等項目。

3.休閒資源保育的經營管理工作內容：植坡、景觀、生態保育系統、公共設施系統、生態資源脆弱地區的保育系統、傳統／在地文化系統……等方面的經營與管理。

4.完工使用階段的經營管理工作內容：各休閒活動分區的管理（含商品／服務／活動的運作、顧客服務作業系統、標識與識別系統、環境整理整頓系統）、各休閒活動分區的動線規劃與連結計畫、活動分區的活動設施設備與空間管理、各活動分區的設施設備有效利用與維護管理、安全措施與緊急事件應變計畫之管理、保險與風險管理、人力資源管理系統、代銷代售管理、公共關係與敦親睦鄰、資訊管理……等項目。

5.設施設備與場地建築物維護的經營管理主要內容：各活動分區建築物、公共設施、停車場、休閒遊憩設施設備、衛生設施設備、導覽解說設施設備、人員教育訓練設施設備……等。

(二)顧客服務的經營管理

1.資訊服務：廣告、DM、摺頁、網站、接待管制、導覽解說、VCD／DVD放映、識別與標示、廣播服務……等。

2.顧客安全：(1)最緊急狀況（如：搶劫、挾持人質、綁架、槍擊、誘騙、暴動、炸彈威脅、千面人……等緊急情況的安全管理與緊急排除協助事件）；(2)次級犯罪及緊急狀況（如：強暴、兒童走失、調戲、偷竊、示威遊行……等情況）；(3)天然災害防止（如：火災、爆炸、風災、地震、謊報火警及災害、觸電或電力故障……等）；(4)以上事故發生時的協助顧客離開與協助警方排除緊急事故，並於事故發生後的責任

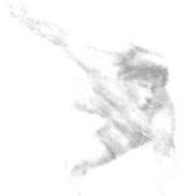

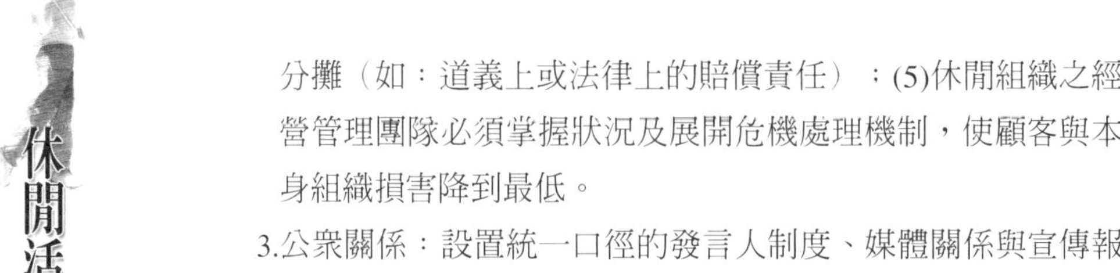

分攤（如：道義上或法律上的賠償責任）；(5)休閒組織之經營管理團隊必須掌握狀況及展開危機處理機制，使顧客與本身組織損害降到最低。

3.公眾關係：設置統一口徑的發言人制度、媒體關係與宣傳報導、公益活動、敦親睦鄰活動、顧客關係管理……等。

(三)人力資源的經營管理

1.第一線服務人員的教育訓練課程應著重在：

(1)表達能力的培養，使其具備有溝通、協調與說服的專業能力。

(2)對於休閒商品／服務／活動的具體認知及有關資訊的知識與情報，使其在服務顧客時擁有專家的角色，以引導顧客的信任感與參與意願的提升。

(3)培養洞察顧客的能力，使其能在短暫接觸顧客的時間裡，即能有效了解顧客，達成鼓勵顧客購買／消費／參與之目的。

(4)使服務人員充分了解其所負責的責任區有關商品／服務／活動的SOP及SIP，並能應用自如，使顧客能夠充分、自由與快樂地體驗有關休閒活動，或購買／消費休閒商品。

(5)培植快速回應顧客要求之能力與經驗，以提高顧客的信任感、滿意度與忠誠度。

(6)訓練服務人員的專業能力、整潔儀態與誠懇服務態度。

(7)強化服務人員積極主動服務顧客的行動力，根本消除等待服務的心態與行爲。

2.建立合情、合理與合法的人事管理制度，以積極、激勵與重績效的態度，進行有關全體人員的領導統御、組織行爲、組織文化與企業倫理的建構與執行，使整個組織與整體人員具有優質的競爭力。

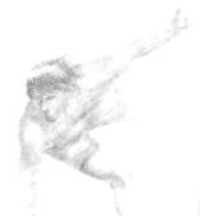

3.爲全體人員建立職業生涯規劃的管理系統，使全體人員均能

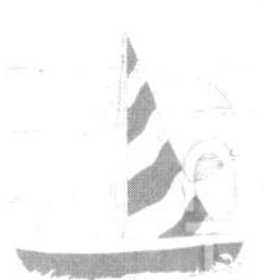

認同其組織、肯定其組織，進而將自己融進在休閒組織經營團隊的思維裡面，如此的休閒組織將會是高績效的團隊。

(四)市場行銷的經營管理

1.進行顧客需求行為的分析，以掌握顧客需求趨勢，擬定符合其需求與期望的休閒商品／服務／活動之行銷策略的規劃設計與導入實施。

2.進行行銷競爭環境及SWOT／PEST分析，擬定行銷計畫、行銷目標以及各項休閒活動及商品服務的對應行銷策略，吸引顧客前來參與／購買／消費。

3.進行行銷9P策略制定及實施各項行銷之行動方案，所謂的9P策略乃指：商品／服務／活動的規劃設計策略、價格定價策略與方法、通路與活動地點策略、促銷與廣告宣傳策略、服務人員優質服務策略、標準化系統化及快速回應的服務作業標準程序策略、創新優質與符合顧客需求之活動規劃策略、安全舒適與高吸引力的設施設備策略、顧客供應商鄰居及其他各種利益關係人形成夥伴關係的策略等。

4.策定激勵獎賞制度，以激發服務人員及其他營業、行銷、企劃、經紀商的服務潛力。

5.將行銷策略與休閒活動規劃設計策略、人員服務作業策略、員工激勵獎賞策略相結合，擴大行銷的經營管理績效。

(五)財務資金的經營管理

1.建立財務資源的供需分析與管理機制，使有限的資源得以發揮最大的效益，減少無謂的浪費與失誤發生。

2.編製短中長期的年度預算，將各項休閒活動分區分期的開發計畫悉數納進在休閒組織的預算管理機制裡面。

3.妥善規劃有關融資的政策，所謂的融資政策乃是說，有關的融資方式必須在風險與利潤之間求取平衡，而融資政策的基

本原則乃在於風險沖銷融資策略（hedging approach），也就是說，每一個資產將相對地有一個或以上的與其貸款／應付帳款到期日相近的融資工具（如：短期及季節性流動資產之變動，將以短期負債來融通、流動資產中的永久性部分，就要以長期性負債或權益來融通）。

4.應該將不營業也會產生的地價稅與房屋稅，和隨著營業額變動的營業稅與營利事業所得稅等租稅，一併納進在休閒組織的營運活動必要成本裡面加以妥善規劃，否則在休閒活動營運成本中會自然而然地增加，以至於吞噬掉營運利潤而不自知。

5.善用管理會計的理論與技術，應針對各項活動分區裡的作業活動成本進行分析、了解與管理，以確實了解各項活動方案的貢獻度，並做爲無貢獻度的活動方案是否予以撤退的決策分析依據。

(六)經營管理組織的建構與執行

1.建立符合休閒組織與休閒活動的經營管理團隊，並且各層級或專案成員均應建立明確的工作職務說明書，以釐清各團隊成員的職責、權利、義務、授權範圍及有關團隊運作機制之規範等。例如：有些休閒組織會組成發展委員會與共同經營委員會或合作社形態的經營管理團隊，而這些團隊，有的休閒組織乃是基於專案管理需求而組成，而有些則依據政府主管機構的法令規章之規定而組成，但是這些經營管理團隊乃是需要與該休閒組織的組織架構相結合，其乃處於輔導、規劃、督導、控制與稽核的機能角色。

2.營利事業形態且不受到政府主管機構法令規章限制的休閒組織原則，乃在於董監事會進行所謂的經營管理團隊組成之有關任務，而有所謂各層級的管理部門以及專案管理委員會之形成，但是其輔導、監督與稽核任務則仍由董監事會來負

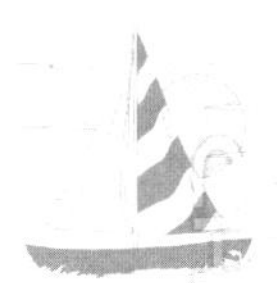

責，也就是授權而不授責的原則仍是存在的。但是一般經授權的經營管理活動，則由各層級部門或專案管理委員會統籌進行規劃、輔導、督導、執行、控制與稽核之任務。

(七)目標標的之經營管理

1.經營管理團隊需要制定各層級的組織功能、執行策略與選定各項業務的專責人員，並且需要制定每項工作的作業程序與作業標準，以供各項業務專責人員之執行依據。

2.經營團隊應該規劃活動場地與設施設備的人性化與感動化空間，以吸引顧客自由、自在、愉快、幸福與興奮地參與休閒活動之體驗、購買與消費。

3.經營管理團隊必須以能爲顧客創造價值，以顧客利益爲依歸，及提供滿足顧客需求與期望爲最高指導原則，而建立其休閒組織與活動經營的模式，如此才能將其組織與活動的經營建構在顧客滿意、供應商滿意、員工滿意、服務滿意與社會滿意的永續經營發展磐石之上。

4.經營管理團隊需要積極關心活動場地所在的社區發展，需要把部分的盈餘回饋給社區發展之各項安全、衛生、關懷與建設，以厚植消費能量，爭取顧客的認同與支持，進而提升該休閒組織與活動的形象，及奠定經營成功的基礎。

5.經營管理團隊也應注重環境生態保育工作，建立綠色休閒組織與休閒活動形象，以擴增社會大衆的支持與認同，當然也會促進顧客的參與頻率及休閒組織／活動的形象。

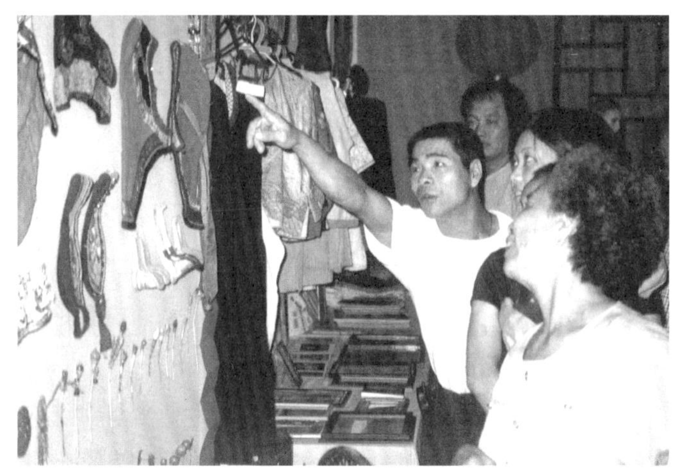

▲阿嬤嫁妝解說

1970年代以前，阿嬤要出嫁時的嫁妝，就是那個時代的經濟、社會、文化、風俗與環境的寫照，值得我們去回味、了解、體會與研究昔日的種種文化精華。

照片來源：中華民國區域產業經濟振興協會

第二節　營運執行的人事管理規劃

休閒遊憩活動的正式展開營運，最重要的乃是有賴該休閒組織或該活動的全體人員的執行，而此些人員的整合與管理則有賴於人事管理策略的執行，此等人事管理策略項目乃包含有：人員的招募、遴選、講習、訓練、安置、監督、評核、報酬、簽約，以及人力盤點、工作評價、職階規劃、人力運用等一系列的人力資源管理措施與行動方案之執行。

休閒產業組織由於受到季節性、假期性與時下服務人員的工作模式的影響，以至於大量雇用兼職人員，而使得空有完善的人力資源政策，卻大都停留在其組織中的少數專職／全職人員的人事管理範疇。由於休閒組織具有如上的特色，因而休閒組織與活動規劃者就必須著力於該休閒組織與休閒活動的短期與中長期的經營目標的

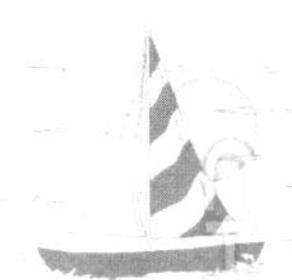

規劃與了解，進而制定其組織結構（已於本章第一節中有所討論）、職階規劃、人力運用計畫、人員說明（person descriptions），以及建立高績效高報酬的服務文化，藉以形成員工建立品牌與終身學習的組織文化，使其組織中的全職與兼職人員得以共同展現出該組織與活動為滿足顧客需求的精神、行動與用心。

活動規劃者在休閒活動正式營運之前，即應對其所規劃的活動方案所需的人員予以掌握，並擬定出合理的人力運用計畫，同時有計畫地訂定各項職階的規劃實施人員的訓練及創造出具有挑戰性的工作環境，以為引導休閒活動的全體服務人員執行有關的服務工作。所以說，活動規劃者就如同是教練一般，必須充分掌握住活動執行之成功關鍵因素，而這些活動成功的關鍵因素更是取決於活動規劃者如何招募遴選、分派安置、講習訓練、管理監督與激勵獎賞所有的服務人員（包括兼職與季節性人員在內）。

組織架構乃是基於各個職務之職能、職權區分及分層授權之原則，而制定出各個職位的職務。然而在二十一世紀的企業環境及其核心能力、組織能力與人力資本已經形成時下企業的新競爭優勢來源，休閒組織要如何設計其組織結構才能有績效？人員與組織之間的界面要如何連結互動？已經逼迫休閒組織的經營管理階層，必須揚棄掉長久以來主導企業思維之傳統以職務為導向，講究官僚作風的科層式組織模式，也就是所謂的扁平式組織、星團式組織、專案組織與動態組織一般，將以往講究階級組織、分層負責與組織管理之以職務為導向的模式，改變為依賴團隊合作、資訊與資源分享、網絡組織形態的共同領導與員工參與的橫向組織模式。

在這樣的扁平化且靈活的組織架構、資訊的公開分享、講究專業與技能的力量、員工知識延續管理，及創意創新與創造知識豐富的員工制度之下，休閒組織／活動規劃者必須把自己當作擁有雇用契約的雇主，這個雇用契約對於所有的服務人員（兼職人員與全職人員、季節性人員），均需要一視同仁地提供給他們高績效高報酬的誘因與激勵因子，以為吸引並留住他們，當然也可以為他們發展

出個人化／個性化的工作關係與雇用契約，以吸引各類需求之各種不同專業、知識、技能與工作動機類型的服務人員。

而休閒組織／活動規劃者也必須要考量到：(1)其組織／活動需要的是哪些員工／服務人員？(2)引進該類型員工到底要爲他們打造多久的優質工作環境（也就是要留用多久）？(3)要設計規劃出什麼樣的薪資報酬與激勵獎賞制度，以吸引或留住他們前來參與？當休閒組織／活動規劃者完成上述三大項目的思考及擬定妥善對策之後，就要構築出一套或多套的雇佣契約，以爲吸引／留住其心目中的理想員工／服務人員。

一、組織規劃

有效的組織規劃應考量的要素約有：

1.組織的願景方針目標。
2.組織的形式及可能面臨的問題、優先順序與要達成的目標。
3.組織目標、功能與組織成員的專長與能力。
4.組織控制、溝通與激勵原則與方法。
5.組織階層或單位的責任、權力、政策制定、風險承擔與決策判定等組織關係（如：中央集權、分層授權等）。
6.組織內高階主管、幕僚、各單位主管與員工間之關係與角色如何？溝通路徑？指揮與回饋路徑？
7.組織是階級式僵硬組織或橫向／彈性組織？
8.組織的溝通模式或方法是計畫運用？預算？會議？公告？標語？專案式小組會議？工作輪調？聚餐或聚會？
9.運用激勵報酬方式有哪些？

當然休閒組織／活動規劃者在進行組織規劃時，不是單憑經營管理階層或活動規劃者一己之力，即可完成符合其滿足顧客需要的組織規劃，而是需其各職能幕僚的支持與提供客觀資訊，以供分

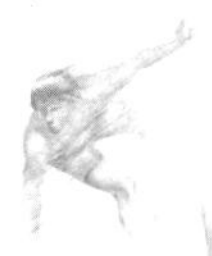

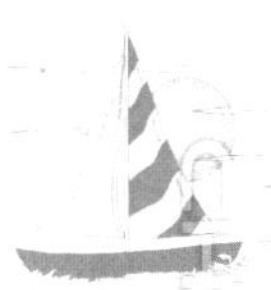

析、整合與判斷，方能妥善地規劃出符合組織願景方針目標與顧客滿意的組織系統，而此些幕僚作業乃涵蓋有：

1.客觀的資訊、情報與資料。
2.整個休閒組織／休閒活動的各單位所須擔當的細節事項與水平／垂直的相互關係。
3.了解組織的文化性及其市場環境／情境的關聯性，以及其組織規劃設計的可用技巧。
4.需要經由訪談、資料與資訊蒐集、資訊分析與整合，及診斷報告等系列作業活動，來進行組織的規劃與設計。
5.針對既有員工／服務人員的能力、興趣、潛力、知識、性向、經驗、專長與個性進行人員評估。
6.針對人員的評估以進行其薪酬、升遷、訓練與獎賞的評價，以確立組織的各職階規劃。
7.將人員評價過程以及職責／職務或工作說明予以結合，形成人員的說明書。

經由上述的討論就可以進行整個活動組織的規劃了，而其規劃的步驟大致上有如下幾個方面可供參考：

1.首先必須認清該休閒組織或休閒活動的組織規劃必要性與時間性問題。
2.遴選出組織規劃的工作人員（內部人員、外部專家顧問或兩者併行），並責成他們進行研究與評估作業（包含工作計畫、工作程序、進度時程在內）。
3.經營管理階層與活動規劃者應和規劃工作人員進行溝通、釐清組織規劃的目標、方向與組織理念願景。
4.進行休閒組織／休閒活動的SWOT分析與PEST診斷，以確立休閒組織的優劣勢與機會威脅所在。
5.經由訪談以了解整個休閒組織與活動的組織功能、文化、績效、各單位職掌職責、管理程序、作業標準、員工士氣、內

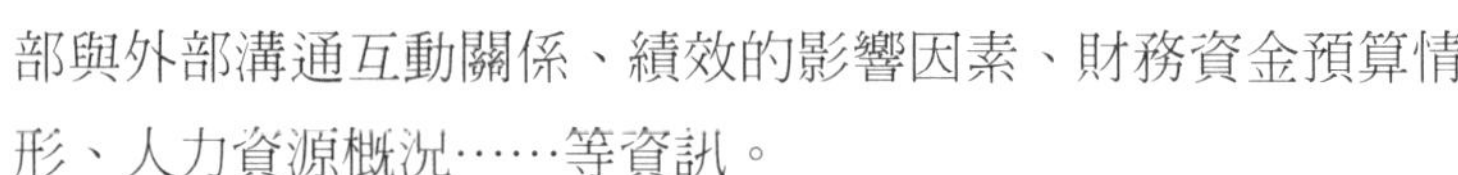

部與外部溝通互動關係、績效的影響因素、財務資金預算情形、人力資源概況……等資訊。

6.蒐集與了解同業或潛在競爭者的資訊與情況。

7.擬定活動之組織規劃設計的方案。

8.確立各人員說明書。

9.制定薪資報酬、激勵獎賞與教育訓練發展計畫與制度方案。

二、職權規劃

組織規劃設計完成時，即應進行各項職階的職能、事權劃分及授權原則……等方面的考量與規劃，而且休閒組織或活動組織的職階規劃應該考量的要點大致上有如下幾點：

(一)層級的出現

休閒組織或活動組織經過協調與激勵員工的問題時，其組織的層級就會開始出現，而當其員工數量增加並同時要求專精化時，組織的各種不同任務就會自然而然地被要求執行，而且當分化程度提高時，員工之間的工作協調也就會愈爲困難，另外因爲分工與專精化的結果，更而衍生出員工需要激勵的問題。所以這個時候的組織就要進行：(1)增加管理者去監督、評估與獎賞其所屬員工，以及(2)增加管理層級數目等改善其控制能力或激勵／協調員工工作績效之努力，更由於如此的努力過程而使其組織的層級呈現，惟層級的呈現有可能是扁平式組織（flat organization）或高聳式組織（tall organization）（如**圖4-10**所示）。

層級結構中，管理者會重視其在層級中的地位，因此與其同層級的管理者愈少而其管轄的管理者愈多，也就表示其統轄範圍愈大，其在組織層級中的地位也就越高，所以管理者也就會想辦法增加其部屬人數，如此將會使其組織愈爲高聳。更由於層級的增加，以至於管理者就要投入更多的時間、人力與物力去監督與控制部屬

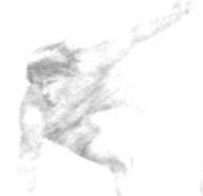

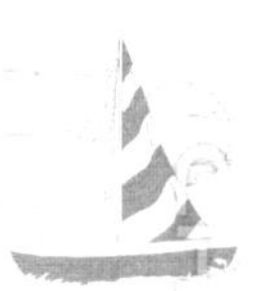

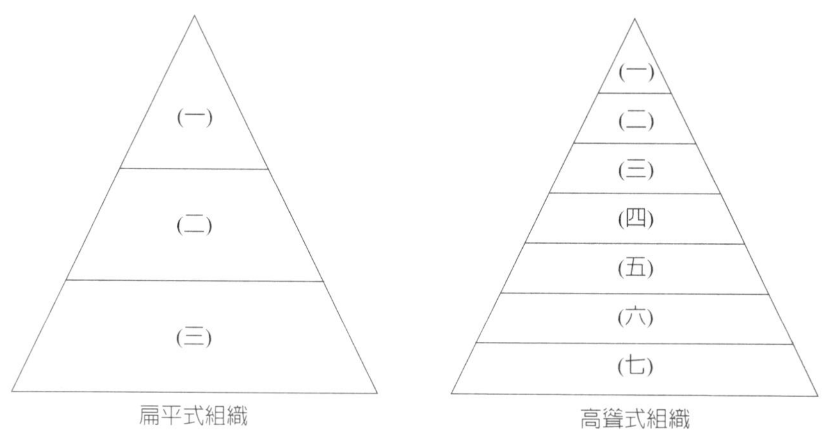

圖4-10　組織相同員工人數，但因層級不同而呈現的兩種不同層級的組織

的作業與行動，進而給自己增添了更多的工作量，這就是所謂帕金森（Parkinson）定律。

所以層級數目應該加以控制，也就是最小化指揮鏈原則（principle of minimum chain of command）之所以被重視的原因。組織必須參酌其組織願景與目標、所位處的經營情境，而後選擇最小數量的層級數，乃是扁平化組織、專案組織、水平分化、分權與標準化的發展依據。一般來說，管理者要想妥善經營與管理其部屬，必須了解其與部屬之間的關係數目有多少（如**圖4-11**所示），而當其沒有能力或時間管理對部屬及其間的關係時，部屬就會依其自己的目標或認知來行動，如此的組織績效會變差。至於一個管理者的控制幅度（span of control）到底是多少較好？事實上乃要看該管理者所位處的職階而定，例如：(1)執行長的控制幅度就有人認爲不要超過六個，因爲其部屬任務乃是相當複雜的；(2)量產型環境的基層主管就可能三十至四十人乃是合宜的；(3)但是研發組織則須以較小的控制爲宜。

(二)職階規劃

由於職權規劃之後即可進行其職階規劃（如**表4-1**所示）：

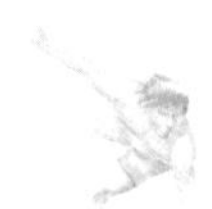

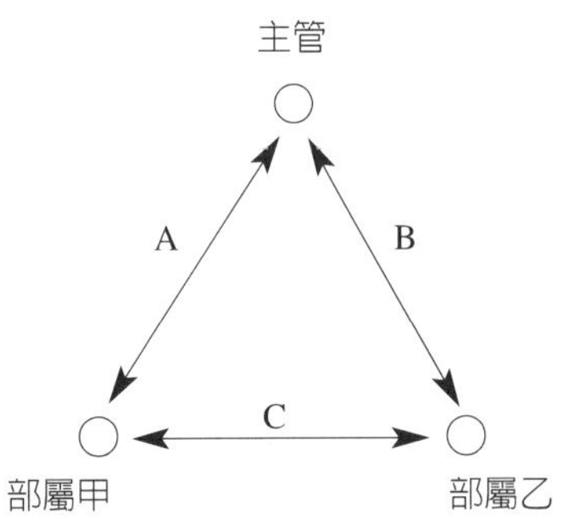

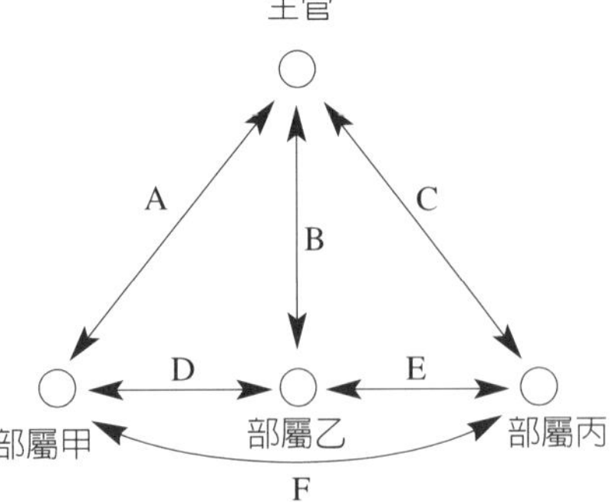

說明：一個管理者vs.兩個部屬的關係有三個（A、B、C）

說明：一個主管vs.三個部屬的關係有六個（A、B、C、D、E、F）

主管vs.部屬的關係數目＝n(n－1)／2
（n：部屬人數與主管的人數總和）

圖4-11　主管與部屬的關係項目

表4-1　某多點連鎖型俱樂部職階表

總公司與分公司			各據點			比照職務
本職	主管職	幕僚職	主管職	客房餐廳行政	廚房	一般職工
專門委員	經理	特別助理				
高級委員	副理、主任	執行秘書、行政主廚（A）	經理（A）			
專員（一）	（襄理）	秘書（A） 行政主廚（B）	經理（B）			
專員（二）	課長	秘書（B） 工程師（一）	經理（C）	主任	主廚	
專員（三）	副課長	行政助理（A） 工程師（二）		副主任	（副主廚）	
辦事員	組長	行政助理（B） 助理工程師		（總領班）組長、領班（A）	壹廚	訂房組長
助理員		工務員（一）		領班（B）	貳廚	訂房員、禮賓接待員、夜間接待員、警衛、調酒員、駕駛、出納、儲備幹部
雇員		工務員（二）		服務員	參廚	中西餐服務員、房務員、清潔員、餐務員（洗皿）、門衛
練習生				練習生	練習生	門衛、房務員、清潔員

資料來源：徐堅白，《俱樂部的經營管理》（一版），台北市：揚智文化事業公司，2002年3月，頁111。

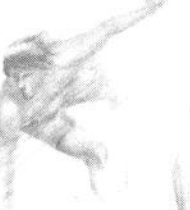

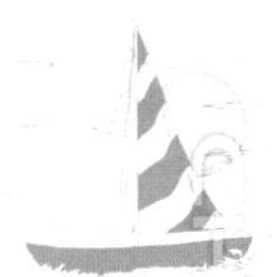

職階的規劃，乃依據層級數目的最小化指揮鏈原則來進行規劃的，各職階的職務也應一併予以設計完成，而人員的職務說明書也就是將各層級人員所應擔當的權責予以界定清楚，而這些權責的制定也應將各項作業管理系統予以編製作業標準（standard operating procedures; SOPs）以和其職階相對應及相連結，以供主管與部屬能夠正確與一致性的遵守。

三、人力運用

合理的制定人力運用計畫，乃在於便利推動與執行其工作，同時也是決定該休閒組織／活動服務品質的重要因素，所以休閒組織／活動規劃者必須有計畫地制定合適與合宜的人力運用計畫，以及實施合宜合適的管理與輔導措施。而制定人力運用計畫則應考量到如下因素：(1)整體的組織架構與層級結構；(2)各職階／各職位的工作目標與責任；(3)活動規劃與上市營運的階段期限；(4)各個職階／職位的人數編制（含全職人員、兼職人員、季節性人員）；(5)活動營運的時段與排班計畫；(6)活動規劃與營運各階段人力進駐時間及人數需求；(7)人員上班服務作業的地點與休假、排班問題……等。

若以度假型俱樂部由籌備期、（試銷）準備期與（正式）營運期，來進行說明其人力運用計畫，則可說明如**表4-2**。

四、工作分析

如上面所討論的各個職位／職務／職階，均應界定清楚有關的工作發展與管理所必須得到的資訊，這些資訊包括有該工作的任務、義務、責任、權責，以及所應具備有的知識、技能與經驗，而這樣的分析乃是將各個職階的工作描述或工作說明、訓練需求與任職資格予以系統性的整理、分析與呈現出來，就是所謂的工作分析。

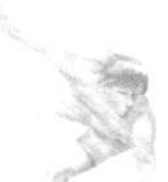

表4-2　某度假型俱樂部2005年人力運用計畫表

職階名稱			編制	班次	籌備期						準備期			營運期			備註
					一月	二月	三月	四月	五月	六月	七月	八月	九月	十月	十一月	十二月	
總經理			1	1	1	1	1	1	1	1	1	1	1	1	1	1	
總經理特別助理			1	1	1	1	1	1	1	1	1	1	1	1	1	1	
經營管理部副總經理			1	1							1	1	1	1	1	1	
行政管理部副總經理			1	1							1	1	1	1	1	1	
財務部	經理		1	1							1	1	1	1	1	1	
	會計課	課長	1	1							1	1	1	1	1	1	
		事務員	4	1								2	4	4	4	4	
	出納課	課長	1	1									1	1	1	1	
		出納員	4	1									4	4	4	4	
	稽核課	課長	1	1								1	1	1	1	1	
		稽核員	1	1									1	1	1	1	
旅館管理部	經理		1	1							1	1	1	1	1	1	
	展業課	課長	1	1				1	1	1	1	1	1	1	1	1	
		事務員	1	1							1	1	1	1	1	1	
	訂房中心	課長	1	1								1	1	1	1	1	
		事務員	6	1									4	6	6	6	
	教育訓練	課長	1	1							1	1	1	1	1	1	
		訓練員	5	1								5	5	5	5	5	
	工務管理	課長	1	1								1	1	1	1	1	
		工務員	2	1										2	2	2	
營業部	經理		1	1							1	1	1	1	1	1	
	營業課	課長	2	1								2	2	2	2	2	
		業務專員	20	1								20	20	20	20	20	
	企劃課	課長	1	1							1	1	1	1	1	1	
		美工企劃員	2	1								2	2	2	2	2	
	會員服務中心	課長	1	1								1	1	1	1	1	
		事務員	6	1									6	6	6	6	
	會員活動課	課長	1	1								1	1	1	1	1	
		事務員	2	1								2	2	2	2	2	
管理部	經理		1	1							1	1	1	1	1	1	
	總務課	課長	1	1							1	1	1	1	1	1	
		事務員	2	1								1	2	2	2	2	
	人事課	課長	1	1								1	1	1	1	1	
		事務員	1	1									1	1	1	1	
	法務課	課長	1	1				1	1	1	1	1	1	1	1	1	
	採購課	課長	1	1								1	1	1	1	1	
		事務員	2	1									1	2	2	2	
資訊室		課長	1	1							1	1	1	1	1	1	
		事務員	2	1									2	2	2	2	
合計			86														

資料來源：徐堅白，《俱樂部的經營管理》（一版）台北市：揚智文化事業公司，2002年3月，頁113-115。

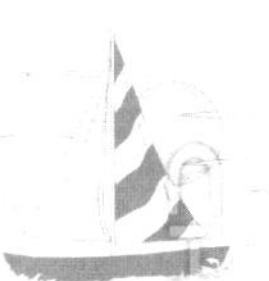

(一)工作分析

工作分析本質上乃是一種調查方法，依其目的之不同，其所使用的分析因素也有不同，若在進行工作評價時，則需要分析工作之性質、責任、工作完成時之狀況、工作環境及工作需要的各種資格條件（如表4-3所示），工作分析報告（如表4-4所示）乃是撰寫工作說明書／工作描述的主要參考資料。

工作分析大致上可分爲如下五大步驟：(1)蒐集資料；(2)實地觀察；(3)訪問（對象爲工作人員與主管）；(4)塡寫工作說明書；(5)最後修正工作說明書。一般來說，休閒組織在進行工作分析時可以參照McCormick、Shaw和De Nisi （1979）所發展出來的工作分析問卷（position analysis questionnaire; PAQ）的六個尺度來進行調查（如表4-5所示）。

表4-3　工作總說明書（個案）

<table>
<tr><td colspan="2">工作名稱</td><td></td><td colspan="2">隸屬部門</td><td></td></tr>
<tr><td colspan="2">本項工作人數</td><td></td><td colspan="2">工作簡述</td><td></td></tr>
<tr><td colspan="5">工作項目</td><td>所占工作時間比率（%）</td></tr>
<tr><td>1</td><td colspan="4"></td><td></td></tr>
<tr><td>2</td><td colspan="4"></td><td></td></tr>
<tr><td>3</td><td colspan="4"></td><td></td></tr>
<tr><td>4</td><td colspan="4"></td><td></td></tr>
<tr><td>5</td><td colspan="4"></td><td></td></tr>
<tr><td>6</td><td colspan="4"></td><td></td></tr>
<tr><td>7</td><td colspan="4"></td><td></td></tr>
<tr><td rowspan="6">使用工具與表單</td><td>1.所需場地</td><td></td><td rowspan="9">任職資格</td><td>1.教育程度</td><td></td></tr>
<tr><td>2.所需設施設備</td><td></td><td>2.專業證照</td><td></td></tr>
<tr><td>3.所需工具儀器</td><td></td><td>3.本職工作經驗</td><td></td></tr>
<tr><td>4.所需原材料、補給品</td><td></td><td>4.相關工作經驗</td><td></td></tr>
<tr><td>5.應完成報表單據</td><td></td><td>5.身高體重</td><td></td></tr>
<tr><td>6.所需作業程序／標準</td><td></td><td>6.體適能狀況</td><td></td></tr>
<tr><td rowspan="5">工作責任</td><td>1.對工具設備之責任</td><td></td><td>7.視力、色盲</td><td></td></tr>
<tr><td>2.對環境5S之責任</td><td></td><td>8.IQ、EQ與AQ</td><td></td></tr>
<tr><td>3.對職業安全衛生之責任</td><td></td><td>9.創新能力</td><td></td></tr>
<tr><td>4.對原材料補給品之責任</td><td></td><td colspan="2">作業之工作環境</td><td></td></tr>
<tr><td>5.對業務機密之責任</td><td></td><td colspan="2">作業之其他要求</td><td></td></tr>
</table>

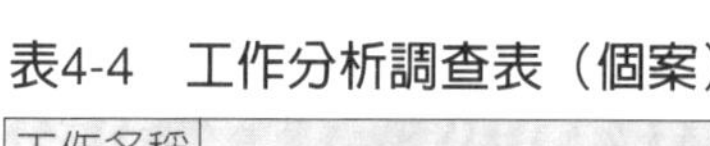

表4-4　工作分析調查表（個案）

工作名稱	隸屬部門						
區分	作業項目（含應填表單）	作業流程			要求標準	完成時間	其他
		轉入單位	作業方法	轉出單位			
例行性							
非例行性							

表4-5　休閒遊憩輔導員工作分析－PAQ問卷（個案）

工作尺度項目	工作要求的檢查項目
資訊輸入	工作人員所需資訊之取得管道或途徑為何？ □年度管理審查會議記錄 □政策方針說明書 □一般會議記錄 □內部聯絡單 □內部工作通告 □作業程序書／作業標準書 □其他（＿＿＿＿＿＿＿＿＿＿＿＿＿＿＿＿＿＿）
心理過程	完成本項工作所需的思維過程，決策過程及資訊處理過程為何？ □在工作進行之前即已確立如何完成本項工作任務 □在工作進行時端看參與情形與實際活動狀況再行決定完成決策方法 □在SOP與SIP的指引下進行有關的工作任務 □採取事前準備完善的工作方法，並在進行時依規定與準備進行。 □其他（＿＿＿＿＿＿＿＿＿＿＿＿＿＿＿＿＿＿）
工作輸出	完成本項工作所需要的工具、設備、設施，以及要達成什麼樣的實質活動？ □需要的工具為 □需要的設備設施為 □需要的場地應該是 □需要的場地依據的SOP與SIP為 □需要的場地應改裝或重組的設施設備為 □需要使用的報表單據為 □其他（＿＿＿＿＿＿＿＿＿＿＿＿＿＿＿＿＿＿）
與其他人員之關係	完成本項工作需要與什麼人有什麼樣的關係？ □須和參與本項活動的人員維持良好互動交流之關係 □須和其他的組織人員（如：＿＿＿＿＿）維持互助合作關係與相互支援 □須擔任參與此項活動人員的指導員、教練、領導人與支援者之角色 □須和組織的作業規定、作業程序與其他通告為維持符合要求之關係 □其他（＿＿＿＿＿＿＿＿＿＿＿＿＿＿＿＿＿＿）

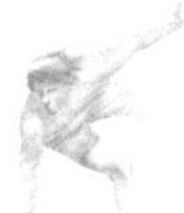

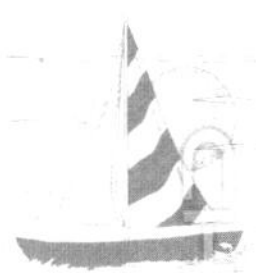

（續）表4-5　休閒遊憩輔導員工作分析－PAQ問卷（個案）

工作尺度項目	工作要求的檢查項目
工作背景	在什麼樣的實質與社會環境下執行此項工作任務？ □在戶內與顧客進行互動交流與服務體驗工作 □在戶外與顧客進行互動交流與服務體驗工作 □執行本項工作是在輕鬆、愉快、互動交流的情況下進行 □執行本項工作是在緊張、刺激與危險的環境下進行 □其他（____________________）
其他特性	執行此項工作與什麼樣的工作、條件、特性有關？ □工作時間不正常，飲食也不正常 □經常面對顧客的挑剔或刁難 □缺乏主管的協助與支援而需要獨自面對工作任務並完成之 □缺乏合宜的SOP或SIP以為參酌與引用 □其他（____________________）

(二)工作描述

工作分析一如前面所說的，乃是針對某項工作之主要部分進行深入性的研究，當人事部門／人力資源管理部門對於其組織中的每一項工作的任職所需的知識、技能經驗與任職資格條件均應予以明確界定清楚，例如：(1)救生員除了具備有水中救援之知識與技能之外，更需要有合格證照與持續的訓練；(2)導覽解說員除了具有導覽解說與對解說標的專業認知之外，也需要有合格的證照與持續的教育，以充實知識與技術；(3)活動輔導員除了對於其執行輔導之活動內容、活動方式與知識技術之外，更需要研擬與撰寫活動計畫書（每週、每月）。當然人事或人資部門也應和各項服務作業部門針對各個職階的工作重點，予以考量現況與未來發展方向加以撰寫出來，以作爲各個職階人員執行其工作任務之依據。事實上工作分析報告乃是作爲撰寫工作描述的資料來源，工作描述的主要內容就是將各職項的工作責任與義務、工作的主要內容、工作者的任職資格專長之要求，與所應具備的責任義務予以摘要說明，基本上工作描述可以不必像工作分析報告那樣詳細（如表4-6所示）。

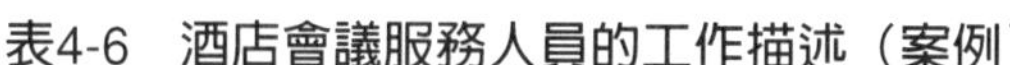

表4-6　酒店會議服務人員的工作描述（案例）

<table>
<tr><th colspan="2">職務名稱</th><th>酒店會議服務人員</th><th>隸屬部門</th><th>會議後勤組</th></tr>
<tr><td colspan="2">職務的基本工作與義務</td><td colspan="3">在一般的監督管理與指示之下，酒店會議服務人員必須監視並確保會議期間的正常工作，包括有：客房、餐飲、旅行、會場簽到，及財物保管等工作。</td></tr>
<tr><td rowspan="3">監督管理</td><td>對上級負責</td><td colspan="3">接受酒店會議組織與會議後勤組主管的監督、指導與管理。</td></tr>
<tr><td>本身一般職責</td><td colspan="3">依據會議服務作業程序與作業標準進行權責範圍內工作與其他部門／人員的溝通協商有關會議服務工作，同時應具有相當水準的禮儀進行顧客服務、解說有關規則，以及進行酒店會議組織形象塑造。</td></tr>
<tr><td>對部屬管理</td><td colspan="3">指導與協助部屬做好會議服務工作，並督導、巡迴察訪與指引部屬進行有關服務工作。</td></tr>
<tr><td colspan="2">工作範圍</td><td colspan="3">客房服務工作、餐飲接受預訂與銷售、餐飲供應與衛生管理、安排顧客或其家屬友朋有關旅遊休閒遊憩行程、會議場所管理（含會議設備設施之準備與維護、會議場地之整理整頓與清潔、音響品質控制、冷暖氣管理……等）、會議簽到有關作業，以及顧客與參與會議期間託管財物之管理……等。</td></tr>
<tr><td colspan="2">任務說明</td><td colspan="3">1.能夠認識顧客及打招呼，同時要能夠分發會議相關資訊與設備給顧客。
2.能夠掌握客房之5S整理整頓進度與成果，並引導顧客進駐客房。
3.能夠依據顧客文化特性與需要，及時準備其所需之休憩、睡眠、飲料，餐點、音響、盥洗用具、清潔用品、音響／視訊／電腦設備。
4.導覽解說酒店的特色、政策、形象與有關資訊／資料的提供。
5.接受顧客服務要求（如：休閒遊憩活動安排、財物託管、健身運動……等）及提供其需求服務。
6.會議場所與設施設備管理。
7.會議舉行前報到簽名、引導進入會議座位、資料提供、設備設施使用說明、會議進行中服務要求之提供與協助、會議後的有關引導與歡送作業。</td></tr>
<tr><td colspan="2">所需的基本工作技能與知識</td><td colspan="3">1.須具有熟練的專業技術與服務技能。
2.須具有良好公眾關係的技能與顧客互動交流，也應具有良好的人際溝通能力與顧客之間能夠親切、和善與服務。
3.須具有完美委婉的指導、誘導與解說能力，及應有一定的組織能力。
4.須能站在顧客的角度與立場、關懷與尊重他人文化的立場，與不同文化背景的顧客交流互動。
5.須具有適應多種角色的能力，隨時能夠扮演會議服務的工作。</td></tr>
</table>

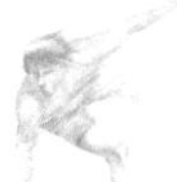

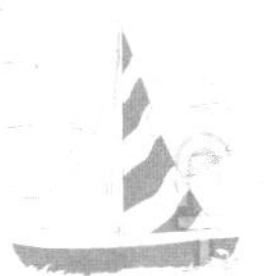

（續）表4-6　酒店會議服務人員的工作描述（案例）

職務名稱	酒店會議服務人員	隸屬部門	會議後勤組
所需的學經歷要求	1.需要／希望能夠大專以上畢業，最好也修習過遊憩、休息、行銷或服務相關課程者。 2.需要能夠具有休閒服務或餐飲美食、觀光休閒、酒店會議相關工作經驗。 3.最好能夠具有酒店會議產業的知識經驗與熱忱者。		
所需的特殊要求	1.接受過會議服務的系列課程訓練者優先。 2.具有會議服務人員基本禮儀（儀表、舉止、姿態、神態、服飾、言談）者為基本要求。 3.能夠訓練成迎接顧客、嚮導諮詢、介紹交流、送客服務的佼佼者為目標。		

(三)工作評價

休閒／活動組織針對各項職務的工作進行了工作分析與工作描述之後，則應緊接著進行工作評價，所謂的工作評價乃指的是：「評定工作的價值」，其目的乃在於訂定各種工作之等級，也就是決定各項工作職務的薪資與獎金的計算標準。而最重要的乃在於基於同工同酬的原則，以制訂公平、公正、公開與合情、合理、合法的薪資報酬制度，確保休閒／活動組織內的員工均有符合其才能、貢獻與努力成果之待遇。

本書礙於篇幅有限，所以工作評價的方法就不再多做說明，請讀者參閱有關書籍。惟工作評價進行時則有如下程序與內容，特予以臚列出來供讀者參酌：

1.成立工作評價委員會，負責全組織的主要工作之評價工作。
2.工作評價須統一評價標準與方法，如：採取月薪制工資與日薪制工資劃一的因素積點評價法（即將全組織的工作評價因素予以確立，各個因素給予不同程度的積點，同時同一個因素之程度也做全體工作因素均相同級數的分等，各因素的各個級數之積點也有所差異或相同）（如表4-7所示），同時並將各評價因素之各種程度予以清晰定義。

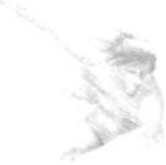

表4-7　工作評價之積點評價標準（舉例）

區分	評價因素	強度					
		權重	極強	強	中	弱	極弱
一、主管人員部分	1.所需的教育程度	60	60	48	36	24	12
	2.所需的工作經驗	50	50	40	30	20	10
	3.所需的創新技術	50	50	40	30	20	10
	4.所需的保密責任	30	30	24	18	12	6
	5.所需的工作技巧	20	20	16	12	8	4
	6.所需的人際關係	40	40	32	24	16	8
	7.所需的文書能力	20	20	16	12	8	4
	8.所需的資訊科技	20	20	16	16	8	4
	9.所需的生理條件	20	20	16	12	8	4
	10.所需的品質意識	40	40	32	24	16	8
	11.所需的領導統御／合作方法	50	50	40	30	20	10
	小計	400	400	320	240	160	80
二、服務人員部分	1.所需的教育程度	40	40	32	24	16	8
	2.所需的工作經驗	70	70	56	42	28	14
	3.所需的創新技術	50	50	40	30	20	10
	4.所需的保密責任	20	20	16	12	8	4
	5.所需的工作技巧	40	40	32	24	16	8
	6.所需的人際關係	40	40	32	24	16	8
	7.所需的文書能力	10	10	8	6	4	2
	8.所需的資訊科技	10	10	8	6	4	2
	9.所需的生理條件	50	50	40	30	20	10
	10.所需的品質意識	40	40	32	24	16	8
	11.所需的合作方法	30	30	24	18	12	6
	小計	400	400	320	240	160	80

1.各種不同職務人員的評價點數／強度之點數各有不同；悉依組織的要求與不同的看法而訂定。

2.以上僅列出兩個不同的職務人員，餘類推。

3.工作評價程序爲：

(1)選擇全組織的主要工作（一般爲十五至二十五種）。選擇工作之原則應爲：須爲組織內部的代表性工作，而且須可以包括現在各等級的工作；須爲組織內部管理人員所熟悉及容易定義清楚的工作。

(2)蒐集資料，也就是由工作說明書、PAQ問卷、工作描述、

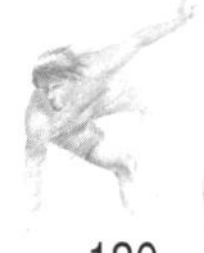

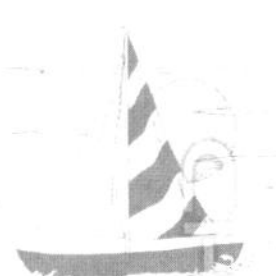

評價委員對工作的實地訪查及工作說明書等詳細的審查，而獲得工作評價之應用資料。

(3)確立評價原則，由評價委員及工作分析顧問／專家進行評價原則之確定。

(4)評價進行與結論應記錄在評價表上。

(5)再檢討評價記錄，不適當者予以修正並做成正式評價報告（如表4-8所示）。

五、人員任用

休閒／活動組織必須聘雇相當數量的全職與兼職／季節性人員，以爲應付該組織／活動全年度的休閒顧客前來參與時的需求。不論是全職的或是兼職的／季節性的人員均需要經由該組織的人事管理／人力資源部門的任用程序，而得以進行招募、說明、任用、訓練與薪酬有關事宜。

(一)招募人員

招募乃依據工作分析的結果所制訂出來的工作規範（如：工作說明書／工作描述／工作評價報告），進行合適而有能力之人員的尋找。至於招募人員的來源有兩個方面，也就是外部招募人員與內部招募人員。

序	部門別	工作類別	工作名稱	積點								薪資率	備註
											合計		
				（此些積點之評價因素應一一予以列出）									

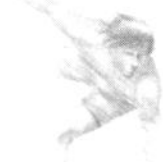

所謂的外部招募人員方面乃自學校、同業、就業機構、獵人頭公司、專業團體、國防機構、工會、當地就業市場、刊登報章雜誌／網路應徵者檔案，或人力銀行的應徵管理檔案之中尋找。而所謂內部招募人員方面則有晉陞與轉調、現職與離職員工來招募新雇員。而離職員工（包括自願離職與退休人員在內）則兼具有外部招募與內部招募來源之特質，同時現職員工與離職員工對於該組織／活動所須具備的知識、技術、能力與經驗，均是休閒遊憩事業值得思考開發的人員網絡，乃是不應該忽略此一網絡所具有的潛在價值。

不論是內部招募或是外部招募均各有其優缺點，在進行人員招募時，休閒組織與活動規劃者均應檢視本身的狀況／條件，來進行審慎的評估與決策。而招募人員的方法則為：(1)外部招募人員乃經由：校園徵才、徵才博覽會、媒體廣告、人力仲介、機構推薦（如：職訓局、就業服務中心、工會、專業團體）、建教合作、獎助學金、求才廣告／展覽會、夾報徵員……等管道來進行；(2)內部招募人才則由：員工推薦其親友、自我推薦（如：寄履歷、面試）及人才資料庫蒐尋（如：由外部的人才庫與組織內部人才庫找尋）。

在招募的過程中，休閒組織要將應徵者或申請者的資料，與其工作規範（如：工作分析與工作職務說明書）做比對分析與審核篩選，去除不合格或不合適者之後，再進行了解需求人數多少。若初步篩選過後合格應徵人數仍然過多時，則應再進行第二次篩選，以節省遴選活動的人力、物力與時間，及建立遴選名單。當然若應徵人數不敷需求人數時，則應考量再次招募人員或是降低初步篩選門檻，惟濫竽充數乃是不智之舉，休閒組織應特別注意。

(二)人員遴選

人員遴選應從所有的應徵者中挑選出有能力、符合工作職務說明書與工作描述要求的人才，這個篩選方式乃是經由預測變項

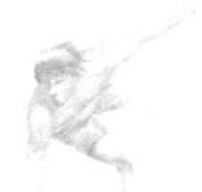

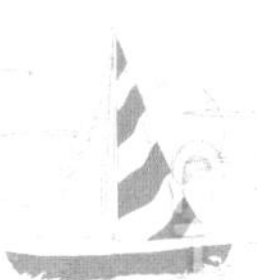

（predictor）（即選擇任用該人員之後的工作滿意度與工作績效，與其工作規範有相當密切關係，也就是說，其任職之能力、知識、技術、條件與資格，就是其任職後之預測變項），來進行合適的人才遴選。此些遴選人才的工具包括有：個人的基本資料（biodata）、面試情形／成績、測驗（人格、性向、興趣、職業性向、工作知識與技能……等測驗）、評估結果，以及有關的推薦信函、背景調查、身體檢查與品德信用調查等方面。人員遴選也就是經由此等工具所獲取的預測分數，就是遴選決策之依據，當然此工具應用之後，可拿此些預測分數以與日後實際工作績效／滿意度做相關分析，以了解此些遴選工具的效度，及作為日後遴選人才時修正遴選工具與方法的參考。

(三)人員安置

接著乃是指派所遴選與報到的人員到各個工作職位上從事其工作，這就是所謂的人員安置。而人員安置工作應該包括新進員工之接受初次工作之指派，或是內部員工之晉陞／轉調到不同工作職位之工作，當然不管是哪一項的人員安置，大都需要一段時間的調適或試用，以利其對工作狀況、周遭環境、人際關係、工作目標／價值／信念／規範與SOP／SIP的了解與認知，而這些了解與認知的過程也就是一般所謂的社會化過程，當然這個過程可能是經由新進人員講習、主管或承辦人員的介紹、組織內部刊物或簡介、各項會議活動、與同儕的互動交流，及工作崗位的在職訓練等方式予以達成。

■新進人員的職前講習／訓練

新進人員的職前講習／訓練乃在傳遞給新進人員三種不同的資訊（Mathis & Jackson, 1982）：

1.應該明確說明其組織（包含工作崗位及所屬部門在內）的性質如何，如：他們要為什麼人工作？其負責主管是誰？組織

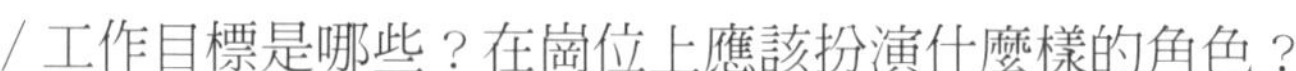

/工作目標是哪些？在崗位上應該扮演什麼樣的角色？

2.必須將作業程序、作業標準、組織的管理規則、組織的政策（如：品質政策、環境政策、安全與衛生政策）、組織的願景與使命方針、工作崗位所應注意的作業要點與所需專業知識/技術/能力……等一一說明，使他們能夠充分了解。

3.也要說明其平時的工作形態、其前作業與後作業工作需要配合事項、其顧客參與休閒活動所需要的服務需求，以及應注意的職業安全衛生與緊急事件處理方案。

然而對一個新進人員而言，若一下子給予太多資訊或要求，可能會導致他們退縮、害怕與拒絕，所以新進人員的講習訓練時間不要太多。一般來說，新進人員到底要訓練多久時間？一次就將所安排課程執行完成？或分批次執行？這些就是活動規劃者要加以斟酌考量的，所以各個休閒組織/活動規劃者就必須考量自己組織/活動之特性與要求，來規劃其新進人員的訓練與講習。例如：迪士尼集團就要求每一個雇員均要完成一項傳統而為期一天的新進人員講習訓練，兼職與季節性票務人員則須在執行票務工作前，接受額外的四天訓練。

■工作崗位的在職訓練/講習

工作崗位的訓練/講習乃是人力資源管理學科中的人力資源發展（human resource development; HRD），人力資源發展乃是為促進人員的工作績效與表現，以及為配合其組織的需要與發展而予以實施者，例如：Heyel（1982）就指出，人力資源發展的主要工作乃在於：(1)繼續不斷評估員工所需要的工作知識、工作能力、工作技術、工作概念與工作態度；(2)持續辦理員工的工作能力、知識與技能提升之活動；(3)建構工作目標能否達成之評鑑。所以休閒組織與活動規劃者就需要努力使其新進人員與已在職人員能夠持續地有效地社會化，尤其在面對與接受組織、同仁與顧客時，應該要能夠很快地獲得其在該組織/活動中的角色認知，從而將其在該角

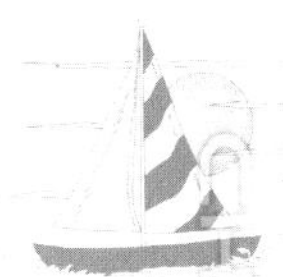

色中所需的知識、能力、技術、工作概念與態度盡快地獲取，以及順暢地發揮其潛能，也就是使其能夠在該組織／活動中安身立命及發揮工作績效，如此的社會化過程將會是達成工作滿意、工作動機滿足與完成顧客滿意的最重要的結果。

休閒組織／活動規劃者必須考量其組織／活動的中期與長遠計畫、員工訓練績效評估的發展、組織文化的塑造，及員工滿意與顧客滿意的建構……等方面需求，而擬訂其員工的在職訓練／講習計畫。訓練／講習計畫的規劃與實施首要任務，就是要能夠編製教材，而教材乃須審視組織／活動的未來性、程序性、需要性與實用性，而加以編製成適合於各個組織／活動特性與需要的教材，而這些教材也許是向外部採購而來的，也許是內部自己發展而來的，但是不管怎麼樣，乃是需要經由分析、設計、發展、實施與評鑑等五個階段而發展出來的。

(四)績效評估

休閒組織／活動規劃者爲求能在競爭激烈的產業環境中生存，進而取得優勢，就必須有效的掌握其組織／活動的經營績效，而這個活動就是人力資源管理中的一項重要方法與工具——績效評估。績效評估乃是一種過程，乃是用來衡量與評鑑員工在某一個階段的工作績效與表現，並進而協助員工能夠成長；另外組織更可透過績效評估來訂定員工的薪資報酬與職務晉陞／調整依據，及作爲其規劃訓練／講習計畫安排之參酌基礎。所以績效評估若是做得好，將會得到：(1)強化員工工作動機；(2)提升員工工作需求；(3)提高員工自尊；(4)員工得以了解組織或顧客對其工作的期望與要求；(5)建立組織上司與員工之間的溝通管道；(6)員工能夠了解與進而接受組織／活動之目標；(7)員工得到其工作報酬與升遷調職之滿足等利益。休閒組織與活動規劃者若是忽略運用績效評估工具，或是運用得不好，將會導致員工的自尊心受損、工作不滿意與工作缺乏動機／誘因，員工對組織失望而離職，或雖未離職卻是士氣渙散，

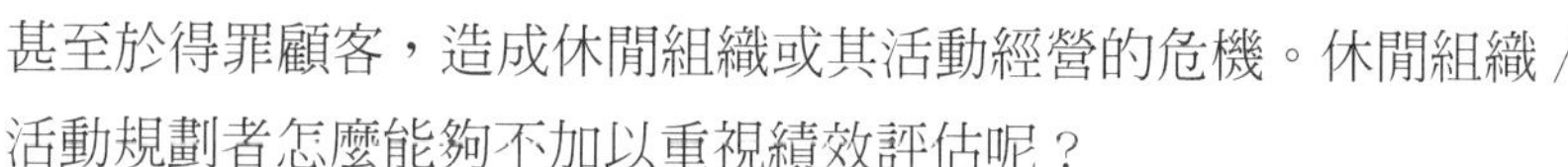

甚至於得罪顧客，造成休閒組織或其活動經營的危機。休閒組織／活動規劃者怎麼能夠不加以重視績效評估呢？

績效評估大致上分為兩種類型：正式的評鑑與非正式的評鑑，休閒組織／活動規劃者只要將績效評估列為重要的組織經營策略與工具，就可以在任何想要加以實施的時候加以實施，因為：(1)平時部屬與主管的互動交流中，主管將會經由互動交流過程中了解其部屬的工作態度、工作績效與工作士氣；(2)平時主管採取隨機抽選前來參與的顧客進行訪問互動，也可能會了解到其部屬如何接待顧客與其工作績效情形；(3)經由主管的現場視察、茶敘咖啡時間、用膳時間及正式評鑑的過程，得能掌握到其部屬的工作績效情形。當然休閒組織／活動規劃者最好應該要建置一套正式的績效評估系統，使員工的工作表現／績效能和非正式評鑑所得的觀察／訪問結果，形成員工工作的績效評估紀錄，而這個紀錄就是各個員工的工作績效，更是薪資調升與職務晉陞或或降薪與降職改敘的來源。

至於正式評鑑系統要如何進行？大致上可分為幾個方面／問題來說明：

■被評者的問題

一般來說，被評者乃涵蓋整個組織的全體員工，可分為管理人員、專業技術人員、一般／基層員工等，惟總經理／董事長在實務運作中大都不納入為被評者。通常活動規劃者會被要求負責評鑑參與活動服務工作的正職與兼職／季節性員工的工作表現（雖然大多數的休閒組織會要求活動規劃者將兼職／季節性員工的績效評估列為重點工作）；而某些休閒活動則可能會要求資深的季節性員工（如：夏令營的指導老師、登山活動的嚮導、觀賞生態的解說員），針對某些資淺的或年輕的季節性員工或兼職員工發表評鑑意見，事實上這個作法也是相當值得重視。至於全職員工的績效評估，往往是經由該休閒／活動組織的正式組織系統，由各層級主管加以評鑑者，但是有可能需要考量到被評估、評估目的、組織層級與結構／形態、管理風格等方面的問題，再加以確立到底是由主管（包括：

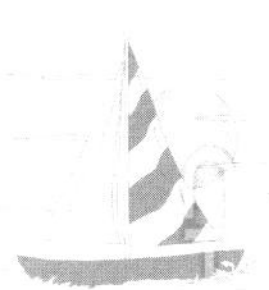

直屬主管、專案主管、相關部門主管等)、同儕、部屬、顧客、自我評鑑及人力資源部門或委員會考核?單一評估或多種評估?要不要將顧客評估列為評鑑者?

■評估的次數

績效評估次數,大致上會和薪資、獎金與晉陞作業配合進行,惟須考量到該組織的穩定性,以及每次評估所需的作業時間與成本。一般來說,非正式的評鑑可以隨時進行,但是正式的評鑑則因屬正式的例行性作業,故有所謂的一個月一次、一季一次、半年一次或一年一次的方式加以進行,而在台灣因有所謂的年終獎金發放問題,故有許多組織很喜歡以年終績效評估作為主要的績效評估依據。

在此我們建議非正式評鑑系統的建構是有必要在休閒組織/活動中加以進行的,雖然休閒活動組織裡面充斥著大量的兼職/季節性員工,而每當某個活動結束時,他們並不會變為正式的全職人員(也許他們根本也無此打算),但是休閒組織/活動規劃者卻是有必要加以評鑑的,因為往往可以利用這一次的績效評估結果,作為下個活動辦理時,聘請他們再回來擔任兼職/季節性人員的參考依據,甚至於組織也可以鼓舞他們的工作潛力,將本次績效評估結果作為下次再聘用時,薪酬調升或拉到與正式全職人員一般的水準之依據。

■怎麼進行評估

不論是正式評鑑或者是非正式評鑑,在進行時,應依據所評估的績效加以檢討與改進;否則這種缺乏檢討與改進的評鑑將會為員工帶來不安,也會淪為評斷員工自身價值的陷阱,因為評鑑只是在評估員工在某段時間的工作表現、工作績效與工作士氣,而其目的乃為薪資、獎金、晉陞、培訓、職位調整、員工個人與組織的人力資源評估、員工生涯規劃、解雇、資遣與提早退休等方面決策的參考依據,所以不論是正式的或是非正式的評鑑,均應該加以檢討與

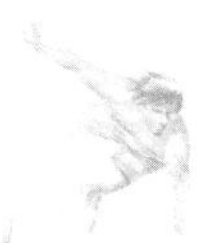

改進。

一般來說，員工績效評估可分爲在工作期間進行與期終進行等兩種方式；(1)工作期間的績效評估之主要工作，乃在於根據員工的工作表現與工作績效，給予日常的績效回饋，其目的乃爲使其員工得以了解其本身工作的進度、效率、品質與士氣，進而得以藉此激勵員工、輔導他們增進工作技術、能力、知識與工作績效；(2)而期終進行的績效評估大致上乃指以年或半年／季爲單位，針對評估期間員工的整體表現，探討未來努力或改進的方向，並作爲員工生涯規劃諮商與績效改進、薪資獎金、晉陞調職……等決策依據。

不論是工作進行中或是期終進行的績效評估，均應該經由績效評估面談的過程，將各級主管（含專案主管、活動規劃者在內）與同儕／個人自我評估所得的績效予以回饋給當事人。而此一績效回饋的過程則是經由績效評估面談的機會，當面告知各員工的績效情形／結果／分數，並聽取他們的意見，以及和他們討論績效與薪資／獎金／晉陞／遷調／離退的關係等。當然在面談中，若有事實佐證績效評估結果和實際情形有出入時，主管應該要有雅量予以更正（雖然主管大都不願意承認錯誤，但是應該具有朝此方向發展出聞錯能改的道德勇氣）。

(五)薪資報酬

休閒組織給予員工的薪酬，一般乃指組織付予員工的財務性、有形或具體的報酬，而且更是雇用關係中的一部分。薪酬的給付方式主要乃包含有：基本薪資（base pay）、獎金（incentives）與福利（benefits），基本薪資指的是員工收到的工資或薪水，獎金則指針對工作績效卓越者所給予的佣金、獎金或紅利，福利則指勞工保險、商業保險、健康保險、退休金、職業災害賠償、撫恤與其他方面的福利。在休閒組織裡占有相當比例的兼職／季節性員工，則大都沒有辦法比照正職員工享有所謂的基本薪資、獎金與福利，尤其在福利方面更是嚴重縮水。

薪酬乃是人力資源中的一項很重要的功能，同時也是所有員工（指全職、兼職與季節性員工）最爲關注的焦點。所以休閒組織與活動規劃者必須要能夠了解到，薪酬乃是員工工作潛能、工作士氣與工作績效發揮與提升議題的重要性與價值性，若是未能將薪酬和經營管理策略相結合的話，就別想奢談提升服務品質、提高產業競爭力與提高顧客滿意度！尤其在休閒組織／活動中擔任第一線的服務人員，大都爲兼職／季節性員工，他們的薪酬也在該組織的成本降低政策中被刻意壓低，而且有關的講習／訓練也盡可能減少舉辦頻率與時程，因而這些兼職／季節性員工在低薪酬與缺乏足夠的訓練／講習之工作環境中，勢必士氣渙散、績效不彰、漠視／逃避顧客要求服務之回應速度／品質，這個問題的存在將會迫使組織增加員工工作狀況的監視與量測人員，以及成本負擔，可謂未必符合經營目標。

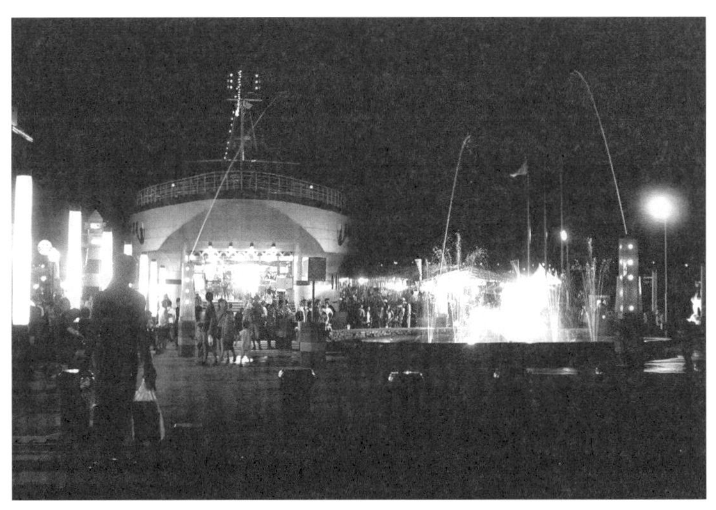

▲愈夜愈美麗

位於都會區中與遊樂區中的觀光飯店，有個愈夜愈美麗的地方，它雖是個人來人往的聚集地，但是卻是休閒觀光活動中的歇腳處！它展現出另一個新面貌，促使這個地區從寂靜的夜晚變得熱鬧，而這就是休閒度假者的街頭劇場！身在街頭劇場的位置，瞧瞧街頭劇場的歡樂與希望，享受街頭劇場的繽紛價值與意涵，乃是值得把握街頭劇場的每一分每一秒。

照片來源：張芳瑜

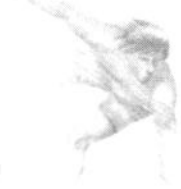

所以休閒組織／活動規劃者應該建構一套誘人的具有獎勵／激勵因子的薪酬制度，就是使薪酬更具有彈性、更具激勵作用，以及降低成本的策略方向，以爲因應激烈的競爭環境。例如：(1)依據工作時數累計達一定時數以上時，兼職／季節性員工可以比照全職員工領取薪酬；(2)不論工作時數多寡，要想享有獎金與更多福利，兼職／季節性員工就要將工作表現與工作士氣展露在績效評估之上；(3)建立彈性福利方案供兼職／季節性員工自由選擇，使福利更具有價值。

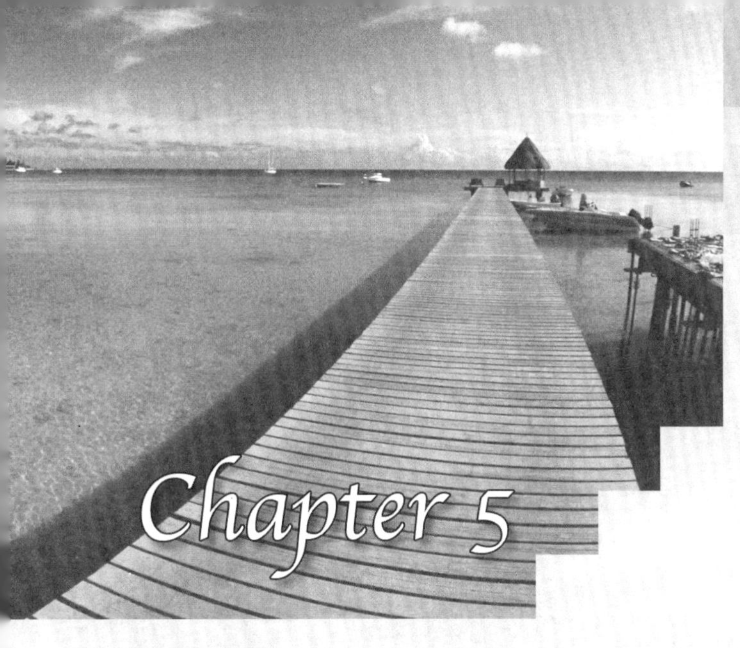

Chapter 5

從事商業分析到市場測試

Easy Leisure

一、探索休閒活動方案行銷與傳遞可行方向
二、釐清休閒活動商業化計畫所應考量課題
三、了解執行新活動方案應考量之重要準則
四、認知進行活動方案市場測試的關鍵議題
五、學習如何將新活動方案加以可行性測試
六、界定商業分析方法與市場測試注意事項
七、提供活動方案進行商業化與測試之模式

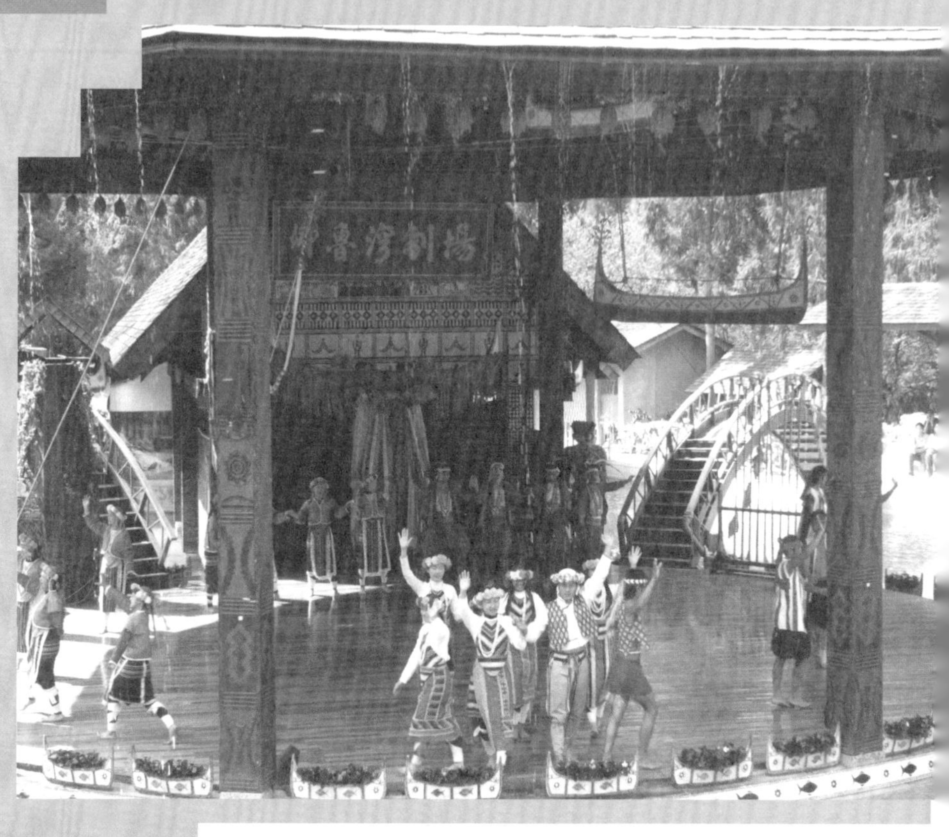

▲ 原住民舞蹈表演

依主題及不同族別的祭儀、生活風俗、服裝特色，以各個族別的傳統舞蹈來充分呈現各族樂器及音樂之特色，如：阿美的木鼓、泰雅木琴、布農八部合音、排灣鼻笛……等。

照片來源：林虹君

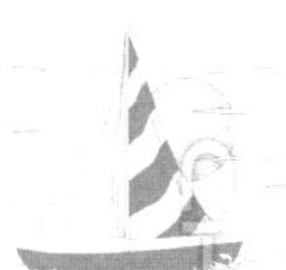

活動之規劃設計在此已將正式邁入行銷上市推展的階段了，基本上任何休閒活動的目的，乃是爲提供與滿足顧客休閒體驗的要求。所以休閒活動的發展與執行策略，也就必須站在顧客的角度來加以擬定，但是休閒組織與活動規劃者往往會陷入上市推展前的迷思，諸如：是否符合顧客的期許與要求、價格定位是否爲市場／顧客所認同與支持、促銷方法與商品／服務／活動品牌形象之包裝是否被認同、銷售的通路或是活動場地與交通設施是否符合顧客預期等方面的風險性潛在因子，將會是休閒活動是否能夠商業化的重要影響因素，而這些因素之確認與擬定因應對策方案，則須經由市場測試（即一般所謂的試銷）而得以將活動的行銷計畫予以定案，如此也可把休閒活動正式與成功地商品化。

休閒組織／活動規劃者將其新的休閒活動在市場進行測試之後，即可依據測試的成果，修正其市場行銷策略資訊，並據以判斷是否該正式上市行銷推展。在這個時候，若經休閒組織／活動規劃者確認要上市行銷推展，則休閒組織／活動規劃者與行銷管理者就應該修正所擬定的行銷計畫，並且募集／籌足所需要的商品化成本（包括：商品／服務／活動之開發成本、製造／購買成本及行銷成本），而後展開活動的促銷策略與方案，使其休閒活動得以順利在特定／目標的市場／顧客中推出上市，這就是社會中所稱的「滾出策略」，也就是先在特定／目標顧客／市場推出，等成功之後再擴大其市場／顧客，以降低現金流量之需求，同時保有繼續滾出行銷績效之利基。

第一節　活動行銷計畫的商業分析

在前面的討論中，可以稱之爲休閒活動方案行銷計畫之內部測試，當然經由休閒／活動組織的內部測試完成之後，緊接著就應該往市場測試（market tests），這就是俗話說的「醜媳婦終究還是要

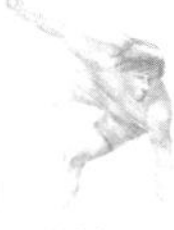

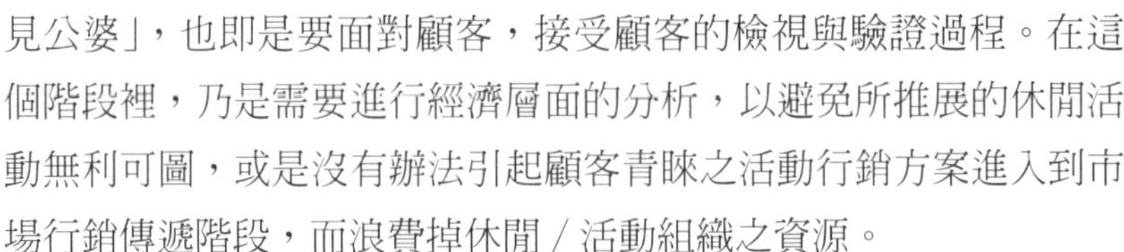

見公婆」，也即是要面對顧客，接受顧客的檢視與驗證過程。在這個階段裡，乃是需要進行經濟層面的分析，以避免所推展的休閒活動無利可圖，或是沒有辦法引起顧客青睞之活動行銷方案進入到市場行銷傳遞階段，而浪費掉休閒／活動組織之資源。

一、活動行銷計畫的考量重點

活動方案行銷計畫經由規劃設計階段，事實上仍然處於紙上談兵的階段，亦即是停留在紙上作業的層次，活動方案本身也只是口頭描述、紙本計畫或是子檔案、圖形說明而已，也就是尚未經由商業分析考驗的新休閒活動方案。所以休閒組織／活動規劃者有責任有義務，要把這些活動方案的行銷計畫推進到休閒活動的發展與執行階段，在這個發展與執行的階段裡，負責有形商品的研發與工程部門就應該加速該產品觀念的開發爲實體產品；而無形的服務與活動則要由活動規劃者與服務作業部門予以發展爲具有完整的企劃案，及配合服務作業系統的設施設備與其SOP、SIP，所以在這個階段裡，休閒組織就要投入相當多的人力、物力與財力，可能在此階段投入的成本會比前面幾個階段的總投入額還來得大！活動行銷計畫應包括有：(1)目標市場／顧客的描述（例如：他們是誰？在人口統計與心理統計變數等方面之特性爲何？市場／顧客到底有多大？有沒有成長／發展之潛力？）；(2)休閒商品／服務／活動的市場定義與定位（例如：有哪些相對於競爭者之特性？形象特性？）；(3)行銷組合決策（例如：商品／服務／活動、價格、活動場地／通路、推銷／宣傳、人員、作業程序、策略夥伴、活動設施設備與交通設施）等方面的關注焦點內容。當然此等活動方案之行銷計畫在基本上乃是初步的決策而已，在未來市場測試與正式行銷階段中，將會隨著市場行銷環境、產業間競爭形勢，及休閒／活動組織本身條件的變化，此份休閒活動的行銷方案也將會一再的因應變化需要，而進行不斷的修正與調整。

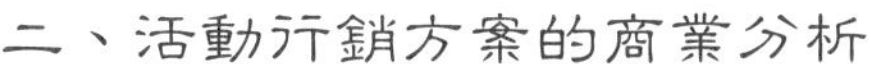

二、活動行銷方案的商業分析

在上面所介紹之活動行銷計畫，乃是有助於休閒／活動組織進行商業分析（business analysis），一般來說商業分析的重要焦點爲：(1)休閒活動方案的經營分析；(2)評估新休閒活動方案的商業配合度；(3)協同整合休閒／活動組織的行銷9P資源；(4)從事商業分析；(5)發展活動方案的各項內容等議題。

(一)經營分析

活動行銷計畫的經營分析，乃是審視評估該份行銷計畫是否可以成功。在此階段裡，休閒／活動組織的經營管理者與活動規劃者必須：(1)確認其休閒活動的商品／服務／活動之特色與市場定位；(2)預估潛在的顧客有多少？可能的競爭者有哪些組織及哪些競爭優勢；(3)預估該休閒活動（含各項活動方案）之可能獲利情況；(4)建構休閒活動方案的發展計畫；(5)分派研究活動方案可行性的工作職責。

(二)評估新休閒活動方案的商業配合度

這個階段就是從休閒商品／服務／活動是否可以經濟地加以發展與製作，到成功上市推廣傳遞等過程所需的行銷策略。在這個階段裡要求能達到：(1)詳細的財務分析與預估；(2)須評估與該組織的現有休閒商品／服務／活動之行銷協同整合等目標議題之要求。爲何要如此？乃是因爲：(1)現在想推展傳遞的新的活動方案所需要的場地／設備與設施是否能夠利用現有的狀況？或是稍加整理改良即可利用？或是需要另行購置／安裝？(2)新推展／傳遞的活動方案會不會排擠掉既有的活動方案？或是可以相輔相成？或是因此而與既有的相區隔以創造新的利潤？(3)預期利潤的財務預估所需要的顧客參與人數要多少人次？平均每位顧客在參與時的平均消費價格有多少？（當然免不了要將設計規劃、開發製作與行銷傳遞的

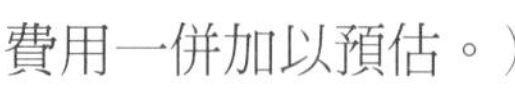

費用一併加以預估。）

當然在這個階段裡，也應一併考量到：(1)該新休閒活動是否能夠受到著作權法、商標法與專利法所保護？(2)與競爭同業或可能具替代性的異業之間的競爭優勢策略為何？(3)如何與同業或／與異業進行策略聯盟，以擴大／吸引更多顧客前來參與體驗服務？

(三)協同整合休閒組織的行銷9P資源

休閒／活動組織在想推展／傳遞其新設計規劃完成的休閒活動（含各項活動方案）時，除了考量上述所討論商業配合度之外，更應思考該組織的現有行銷9P資源（即：商品／服務／活動、價位、通路／據點／交通設施、宣傳／促銷、人員、作業程序、活動方案、實體設備設施與場地、策略夥伴關係），是否可以套用在新開發製作出來的休閒活動身上？或者是需要稍加修改以為適用？或是需要另行開發出新的行銷9P資源？因為這些協同整合問題，乃是要進行市場測試之前必須加以思考清楚的重要議題，稍有疏忽很可能造成負效果（如：新的休閒活動只能叫好而不叫座，新的休閒活動扼殺了既有的休閒活動之顧客參與率等）。

(四)從事商業分析

休閒組織／活動規劃者在這個階段最重要的，就是進行商業分析與市場測試，所謂的商業分析，就是檢視這個休閒活動方案在現階段以及未來的一到三年內的銷售預測、成本與利潤，是否能夠符合其休閒組織的總體經營目標。至於非營利的、公共服務與受捐助經費的休閒活動方案，至少也須檢視與分析該休閒活動是否能夠收支平衡？

休閒組織的經營管理部門與活動規劃者可以觀察、分析與比較類似的休閒活動方案的顧客參與情形，進行市場調查與蒐集市場／顧客的意見與偏好，以預估可能參與人數的上下限，並鑑別出其市場的風險性。在了解與鑑別出市場風險程度之後，活動規劃者與休

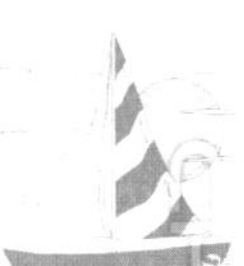

閒組織的經營管理者就能據以估算出該活動方案的各個成本，及估算出其可能的利潤，雖然要能夠正確地估算出活動方案之成本與利潤，仍是相當不易之事，但是休閒組織與活動規劃者還是要能夠加以進行，因爲進行如此的商業分析之最主要價值，乃在找出其活動方案計畫中，有哪些是沒有辦法予以商業化的商品／服務／活動，而將之修正或乾脆予以割捨。也許經由商業分析的結果是對整個組織不具有推出上市行銷的價值，但是卻有可能會是顧客所想要的商品／服務／活動；以及另外有些雖具有商業運轉的機會，然而卻是市場或活動參與者數量太少，以至於成本居高不下而無法促使休閒組織獲取利潤，這些情形的休閒活動方案乃是沒有必要予以推出上市行銷的，的確是有必要在正式投入生產或作業服務設施設備及建構其活動實施的SOP與SIP之前，逕予中止繼續發展的計畫，雖然已有資本的投入，但是在這個時候叫停，仍然會爲休閒組織節省更多更大的後續所需投注成本。

(五)活動方案各項內容的發展

就如同上面所說的，在這個時候所謂的休閒活動方案僅是一件企劃案，有可能連活動舉行的場地與設施設備都還未確立，也有可能雖已有場地，但是設施設備卻是尚未正式導入／設置。所以在經由商業分析之後，就已能確認各個活動方案之內容是否值得予以發展下去，也就是要考量到：(1)活動場地的承租；(2)活動設施設備的採購／承租與安裝；(3)有形商品的自製或外購／經銷／代理及其決策的執行；(4)無形服務作業程序與作業標準的SOP與SIP之制定、修訂與確認；(5)純活動形態的活動內容、活動流程與進行管理策略之確立等方面的發展決策。此些發展決策的目的，乃在於把活動方案的內容與項目予以從抽樣的商品現象中抽離，而進入到實體的商品階段，在這個時候有相當的實質性工作陸續要投入進行，諸如：(1)有形商品的功能測試與消費者測試；(2)活動流程的測試與流程規劃修正，(3)活動場地租約簽定或購置與工程發包合約之簽定；(4)活動場地的環境整理整頓與工程施工進行；(5)活動設施設備的承租合約簽定或採購／外包契約簽定與進行；(6)活動設施設備的安裝、試俥與驗收；(7)活動設施設備運轉測試與顧客參與測試；(8)活動宣傳、促銷與廣告策略規劃；(9)活動試銷計畫的擬訂與進行……等均是相當重要的實質性工作。

在這個階段，休閒活動方案內容的各個項目將會逐漸形成，就如同有形商品的原型已告就緒一樣，而在此時，則需要針對各項活動方案內容予以進行所謂的功能性測試以及顧客／參與者測試。所謂的功能測試乃在測試：(1)活動設施設備的功能性、安全性與價值性；(2)活動場地規劃是否符合環保生態要求、交通設施與停車設備是否符合預期規劃；(3)活動流程的進行節奏感、動線規劃、實體商品展示以及服務作業實施驗證；(4)有形商品的價值性、利益性、新穎性與安全性；(5)顧客要求回應與緊急事件處理作業之可行性與運作順暢性等方面。至於顧客的測試則是有關的休閒商品／服務／活動之功能、價值、特色、外觀、色澤，以及體驗休閒遊憩的感受性、自由自在性、幸福愉悅與尊重自我成長等方面，均應能和目標顧客／活動參與者做溝通，以確立目標顧客的消費／購買／參與休閒活動之各種不同屬性、偏好與參與休閒行動之意圖，如此才能夠進行到下一個休閒活動的市場測試階段。

三、推展新活動方案應考量之準則

就如同上面所說，新的休閒活動方案在未經市場／顧客的檢視與驗證之前，乃是一份活動概念而已。雖然所謂的概念乃有別於活動構想之僅能作爲休閒／活動組織的內部溝通用途，然而一旦活動概念一經產生，可以說是基於顧客／活動參與者之角度，而予以文字或圖片、影像描述出該新的休閒活動之特性，與具有的活動體驗價值／利益。

所以任何休閒活動之行銷計畫所關注的焦點，乃在於檢視、測

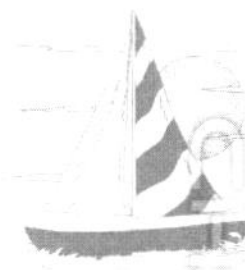

試與驗證所開發製作之新休閒活動（含各項活動方案）概念，而這個測試的方法，也就是經由休閒活動之市場調查與研究及行銷研究的工具加以進行的。這樣的調查與研究最重要的目的，乃在於了解與掌握住市場／顧客對於該項新的休閒活動概念的感覺與需求所在（如**表5-1**所示），而這個發現與結果乃是作爲改進或修正、調整活動方案內容與其行銷計畫的依據。

表5-1 活動概念測試題目：以志工旅遊為例

1.我們擬想辦理之志工旅遊的活動方案有沒有符合您的需要？能夠給您帶來什麼樣的價值或利益？
2.我們擬想辦理之志工旅遊的活動方案會不會帶給您任何不便或困難的地方？
3.我們擬想辦理之志工旅遊的活動方案有沒有需要加以改進或修正的地方？
4.我們擬想辦理之志工旅遊的活動方案最有可能的參與者有哪些？
5.在什麼樣的情境下，一個未曾參與過志工活動的人會參與這樣的活動？
6.在什麼樣的情境下，一個已參與過類似活動的人會再前來參與？
7.在您參與本項志工旅遊活動時，您的可能預算花費或捐助金額有多少？

事實上，任何休閒／活動組織每每會困惑於到底何時推展／傳遞出新的休閒活動？所以我們提出如**表5-2**所示之準則以供參考。但是我們也必須提醒讀者的是：除了**表5-2**所提出的議題之外，尚應考量到計畫中的休閒活動（含各項活動方案）也應該與該休閒／活動組織的其他準則，例如：(1)該休閒活動是否符合該組織的組織願景、組織政策與組織形象？(2)該休閒活動在該組織的既有據點／場地／設施設備、生產與服務作業人員及技術能力是否勝任？或須再調整與加強？(3)該休閒活動是否與政府法令規章／族群社區風俗規範相契合？

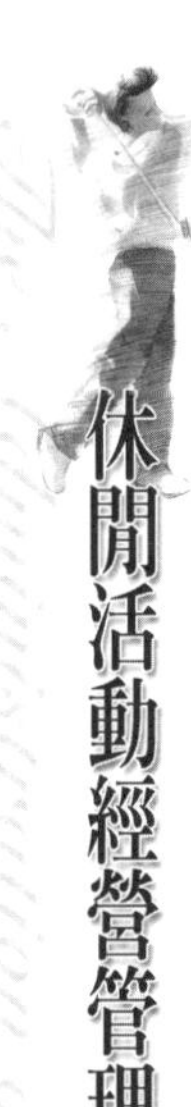

表5-2 推展／傳遞新休閒活動之準則

1.必須有足夠的市場／顧客需求

活動規劃者與經營管理者必須重視的「市場／顧客在哪裡？」「有足夠的活動參與者想要參與／購買／消費這樣的休閒商品／服務／活動？」「這個休閒活動到底符不符合市場／顧客的需求與期望？」等問題，因為若是一個不重視顧客參與活動體驗需求與目標、利益的休閒活動，註定是不會成功的。

2.這個活動方案要真的可以在組織中順利運作

活動規劃者與經營管理者要能夠常提出一些懷疑的問題，諸如：(1)這個休閒活動能夠使用現有的生產與服務作業團隊？(2)這個休閒活動能夠利用現有的活動場地、設施與設備？(3)這個休閒活動的開發製作與傳遞會不會為全體同仁所接納？尤其股東或投資團隊的觀感如何？

3.活動必須要能夠滿足主要的財務準則

在這個議題中，主要的乃在於如下五個方向做深思熟慮：(1)組織有足夠的資金來源？(2)若無足夠資金時，是否有妥善的財務資金供需計畫可供運作所需？(3)新的休閒活動能否填充為既有休閒活動的季節性或循環性波動之缺口？(4)該休閒活動的獲利能力如何？(5)該休閒活動的預期生命週期如何？

4.活動必須吻合環境治安工安標準的要求

在這個議題當中，乃是考量到：(1)該休閒活動的推展傳遞會不會造成鄰近社區的環境危害（包括：空氣污染、廢水、噪音、廢棄物與交通）？(2)該休閒活動會不會因行銷活動而造成鄰近社區的治安問題？(3)該休閒活動場地與設施設備之操作，會不會有工安事件發生之疑慮？(4)該休閒活動中的商品包裝有沒有環保概念？及使用後是否可以資源回收？(5)該休閒活動有無制定合宜合適的緊急事件管理作業標準之必要？要如何制定與實施運作？

5.活動必須吻合現有的行銷架構

休閒／活動組織經營管理者與活動規劃者必須審視，該項新的休閒活動是否可以和既有的休閒活動形成為活動組合？也就是要考量到新的休閒活動與現有的活動之匹配性（如：生產與服務作業團隊合適性、活動場地／據點或通路之堪用性、活動行銷策略的沿用性……等）。

▶花蓮的早晨之美

花蓮的早晨綻放迷人的晨曦，朦朧的天空、新鮮的空氣、美麗的風景、淡淡的花香、蟲鳥叫聲等交互呈現，形成一種特殊的美學形式，結合大自然、生活作息、環境理念，以及當代藝術思潮，創造了屬於花蓮在地的美感與文化想像的藝術形式。

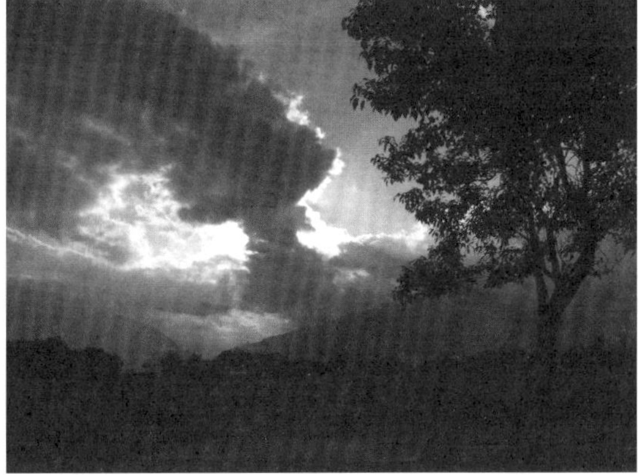

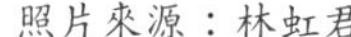
照片來源：林虹君

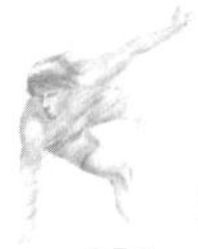

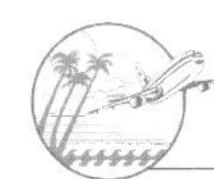

第二節　進行活動方案的市場測試

在這個階段，可以說乃是休閒組織／活動規劃者所發展出來的活動方案已告成熟，有必要加快腳步予以上市行銷推廣，但是在這個時候，休閒組織／活動規劃者有可能面臨諸多的困惑，諸如：(1)是否眞的能符合市場／顧客的預期與要求？(2)商品／服務／活動本身是否這樣就可以推出上市行銷？(3)商品／服務／活動的品牌名稱、價格、包裝／訴求要怎麼定位？(4)商品的行銷通路與服務／活動的流通管道要怎麼來定位？(5)促銷宣傳與廣告方案要如何訂定與落實推動？(6)目標顧客與潛在顧客的開發策略要如何確立？(7)商品的銷售服務作業與服務／活動的服務體驗作業，是否依照如此的程序／標準就可以達成顧客滿意等問題，乃是有待思考並加以克服的。

一、市場測試

所以休閒組織／活動規劃者就要進一步的推展市場試銷（test marketing）活動了，活動的市場測試階段乃是依賴著行銷服務人員（尤其是第一線的服務人員）的推動，而且這個市場測試任務乃是極其重要的，因爲在此測試階段之前所有的活動方案計畫乃是一廂情願的，也是未經顧客驗證其是否能夠符合顧客參與休閒體驗的要求。在這個測試階段裡，可以說是將其放大到眞實的活動場合中進行嚴格檢視，換句話說，任何休閒活動方案都要經過這樣的實兵演練，其主要目的乃在於經由市場試銷活動的進行，以蒐集到市場／顧客所回饋的任何包括有利的與不利的資訊，進而加以整合分析，並作爲修改整個新的休閒活動方案計畫與執行策略之參考，其目的乃在於能以最符合顧客期待與要求的休閒活動正式上市行銷。

事實上，並不是所有的新休閒活動方案均要經過市場測試這個關卡，因爲有些在某個組織確是新的商品／服務／活動，但是卻有

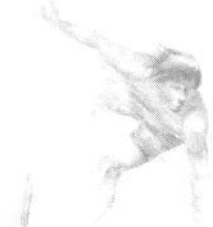

可能在休閒產業市場之中已經是相當普遍的商品／服務／活動，也有可能雖設有相同的休閒活動，只是並不是什麼新奇性的休閒活動，因為除了創新性不高之外，就是僅就既有的休閒活動稍加改良而已，所以不需要再進行市場測試了。只是：(1)若休閒組織／活動規劃者對於其所推出的新休閒活動方案之定價水準沒有辦法明確定案，也許就會透過市場測試的方式，在其目標顧客族群之中加以試銷，以找出其目標顧客族群的敏感價格帶；(2)若休閒組織想發展新的休閒活動，但是卻沒有把握是否能為市場／顧客所接受時，也就有必要進行市場測試了；(3)若休閒組織在其休閒商品／服務／活動尚未正式上市營運之前，為擴大造勢及吸引正式開幕時人潮的效果，就可以進行銷／試遊／試玩活動了。

市場測試的方式大致上可分為傳統試銷、控制試銷與模擬試銷等三大類型：

(一)傳統試銷

所謂的傳統試銷，乃是將新的商品／服務／活動放到一個或多個具有代表性的市場中，並依照正常的銷售通路來進行的試銷活動。例如：在休閒產業裡的休閒農場或主題遊樂園，可以在正式行銷營運之前篩選出目標客群邀請試遊，並在試遊活動結束之前，回收對其推出的新活動的價格、品質、活動流程與交通管理等方面的具體建議，休閒組織加以回收、整理與分析之後，提出結論，而這個結論就是該休閒活動正式開放營運時所要進行修正的依據。在有形商品方面則是最有可能採取傳統試銷方式，乃是將其商品先配銷到某些選定的展售地點進行試銷，只是這個方式乃是耗時的，而且有該商品尚未正式大量鋪貨行銷之前即已曝光，其有可能引起主要競爭者的干擾與（如：在試銷期間競爭者採降價策略、加強廣告或宣傳，或假裝顧客買光試銷品）仿製，所以一般行銷專家並不太願意做此方式的建議，即使要採用此種方式試銷時，也會建議應該要把時間縮短及簡化試銷流程。

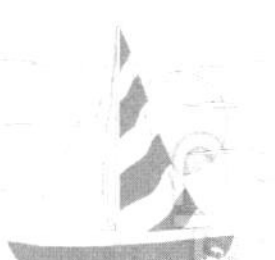

(二)控制試銷

控制試銷（controlled test markets），在有形商品部分，乃是採取和特定的零售商訂定契約，並以付費方式取得這些商家提供貨架位置以供新商品試銷；在無形商品的服務／活動部分，則邀請其有合作關係的代理商／仲介商或親朋好友進行試遊／試玩活動，以了解他們對休閒活動方案的評價。控制試銷乃是將其試銷活動控制在其可掌握的範圍之內進行的，雖然所需要的成本與時間均較傳統試銷活動來得少與短，但是仍然會提早將其商品／服務／活動曝光的。

(三)模擬試銷

模擬試銷（simulated test markets）則是可以經由篩選方式，找來數十個可能的目標顧客，請他們先觀賞一些廣告影片、DVD／VCD影片或平面廣告物（如：DM、摺頁），當然在觀賞過程中會引出其所計劃試銷的商品／服務／活動，在觀賞之後，請他們到休閒活動方案組合中，並發給他們一些錢，測試他們是否會選擇休閒組織想推出的活動方案，若沒有選擇新活動方案者照樣要給予正式的DM或摺頁，經過這樣的過程，組織將會發掘出他們參與與不參與該活動方案的理由，及廣告的效果，同時在一段時間（通常是幾個禮拜）之後再追蹤訪問，以了解新的商品／服務／活動的優缺點、參與／購買率、滿意度與購買／參與的意願強度。這個市場測試方法最大好處，乃在不讓競爭者全然了解你的新商品／服務／活動，另外也比傳統試銷來得快且成本較低，但是卻沒有辦法了解經銷商／仲介商的合作意願，也沒能夠了解到競爭者的可能回應策略。

二、正式商業化

休閒組織／活動規劃者在進行新的休閒商品／服務／活動的市場測試活動之後，應該會蒐集到相當數量的行銷策略資訊，以為決

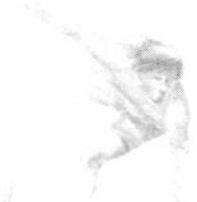

定是否正式上市營運。假如試銷的結果令人滿意，那麼休閒組織／活動規劃者就應該準備有關的上市營運的行銷計畫（如**表5-3**及**表5-4**所示），在這個計畫裡面就要擬訂上市營運的各項行銷策略方案（包括有上市營運的時機、所需資金預算、地理涵蓋範圍、初期的目標顧客與初期的行銷策略……等）。

表5-3　新休閒活動的上市行銷計畫（個案）

一、前言：
本單元乃簡單的描述此一休閒活動內容的概況、活動規劃者、時間等。

二、產業情境分析：
1.經濟背景指標（過去三年以上及未來三年以上）。
2.市場分析與描述（過去三年以上及未來三年以上）。
(1)活動參與者／顧客／消費者。
(2)活動參與者的休閒體驗過程與需求行為。
(3)直接與間接的競爭者。
(4)既有的休閒活動之市場占有率、銷售潛力與期望業績。
(5)目前的休閒活動之一般行銷實務（含要求品質水準、價格、推廣、配銷與流通、活動方案、實體設施設備、服務人員、服務作業程序，及夥伴關係等）。
3.競爭資料與分析（過去三年以上及未來三年以上）。
(1)過去與目前的市場占有率（活動參與人數比）。
(2)過去與目前的活動參與者對休閒體驗要求的比較。
(3)過去與目前的行銷條件（即行銷9P）之比較。
(4)未來的行銷條件的可能變化。
4.上市行銷成功的關鍵因素之未來可能變化（依活動方案之各個內容別）。
5.休閒組織所面臨的上市營運問題與機會之分析，以及組織可用資源之衡量（含市場測試結果）。

三、行銷目標：
分為月、季、年度與中期長期的業績（含：參與人數、平均客單價、總營銷收入、利潤、市場占有率……等）。

四、行銷策略：
分為年度、中期與長期的行銷9P策略及市場區隔／定位。

五、年度行銷計畫的行動方案。

六、中長期行銷計畫的行動方案。

七、行銷計畫的經濟評估：
針對業績預測、費用預算、預估損益，可能／潛在風險及資金供需分析等加以評估。

八、行銷績效評核：
針對行銷計畫的各個時程實際績效之評核（含：評核目的、工具與時程）。

九、主要的支援性活動：
包括資訊、公關、服務、商品生產／取得銷售權、財務資金……等在內。

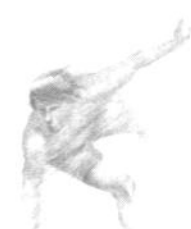

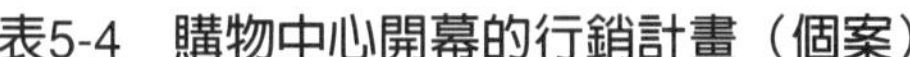

表5-4 購物中心開幕的行銷計畫（個案）

時程		主要規劃事項
一	開幕前6個月	1.建立詳細的招商企劃書（含招商、租賃）。 2.制定員工權責／職務說明書。 3.設定招商條件指標，如：商品規劃、集客力、提袋率、平均客單價、廣告目標、延長來客停留時間、塑造來客購物環境與情境、熱場活動計畫……等。
二	開幕前5個月	1.準備賣場規劃，如：架構藍圖、購物中心的業態與業種、商品定位（含商品種類、品質與價格水準、一般商品與特殊商品之配比、自供商品）、主題商店（Anchor store）。 2.招商租賃之目標與策略擬定，如：市場分析、擬定策略、市場區隔、商品定位……等。
三	開幕前4個月	招商租賃之執行： 1.擬定廣告爭取承租之整體策略。 2.主題商店條件及其招商方法。 3.一般商店招商辦法。 4.招商租賃之目標設定，如：運用租金及抽成策略、簽定知名主題商店、展現完整的行銷推廣計畫、顧客導向之商品架構、專業經營團隊之成立。 5.協商合理的租賃條件。
四	開幕前3個月	招商租賃合約之擬定： 1.招商租賃合約的特性，如：營業目標之成就、整合行銷之效果，有效商品架構與業種均衡發展、招商目標計畫達成與低空置率、超低的經營風險。 2.招商租賃合約之必要項目，如：商號名稱，商業登記，商號住址，合約有效期限及延長規定，租金支付方式與額度，管理費用與公共空間維護管理費用，水費、電費、保全費與保險費等，參與經營之商品（含編號）與業種，使用面積與公共設施使用約定，管理規則，違約懲罰規定，合約期間轉讓規定……等。 3.招商租賃合約基本租約條款： 如訂約日期，業主，租賃人與地址，商店名稱，租賃期間，租賃物件交予租賃人日期，試賣日期，固定最低租金（月、年），租金百分率（年銷貨額百分率），使用區域，保證金，保證人，商圈範圍，商店編號，商店面積……等。
五	開幕前2個月	1.購物中心業主與承租廠商業主簽定招商租賃合約。 2.購物中心準備更詳盡的市場行銷計畫書。 3.購物中心重新檢討與制定各租賃商店之行銷經營目的。 4.銷售行動方案之擬定。 5.重新檢討調整市場區隔、商品定位。 6.確定開幕日期與時間，並使用於廣告宣傳活動中。

（續）表5-4　購物中心開幕的行銷計畫（個案）

時程		主要規劃事項
五	開幕前2個月	7.加強聯繫行銷推廣作業。 8.準備詳細手冊、DM、海報、POP……等資料。 9.準備開幕促銷活動及腳步企劃。 10.查驗內部各項手冊與程序、報表是否確定。 11.查驗建築物有關軟體硬體設施是否完整。
六	開幕前1個月到開幕	1.集中全力以行銷推廣與促銷（含廣告、公衆關係……）。 2.針對各部門、各租賃商店店長與服務人員做培育訓練。 3.每一部門及各租賃商店之銷售行動方案之確立與訓練。 4.全部門出動集中火力，全面為開幕做準備。 5.確立邀請貴賓名單。 6.重新明確確立目標市場／顧客。 7.極力聯絡交通與治安警察機構，做好開幕管制維持交通有關事宜。 8.積極做好鄰近居民、商家與公司行號的公共關係。 9.寄發邀請函。 10.全體人員正式定位、加強橫向與縱向溝通工作。 11.確認熱場活動及餘興節目表演活動。 12.評核有關業務準備成效。 13.緊急事件應變計畫編製與演練。
七	部分開幕	1.加強開幕節目流程之管制。 2.增加服務人員引導入店人潮。 3.達成開幕當日業績目標。 4.控管交通流量與人潮。 5.緊急事件處理與控制。
八	正式開幕	1.加緊行銷火力全開，爭取業績與顧客滿意度。 2.舉辦開幕酒會。 3.開幕後三個月內召開行銷活動總查核（含服務品質、商店績效、商品品質……等在內）。 4.重新調整行銷計畫以符合開幕後所需要。 5.業主與招商租賃關係之維持： (1)追求並維持高顧客滿意度導向之內部關係。 (2)業主與招商租賃商店維持積極運作關係，如：對內管理合理化、對外爭取高顧客滿意度，有效利用資源與人才，利用業績與租金的消長建立業主與租賃廠商之關係，整合為購物中心形象、建立夥伴團隊經營關係。 6.建立顧客資料檔案及強化顧客關係管理。 7.訂定中、長期的市場行銷計畫。

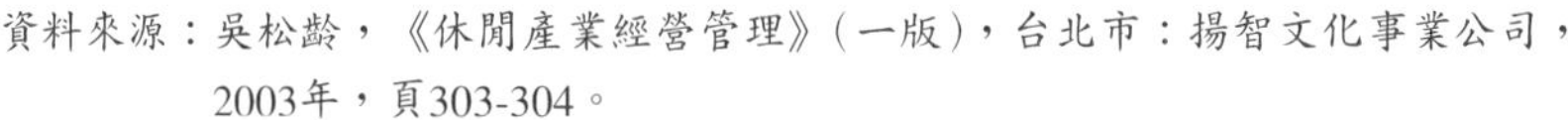
資料來源：吳松齡，《休閒產業經營管理》（一版），台北市：揚智文化事業公司，2003年，頁303-304。

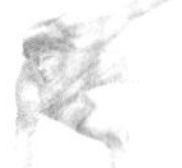

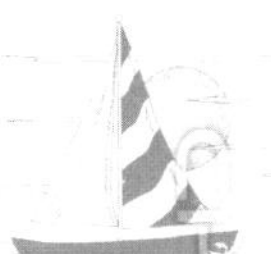

(一)當市場測試不夠眞實／靈光時

在市場測試過程中，休閒／活動組織往往會誤認爲所有的休閒商品／服務／活動均可一體適用，以至於在正式商業化時，遭受到嚴重的挫折。這乃是因爲休閒活動中有許多服務概念不易被看到與感應到，所以在市場測試過程裡，要能夠獲得有利的證據以供參考，乃是相當具有困難性的，尤其憑感覺與感受的服務品質乃是不易加以量化的，也不易由市場測試過程中，掌握到顧客／活動參與者到底有無很正面的體驗價值？他們還會不會再度前來參與？或是會引薦其人際網絡中的人們前來參與？

所以市場測試不一定眞正顯現參與測試者的想法與行動方向，但是我們願意提出如下的論點，以供讀者思考：「市場測試在休閒活動設計規劃與經營管理流程中，乃是有存在價值的；不做市場測試將有如瞎子摸象一般，做了市場測試總是比不做市場測試的成功機率要大一些。」

(二)商業化的風險性與不確定性

休閒活動在商業化過程中，仍然會有許許多多的風險存在，例如：(1)若是活動流程過於複雜，是否能夠確保每一個參與者或每一天的參與者前來進行活動體驗之作業品質標準是一致的？(2)若是星期例假日與連續假期時間，所有的生產與服務作業人員（尤其第一線的服務人員），是否能採取一致的與標準化的服務作業流程與品質？(3)休閒遊憩活動中往往潛藏著意外事件、緊急危難事件與設備異常事件之風險；(4)前來參與活動體驗顧客之個人感受／感覺的差異特性，以致令服務人員往往不知如何是好；(5)同業或異業競爭行爲中的惡意攻擊與謠言散布問題，往往令休閒／活動組織不知道如何及時化解。

(三)速度乃是新休閒活動上市成功的一項因素

在這個講究創新的數位經濟時代，休閒／活動組織的經營管理

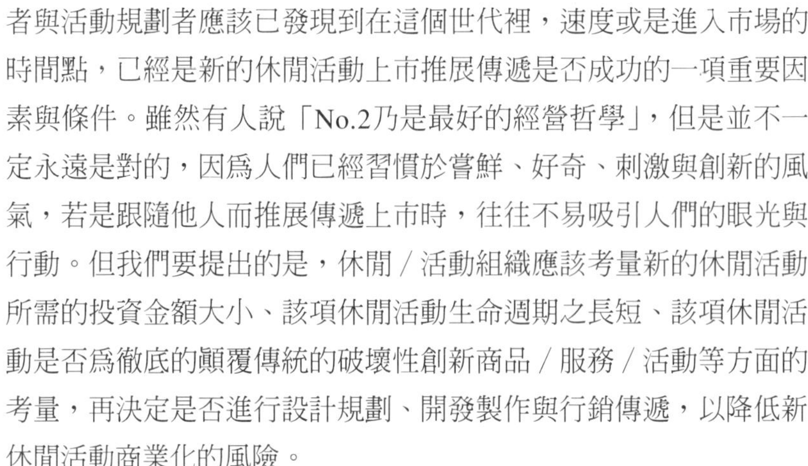

者與活動規劃者應該已發現到在這個世代裡，速度或是進入市場的時間點，已經是新的休閒活動上市推展傳遞是否成功的一項重要因素與條件。雖然有人說「No.2乃是最好的經營哲學」，但是並不一定永遠是對的，因爲人們已經習慣於嘗鮮、好奇、刺激與創新的風氣，若是跟隨他人而推展傳遞上市時，往往不易吸引人們的眼光與行動。但我們要提出的是，休閒／活動組織應該考量新的休閒活動所需的投資金額大小、該項休閒活動生命週期之長短、該項休閒活動是否爲徹底的顚覆傳統的破壞性創新商品／服務／活動等方面的考量，再決定是否進行設計規劃、開發製作與行銷傳遞，以降低新休閒活動商業化的風險。

三、新休閒活動的參與和擴散

休閒／活動組織若能夠對於所推展上市行銷傳遞之休閒活動之參與，和擴散過程有所了解的話，將會更有成功的機會。事實上，不論休閒／活動組織的經營理念、組織文化與活動經營目標是什麼，相信大多數組織均衷心盼望其休閒活動能夠廣爲顧客所認同與前來參與，同時更能在市場中大爲流傳或吸引更多的參與者，所以我們一再強調顧客休閒行爲之需求的理由也在此。

(一)參與過程步驟

休閒者／活動參與者的參與過程，乃是人們或組織接受某個休閒活動創意之前的一連串決定，一般來說，潛在的活動參與者／顧客大致上乃是經過六個採用過程步驟（stages in the adoption process），進而決定是否前來參與該項休閒活動（如**表5-5**所示）。

(二)參與者類別

活動參與者在參與的過程中，會因人們的個性、嗜好、創新性與冒險性之差異，而表現出不同的積極性，例如：(1)有人會很快

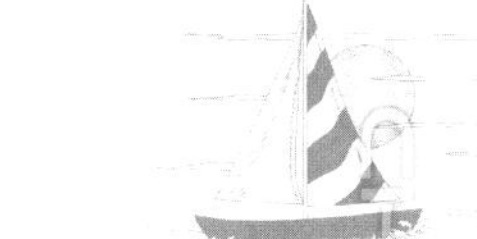

表5-5　活動參與者參與活動之過程步驟

步驟	主要特色與活動項目
知曉（awareness）	1.在這個步驟中，潛在活動參與者只是開始了解到有這樣的休閒活動存在，但是仍然有點資訊不足，對該活動方案之內容、新穎性、價值性與如何參與仍是一知半解。 2.但是因為如此的一知半解，以至於暴露在創新之中，而引頸盼望該活動的問世，因而變成潛在顧客。
興趣（interest）	1.此時該等潛在顧客開始感受到該活動的價值、效益與目標所在，認為值得一試。 2.由於對活動的興趣，因而也就展開了蒐集該活動資訊的行動。
評估（evaluation）	1.此時該等潛在顧客針對其所蒐集得到的活動資訊，進行整理與分析，並開始思考是否要親身試試。 2.在判斷該活動的優劣點時，並同時與替代活動或競爭者之活動相互比較孰優孰劣。
試用（trial）	1.可能的話，有興趣的潛在顧客會接受該活動的市場測試，以其體驗的結果做為是否正式參與之判斷參考。 2.在這個步驟裡，潛在顧客乃是有限度的採用該創意，假如經由測試之效果良好，那麼就會變成忠誠顧客。
採用（adoption）	1.參與或接受市場測試的潛在顧客將會面臨是否接受該活動之抉擇。 2.若決定接受該活動時，也就是已全面採用該創意。
確認（acknowledge）	1.當接受該活動之後，該潛在顧客就變成參與者／顧客了。 2.而在變為參與者／顧客時，乃為對該活動之肯定，也會引介友人、親朋、師長與同學前來體驗。

地接受新的休閒商品／服務／活動而想趕快參與體驗；(2)有人則會慢慢來而不輕易嘗試當白老鼠。依據行銷學的研究，大致上可分爲五種參與者類別，而該五個類別乃依據人們在活動的生命週期之哪些階段會接受／參與而定（但爲簡化起見，本書將從來不曾參與者予以排除，不在研究範圍之內）。

■五個參與者類別

所謂的五個參與者類別之分類，乃針對其對於新休閒活動的積極性來加以分類的：

1.創新者（innovator）：創新者勇於嘗試參與新的休閒活動，

此類人口數不多（約占市場的3%左右），且大多數具有：(1)比較年輕；(2)教育程度較高；(3)中產階級以上；(4)經濟能力較佳；(5)具備獨立判斷、主動積極、敢於冒險與自信之人格特質等特徵者，乃是引領社會／人們參與休閒活動新方案的創新者。他們較依賴非個人的資訊情報（如：廣告或報導），而不是依據業務行銷人員或個人資訊來源。

2.早期參與者（early adopter）：早期參與者乃比一般社會大衆較早採用／參與新的休閒活動方案，此類人口數稍多了一些（約占市場的13%左右）。此類參與者在態度上稍比創新者小心些，他們大都傾向於僅參與社區內的休閒活動，不像創新者可以大量參與社區外的休閒活動，所以此類參與者深受社會的尊敬，因而常常變爲意見領袖，而影響其他人員的陸續參與（如：早期大衆、後期大衆與落後者）。他們的決策大都依賴業務行銷人員的資訊。

3.早期參與大衆（early majority）：早期參與大衆則是經過深思熟慮之後，再採行參與體驗的行動，此類人口數又多了些（約占市場的34%），這類人們比一般的大衆會早一點接受／參與新的休閒活動。他們通常會多方蒐集資訊，並向意見領袖或曾參與體驗者詢問有關該新休閒活動之感覺或感受後，才會採取參與之行動。他們的決策相當依據廣告、業務行銷人員與曾經接觸過早期參與者所提供的資訊。

4.晚期參與大衆（late majority）：晚期參與大衆則是抱持「他人都已參與了，我才要去參與」的想法，此類人口數與早期參與大衆相當（約占市場的34%），這一類人們大都是受到身邊或其個人人際關係網絡之親朋、好友、家人、同儕的影響，甚至於感受到團體壓力之後，才決定參與該新的休閒活動。這類人們的決策乃依據社會同儕壓力、早期或後期參與大衆之感受性等資訊，而不是廣告、人員銷售所可奏效的。

5.落後者（laggards）：落後者乃後知後覺、態度保守、固執

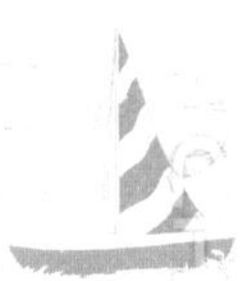

不易改變，受到傳統約束，及到了新休閒活動已將變爲骨董時，才會採取參與行動，此類人口不算少（約占市場的16%）。此類人口往往對新創意活動方案抱持懷疑態度，大都處於社會與經濟的基層，或是年紀較長者。

■新的休閒活動參與者類別與分布

任何創新的休閒商品／服務／活動乃是經歷著從被創新者接受而參與體驗起，一直到落後者的採取參與行動之過程，而這個過程就是所謂的創新擴散（diffusion of innovation），在這個創新擴散的過程中，活動規劃者與行銷管理者將會因此而了解到各類別的活動參與者之比例與分布情形（如圖5-1所示）。

(三)影響新休閒活動的參與和擴散因素

一般來說，任何休閒活動的上市推展與傳遞行銷，均期望能夠促使顧客／活動參與者的參與行動決策加快，以及最好能夠促使創新擴散的範圍得以加大加寬，然而在此參與和擴散過程中，新的休閒活動乃受到以下幾個休閒活動之特徵的影響：

■相對競爭優勢

如果某個休閒／活動組織所推展的新休閒活動之某些特性

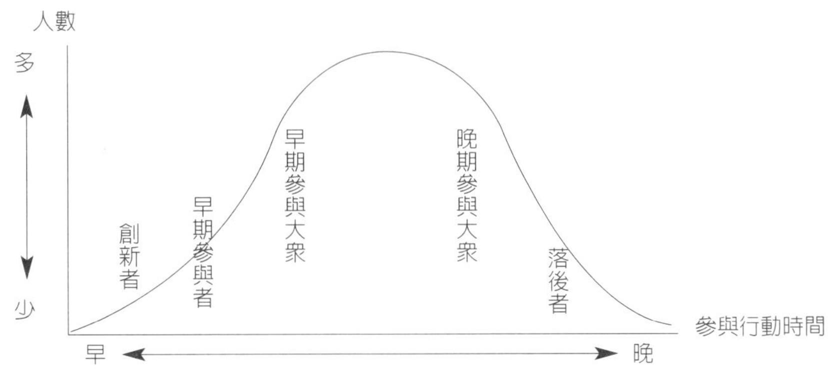

圖5-1　新的休閒活動參與者之類別與分布

（如：價格、便利性、安全性、簡易參與性或有其他好處），比起同業／異業的休閒活動來得具有競爭優勢，那麼此一新的休閒活動自然易於為顧客所接受和參與，則其參與和擴散速度與範圍會加快、加寬與加大。

例如：(1)各主題遊樂園推出一票玩到底的策略之後，幾乎所有的休閒遊憩主題館均奉行定價策略指導原則，乃因一票玩到底給予人們的多樣選擇與低成本負擔誘因；(2)參與某項旅行活動時，旅行社若給予旅客平安險優待或避開旅遊風險地區的話，將會比未採取此等策略之旅遊行程更具吸引力；(3)自行車道的設置乃是為保護自行車活動參與者，所以美國的自行車運動風氣就比台灣好。

■適合相容性

如果某個休閒／活動組織所推展的新休閒活動，與鄰近地區／目標市場潛在顧客的參與活動體驗與互動交流之價值觀、休閒生活習慣與休閒主張、休閒文化與休閒需求相吻合，那麼該項新休閒活動被接受與採取參與體驗行動之速度將會很快，而且很容易為該社區居民所接受與引介他人前來參與活動。

例如：(1)台灣與中國之間兩岸情勢不明朗，以至於雙方均強調海防安全的重要性，所以兩岸的海灘車與風帆活動就不夠風行；(2)在中等學校周圍因受到政府政策影響，以至於中等學校附近的遊戲休閒活動（如：電動玩具、撞球、保齡球等）就會有所限制；(3)在老社區開辦國樂、書法、太極拳等活動較易成功。

■複雜程度高低

新休閒活動的活動進行流程是否簡單？使用設施設備是否繁雜？參與活動的作業程序是否簡潔與易於了解？均會對於該項休閒的被接受與採取參與行動的時間早晚有相當大的影響力。所以說休閒活動方案設計應朝向易於了解、便於使用、活動過程簡單一氣呵成等方向，來進行設計規劃與製作傳遞，如此方可在最短的時間內為顧客所接受與採取參與行動。反之愈複雜、不易操作使用與不易

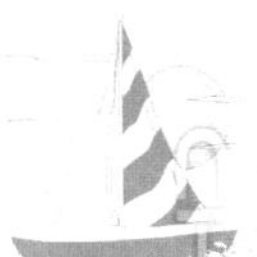

了解的休閒活動，則往往需要好長的一段時間，才能爲顧客所理解與接受。

例如：(1)攀岩與極速自行車由於危險性較高，且需要合格合法的場地，以至於尙未形成國人的參與風氣；(2)鐵人三項運動由於規則繁複，且須有足夠合適的場地，以至於推廣多年仍未能吸引廣大的參與運動人口；(3)攀登喜馬拉雅山活動因具有高度風險性，所以並不是每一個喜好登山者都可以參與的活動，而是需要具有專業知識、攀爬五千公尺以上高峰經驗，及必須不具有高山症與心臟血管疾病者方可參與。

■可試用性

新的休閒活動不論是有形的商品，或是無形的服務與活動，若是能夠進行試用的的活動，將會有利於該休閒活動的採用、參與及擴散之速度，也就是試用程度愈高，其爲顧客所採用的速度也會愈快。例如：(1)某項觀光旅遊活動，若能將主題行程製作成VCD／DVD以供擬想參與者先行了解的話，應該較易於吸引參與之觀光客；(2)運動休閒活動若可開放給擬想參與者試用有關運動設備的話，則將較易於吸引參與者的興趣，同時在試用過程中也易於讓參與者了解有關運動設施設備；(3)餐飲美食活動也是經由試賣或試吃的測試，而得以吸引人潮及創造優質服務與品質之呈現，進而創造永續經營之契機。

■觀察感受度

新的休閒活動若是能夠讓參與者／顧客在參與之後留下極爲深刻的印象，或是可以讓活動參與者在參與之前即能對該項休閒活動之宗旨、願景與目標相當明瞭的話，則該項休閒活動得以迅速被接受，而能夠很快的達成擴散效果。

例如：(1)嘻哈舞步的風行與嘻哈服飾的流行，乃在於該等流行風給予人們深刻的印象，而且簡單易學、費用又不高昂，所以一經引進台灣，就馬上形成一股旋風；(2)西洋萬聖節標榜著多樣化

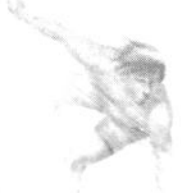

的化妝與稀奇古怪的服飾，使得非天主教與基督教徒熱烈參與，在東方國家已逐漸形成萬民活動之趨勢；(3)各公園的早上總是聚集著一群群的太極拳、元極舞與土風舞活動群體，乃是這些活動給予參與者健康、養生、遊憩、治療與運動的感受，以至於參與者絡繹不絕，甚至於風雨無阻地參與。

■交通便捷程度

一般來說，休閒活動大都會選擇在郊區、偏遠的山區或海邊、離島（如：戶外活動、野外求生、生態觀光等）或是都會中心（如：健身活動、研討會、運動競技等）舉行，以至於交通的方便與速度則會成爲參與者的要求，尤其在都會區辦理活動首重的乃是停車場；而在風景區或郊區辦理的活動，則首重交通基礎建設、道路安全與停車場等要素。

往往在一個交通便利性、安全性、快捷性高的活動據點辦理的休閒活動，較易於吸引參與人潮。例如：(1)春節連續假期中國人大都已放棄到各風景區或主題遊樂園活動，乃是因爲塞車眞的令人受不了；(2)台中市自由商圈與公園商圈的沒落，則肇因於停車設施不足，以及單行道的設置（雖已經取消，但人潮已往西屯商圈與中港商圈移動）；(3)台灣由於國道、高鐵與生活圈的交通網絡規劃，因而縮短了南北奔波時間，進而造成台北市中價位旅館的沒落。

■休閒組織形象好壞程度

休閒／活動組織的形象好壞，對於新的休閒活動上市行銷傳遞的速度與成敗，也具有相當大的影響力，往往休閒／活動組織若爲企業形象高者所設計規劃、開發製作與行銷傳遞的休閒活動，易於爲人們所接受，反之則不易爲人們所接受。所謂的企業形象包括其企業責任、經營理念、組織文化、企業倫理與道德等無形的評價，而有形的評價則包括有顧客滿意度、顧客服務品質水準及商品／服務／活動之品質評價在內。

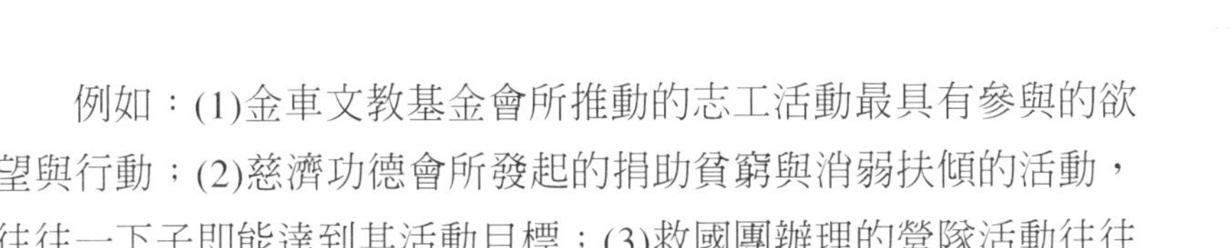

例如：(1)金車文教基金會所推動的志工活動最具有參與的欲望與行動；(2)慈濟功德會所發起的捐助貧窮與消弱扶傾的活動，往往一下子即能達到其活動目標；(3)救國團辦理的營隊活動往往是僧多粥少。

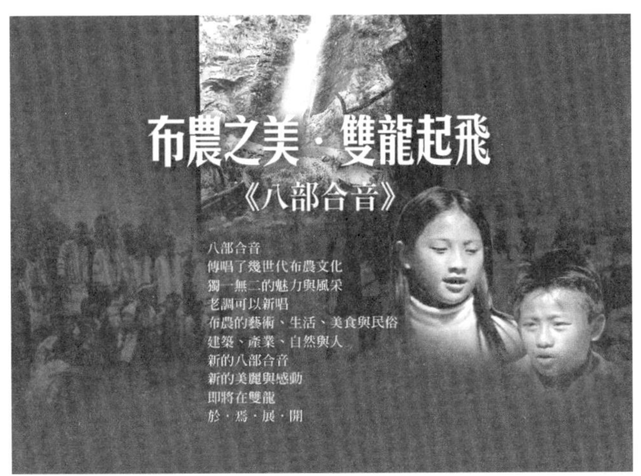

▲布農族八部合音

布農族人自稱pasibutbut為「八部音合唱曲」，八部合音是布農族特有的歌唱形式，在全世界享有相當的知名度。唱這首曲子時，必須要八名成年男子以上分成「mahosgnas」、「manda」、「mabonbon」、「lagnisgnis」等四個聲部，再依一套嚴謹的規則慢慢依次進入合唱。由於每一位歌者的音質迴異，因此八部合音的錯覺現象於焉產生。

照片來源：中華民國區域產業經濟振興協會　洪西國

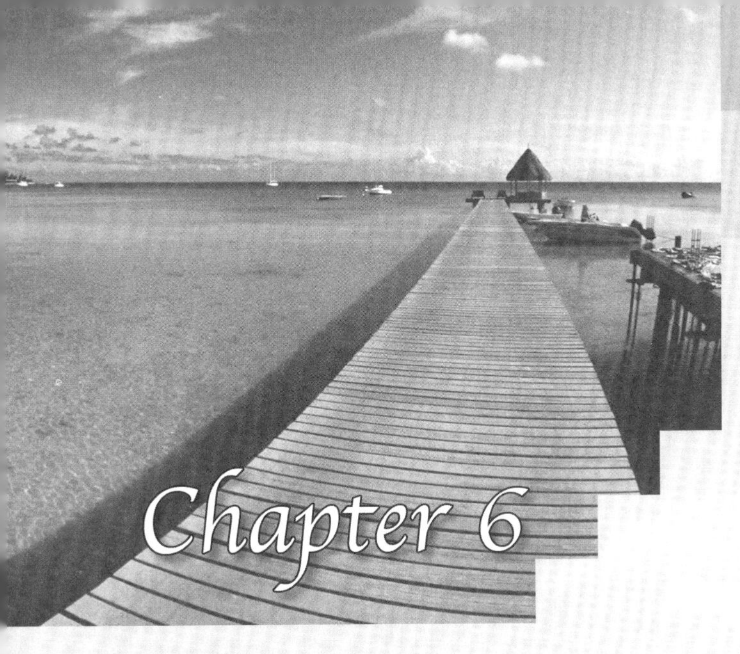

Chapter 6

休閒活動的促銷組合策略

Easy Leisure

一、探索休閒活動整合行銷傳播之媒介策略
二、釐清整合行銷傳播媒介的組合策略議題
三、了解行銷傳播媒介與促銷組合關鍵策略
四、認知活動方案促銷組合策略的媒介選擇
五、學習如何運用行銷傳播媒介來促銷活動
六、界定休閒活動促銷媒介選用與組合策略
七、提供整合行銷傳播與促銷組合策略方向

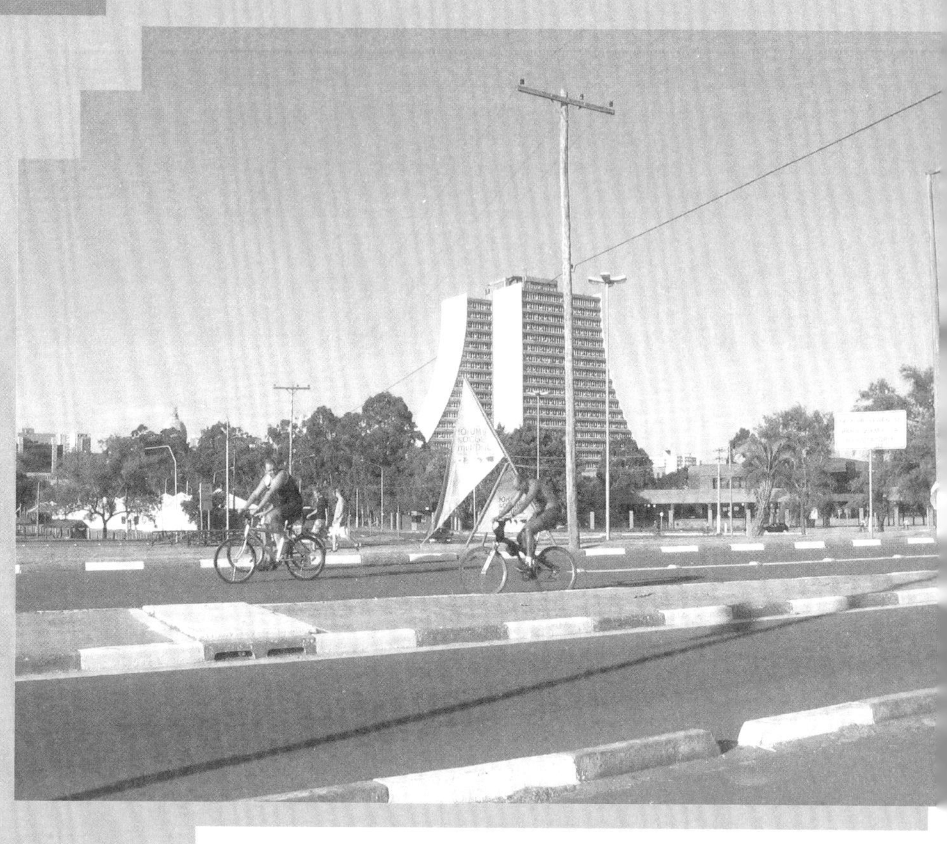

▲ 自行車休閒

現代人每天面對著繁忙、壓力、緊張與激烈競爭的挑戰，不加以舒坦心智與嘗試運動休閒，將會是百病叢生，所以每天改騎乘單車上班或是挪個時間騎自行車健身，將可達到保健娛樂的效果。尤其假日休閒，來個早睡早起進行自行車休閒，大可紓解一週的工作辛勞，讓身心得到更大的滋潤，以迎接明天的挑戰。

照片來源：南投中寮阿姆的染布店　吳美珍

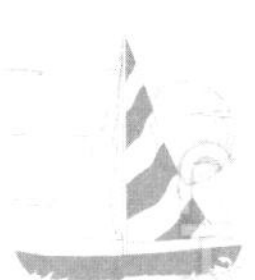

休閒活動與工業產品、商業產品一樣，在上市營運時或前／後，均要進行其有關的促銷活動，以為在休閒活動得以透過促銷活動之訊息溝通，導引其既有的與可能的顧客能夠了解到該休閒組織所提供的商品／服務活動的有關訊息與資訊，當然最主要的目的乃在於企圖說服他們能夠前來參與該等商品／服務／活動的體驗／購買／消費行動。所以Rossman（1995）就認爲促銷乃是可以達成告知、教育、說服或提醒等功能；Howard和 Crompton（1980, p.448）就將促銷定義爲「試圖去告知、說服、提醒一個休閒機構所提供的活動或服務的潛在顧客之基本溝通方式」；Kotler和Andreasen（1987）更將促銷定義爲溝通的一個過程。

廣告（advertising）乃是由休閒組織付費給予其選定的媒體所做的一種非人員溝通，廣告在各種推廣工具中乃是相當重要的一種，由於其傳播媒體相當的廣泛，諸如：雜誌、報紙、廣播、電視、網路、戶外展示、新奇贈品、型錄／摺頁、宣傳單……等，均是廣告可運用的媒體。人員銷售（personal selling）則是由休閒組織的營業人員和其潛在的顧客進行休閒商品／服務／活動的說明，以說服他們採取購買／消費／參與的行動，或是經由服務人員（尤其第一線服務人員）在進行顧客體驗活動之服務時，給予優質的感受與體驗價值，進而強化他們的忠誠度（如：再度參與或介紹其人際關係網絡的人們前來參與。公衆關係（public relations）乃是休閒組織與其內部外部利益關係人之間的溝通管理，也就是休閒組織並未支付費用的情形下，能經由各類媒體的的公衆宣傳或公衆報導，而使得既有顧客與潛在顧客能夠獲取休閒組織的商品／服務／活動訊息，並促使他們能夠前來參與／購買／消費。直效行銷（direct marketing）則是由休閒組織利用其各種非人員的接觸工具，來和既有與潛在顧客進行溝通、說服與提醒他們有關其組織的休閒商品／服務／活動，其引發他們前來參與／消費／購買或轉介給他們人際關係網絡的人們前來參與／購買／消費，而這些非人員的接觸工具包括有：型錄行銷、直接信函行銷、電話行銷、電視購物或

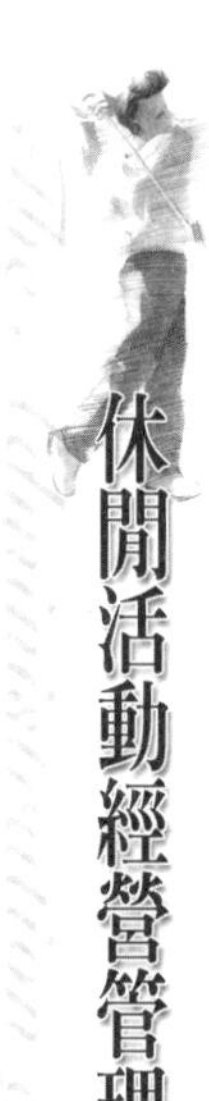

旅遊休閒頻道行銷、報紙/雜誌/廣播直接反應行銷、網際網路行銷、行動通信行銷等。

第一節　整合行銷傳播的組合策略

休閒組織大都販售的乃是無形的商品與服務或活動，所以休閒活動方案行銷的重要工作，就不只是要如何設計規劃出新的與好的商品/服務/活動、訂定具有吸引力的價格、選擇合宜的行銷通路與交通路線、活動場地、培育與訓練高績效的服務人員、建構合適的活動設施與設備、制定高優質的服務作業程序與作業標準，以及建構良好的供應鏈夥伴關係網絡而已，尚且要能夠和顧客/活動參與者以及有關的內部與外部利益關係人進行有效的整合性行銷溝通，也就是所謂的整合行銷傳播（integrated marketing communication; IMC）。所謂的整合性行銷傳播乃是休閒組織的整體行銷溝通方案，也就是促銷推廣的組合（promotion mix）或溝通組合（communication mix），此一溝通組合乃包括：廣告、人員銷售、促銷、公眾關係、直效行銷等工具的組合。

一、行銷溝通與推廣的角色

休閒組織/活動規劃者爲了能夠順利將其休閒活動方案予以成功促銷，就必須著力於其組織/活動的專業人員/服務人員與顧客之間的有效溝通能力的培植。因爲行銷在基本上本來就是溝通，溝通也是行銷，兩者之間乃是密不可分的（如**圖6-1**所示）。

事實上休閒活動的行銷溝通與促銷之目的，乃在於企圖影響潛在/目標顧客的休閒行爲，只是在能夠讓顧客/活動參與者採取參與活動之決策行動之前，乃是藉由前面所說的溝通組合五大工具，針對其目標/潛在顧客的休閒需求、休閒資訊與休閒價值觀等方

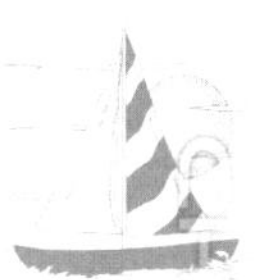

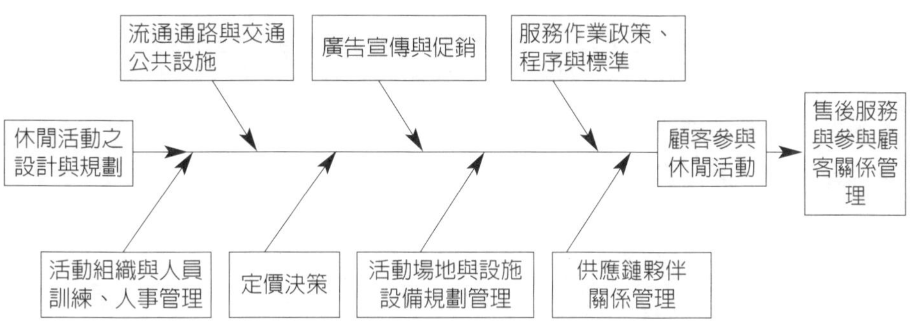

圖6-1　休閒活動方案之行銷溝通連續帶

面，予以進行訊息傳達及說服他們進行休閒決策。所以在此我們可以將告知、說服與提醒的過程定義爲行銷溝通的主要目標：

(一)告　知

休閒組織／活動規劃者將其所設計規劃出的新休閒活動方案有關內容、價值、活動進行方式與目標予以告知（inform）其目標與潛在顧客，告知範圍：活動的內容與項目、活動價格之制訂與修正／調整、新的休閒活動項目、休閒活動進行方式、休閒體驗之價值與目的，以及可衍生的活動方案內容，藉由告知之行動，以建構並提升其組織與活動之品牌與形象。

(二)說　服

休閒組織／活動規劃者更要在產業環境內，盡一切可能地將其休閒組織與其活動方案之品牌形象，深深地烙印在其目標／潛在顧客之休閒選項之中，這個過程就是說服其顧客能夠認同你的休閒活動方案，同時更能夠說服他們採取行動前來參與／購買／消費。

(三)提　醒

但是當休閒組織／活動規劃者對於其既有的商品服務／活動，以及已屆生命週期成熟期之商品／服務／活動，也應該要能夠努力

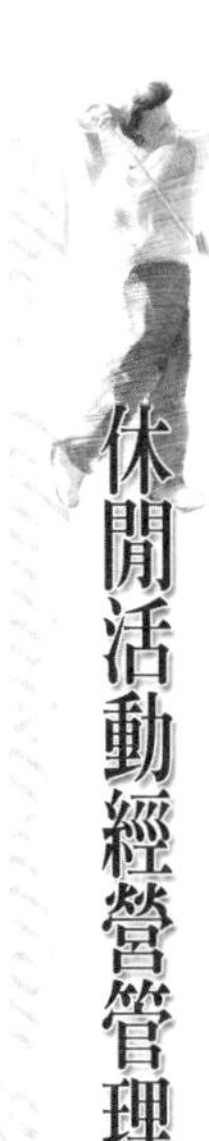

於提醒顧客，促使他們記得休閒組織的商品／服務／活動仍然存在著，而且也是促使他們不要忘了前來參與／購買／消費。這個過程就是要在行銷溝通之過程中，提醒顧客仍然要能記住休閒組織與仍然存在的舊休閒活動方案，而更重要的乃是要記得前來參與／購買／消費，同時更要記住該休閒組織永續經營的實際能力與企圖心。

二、活動的促銷規劃與管理

在本節開始時，我們所提到的廣告、人員銷售、促銷、公衆關係與直效行銷等範疇，乃是說明了休閒組織／活動規劃者需要透過這些行銷溝通組合工具，將其休閒商品／服務／活動的有關訊息傳遞給目標市場／顧客，以達到其組織／活動的利潤目標。然而各種行銷溝通組合工具的運用，在基本上均是爲活動促銷的一種，也就是若是休閒組織／活動規劃者想要將其組織與活動形象有效地推廣到目標／潛在的市場／顧客之休閒決策因素時，就應該培養其專業人員、服務人員和其顧客之間進行有效的溝通能力，否則要想活動促銷就會有某些程度的困難，當然有關休閒組織形象、服務品質形象、高階經營管理者之言行或品德，以及活動場地設施設備的良窳，均爲和顧客溝通的一項工具，此乃是休閒活動組織／活動規劃者所應注意的一種溝通方式。

休閒活動促銷的規劃與管理，大致上應該考量到如下幾個主要步驟：

(一)情境分析

休閒活動的情境分析包括有：休閒活動之市場需求分析、競爭者的競爭能力調查與分析，以及本身休閒組織形象等方面：(1)市場需求分析：乃在於了解到現在與未來人們的休閒行爲潛力與趨向，而要進行市場需求調查與分析，就應該進行有關市場／顧客的需求資訊（如：考量的組織品牌、活動場地與設施設備、活動進行

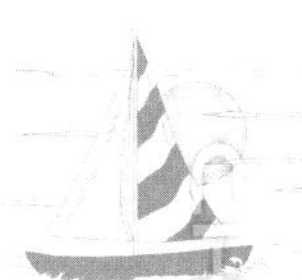

方式、活動體驗目標與價值、花費的活動時間與成本、曾經參與之經驗……等）之調查，以爲掌握顧客的休閒體驗決策過程及休閒參與決策步驟；(2)競爭者的競爭能力調查與分析：休閒參與者乃是爲確認目前與未來的競爭者之行動；(3)調查本身組織的形象：所謂的組織／企業形象（corporate image）可考量組織的整體給予外界的觀感（即：公司形象、活動場地與設施設備形象）、休閒功能形象（包括：服務品質形象、價格形象、促銷宣傳形象等），以及休閒活動方案（包括：有形商品形象、無形服務與活動形象、活動品牌形象、品牌線形象等）。

(二)建立促銷目標

由於活動促銷乃涵蓋了溝通與銷售兩大目標，而且行銷溝通與銷售之間乃是不易區分的，同時兩者之間也存在有因果關係（如**圖6-2**所示），而且和活動參與者／顧客的參與／購買／消費決策過程是息息相關的。就休閒組織的營業／行銷人員與服務作業人員而言，活動促銷所扮演的角色在於：(1)如何創造出商品／服務／活動的知名度；(2)誘發顧客的休閒需求與興趣；(3)提高銷售額與市場知名度／占有率。當然活動促銷策略之目標，乃在於將市場區隔的分析、目標市場／顧客的選擇、活動方案內容的定位等方面，均要優先加以訂定，而在訂定之後則是推動促銷目標之訂定與實施，而所謂的活動促銷目標乃要能夠包括：(1)目標市場／顧客的界定；(2)傳達明確的溝通訊息；(3)確立行銷溝通的訊息處理模式；(4)確立預期的訊息溝通效果；(5)確立活動促銷的預期銷售額與市場占有率。

(三)決定促銷預算

事實上，任何休閒活動的促銷方案到底需要多少促銷預算？說眞的，乃是不易在數據上予以明確的定義，一般來說，要看業種來進行規劃其促銷預算的，例如：健身運動產業、化妝品產業與飲料

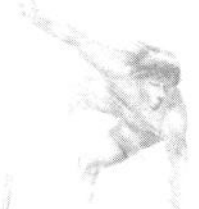

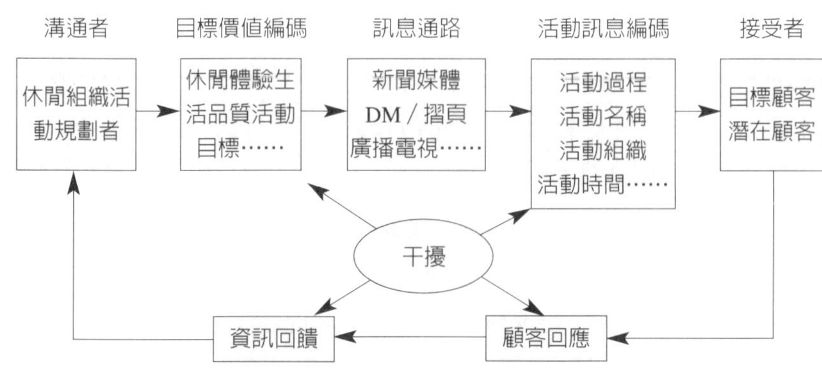

圖6-2　行銷溝通之訊息處理模式

產業的促銷預算占營業額之比例，就會比工業產品（如：產業機械、工具機產業與活動設施設備產業）的促銷預算來得大，而且在同一業種之中，也會因業者／組織的促銷策略決策之差異而有所不同。一般來說，促銷預算之決策與編製方法，大致上可分爲主觀判斷法與客觀判斷法兩大類：

■主觀判斷法

主觀判斷法乃是依據休閒組織的活動規劃者與行銷管理者或經營管理者的經驗與好惡／認知，進而決定其促銷經費的高低，一般來說主觀判斷法大致上可分爲：(1)營業額百分比法：依據該組織的目前或預期的營業額之某個百分比，作爲設定促銷預算的基礎；(2)任意決策法：乃是隨著組織經營管理者／活動規劃者／行銷管理者的興趣與看法，隨意決定其預算的一種不按牌理出牌之決策；(3)量力而爲法（affordable method）：乃是依組織本身的支付能力爲設定預算之依據，也就是有多少錢就編多少預算的消極決策；(4)競爭對等法：乃是以對付競爭作爲設定促銷預算之依據，其目的乃在於和競爭者分庭抗禮；(5)單位固定金額法：乃指每銷售／出產一個單位就提出一個固定額作爲促銷預算。

■客觀判斷法

客觀判斷法乃是依據銷售函數來了解市場回應與行銷／促銷投

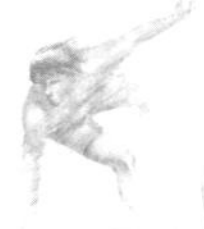

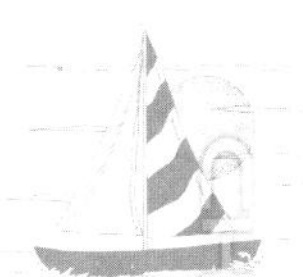

資之間的關係，進而決定其促銷預算。在休閒活動的行銷力量的投入與產出之間所存在的關係，就是所謂的銷售回應（sales response），而此一銷售回應分析之目的，乃在於探討休閒活動的銷售量／市場占有率之因素、影響力及其影響方式，諸如休閒活動行銷9P（即：商品／服務／活動、價格、促銷、通路／分配／交通路線與場地、服務人員、作業程序／標準、實體設施與設備活動方案、夥伴關係等）對於銷售量／市場占有率的影響力。只是將9P列入考量時，往往受到複雜的數學理論影響，所以本書建議讀者，採取人員的銷售、廣告數量／金額來作爲主要的變數，及解釋人員銷售與廣告量多寡對銷售量／市場占有率的影響。

(四)選擇行銷溝通組合

在進行行銷之促銷活動前，應該了解各項促銷工具的優缺點（如**表6-1**及**表6-2**所示），而後方能有效地進行促銷規劃及促銷溝通工具的選擇。然而溝通管道乃是促銷活動進行中不可忽略者，因爲休閒組織／活動規劃者必須選擇最適合其休閒商品／服務／活動的有效溝通管理來傳遞訊息。溝通管道一般來說，應可分爲人員管道（personal channel）與非人員管道（nonpersonal channel）：

■人員溝通管道

人員溝通管道乃是經由人與人之間的面對面、電話、網際網路或郵件等方面的直接溝通，這種溝通管道的最大好處，乃是溝通者可針對閱聽者的特質與需求，設計出各種不同的溝通方式，而後從閱聽者處得到某些對其溝通目的之有效回應。一般來說，休閒活動方案的溝通大都經由休閒／活動組織的營業人員或經紀商／仲介商／經銷商與活動策略聯盟對象之營業人員，向其選定的目標顧客進行溝通；另外也可由該休閒／活動場所附近居民及活動組織的人際關係網絡中的親友／師長／同儕等社會管道，向其目標顧客進行建議以達成溝通之目的，事實上，此種透過社會管道的溝通乃是口碑行銷的重要溝通方法。

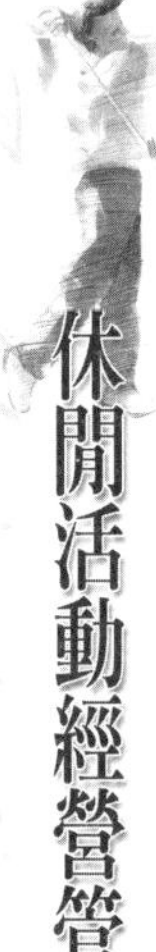

表6-1　行銷溝通／促銷工具（舉例）

廣告	促銷／銷售促進	公眾關係	人員銷售	直效行銷
1.平面媒體廣告 2.網路媒體廣告 3.無線與有線電視廣告 4.信函、電子郵件 5.型錄、摺頁、宣傳小冊子 6.商品的內部與外部包裝 7.T霸、布幔、布條 8.廣告看板、海報、傳單 9.導引標幟、店頭廣告 10.DVD/VCD、視聽器材 11.商標、招標、解說牌	1.競賽、遊戲、表演 2.熱場（鬧場）活動 3.獎金大放送（含紅包、旅遊券、禮品） 4.樣品贈送（含贈品、禮物） 5.展示會、展售會 6.名人代言活動、簽名會 7.折價券－折扣活動 8.低利融資、抵換與折讓活動 9.招待活動 10.集點抽獎／兌換 11.搭配銷售 12.累積點數紅利分配 13.印花／促銷商品	1.平面媒體報導、電子媒體報導、廣播媒體報導與展示媒體報導 2.演講會／研討會／說明會／發表會 3.年報、季報與組織對內或對外發行的刊物 4.贊助與公益活動 5.公眾報導 6.社區關係 7.遊說活動 8.緊急事件處理 9.環保工安或健康活動	1.新商品／服務／活動發表會或特賣會 2.業務人員會議 3.獎賞激勵方案 4.實例說明 5.商展／展示會 6.銷售說明會 7.代言人活動	1.型錄行銷 2.摺頁行銷 3.信函行銷 4.電話行銷 5.網路行銷 6.電視購物 7.宣傳單／DM行銷

■非人員溝通管道

非人員溝通管道大都指的是，不利用人員的互動交流與接觸回應方法而達成的行銷溝通，其應用的工具有：(1)平面媒體（如：報紙、雜誌、摺頁、手冊、DM……等）；(2)廣播媒體（如：有線與無線電視、電台等）；(3)電子媒體（如：網際網路、手機簡訊、錄影／音帶、光碟…等）；(4)展示媒體（如：T霸、POP廣告物、電子布告欄、招牌／看板、海報、布幔等）；(5)整體環境氣氛的傳達（如：喜氣洋洋的環境氣氛傳達歡樂與幸福、悲慘氣氛傳

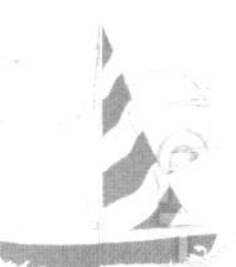

表6-2　行銷溝通工具優缺點

溝通工具	優點	缺點
廣告	可在短暫的時間中，就接觸到許許多多的顧客，並將其商品／服務／活動之訊息迅速地傳遞給直接與間接的閱聽者／顧客。另外還可利用諸多廣告媒體工具做最佳選擇，以迅速建立顧客對其組織與商品／服務／活動的印象／品牌形象。	廣告之媒體工具有太多選擇，以至於傳遞訊息之受聽者很有可能是非潛在／可能的顧客；同時廣告若利用廣播媒體做管道，其耗費頗為驚人，以至於廣告時間短暫，不易打動顧客行動決策，同時人們的自動篩選或拒絕收聽／閱讀而影響其成效；另外廣告常易引起不支持其內容者之批評。
促銷／銷售促進	促銷工具多樣可供選擇，且可交互運用，有效地在短期內刺激顧客前來參與／購買／消費。同時促銷工具更可以迅速提升市場知名度與市場占有率。	促銷的商品／服務／活動可在短期內達成目標，但有形的商品卻會被顧客囤積成庫存而影響往後的銷售數量；至於低價促銷往往有損商品／服務／活動之品牌形象，而引導顧客期待下一波的促銷活動，因而使得銷售不如預期，且可能為競爭者侵入。
公衆關係	成本低廉，可藉由可信度高的媒體或代言人做公衆報導式的傳遞，而提升其商品／服務／活動本身的知名度與市場占有率。	媒體往往會要求回饋，以至於成本不見得比其他工具來得低；同時利用代言人時的成本往往會攀高；另外公衆關係的報導內容與方式往往不是組織可以左右的。
人員銷售	人員面對顧客的雙向互動交流較能取得顧客的信賴，與採取參與／購買／消費之行動；同時面對面溝通方法與內容可以量身打造，依顧客特質與需求加以設計，較符合客製化的精義，另外雙方互動交流具有發問與回答的機制，乃是其受到歡迎的一項原因。	人員面對面溝通乃是需要相當多的人力始可達成，以至於人員接觸成本頗高；人員的訓練與培植之成本與時間頗需組織高階主管的支持；而且營業人員管理不同於一般內部員工之管理，有賴組織完善規劃有關管理制度與薪酬獎金方案以為因應；另外營業人員招募往往不易達成需求目標也是困難點。
直效行銷	可選擇目標顧客與目標市場進行促銷而得以降低促銷的資源浪費；行銷成本一般來說較為便利；同時與顧客之間的互動交流場合／機會乃是可以進行的。	不易於在特定時間內篩選出合適的目標顧客來進行；同時採取散彈打鳥方式，則會引來負面批評；另外也不容易在短暫時間內，就為組織或商品／服務／活動創造出其良好的品牌形象。

達哀傷與冷靜、專業形象布置傳達信心與專業品質等）；(6)事件活動的傳達（如：利用開幕酒會／記者會、商品／服務／活動上市說明會、名人簽名會、活動代言人簽名／簽唱會、紀念舞會／交響樂演奏會、追思彌撒……等）；(7)節慶活動行銷（如：文化／藝術／宗教慶典與活動等）。

(五)行銷溝通促銷策略的協調與整合

一般來說，在休閒組織／活動規劃者決定了選取的溝通工具之後，就應該針對這些行銷溝通工具的最佳促銷組合加以確立，而在確立之前更應該將此些工具之採取與執行策略加以協調與整合，以確立其能夠獲取最佳溝通效果的促銷策略。

休閒組織的活動規劃者與行銷管理者應該將行銷溝通的工作區分為兩階段的推動策略來進行，也就是：(1)第一階段的說服性溝通：所謂的說服性溝通乃是將其商品／服務／活動加以設計與包裝，以為傳達的訊息、形象、價值與利益，及提升其組織與商品／服務／活動之品牌形象，並藉由訊息溝通以說服顧客前來參與活動或購買商品／服務，這一種說服性溝通頗為能夠提升與刺激顧客之需求，乃是休閒組織的活動規劃者與行銷管理者應該列為長期性的努力方向。(2)第二階段的促銷性誘因：所謂的促銷性誘因，乃是藉由某些激勵措施以刺激顧客的需求，及引導他採取參與／購買／消費之行動，而這些激勵性之誘因則可包括有：折價券、折扣、累積點數、回饋降價，免費樣品／試用或試遊、抽獎／摸彩等促銷性誘因。而這些誘因的採行乃在於說服性溝通之後所採行的策略，因為這些誘因乃在顧客業已接受到說服性溝通之刺激，若再不加上臨門一腳，則顧客是有可能確已受到說服性溝通的影響，但是卻不見眞正採取行動，也就是他們已有產生前來參與／購買／消費之意願，若能再以促銷性誘因加把勁，將會有助於促使他們盡快下定參與休閒體驗之決策。

另外，在促銷活動預算已告確立之後，就應該將其預算分配到

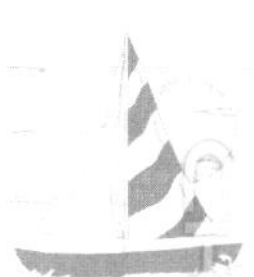

其擬採取的各項行銷溝通工具之上，惟該如何選擇與分配？事實上乃是不易做到最佳的分配，但是不管如何分配，最好的原則乃是所採取工具所得到的邊際報酬率應該是相同的，只是要眞的達到這個原則在實務上是不太可能的，但是卻是應該盡可能遵守這個原則，而且其最高原則乃是所有促銷溝通工具組合之總經費不可以超過預算總額。

(六)衡量溝通效果與持續改進

促銷活動方案的績效如何？大致上仍然以行銷溝通的結果來進行衡量，而衡量的事項大致上應包括有（黃俊英，2002：329）：(1)目標顧客／閱聽者是否有看過或聽過？看或聽過多少次？(2)他們能記得哪些訊息？(3)他們對這些訊息的看法或態度是正面或負面？(4)他們在收到訊息之後，對於該組織或其商品／服務／活動的看法或態度有無明顯地改變？若有，是正面或負面的改變？(5)在他們收到訊息之後的參與／購買／消費行爲有否明顯地改變？在上述的評估事項中，應該可以將行銷溝通效果之衡量指標定義爲：(1)品牌知名度；(2)溝通所傳遞訊息爲顧客所了解、認知與接受／參與行動之程度；(3)對於休閒組織或／與商品／服務／活動之品牌支持度的消長；(4)參與休閒活動之意願、態度與行動的強度；(5)顧客對休閒組織與休閒活動的認知情形……等。

經過上述的衡量之後，休閒組織的活動規劃者與行銷管理者應可了解到其行銷／促銷溝通組合的優點或缺點，同時可利用PDCA管理循環的手法，進行持續改進，以達成不好的就予以改正或補足，並追求好還要更好的效果。這就是衡量行銷溝通組合之後所應採取的持續改進，因爲我們在進行行銷溝通組合策略時，常會產生某些有待思考在往後的另一波商品／服務／活動上市行銷時應該加以避免的瓶頸，例如：(1)在進行情境分析時是否有抱持過於樂觀或悲觀的想法？(2)行銷溝通的目標與其休閒活動方案上市行銷的業務目標之設定是否可行？(3)促銷預算編訂是否合理，而不過於主觀或被動？(4)所設計的溝通訊息是否可充分說明其休閒活動設計規劃的價值、利益與目標？(5)所選擇運用的溝通工具是否有必要修正？使用媒體之適宜性？(6)各項促銷溝通工具是否有必要加以修正或另行規劃以爲較符合活動經營與行銷之目標？(7)所訂定之目標有沒有辦法眞正的達成？若未能達成時應該採取何種改進措施？

(七)整合性行銷溝通

休閒組織／活動規劃者可以運用多種類的行銷溝通工具，將其所規劃設計的休閒活動方案之各項內容的活動體驗訊息，針對其目標顧客／潛在顧客做溝通。而這些溝通工具與溝通訊息進行結合／整合運用，藉以將其各種商品／服務／活動之訊息得以整合，並將其整合後的最完整訊息經由各項行銷溝通工具，正確無誤地傳遞給予其目標／潛在顧客，這就是所謂的整合性行銷溝通。另外，促銷／銷售促進與直效行銷的效果，較易於在短暫時間內即可顯現；公衆報導與公衆關係之顯現效果則需較長的時間，乃屬於一種潛移默化的性質；廣告效果也屬長時間的效果，因爲廣告往往需要一段時間，才會對顧客的認知與行動有所影響；人員銷售則屬於能夠在短暫時間內即可看到其溝通效果（如圖6-3所示）。

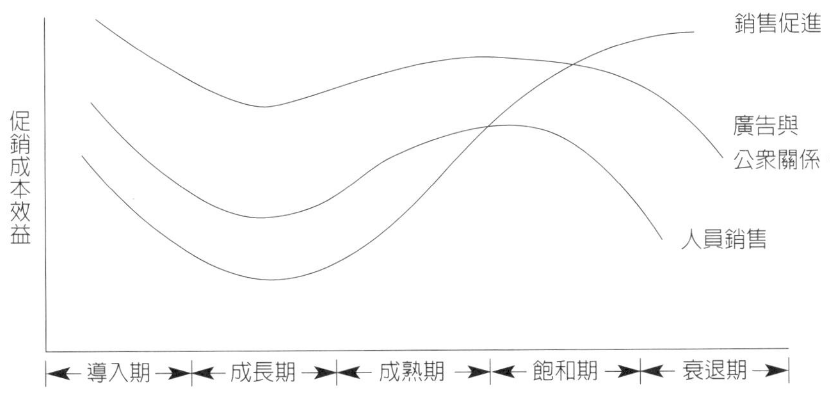

圖6-3　休閒商品／服務／活動生命週期促銷工具之成本效益

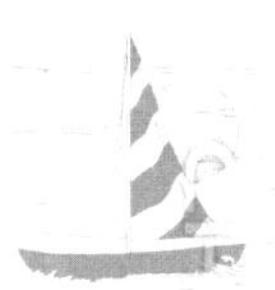

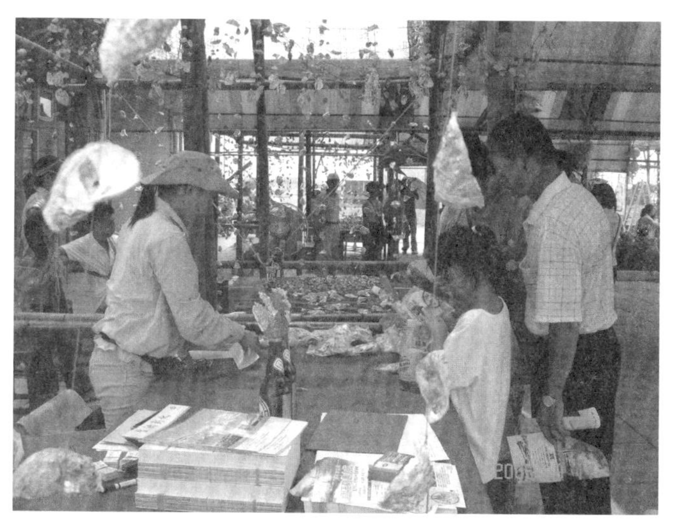

▲**兒童工藝DIY學習活動**

大自然的魅力，來自其處處充滿驚奇的想像，例如：一個貝殼、一堆沙、一根草、一片葉、一塊石頭，依其與生俱來的天然風味，巧妙加以變化，將大自然的氣息留在身邊。透過兒童工藝DIY學習活動，可以豐富兒童的創意與對自然環境的認知，將引導下一代人們的生活豐富化與理想的生活方式的實現。

照片來源：彰化縣王功蚵藝文化協會　余季

第二節　休閒活動促銷媒介與方法

休閒組織與休閒活動的促銷媒介（tools），除了本節前面所介紹的廣告、人員銷售、銷售促進／促銷、公眾關係與直效行銷之外，尚可依據**表6-1**之內容加以簡單擇要說明如下：

一、平面媒體廣告

平面媒體廣告最常見的是報紙與雜誌。

(一)報　紙

報紙乃是訊息傳播最重要的一項工具，其運用方法乃是由休閒／活動組織以付費委託或贊助／免費方式，在一家或多家的報紙上，將其有關的休閒商品／服務／活動之訊息傳遞給予發報全地區或特定地區的民眾閱讀，而報紙大致可分爲：(1)全國性報紙（national newspaper）（如：《中國時報》、《聯合報》、《蘋果日報》、《自由時報》……等）；(2)地區性報紙（如：《民眾日報》、《台灣時報》……等）；(3)專業性報紙（如：《經濟日報》、《工商時報》、《財訊》、《星報》、《民生報》……等）；(4)社區報紙（如：《九二一重建區報》、XXX地區報導……等）；(5)消費指南（如：購屋租屋資訊、汽車資訊、文化藝術資訊……等）。

一般來說，休閒／活動組織將其商品／服務／活動，經由報紙的公眾報導、廣告、社論／新聞評論、讀者投書與休閒體驗經驗談等方式（如表6-3所示），將其活動方案之內容與資訊藉由報紙的發行，以吸引民眾的注意力，並激發民眾前來參與休閒體驗的期望與需求，以引導他們付諸行動前來體驗休閒的價值、效益與目標。雖然經由報紙媒體之廣告，可能是該休閒組織或活動已成爲新聞事件的題材，也可能是：(1)休閒組織／活動規劃者與行銷管理者和新聞界或記者已建立相當友好的工作關係，而主動做其資訊傳播；(2)付費購買廣告；(3)付費廣告並取得報社／記者的公眾報導機會。但是不管如何，不可否認的休閒組織，必須與新聞媒體（尤其報社總編輯與記者）保持良好互動交流的夥伴關係，而且應該對報紙工作同仁予以支持、肯定、回饋與激勵，以及休閒組織的專業人員應該了解如何架構其溝通之訊息、和哪些人員接觸，與如何將訊息傳遞給報紙的工作同仁等方法，如此才能使其報紙廣告得以發揮溝通的效果。

表6-3　休閒旅遊報導——名媛貴婦旅遊行頭破解版（個案）

<table>
<tr><th colspan="2">名媛貴婦旅遊行頭破解版
即便是名媛貴婦，扛一堆行頭旅行，也會掃興，因此，今天的行前說明，不是名媛淑女，也應該會有收穫。</th></tr>
<tr><td>精簡為旅途愉快之本
行李箱打包的精簡程度，可以看出一個人的組織邏輯，不論是三天兩夜，還是一週以上的豪華行程，時尚人的行頭建議如下：
1.連身或細肩帶洋裝
進可攻退可守的重要單品，洋裝形式不拘，可細肩帶，也可高腰直筒式；可以是印花，素色也可過關。平時可逛街購物，碰上重要場合，連身洋裝稍加裝飾即可應付。
2.七分褲
膝下幾公分的褲長有休閒感，也能搭出較正式的感覺。材質以稍具彈性的單色款為佳，一則好搭配，再則較不易縐，是旅行中很時尚的單品之一。
3.襯衫
基本款襯衫可以配七分褲，也可以在怕曬黑時，套穿在洋裝外，當作外套。棉質為優先考量，式樣盡可能不要太複雜，多餘的蝴蝶結或太多細節都留在家裡，一件簡單的素色襯衫是基本配備。
4.T恤
隨時都可派上用場的T恤，每一個人幾乎都有幾件應景，也可能是旅行途中的戰利品。T恤在行李箱裡，有時更可扮演保護易碎品的最佳道具。
5.開襟衫針織衫
針織衫的透氣性和彈性，是去熱帶地區度假很好的衣物；開襟的針織衫，也是旅行中混搭造型的幫手，古典、休閒皆宜。
6.泳衣
很多時候不要低估了泳衣的變通性。可以當作性感內衣外穿搭配短褲或迷你裙，成了休閒清涼的逛街造型，當然基本上，泳衣還是海邊、池畔最佳裝扮，度假絕不能少。</td><td>7.短褲
夏天出門，短褲的輕鬆感很難取代，所以建議這種不占空間的短褲絕不能少。不論去海邊、飯店的泳池畔，都很得宜。
8.迷你裙
輕、薄、短、小，魅力不容小覷。帶件迷你裙，絕對讓你在旅行中增添性感風情。配T恤或是把迷你裙套穿在七分褲外面，都是很俏皮的造型。
9.太陽眼鏡
除了遮陽功能，當髮飾的機會可能不比擋太陽光少。不妨多利用太陽眼鏡變化造型之用。
10.夾腳拖鞋
度假出入海濱的機率很高。一雙果凍般透明的夾腳涼鞋，既輕鬆又實用，偶爾也可當作海灘鞋或拖鞋來用。
11.布鞋
舒適的布鞋是旅行中大量用到腳力逛街時的必要道具。建議可以選擇一些類似娃娃鞋的布鞋，提高搭配性。
12.飛行眼罩
講究時尚的人，不會放過旅行中任何細節。名牌推出的飛行時個人專屬的眼罩和靠枕，已引吸不少名媛、貴婦。
13.編織提袋
容量大的提袋也是旅行必要的隨身物件，肚量要大，才裝得下各種雜物。為了減輕重量，質輕的帆布或編織款是上選。
14.絲巾
要百變混搭又不增加行李負擔，絲巾是四兩撥千斤的好道具。可以包頭髮、做領巾，也可繞在腰間，不用時掛在提袋把手上，更添度假風情。</td></tr>
</table>

資料來源：袁青，〈名媛貴婦旅遊行頭破解版〉，《聯合報》，家庭副刊－Family版，2005年7月14日。

(二)雜　誌

雜誌的性質與報紙頗為類似，只是報紙的發行有日報、晚報、週報與定期性等出刊方式，而雜誌大都為：(1)週刊（如：《新新聞》、《商業周刊》等）；(2)半月刊（如：《小天下》雜誌等）；(3)月刊（如：《天下》雜誌、《遠見》雜誌、《管理》雜誌、《Career》雜誌、休閒旅遊雜誌……等）；(4)定期性出刊（如：《休閒協會會刊》、《旅遊品保協會會刊》……等）；(5)不定期出刊（如：休閒組織刊物等）等方式的出刊，其刊登廣告與專題報導方式也與報紙相類似，所以休閒組織必須與雜誌社的工作同仁（尤其是總編輯、攝影記者、文字記者及編輯同仁）維持良好互動交流關係。

二、導覽解說手冊

行銷溝通工具之中，導覽解說手冊（brochures）乃是最有效與最廣泛使用的一項工具，手冊乃是將休閒商品／服務／活動資訊以紙本或電子檔方式呈現在一起，而形成一個手冊，其傳遞的資訊乃是對該休閒活動的特色、內容、區域、設施設備、交通路線與活動流程，在手冊之中加以顯現出來，以利顧客在參與活動時能夠迅速的找到他們所想要參與的休閒體驗。導覽解說手冊一般均以摺頁或小冊子的方式呈現，而其規格則有大有小，顏色可依休閒組織的CIS或喜好設定，形狀可任意設計，內容文案可簡單陳述訊息，事實上，導覽解說手冊在當今與未來的休閒活動之促銷策略，不可否認地已具有相當的地位，甚至於可以說，任何休閒產業大都會有其導覽解說手冊或摺頁的促銷工具。

導覽解說手冊的製作要注意以下幾個方面：

(一)手冊的內容

導覽解說手冊的內容大致上乃受到如下幾個問題的影響：(1)

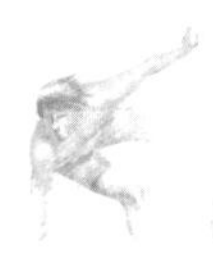

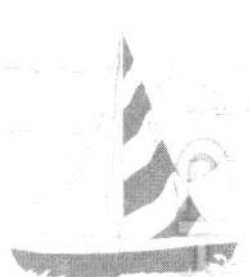

爲什麼要編製導覽解說手冊？此份手冊著重在休閒活動方案之內容資訊傳遞？或是提供促銷活動資訊？或是爲其組織／活動的形象提升？或爲某項擬將推出的新商品／服務／活動預先暖身造勢？或是介紹該組織的全部活動套餐？凡此種種均需要活動規劃者與行銷管理者等專業人員予以敏銳分析、愼重規劃與傳遞其目的資訊。

(二)發行手冊的時機

手冊的發行，到底在什麼時間點（timing）進行較合適？事實上並沒有辦法以一個普遍適用的原則來加以說明，而是要由休閒組織的專業人員來審酌當時的情境而予以決定時間點。例如：(1)國家公園的遊憩部門之手冊可依照季節來製作與發行；(2)展演產業的展演部門則將整年度的活動計畫一次在前一年年底之前製作與發行；(3)促銷某一套裝旅遊行程則宜依每次的活動行程而加以製作與發行。

(三)手冊的格式設計

手冊所要傳遞的訊息及其編排格式往往會影響其訊息溝通效果，例如：(1)手冊要用彩色或單色製作？(2)手冊裡面要用照片或圖表？(3)手冊的封面／標題要怎麼設計？(4)手冊要製作成小冊子或摺頁？(5)手冊呈現素材及訴求本質等，均是在進行手冊格式設計（format and design）時要加以思考的，因爲這些格式的設計往往會受到閱聽者特質的影響，換句話說，就是手冊所傳遞的訊息正是定位該手冊所傳遞的休閒活動的重要媒介。

(四)手冊的分發

導覽手冊製作完成時，即應思考如下問題：(1)主動分發的對象要怎麼選擇？又要如何決定主動分發給某些特定人士？(2)如何讓人們了解到組織已編印完成手冊與分發之訊息？(3)分發手冊方法是前來參與體驗活動者到服務區或設施旁邊索取？或是會主動寄

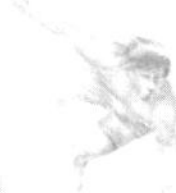

發給目標顧客？(4)手冊可否放在某些特定場所（如：文化活動中心、各級學校生活輔導組、各社團、各社服機構、各社區活動中心、圖書館……等）供人們主動索取？ (5)手冊分發是採取自由免費取閱？或是須付費取閱？凡此種種問題均是在散發導覽解說手冊時，應予以周延思考的議題。

(五)手冊經費的管理

手冊經費預算的多寡往往會影響到手冊的設計、格式、印刷、數量與品質，所以休閒組織在規劃設計活動時，即應思考到手冊的經費預算。例如：九二一重建區特色產業大都均接受到九二一重建基金會或文建會、農委會、經濟部的手冊經費補助，以至於大多數特色產業組織均有其導覽解說手冊或摺頁，然而卻是一次一個格式設計到底，而沒有依時間或產業情境變化另行製作，其乃因政府支援經費緊縮的結果。

三、廣告傳單

廣告傳單（fliers）乃是幾乎所有的休閒活動組織均會使用的宣傳方式，廣告傳單乃是由組織使用個人活動與自製傳單，是既可以大量散發而且是低成本的宣傳方式，它使用的最大目的，乃在於提供給顧客參與體驗休閒與互動交流的重要細節，可藉由它的訊息傳遞而促銷其休閒活動方案，並引起顧客前來參與／購買消費的欲望與行動。這些廣告傳單的品質在組織內部與組織間會有所不同，且廣告傳單的品質往往受限於該活動的收入預算。一般來說，廣告傳單大都印製在單張的紙上，並設計成個別閱讀的單元，其目的乃在於傳遞活動組織所期望促銷的訊息，以引起閱讀者的注意力與參與的興趣。

一般來說，一份有效的廣告傳單應該包括有如下的內容（如**表6-4**所示）：

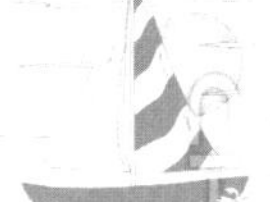

表6-4　飢餓三十活動的廣告傳單（個案）

邀請您一起飢餓30小時．搶救生命！

●第14屆飢餓三十～飢餓體驗營

時間：自民國92年8月9日（星期六）中午12：00至8月10日（星期日）下午6：00止共30小時。

地點：台中國立中興大學（台中市402南區國光路250號）。

報名日期／方式：5月1日起至7月25日止，您可利用背面所附回應表報名。

報名費用：

A.搭乘南北飢餓列車前往者：一般社會人士捐款2000元，學生及兒童捐款1000元。

B.自行前往台中國立中興大學者：一般社會人士捐款1000元，學生捐款500元。

（所有捐款均納入「飢餓三十～人道緊急救援」捐款，本會將開立可節稅之正式收據。如遇不可抗拒因素，本會將視狀況取消或延後辦理，由於報名費用是捐款而非活動費用，諒請同意一概不予退費。）

繳費方式：

A.郵政劃撥帳號：15752467，戶名：台灣世界展望會（請註明「參加第14屆飢餓三十飢餓體驗營」）

B.信用卡捐款：請填妥報名簡章回應表之信用卡捐款單傳真本會。

C.郵局現金袋捐款：信封註明「參加第14屆飢餓三十飢餓體驗營」。

D.親赴本會捐款（台中市西區自治街176號5樓之1）。

參與飢餓體驗營，您將能夠：

1.體會難能可貴的飢餓經驗，使您的腸胃能擁有短暫休息。

2.與四千位來自四面八方的營友同時體會戰地困苦及飢餓生活，「飢餓」中見真情。

3.從有趣及團體創意的營會活動中關懷人道緊急救援，尊重生命與國際觀。

4.擁有成為飢餓三十宣廣大使的「飢餓三十紀念T恤」和完成三十小時飢餓行動收穫。

5.在三十小時飢餓後，將獲頒代表愛心榮譽的「飢餓證書」。

●什麼是「飢餓三十」？

「飢餓三十」是世界展望會全球性人道救援行動，亦是台灣世界展望會年度大型社會教育及關懷弱勢搶救生命行動，自民國79年起，至今年已歷14屆。由社會大衆30小時內禁食固體食物，親身體驗飢餓，救援全球各地天災人禍中災民迫切的需要，引起台灣民衆熱烈回響，在國際間亦備受肯定。

●誰可以參加飢餓三十飢餓體業營？

不拘年齡、國籍、性別，凡身體狀況良好之民衆皆可參加。

有以下幾點情況，請特別注意——

1.如為糖尿病、心臟病、腎臟病患者，或剛動完手術、懷孕婦女，須於報名時檢附醫師同意書。

2.國小以下兒童請由家長陪同參加。

豐富刺激又有趣的飢餓體驗30小時，等待您一同來參與！

報名熱線：04-2375-1262轉公關組

傳真：04-2375-0811或04-2375-3396

有關飢餓三十資訊，請隨時上網www.worldvision.org.tw關心。

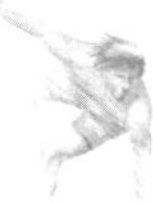

(一)活動的名稱

活動名稱必須主題明確，同時應該以簡潔、明確與有力的文字或圖案，來傳達其活動的目的與價值。

(二)活動的參與對象

活動的參與對象也必須相當明確，因爲活動參與者的年齡、性別、地理環境、活動參與之技術／能力水準、身心狀況與宗教信仰……等，均會影響到他們參與活動的意願，所以必須明確的加以確認。

(三)活動辦理的時間與地點

活動辦理之時間與地點的說明必須相當明確，同時最好也將「若遇颱風停止上班上課時，則順延多久在同地點同時段辦理」等應變字眼加上去，或須在網路上或新聞報導中予以緊急宣導。

(四)活動的辦理與贊助機構

活動的辦理機構之名稱、地址、電話、傳單、電子信箱、網址與聯絡人等資訊，均應在廣告傳單上明確載明，遇有協辦單位或贊助機構、指導機構時，也應一併予以明確載明機構／組織名稱，必要時也可以依照辦理機構的登載項目（如名稱、網址、電子信箱、聯絡人、電話等）一樣予以載明在廣告傳單之上。

(五)廣告傳單的分發方式

一般來說，活動的廣告傳單分發方式可以利用：(1)網頁供閱讀者下載；(2)直接以電子郵件或郵寄給目標對象；(3)放置在人潮聚集區（如：醫院、書店、超商、辦理活動場地、團體機構……等），供人們自行取閱或雇用志工／工讀生分發；(4)製作海報、布幔、旗幟張貼／出現在特定地點之顯明處；(5)雇用志工／工讀生挨家挨戶的分發、夾報分發或隨雜誌寄發等方式。

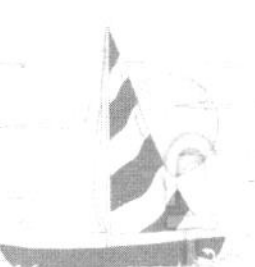

四、創意文案

通常休閒組織與其活動部門需要在進行促銷活動前，即應撰寫一份或多份的創意文案，除了將其活動訊息傳遞給顧客閱讀之外，最重要的乃是要能夠去掌握住目標顧客／市場的期望與需求，以及傳達參與該項活動之體驗或互動交流將帶給參與者什麼樣的體驗價值、利益與目標。所以創意文案的撰寫乃是相當重要的，至於要怎麼撰寫？依據Rugan和Tankard（1977）的研究指出：一份要提供給顧客閱讀的文案應該要以5W1H（即who、what、when、why、where與how）的架構，以確立文案的完整性（如**表6-5**所示）。另外Foster（1990: 29-31）也指出，創意文案的撰寫要領爲：(1)要用簡單、清晰的詞句來撰寫文案；(2)要將活動資訊予以清楚詳細的呈

表6-5　太極拳訓練活動的促銷文案（個案）

活力太極拳青年訓練營
所謂家財萬貫、學富五車乃是龍的傳人所夢寐以求的目標，但是擁有強健身體與旺盛企圖心，卻是更加吸引年輕人關注與追求的眼光，因為擁有強健的身體與旺盛的企圖心才能在學習生涯過程、人際關係互動交流過程與事業生涯過程裡，鶴立雞群與高人一等，太極拳訓練就是讓您達成這個願望的最佳方法。春陽太極拳訓練中心的舒適環境、擁有武藝德藝高超的師父，以及為您量身打造的活力太極拳課程，將會促使您了解身體健康、心靈修養與武術練習的最佳環境，也是實現願景與生涯目標的最佳途徑。 陳水深是國際武術大賽的冠軍，本身擁有心理學與體育教育雙碩士學位，教導太極拳訓練長達25年的優秀中國武術與體育工作者，同時也是國立台灣體育學院的教練與教授。1999年與2002年他所指導的太極拳隊好手曾得到全亞洲冠軍，並且預定在2006年帶領太極拳好手遠征中國大陸，與大陸各省好手切磋太極拳藝。 春陽太極拳訓練中心——活力太極拳訓練營 2005年4月1日到9月30日 每星期三下午7：00至9：00上課 費用：6,000元 聯絡人：XXX 電話：（04）88888888、FAX（04）77777777 訓練營地：（略） 網址：（略） 電子信箱：（略）

現出來，以利閱讀者能夠了解；(3)將文案內容盡可能地以人性化、感性的方面呈現有關文案內容，以引起閱讀者的興趣；(4)盡可能將文案內容與活動當時的情境相結合，以創造閱讀者的臨場感而激發參與興趣；(5)文詞造句應該加以潤飾，所謂「平、仄、轉、折」一氣呵成，乃是創造顧客興趣的最佳手法；(6)可引用參與過的顧客之現身說法，以創造顧客參與之興趣與利益；(7)文詞宜讓顧客看得懂，不宜咬文嚼字，惟應將一些專業性的細節或文詞穿插在文案之中，以企圖讓顧客能夠了解；(8)整份文案須對稱，在任何重複文詞之目的乃在強調支持有關的論點，而不是前後脫鉤而引起閱讀者懷疑；(9)對於重複性詞句的使用目的除在於加強語氣或特別強調某些訊息之外，乃是不必要一再地重複呈現出同義的詞句。

五、新聞稿

新聞稿（the news release）的撰寫，往往需要比導覽解說手冊的文案內容準備得更多更詳細，因爲新聞稿乃是報紙或雜誌上預留的新聞空間，同時也是休閒組織與活動的免費宣傳空間。由於新聞稿是將活動訊息發布／傳遞給報紙或雜誌的正式性文案，其所以要由休閒／活動組織先行準備，因爲報社或雜誌社不能也不會在沒有資訊來源的情況下，就爲休閒／活動組織撰寫活動或組織的介紹，況且報社／雜誌社編輯部門不見得會做正面／有利的報導，所以休閒／活動組織應該由自己學習如何準備新聞稿，更需要能夠將事實與訊息在新聞稿中做有條理的呈現。何況當新聞稿送出時，並不一定會被報社／雜誌社所接受，也許會被接受，但是卻要面臨其他組織／活動的參與競逐此一有限空間，另外也許被接受了，但是文詞內容會被修改成不具有爲其組織／活動促銷的價值。

所以準備新聞稿的方式必須要能夠以特殊的形式來撰寫文案，同時要遵循新聞稿的撰寫格式，例如：(1)必須要能夠以簡潔、確

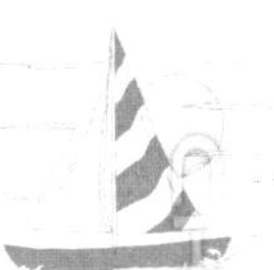

實與直接的方式來撰寫文案；(2)應該可以使用倒金字塔的格式（如圖6-4所示）來寫作；(3)要有一個好的導言（導言的主要用意乃在於促使讀者看了文案之後，即能很快地就明白整個文案的內容與所要傳遞的意涵），同時要能夠依5W1H的方式加以敘述出該文案的內容。Ryan（1988）就提出，「新聞稿應該用簡短的句子、段落與文章來加以敘述並寫作出來」，也就是應該包括時間、地點、人員、電話或傳真機號碼、電子信箱、地址、活動期間與活動資訊等等，均以簡潔與確實的文詞加以客觀的報導，而不是主觀的敘述出該活動的報導文詞。

由於新聞媒體的編輯群每天要處理的新聞稿相當多，若休閒組織／活動規劃者想要讓他們的文案通過編輯的審驗，就要特別注意到新聞稿的文案編排，否則怎會得到工作量超負荷的編輯們之青睞？一般來說，新聞稿的格式應爲：(1)每一邊均應留有空白；(2)雙行間隔單面繕寫／打字；(3)若有續頁時應在前一頁底部打上「續次頁」，以明確告訴編輯／閱聽者尚有次頁，在最末一頁底部應加註「末頁」；(4)最好每一頁底能將段落完整呈現，不要同一段落分隔兩頁；(5)新聞稿的主要活動訊息／事件應有一個方格附

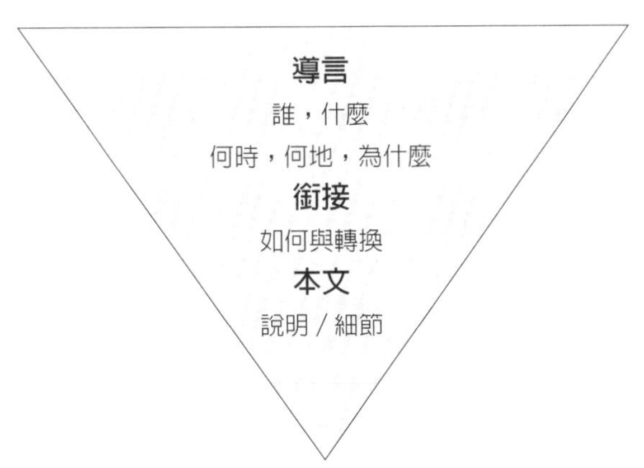

圖6-4　新聞稿的倒金字塔格式

資料來源：Christopher R. Edginton等著，顏妙桂審譯，《休閒活動規劃與管理》（一版），台北市：美商麥格羅希爾國際公司，2002年，頁339。

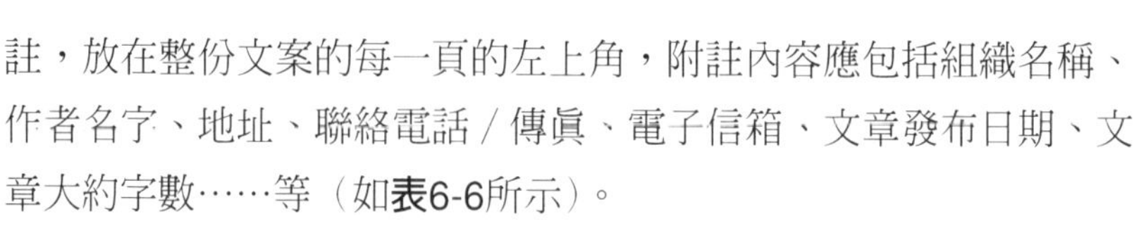
註，放在整份文案的每一頁的左上角，附註內容應包括組織名稱、作者名字、地址、聯絡電話／傳真、電子信箱、文章發布日期、文章大約字數……等（如表6-6所示）。

六、新聞特稿

新聞特稿乃是針對某個特定的人、事、時、地、物的一種具有創意性的報導，而這樣的報導大都是由報章雜誌社或電台電視網路

表6-6　新聞稿——捐一元幸福兩塊錢（個案）

新聞稿 **中華電信公益頻道** 人人公益網 捐一元幸福兩塊錢 http://life.cht.com.tw 在2005年3月之後任何時間發布 約650字 **捐一元幸福兩塊錢** 歲末寒冬，為響應小額捐款，協助中小型公益團體解決募款資源不足的問題，奇美醫學中心的員工特與喜瑪拉雅基金會「人人公益網」及玉山銀行合作，發動「捐一元幸福兩塊錢」的「愛心123，捐款很簡單」活動。凡於2月28日前在奇美醫學中心、人人公益網，或玉山銀行eCOIN等網站，無論十、二十元或一百元的捐款，即有奇美醫學中心的員工，相對地補捐十、二十元或一百元給人人公益網，公平合理地轉贈給國內的中小型公益團體，以解決其募款資源不足的問題。奇美醫學中心多年來積極參與蘆葦啓智、瑞復益智及老吾老院等公益社會服務機構的醫療活動，有感於他們與許多中小型公益團體一樣，經常面臨募款資源的不足與困難，需要社會大眾的關懷與資助，卻是無法獲得大眾的認識，因此決定共同建構這座「愛心橋」，只要點擊三步驟，就可將愛心播撒出去。奇美醫學中心指出，與喜瑪拉雅基金會及玉山銀行聯合勸募使用的點擊捐贈，起源於1999年的Hunger Site（http://www.thehungersite.com），目的是希望藉網路的力量提供人道的援助。至今，共有超過二億人次進入網站點擊，並且各贊助單位共已捐出三億份糧食。隨著流量的與日俱增，Hunger Site已成為網路上流量最大的網站。喜瑪拉雅基金會建置國內的「人人公益網」點擊捐贈機制已近二年，受惠的中小型公益團體已有二十餘家，捐出的款額也超過二百萬元。奇美醫學中心的員工們，在此歲末寒冬時節，響應「捐一元幸福兩塊錢」的「愛心123，捐款很簡單」活動，也期望更多的善心人士及企業，能夠共同地熱烈參與，洽詢專線0800-851185。

資料來源：取自http：//life.cht.com.tw/page.php?cat_id=33&page_id=301

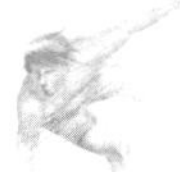

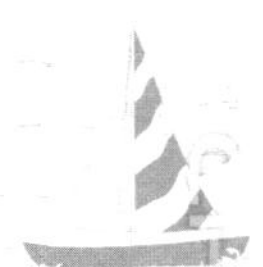

媒體主動發掘出來的報導，此等報導乃是針對時代脈動中的有意義或人們認為有興趣的活動、事件或故事，而加以新聞特稿方式予以呈現給社會大眾者，而新聞特稿有時候也可以由休閒／活動組織提供某些建議或創意文案，再經由報章雜誌社或電台電視網路媒體的撰稿人或編輯加以整合修正或潤飾之後，予以報導出來。一般來說，新聞特稿大都是不會受到何時刊出或登載出來的時間壓力，故而某些有時間限制的休閒活動的新聞特稿，就有待休閒組織／活動規劃者和報導的組織與其編輯們協商，才不會發生事後報導的窘境。另外休閒／活動組織的公關部門或活動規劃者／行銷管理者在新聞特稿報導之前，應能扮演好協助新聞特稿編輯蒐集休閒活動之有關資訊、資料與照片，以供編輯／記者在撰擬新聞特稿時的協助，以利他們順利完成採訪、撰稿、編輯與刊載作業。

七、讀者投書

休閒／活動組織也可善用讀者投書的途徑，促使其活動訊息得以正面擴散，並藉以吸引更多人們的共鳴。當然讀者投書也有負面的批評，但是休閒／活動組織若是遇到有負面的讀者批評時，即應勇於承認錯誤，並立即將改進措施透過媒體途徑予以公開說明，以取得反對者的諒解與支持。事實上讀者投書大都偏重在負面的批評，因為人們大都喜歡揭弊，惟休閒／活動組織切莫畏卻而不敢面對，相反的，要將負面的批評當作持續改進的動力，反而可以利用負面批評當作改進成果的有利新聞稿或新聞特稿方式予以澄清，以事實證明其組織或活動乃是經得起考驗的！另外，休閒／活動組織更應主動聯繫反對批評的讀者，向他們說明改進的措施與成果，更可邀請再度前來參與活動，以驗收改進成效，同時並可以將此實況以新聞報導方式予以呈現該組織的感謝支持與批評，以及展現改進的成果。

八、會員／顧客通訊

會員／顧客通訊（newsletters）乃是休閒／活動組織與其會員／顧客的一種溝通媒介，而這個通訊有可能是以書面方式或是以電子報方式，提供有關活動促銷的資訊，以及休閒／活動組織的形象、觀點與活動計畫，當然更包括有與會員／顧客互動交流機制在內。一般來說，會員／顧客通訊往往是比報章雜誌更簡潔的方式，將休閒／活動組織的：(1)已辦理的活動照片與花絮、參與者回應訊息；(2)進行中的活動訊息；(3)預計進行的活動訊息與計畫；(4)休閒／活動組織的休閒主張、價值與哲學；(5)活動場地與設施設備介紹等資訊，予以傳達給會員／顧客，其目的乃在於塑造組織與活動的形象，傳遞活動體驗價值與主張，擴大組織與會員／顧客雙向互動交流機會、傳達活動促銷資訊，以及達成吸引更多目標與潛在會員／顧客前來參與。會員／顧客通訊的發行大都需要考慮到：(1)其發行對象（如：只對會員／顧客發行，或可對社區民眾發行，或可發行到跨社區的特定區域之大眾或團體，或全國性發行）；(2)通訊的大小與格式（如：影印紙張、精美印刷、電子報）；(3)發行頻率（如：定期發行、不定期發行）；(4)發行公司（如：郵寄、來參閱者自由取閱、放置人潮多的地點供人自由取閱、電子發信）；(5)發行的資金預算……等因素。

九、廣告回函

在休閒活動的促銷過程中，廣告回郵信函或網路廣告回函也是常被利用的促銷方法。一般來說，若用書面的廣告回函大都是伴隨著廣告傳單或是活動手冊／摺頁、會員／顧客通訊等一併發送出去，而網路廣告回函則伴隨著電子廣告、電子報、電子郵件廣告信／活動訊息……等併予發送者。廣告回函往往會在某項特定活動舉辦期間加以進行，而且在這個特定期間裡，給予回信／回函者某些

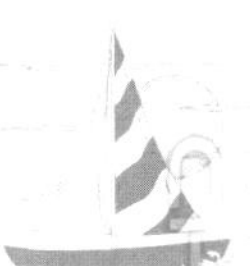

贈品或優惠，以達成促銷的效果。另外若是使用其休閒／活動組織的LOGO、服務政策、品質政策或週年慶等類的標語，在其發寄信函或電子檔案的明顯位置上，將會是吸引目標顧客關注焦點的一項識別系統，乃是值得引用的。

十、電子資訊

在二十一世紀數位時代裡，個人、休閒組織與活動組織設置自身的網頁，或是搭附在其策略聯盟之網頁中，或是與其他個人或組織的網頁相連結的情形，已是相當普遍的廣告促銷方式。在網際網路資訊的提供，一如傳統書面的廣告促銷內容，例如：活動名稱、活動類型、活動內容、活動時間與地點、活動費用、主辦單位、聯絡人姓名與電話／電子信箱、主導人（如：講師、教練、貴賓）、活動流程，以及參加人配合或注意事項……等。而網頁的設計必須設計得具有吸引力、視覺效果、活潑生動、簡潔有力的活動介紹，以及易於瀏覽點閱等等特性，方能讓搜尋瀏覽者願意點閱，否則過站而不入將是徒勞而無功！另外網頁一旦設置，就必須時時予以更新，千萬別成爲萬年不變的網頁，若未能時時加以維護更新，不如不要建置網頁。

另外在休閒／活動組織的活動場地、活動設施設備，以及在特定地點的電子廣告看板上，也可以利用電子資訊，將有關的活動資訊予以在廣告看板上或是觸碰感應式電視或電腦之螢幕上顯示活動資訊，而這些資訊一如網頁所顯示的活動資訊。同時在活動場地內，也可以藉由觸碰感應式電視或電腦之設備與軟體，將活動設施設備及活動內容、流程與注意／配合事項的解說內容予以顯示出來，以利參與活動者得以獲取足夠的活動資訊，以及引導顧客參與活動的進行。

十一、吉祥物

休閒／活動組織也可以選擇某一種動物或植物、鳥類、布偶等，作爲其組織／活動的吉祥物，並將選擇的過程開放給予前來參與休閒活動的人們進行票選，以聚集人潮。另外也可以經由平面媒體與立體媒體的票選活動（如：廣告回函、電子信件、網路票選），以擴大休閒組織與休閒活動的知名度或曝光機會。例如：職業棒球與職業籃球的各個球隊均有選擇其吉祥物，而在球賽進行前與進行中、進行後均會藉由吉祥物的參與，以提升觀衆的熱忱與氣氛。

當然經由選擇過程所選定的吉祥物，將會是該組織／活動的一項重要LOGO，不但在活動資訊上加以揭露在明顯位置上，同時更可以在相關的活動商品中加以揭露（如：在包裝紙上、在商品容器上、在商品上、DVD/VCD內容……等），使該吉祥物逐漸代表該休閒組織或活動，進而讓顧客了解該吉祥物乃爲組織或活動的代名詞。另外在活動進行過程中，也將該吉祥物予以擬人化加入活動之中，使參與活動的顧客與吉祥物同樂在一起，共同體驗休閒活動之價值。

十二、獎賞與表揚活動

休閒／活動組織可以藉由激勵獎賞和公開表揚的活動，來表達對於某項休閒活動目標達成的感謝與鼓勵意涵，例如：(1)某項遊戲活動中的優勝者表揚；(2)某項回饋活動中的抽獎中獎者之獎金或獎品；(3)某項親子遊樂活動中的比賽優勝者表揚；(4)志工活動的資深志工表揚；(5)捐助活動有功者之感謝；(6)參與競技比賽優勝者之表揚；(7)協助或支援休閒／活動組織有實質貢獻者之感謝或表揚……等。

一般來說，休閒／活動組織利用獎賞與表揚活動的目的，乃是

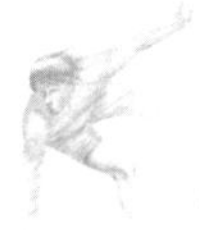

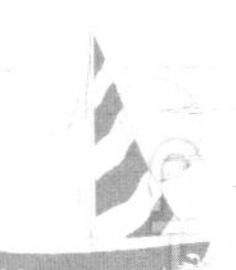

藉由此等獎賞表揚活動，可以促進組織與鄰近社區機構／組織與居民的良好公衆關係，同時也可藉此擴增或加深目標顧客對該休閒／活動組織與活動的忠誠度、向心力，以及該組織／活動的品牌知名度。至於獎賞與表揚的工具與方式，則是經由獎牌、獎盃、匾額、獎狀、感謝狀、獎品（如：畫作、書法、工藝產品、物品等），甚至於將獎賞或表揚對象之姓名刻在活動設施設備或建築物、植物之吊牌上面，而且在公開儀式中予以表揚，並拍照片或製成照片上網流傳。諸如此等的獎賞與表揚活動，除了可以感謝、獎賞與表揚參與活動者之外，尚可以藉此活動的宣傳與傳遞，進而刺激或鼓勵所有人們的參與經驗活動或互動交流之欲望，而休閒／活動組織經由此獎賞與表揚活動，更可表揚與獎賞其組織內部具有貢獻與顧客良好評價之員工，使組織內部員工服務之士氣與品質快速提升，以及促使休閒／活動組織之企業形象更爲提升。

十三、感性與感動式促銷活動

休閒活動的促銷方式也可以經由感性與感動式的促銷活動來加以進行，諸如：(1)鼓勵一家三代共同參與，凡參加者給予溫馨與幸福的禮遇或禮品；(2)鼓勵親子關係的家庭休閒活動；(3)給予甜蜜夫妻共同參與的驚喜；(4)塑造參與活動可以健康、幸福與快樂的氣氛與價值；(5)給予前來參與活動者之日剛逢生日或結婚紀念日者一個大的新穎驚喜……等。同時在該活動的廣告文案或創意文稿／照片／短片中，也可搭配人世間的喜樂、歡娛與幸福意涵之文字、照片或活動，將該休閒活動塑造爲溫馨感人或幸福快樂、自由自在、歡欣鼓舞、健康愉快……等的體驗價值眞義，如此的感性與感動式促銷也是值得休閒活動規劃者予以思考之方法。

十四、新穎與流行物品促銷

休閒活動促銷也可以經由某些具有新穎性與流行性的物品來進行促銷（諸如2004至2005年的7-ELEVEn就以Hello Kitty作爲促銷物品，而掀起台灣地區的一股Hello Kitty風潮）。休閒活動可以採取的新穎與流行物品促銷方法，有相當多物品可供選擇，諸如：T恤、帽子、鑰匙圈、飾品、貼紙、徽章、小名片夾、小日誌本、小相簿、活動照片、明信片、小工藝品……等，均可加以運用。惟這些新穎與流行物品需要具有新穎性、新奇性與流行時尚性，同時應該將活動名稱或組織商標、簡短文詞加以套印／烙印在這些物品上面，使參與該活動的人們自然而然地會想起這個活動與辦理此活動的組織，在其往後日子裡一有參與類似休閒活動念頭時，即可聯想到此活動或組織，可以說藉此小物品的發送，其帶來的廣告價值也最好。一般來說，此等物品之促銷活動大都在大型的節慶活動、運動賽會、研討會、慈善公益或宣傳活動中予以進行，因爲這些活動的參與人口最多，也最容易將這些物品發送出去。

十五、贈品促銷活動

贈品促銷活動乃是指前來參與活動或購買／消費休閒商品／服務時，隨即贈送某些特製的宣傳品（special print promotions），諸如：玩具、布偶、海報、書籤、與活動相關之手冊、優待券、折價券、入場券或其他時尚流行的物品等。事實上這些贈品的選擇乃是很重要的，必須是吻合顧客的興趣或需要的贈品，而不要以休閒活動規劃者或經營管理者的角度來選擇，同時這些贈品不應該在市面上買得到，如此才會讓這些前來參與活動之顧客感受到其價值，也才能激發他們再來參與，或是鼓動其人際關係網絡中的人們前來參與的熱忱與興趣。

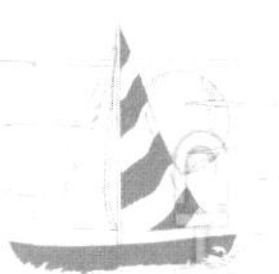

十六、活動標示

休閒活動場地內外及通往活動場地之交通路線的要徑，常會使用休閒組織／活動的標示（signs），例如：(1)識別性的標示，以簡潔明瞭的圖案、文詞或照片，將活動辦理的地點予以說明出來；(2)指引性的標示，以簡單的道路交通標識引導顧客前往活動地點；(3)指導性的標示，以解說各活動設施設備的使用方法與緊急應變方法，以利活動參與者進行自助或他助的休閒活動；(4)警告性標示，以說明某些禁止事項與禁制要求，如：禁止垂釣、禁止游泳、禁止踐踏草皮……等；(5)告知性標示，以說明在該活動場地與設施設備可提供的服務與活動，例如在公園區域的標示牌，可能會標明可以划船、騎自行車、滑草、露營或野炊等。

休閒活動的標示牌，應該要能夠配合休閒據點所在地的自然景觀與人文背景，不要破壞整體景觀形象與環境保護要求，所以有關標示牌應該是使用什麼樣材質（如：木牌、金屬牌、布牌）、什麼樣的形狀與色澤、字體字形與大小、圖案或照片選擇……等，均應是休閒活動組織應予以深入思考，並做整體性規劃的要事。

十七、活動展示、陳列與示範展演

活動展示（exhibits）、陳列（displays）與示範展演（demonstrations），乃是休閒／活動組織爲具體陳述、說明與強調其休閒商品／服務／活動之特性、外觀、品質、價值與目標的一種促銷運用方式。其實這個就是活動地點展示（pop displays），其最主要目的乃在於吸引目標顧客與前來參與活動體驗者，特別注意某一項休閒商品／服務／活動，並進一步達成參與／購買／消費的機會。當然也可以將展示、陳列與展演當作該活動服務的一部分，也就是這些展演、展示與陳列本來就是活動體驗的一部分，例如：美術館的美術展、圖書館的圖書展、博物館的文物展、水族館的魚缸與魚兒、

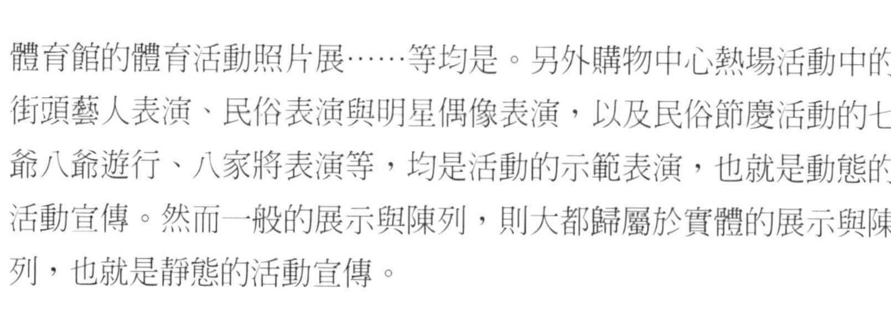
體育館的體育活動照片展……等均是。另外購物中心熱場活動中的街頭藝人表演、民俗表演與明星偶像表演，以及民俗節慶活動的七爺八爺遊行、八家將表演等，均是活動的示範表演，也就是動態的活動宣傳。然而一般的展示與陳列，則大都歸屬於實體的展示與陳列，也就是靜態的活動宣傳。

十八、立體媒體廣告

休閒組織／活動也常常利用立體媒體來進行廣告宣傳與活動促銷，而所謂的立體媒體包含有：有線電視、無線電視、數位電視、各種頻譜的廣播電台，以及網際網路等在內。一般來說，休閒／活動組織大都製作（可能需要委外製作）廣告短片、廣告MV、廣告DVD/VCD、新聞稿、廣告文稿……等有關廣告宣傳話題，藉由電台、電視或網路等途徑，將其休閒組織形象、活動內容／場地／時間／費用，以及活動目標與價值予以傳遞出去，以吸引各種媒體的特定顧客群體的注意，進而激發其前來參與活動的決策。

事實上，立體媒體廣告除了收費的廣告方式之外，尙可利用公衆報導、戲劇製作協助、脫口秀或相聲表演贊助、公衆服務專題（如：生態保育、關懷婦女與弱勢團體），或是承辦政府機構的民生經濟與公共政策宣導活動……等方法，以達成該休閒組織與活動方案宣傳與廣告之目的。

十九、廣告看板

廣告看板（Stationary advertising）也是休閒／活動組織常用爲廣告宣傳與促銷的一種方法，所謂廣告看板包括有：各種交通要道兩旁的T霸、布幔廣告、觸碰感應式電子看板、海報、空飄氣球……等均是。廣告看板也會呈現在鐵公路車站、捷運車站、港口與航空車站的付費處所，其呈現方式爲跑馬燈方式或海報等。惟在基本

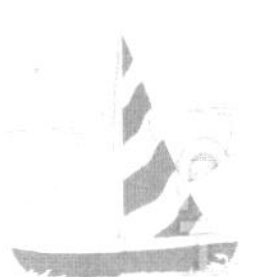

上來看，廣告看板乃是定點靜態的宣傳廣告工具，或是為了某個特定原因（如：季節性需要、付費期滿、人潮聚集地點改變），可以轉移到另一個特定地點／場所／工具上予以展示的。

二十、會議與展覽會

休閒／活動組織也可以利用產業會議、活動說明會、公開演說與參加產業展覽會的方式，達成活動之廣告宣傳與促銷目的。

1.產業會議乃是休閒／活動組織利用和其所屬公會或協會就有關經營管理與行銷發展問題進行者，在該會議中，可以將活動方案加以介紹、說明與宣傳，此種方式的促銷效果往往還不錯。

2.活動說明會則是新的休閒活動上市前的說明，在說明會進行時，往往須邀請新聞記者參與，並且給予有關活動資訊，好讓媒體記者撰稿發布新聞。而參與活動說明會的目標顧客，更是休閒／活動組織的服務人員要努力說服他們，激發其前來參與活動的欲望。

3.公開演說（public speaking）則是活動促銷的一項相當有效工具，一般來說，擔任的演說者必須具備有良好的演說、說服與溝通能力，在演說中，就要將休閒活動資訊做重點、魅力與親切的介紹，以激勵發他們前來參與的欲望，同時在演說時也可善用媒體記者，並予以激勵他們願意將活動訊息發布新聞稿。

4.產業展覽會則是利用旅遊展、旅遊用品展、休閒遊憩展、休閒觀光展，以及政府機關辦理的政策成果展的機會，將其活動資訊在展覽會中予以誘人與感性的宣傳，不但可以與既有顧客維持綿密互動交流，尚可藉此接觸到更多的潛在顧客，擴大活動市場的接觸面，只是展覽會之成本較為高昂，所以休閒／活動組織在規劃以此工具作為廣告宣傳促銷方法時，

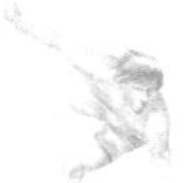

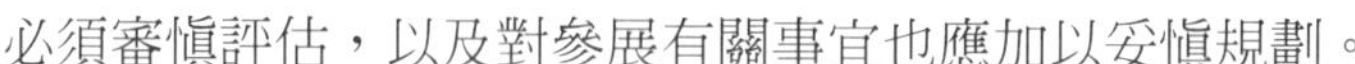

必須審慎評估，以及對參展有關事宜也應加以妥慎規劃。

二十一、其他

其他可供作爲廣告宣傳與促銷工具者，尚有：(1)以電話直接拜訪目標或潛力顧客；(2)製作DVD/VCD廣爲流傳；(3)利用組織的年度報告；(4)利用活動照片廣爲宣傳；(5)利用業務人員進行直接行銷；(6)利用各地區的仲介商或掮客做行銷；(7)製作活動護照及建立激勵獎賞制度……等。

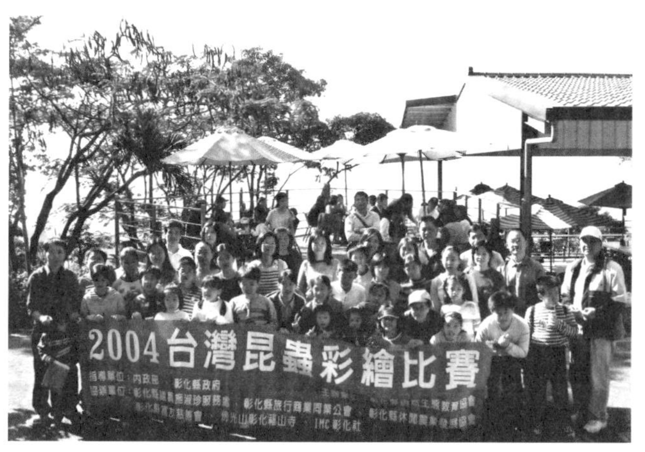

▲昆蟲自然生態彩繪比賽

生態繪畫要講求科學的精準度，但也希望小朋友對自然生態保有相當程度的想像空間。換句話說，畫得像不像不是生態彩繪的目標，重點是小朋友對自然生態的認識和充滿愛心與想像力的表達。不論城市或鄉村，找到一個可以讓小朋友深入了解的生態，透過彩繪和想像世界與大自然互通訊息，倒是一個很有創意的點子。

照片來源：彰化縣自然生態教育協會　莊水木

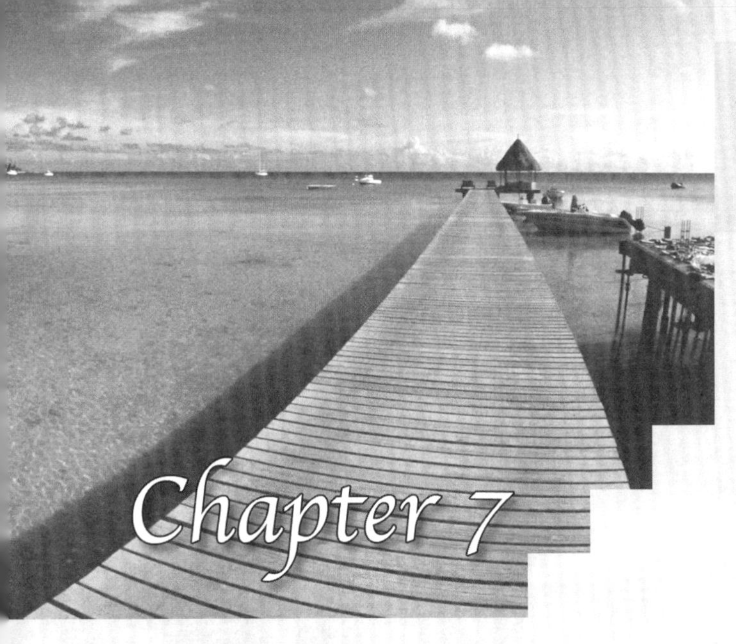

活動報名與報到後的服務

Easy Leisure

一、探索活動期間有關報名與報到後的議題
二、釐清活動報名註冊與報到後的服務品質
三、了解活動參與前後有關顧客服務與互動
四、認知顧客服務品質要求與互動交流意涵
五、學習如何做好顧客服務與互動交流策略
六、界定顧客服務品質與服務互動交流方向
七、提供服務互動交流無所不在的策略思維

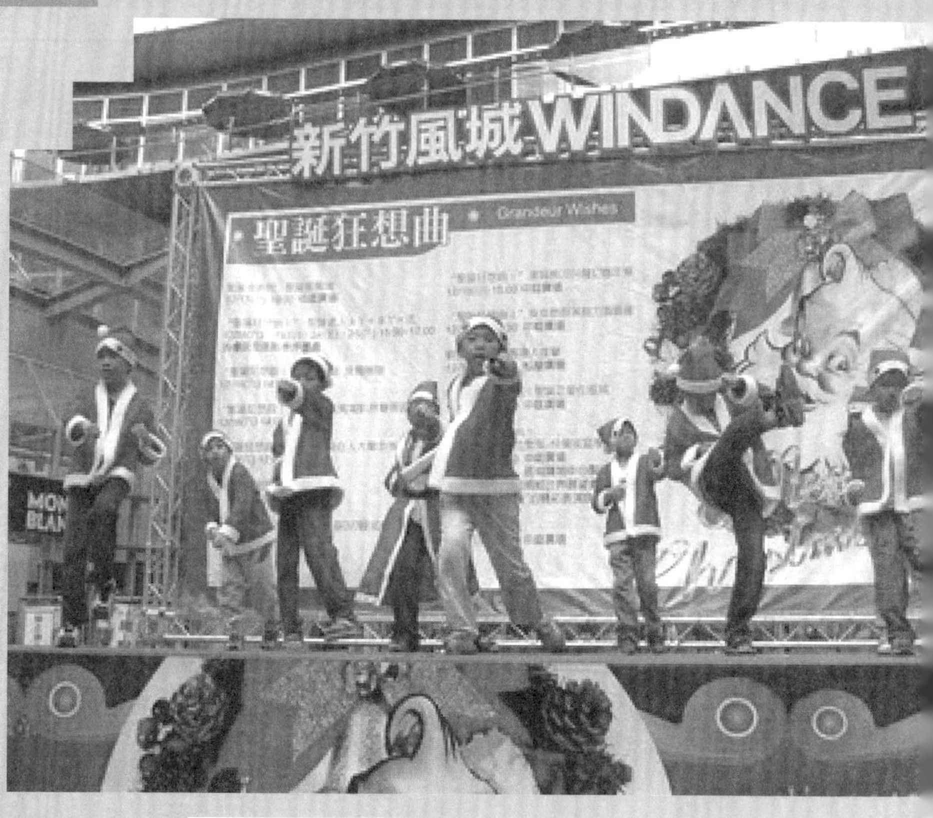

▲ 武少林寫真區

中華文化博大精深，武術可以說是最具代表性的一個項目，近年來，國際上有愈來愈多的團體將武術列為訓練課程之一。武術除了在肢體上的開發訓練外，主要也是希望透過武術的鍛鍊，讓生命能更深入的轉化、了解武術、體驗武術，進而享受武術。

照片來源：武少林功夫學苑
www.wushaolin-net.com

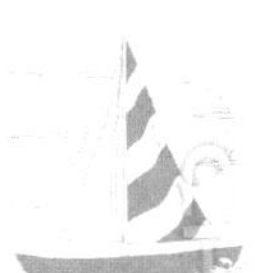

休閒／活動組織必須將其所規劃設計與上市推展行銷的休閒活動方案，塑造與建構成令活動參與者／顧客認爲值得前來參與／購買／消費之活動體驗，乃爲其進行活動規劃設計的基本目標。在前面章節中我們已將有關的經營管理策略與行動做過介紹，同時我們已經相當了解活動績效的良窳，除了休閒商品／服務／活動的優良與創新設計規劃之外，尙有賴於優質的第一線服務作業人員，展現出優質的互動交流技術、知識與經驗之配合，如此才能將活動推展得順順利利與具有績效。當然活動正式開放顧客前來參與時，就會面臨了：(1)需要付費的報名程序之管理；(2)不須付費的報到程序之管理；(3)須付費的購票程序管理；(4)會員形態的報名註冊管理；以及(5)參與時排隊等待方式等方面的問題，而這些問題的有效管理，將會是讓顧客留下良好印象與照顧到顧客的審愼用心之關照策略，對於日後顧客是否會再度前來參與，或介紹其人際關係網絡的人們前來參與之決定，將會有相當的影響力。

活動規劃者在整個活動執行時，除了必須秉持著敏銳、體貼、謙恭的態度，注意所有參與顧客的福祉是否得到滿足之外，尙須經常扮演著監督者、指導者與問題解決者的角色，隨時關注活動過程中的任何服務作業品質的水準、顧客的各項申訴建議與抱怨，以及維護休閒環境與活動安全因素之發展狀況，遇到任何障礙因素或異常風險因子存在時，即應有效地予以排除，以確保前來參與的顧客均能達成預期的體驗價值。

第一節　活動報名註冊與排隊管理

在休閒商品／服務／活動的傳遞過程中，報名註冊與排隊的管理乃是一項相當重要的要素，只是一般的活動組織／活動規劃者往往會忽略掉其重要性。雖然參與活動的報名註冊大都是在付費的活動裡才會實施，但是對於免付費自由參加的休閒活動，若是能採取

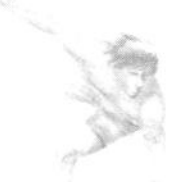

事先報名註冊的話，到了活動展開時，也將會在更爲充分準備與有效管理機制下進行活動服務的傳遞，如此的機制將會導引第一線服務作業人員較易於與所有參與者維持良好的互動交流效果，所以休閒／活動組織與活動規劃者不宜忽略其重要性。

一、活動報名註冊程序

報名註冊作業乃包括有登記、造冊或登錄顧客想要參與的活動或服務項目，在前面章節中我們曾提到活動報名註冊，有時對第一線工作服務人員、活動組織或是活動參與者來說，都不是一個很便利的方式，但是爲了如下幾個情況的有效管理，則活動組織／活動規劃者會設計這樣的活動報名註冊的程序，這些情況乃是：(1)活動參與者需要付費才能參與；(2)受到活動場地容許量的限制，或活動設施設備承載量有限、活動工作服務人員不足、活動組織爲維持一定的活動體驗品質，而有活動參與者名額之限制；(3)活動場地的使用費用或租金較爲昂貴，以致須採事先報名註冊方式，以確認確實參與人數，而方便活動組織做規劃與安排；(4)某些活動的參與者資格的限制，必須具有合乎該活動的舉辦特質要求者才能參與；(5)方便主辦活動之組織與工作人員掌握參與者是否已付費。

(一)報名註冊的注意事項

報名註冊的作業也可能會發生問題，例如：資訊塡寫錯誤、報名時大排長龍、登記或登錄手續繁雜、登記或登錄作業人員訓練不足……等，而這些問題的發生卻是讓參與者／顧客有所不舒服或不滿，因爲顧客在登記報名時，總是會期待這個過程是便利的、易了解、有秩序、有效率與流程化作業，絕不會是冗長的、不知所云的、雜亂無章的過程，如此的期待若是落空時將會大掃他們參與該活動的興致，甚至於有人會半途撤退，對整個組織／活動之形象乃是極爲不利的，所以活動組織與活動規劃者必須審愼用心地站在顧

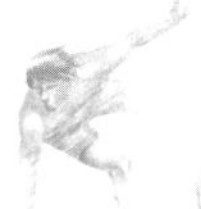

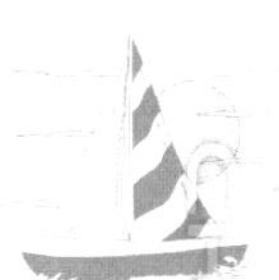

客的角度，來規劃報名註冊程序。

(二)報名註冊的額外服務

事實上，休閒／活動組織在進行報名註冊作業時，若能將某些細緻、貼心與關懷的額外服務放到報名註冊作業過程裡，將會受到顧客的驚喜與歡迎。這些額外的服務乃在顧客報名註冊完成時，將一些貼有組織或活動圖案或標語的精美小贈品（如：徽章、臂章、氣球、紙扇、鉛筆、原子筆、便條紙、鑰匙圈、胸花、飾件等），隨著活動說明手冊、摺頁與DM等，一併贈送給完成報名註冊者，那將會是賓主盡歡的事。這些贈品正是讓顧客滿足到被體貼、關心與服務的期待，同時更可藉由此等贈品，達到加深顧客對組織／活動的深層印象，以及讓他們在活動參與之前，即能有滿足感、被尊重感與驚喜感，更加滿心期待正式的參與活動。這就是在報名註冊過程裡所給予顧客參與活動的吸引力，而且這個吸引力將會引導顧客在體驗活動與互動交流中，更為愉快與自由自在地參與，如此的活動體驗與經驗將會形塑更多的顧客忠誠度之機會。

(三)報名註冊的方式

Rossman（1994: 266-267）曾提出休閒／活動組織常用的報名註冊方法，有集中處理方式（central location method）、活動區域方式（program location method）、郵寄方式（mail-in method）、電話方式（telephone method）、傳真方式（fax-in method）及組合方式（combination of method）等六種；而Edginton等人（1998）又提出電子郵件或網路方式。

■集中地點現場報名註冊

集中地點現場報名註冊的過程，乃是將報名註冊作業予以集中在某一個中心區域的單一窗口來辦理，也就是將不同的休閒活動均集中在同一個地點來作業，而且有關活動報名註冊的資訊（如：活動報名期間、活動進行時間、參與活動者資格限制、活動地點、活

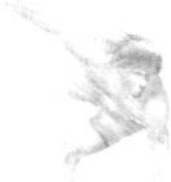

動費用、聯絡人等），也都在同一個地點公告，以提醒顧客留意。採取集中地點現場報名註冊的地點有某休閒遊憩中心、某文化中心、某書局、某團體、某學校等可供選擇，只是選擇時應該要考量到停車設施是否方便或足夠，交通公共建設是否便利，若一下子來了許多參與者／顧客時，是否有足夠空間容納人潮，或是否需要增闢報名窗口。

■活動區域現場報名註冊

這個方式則是採取分散的方式來進行，也就是將顧客引導到他們想參與的休閒活動場所之現場，進行報名註冊作業，而這些受理報名註冊的地點就是活動場所，對於參與者來說乃是方便的，而且在進行報名註冊時，也可以藉機了解有關的活動場地與設施設備是否符合其期待。同時也可以和工作服務人員做互動交流，如此的方式在年輕人休閒遊憩或運動休閒活動等類型之休閒活動，乃是值得採行的，只是若有人同時想參加兩個以上的休閒活動，將會是較不方便的，因爲他們需要到兩個以上的地點報名註冊。

■郵寄報名註冊

郵寄報名註冊乃是由顧客將有關的報名所需資訊（如：報名表）及報名費用彙整完成之後，直接郵寄給主辦單位收執的報名註冊方式。這個報名註冊方式也是一種集中處理的方式，對於顧客來說（尤其對整個社區來說）乃是相當方便的，只是有些顧客不方便到郵局交寄（如：停車不便、因要上班以致沒時間去郵局），以及活動組織與工作服務人員不能和顧客在活動進行前，做良性互動交流，乃是此方式的缺點。

■電話報名註冊

電話報名註冊乃是最便利也最大衆化的方式，此方式乃是想參與活動者打電話給主辦單位進行電話報名註冊即可（當然使用電話與電腦連線處理乃是未來的趨勢），而這個報名註冊方式乃是集中處理之一種。這個方式對主辦單位來說，可以迅速掌握各項活動的

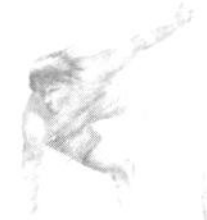

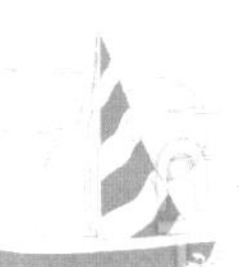

報名狀態，以免擔心報名時人潮排隊管理與造成社區居民反彈事件，乃是此一方式的優點；只是有些報名者不一定會準時來參與、報名者缺乏對活動場地設施設備的事先了解，及不能與工作服務人員互動，則是其缺點。

■傳真報名註冊

這個方式基本上乃是與採取電話報名方式的優缺點相同，只是採取此一方式報名者必須填寫報名表，但是卻可以在一天二十四小時中的任何時間進行報名註冊。

■網路報名註冊

二十一世紀的網路報名註冊方法乃是最爲流行與易於被接受的方式，只是報名者須在網路上填寫報名表或下載列印出來，再以電子郵件方式傳送出去；這個方式最大優點也是可以一天二十四小時隨時報名，且可以在極短時間內收到自動回函的確認，只是要會操作電腦的人才能夠使用這一個方式。

■複合方式的報名註冊

這個方式乃是因應各種不同特質或要求的顧客需求，而將前面六種方式予以綜合，由顧客自由選用，這是基於方便顧客的出發點，而設計出一種以上的方式供顧客選用。

(四)報名表

報名表一般來說乃是採取如下幾個方式加以呈現的：(1)在活動宣傳手冊的最後一頁；(2)夾附在活動宣傳小冊子裡面；(3)印製在活動DM的最後一個版面等。報名表的內容大致上應包括有：(1)報名者姓名、地址、白天／晚上或行動電話與日期；(2)緊急事件聯絡人與電話；(3)報名的活動名稱與場次／地點；(4)報名費用及費用繳交方式（信用卡、支票、郵政劃撥）；(5)報名時應注意事項（如：報名後多少天報名者將收到確認函，而屆時未收到請和什麼人什麼電話聯繫，或是報名後即告接受將不做通知……等）；

(6)遇有特殊資格限制時的切結書（如：體能狀況、疾病狀況等）；(7)其他有關報名表填寫說明或有關活動資訊揭露等。

(五)切結書

有些活動會爲政府主管機構所規範其資格限制，或法律規章有所要求，或是休閒／活動組織爲免除某些風險因子，而採取報名註冊者要填寫切結書。至於切結書格式有可能會以另行獨立的切結書方式，有些則附屬在報名表中的一個版面，這乃是由各活動組織自行採取法律的標準要求而加以設計者。一般最常見的切結書，乃在於參加活動者（若未成年須由其法定監護人背書）在切結書中簽名或蓋章（含日期、身分證字號或地址在內），但是並不代表每個同類型活動不同的活動組織均會要求報名者填具切結書，因爲這些主辦單位對於風險的認知或是否加以排除，則是各有其看法與主張。

二、活動報名排隊程序

活動報名排隊，乃是因爲活動參與者／顧客在報名註冊時，也是休閒／活動組織展現服務品質的時刻，所謂的排隊大都是站著排成一列等待服務人員的服務，但也有的是坐著等著接受服務，也有不是只有單一列的排隊方式，更有叫號服務的方式。一般來說，排隊之所以要加以管理的理由，大都是這個報名註冊的出現人潮或服務發生紊亂，以至於導致不可預期的後果（諸如：排隊報名者因不耐久候或因有人插隊、或因有特權現象而出現焦慮、鼓譟、衝撞入口大門、排隊人潮發生混亂而有可能發生人潮互相踐踏的慘劇）有可能會發生時，組織／活動規劃者就應該加以管制，以防任何風險發生。

(一)排隊服務的類型

活動組織／活動規劃者爲防止本身即具有令人焦慮體驗特質的

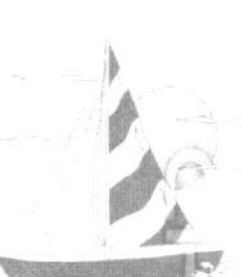

排隊報名發生讓顧客不滿意之情況，就應該建構一套或多套的活動報名排隊程序，以作爲確保有一個無壓力而且可令人愉快的排隊報名服務體驗，得以呈現給前來參與的顧客。一般來說排隊服務的類型有多種：

1.採取在入口處加設一個號碼機，每一參與者到時即可取得一個號碼，依號碼服務。
2.依電話受理先後次序（含電子郵件報名時間序列）給予服務的順序（如給予一個號碼，而活動參與者根本不需要親自排隊。
3.單排單項服務方式，即依據每個服務窗口給予一個排隊的空間（如：以實體導引或障礙物、標示等），惟這樣的設計最好能將每個顧客的服務時間規劃平均一點。
4.多排單項服務方式，仍以實體導引、障礙物或標示，予以開放多個服務窗口，每一個窗口之前各有一個排隊空間，然此方式易導致顧客焦慮不安，乃因各個窗口的作業時間難以一致，各隊伍人們的感受不同等原因導致。
5.多排多項服務方式，大致如同多排單項之缺點一樣。
6.單排多項服務窗口方式，則是解決多排單項與多排多項服務的一項不錯的選擇。
7.不管採取前面六項中之哪一項排隊方式，活動組織最好思考如何將報名表簡化，各項活動收費併在一起收取、報名表不必各項活動均要設計而濃縮爲一份綜合報名表等重複動作的縮減，以提高服務速度及節省報名服務的工作人員。
8.在顧客排隊時就給予服務，而這些服務即：在進入報名場所即給予報名表、活動流程與說明事項、分發活動說明書／小冊子或贈品等，使顧客的等待感覺予以減低，同時使他們在正式報名時，可以減少許多的等待時間與細雜動作。
9.讓排隊隊伍感覺上有在移動前進，使等待者的壓力、焦慮感

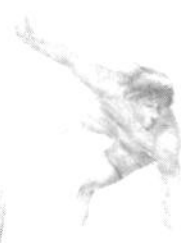

降低；同時也可以讓報名者一進報名場地，即可清楚看到他們需要等候多少時間的預告，以壓低他們的不合理期待與焦慮不安壓力。

(二)排隊服務的等候線原理

等候線原理（Queue displine）乃是假設顧客由一個流入來源（input source）所產生，也就是顧客在報名排隊時即已進入一個等候線系統，而在此系統之中加入等候線，在此時的等候線區域的休閒／活動組織之服務作業人員，必須依據該活動或組織的等候線原則來提供服務。此等爲顧客所提供的服務，乃是依據服務體系來加以提供的，俟某些接受服務的顧客完成其報名排隊作業而離開此等候線系統，則此等候線原理始告完成（如圖7-1所示）

■流入來源

在顧客排隊等候服務之流入數量可能是單獨的、成雙成對的，或是整批來到此一休閒／活動組織爲他們規劃設置的等候服務區域，而在等候服務區域內的顧客有可能是有限的人數，也有可能是無限的人數。但是在等候服務區域內的顧客有可能是有耐心的等到接受服務完成爲止，然而有些顧客卻是沒有耐心的，在等了一段時間之後便會離開不再等候服務；或是在他們要進入等候服務時，即看到在其之前已有太多的顧客（在顧客的本身認知而言，不一定眞的已有太多的人潮）在等候服務了，那麼他們就有可能會不願意進

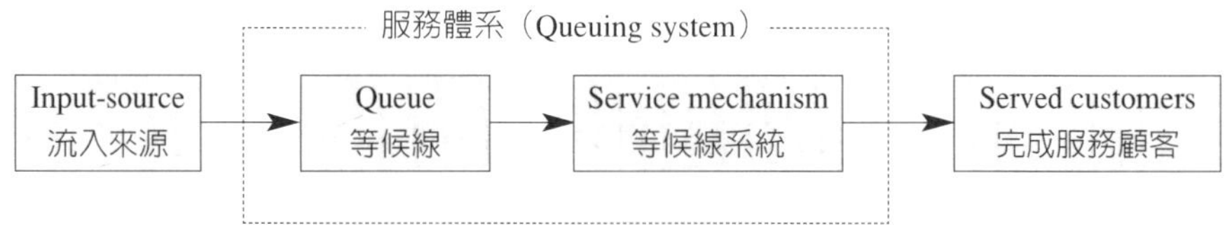

圖7-1　等候線原理

資料來源：蔣明晃，《管理科學概論》（一版），台北市：華泰文化公司，2001年2月，頁276。

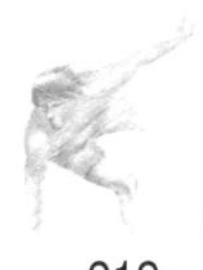

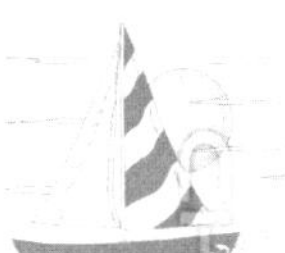

入等候服務區域了。

■等候線的服務原則

等候線的形成，乃在於顧客進入等候服務區之際，所以等候線的大小乃受到等候服務區的空間大小影響，也就是該空間的顧客容納量大小會影響到等候線的大小或長短。一般來說，等候線的顧客接受服務之先後順序，乃是採取先到先服務的原則，當然也有採取隨機服務或後到先服務之情形，只是在顧客等候服務之際，最好能有事前的宣導（如：在報名表中揭露等候服務原則，或在宣傳DM／活動手冊／摺頁之中加以說明），以免掃了顧客前來參與活動的興致。

■服務體系

所謂的服務體系，大致上指的是有多少個服務設施（service facilities），而且每一個服務設施大都會有至少一個的服務人員提供顧客服務。而各個服務設施乃是提供給顧客接受服務的地方，也就

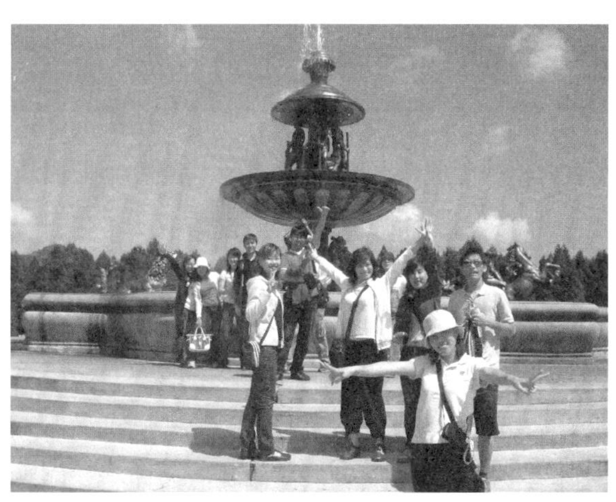

▲觀光遊憩活動

觀光遊憩活動係屬綜合性的新興事業，可帶動地方經濟的發展，使得觀光遊憩事業發展成為政府施政中重要的一環。觀光遊憩資源包括有：地方沿革、生態保護、人文活動、古蹟寺廟、自然環境、生活環境、農林漁牧、風景名勝、公園、原住民文物、動植物與魚類等地方資源。

照片來源：梁素香

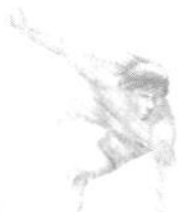

是在這個地方顧客就會依活動組織所規劃的等候線，及依照一定的次序等候服務工作人員為其提供服務，另外顧客從接受服務開始以迄完成服務為止的時間，乃稱之為服務時間（service time）。每一條等候線的等候服務時間裡，若是無法為其顧客減少排隊等待中的壓力與焦慮，那麼排隊等候就會導致顧客對該活動或組織的不安，相反的，將會有助於顧客在其活動中獲得滿意的休閒體驗，所以如何管理好排除等候隊伍，將會是休閒／活動組織值得花點時間來好好規劃的。

第二節　報到後的服務與互動交流

休閒／活動組織規劃設計與推廣上市休閒活動之最基本目標，乃在於提供休閒活動以供顧客達成值得追求的休閒體驗，以及建構顧客和休閒／活動組織、活動規劃者與經營管理者的互動交流關係。而且休閒／活動組織與顧客之間的互動交流，乃是透過第一線的服務作業人員及藉由其組織所提供的商品／服務／活動，進而對前來參與／消費／購買的顧客提供其顧客服務，而這裡所謂的顧客服務，也就是休閒／活動組織是否能夠成功提供給其顧客獲取優質的休閒體驗之關鍵點。同時對於休閒活動是否經營得成功，也可以經由休閒／活動組織的經營管理者、活動規劃者與第一線的服務作業人員和其顧客之每一次的接觸結果加以評核，以確認組織、活動與成員所提供的顧客參與休閒活動／購買商品／享受服務之體驗價值與效益，並和其顧客所參與／購買／消費有關的休閒商品／服務／活動之花費成本相比較，如此所得到的顧客體驗價值與效益所超過其花費成本之部分的顧客價值，這個顧客價值乃是影響顧客是否再來參與／購買／消費之重要決策依據；換句話說，顧客對該休閒活動組織所創造的價值，也可以經由顧客參與／購買／消費之後為該休閒／活動組織所帶來的收益與成本，兩者之間若收益大於成本

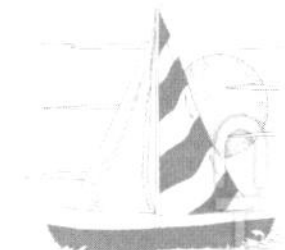

時，顧客對該組織的顧客價值就形成了，同時這個顧客價值更是該休閒／活動組織能否永續經營與發展的重要關鍵點。

一、顧客服務與顧客價值的概念

顧客（customer）乃指接受商品／服務／活動者，一般來說，顧客可分爲內部顧客（internal customers）與外部顧客（external customers）等兩種：(1)內部顧客乃指同個休閒組織內部的員工所獲得另一位員工的商品／服務／活動；(2)外部顧客則是指接到其組織所提供之商品／服務／活動的付費者，若所提供的商品／服務／活動能得到其顧客滿意，則該組織將會有機會茁壯成長與達成組織經營目標。

事實上任何休閒／活動組織均會經歷過好的或不好的顧客服務之經驗，據品質學者S. Thomas Foster（2001）的研究，曾提出顧客服務的重要性（如**表7-1**所示），以爲說明顧客服務的不可被企業組織所忽視的必要性。

(一)顧客和第一線服務人員與經營管理者之互動交流

顧客導向品質（customer-driven quality）乃是代表著休閒／活動組織主動滿足顧客需求的一種方式，而這個方式大都是經由其顧

表7-1　顧客服務的重要性

1.顧客不良服務經驗的傾訴對象人數是傾訴愉快經驗的兩倍。
2.不滿意服務的顧客會將不好的經驗告訴八到十人。
3.若能有效的處理顧客申訴抱怨，仍然可以保留70%左右的顧客。
4.留住老顧客遠比開發新顧客容易。
5.組織的85%至95%分量的業績乃來自於老顧客的貢獻。
6.組織的新商品／服務／活動之創新與創意構想，大約有80%源自於顧客的意見。
7.留住老顧客的成本大約只有吸引新顧客所投入成本的六分之一。

資料來源：S. Thomas Foster著，戴久永審訂，《品質管理》，台北市：台灣培生教育出版（股）公司，2002年2月，頁188。

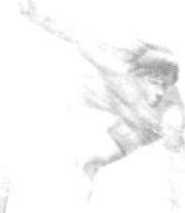

客關係管理（customer-relationship management）的工具，將其蒐集、整理、分析與建檔的顧客需求與期望等資料，作為其組織規劃設計與推展上市休閒活動方案之依據，並且要找出如何才能滿足顧客之要求與期待的休閒商品／服務／活動。

據Albrecht和Zemke（1985: 106）的研究指出：以服務為導向的員工分為三個類型：(1)第一線的服務員工，乃是依據活動計畫面對顧客，也是影響顧客休閒體驗成果好壞的主要服務提供者；(2)第二線的服務員工，乃指負責報名註冊與報到登記、提供活動資訊、準備活動設施設備等協助第一線服務人員之服務人員；(3)支援性的服務人員，則乃負責後勤支援或督導第一線服務人員之服務品質、活動規劃者等等的服務人員。而且Albrecht 和 Zemke也建議：「若你不是服務顧客的休閒組織一分子，你最好就去服務那些直接服務顧客的人員。」

由此可見，直接面對顧客的第一線服務人員，以及該組織的經營管理人員與活動規劃者，在第一線面對顧客的時候，必須要能夠獨立行使與運用該休閒／活動組織所賦予的資源與權力，進行顧客申訴抱怨解決方案之執行，以迅速、正確與具有建設性／保證性的矯正行動回應顧客的需求、期望與要求。同時組織必須給予支持、掌聲與激勵獎賞，如此的激勵第一線服務人員的策略，方能鼓舞第一線服務人員的積極回應顧客要求，及創新服務顧客之休閒／活動體驗價值，同時更能在以滿足顧客要求與創造顧客終身價值之概念指引下，促使休閒／活動組織的永續經營與發展。

雖然大多數的第一線服務人員乃是由季節性、兼職性或志工人員所組成，但是第一線服務人員卻是最直接和顧客接觸與互動交流的休閒／活動組織之成員，雖然他們在該休閒／活動組織裡面最沒有福利待遇、升遷機會、訓練機會、職業生涯規劃與發展的機會，但是休閒／活動組織卻是不得不正視他們的重要性，以及和顧客互動交流的最具關鍵性地位，而給予合適性的訓練，尤其在與顧客的服務品質、接觸與互動交流的技術、回饋顧客的申訴抱怨與建議之

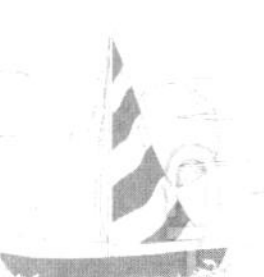

速度與品質等方面，更應給予足夠的訓練，並且要能夠給予足夠的資源與授權，以確保他們能夠具有足夠的專業知識、經驗、技術與能力，以及提升其能有效回應顧客需求的能力。

另外，經由妥善的第一線服務人員的招募、訓練、組織與指引的人力資源發展計畫，也能藉由第一線服務人員與顧客的良好互動交流，建立休閒／活動組織的經營管理者與顧客的互動交流關係網絡。同時由於第一線服務人員的優質互動交流技術，將可創造出顧客的高滿意度及對該組織或活動的忠誠度與承諾，進而吸引顧客的再參與頻率及引介其友人前來參與的意願。如此良好的顧客與第一線服務人員的互動關係，將是促使經營管理與顧客之間得以更爲拉近彼此間的互動交流關係，而且經營管理者與第一線服務人員的互動交流也將更爲活絡，因而促使整個休閒／活動組織的士氣、服務品質、作業效率與業務績效之表現更爲提升，如此的循環將促使休閒活動更具魅力與競爭力。

(二)顧客滿意度所顯示的實質意義

事實上，休閒／活動組織及活動規劃者、策略管理者與經營管理者在休閒活動的設計規劃作業上，最重要的乃在追求其休閒活動能夠獲得高度的顧客滿意度，至於顧客滿意度所代表的意義則加以說明如下：

1.顧客滿意的意義，指的乃是顧客在參與休閒活動之後，其在體驗活動的互動交流過程中，所感受到的體驗價值、效益與利益之滿足或滿意狀況。

2.顧客滿意度（customer satisfaction management; CSM），則泛指當顧客在參與休閒活動之後，其所感受或感覺得到的體驗價值之滿足或滿意程度，而且這個顧客滿意度，乃是顧客衡量其是否會再度參與或推介友人前往參與的一項重要指標。

3.若是能夠把顧客滿意度予以量化或數值化，就可以稱之爲顧客滿意度指標（customer satisfaction index; CSI），而這個顧

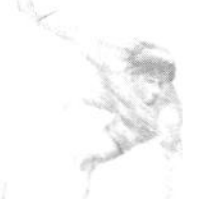

客滿意度指標，就是監視與量測顧客服務過程中，顧客體驗活動與互動交流的滿足程度之工具。

4.顧客滿意度指標之評量構面，不外乎爲：(1)休閒／活動組織所提供之有形與無形商品力；(2)休閒／活動組織將以何種方法或途徑把其有形與／或無形的商品／服務／活動傳遞給予其顧客；(3)休閒／活動組織如何導引顧客體驗活動與互動交流的價值、效益與利益的最佳狀況呈現。

5.顧客滿意度的實質意義，則可由如下七個構面（如**表7-2**所示）來加以探討：(1)在休閒活動的服務作業管理策略上的意義；(2)在國內休閒活動市場的競爭意義；(3)在公眾關係或互動交流關係上的意義；(4)在政府公共政策上的意義；(5)在國際市場競爭上之意義；(6)在顧客休閒／活動體驗價值上之意義；(7)在社會休閒與生涯發展上之意義。

表7-2　顧客滿意度的實質意義

意義構面	實質意義
服務作業管理策略	1.顧客滿意度與市場占有率之間並不盡然可以成正比例之關係。 2.休閒／活動組織應追求顧客滿意度有關資訊，以擬定其服務作業管理之策略行動方案，如： (1)明確了解顧客對於該休閒／活動組織所提供之商品／服務／活動的感覺與感受程度。 (2)研究分析失去或有段時間未再前來參與活動之顧客的有關理由，與轉變休閒體驗行為之方向。 (3)顧客所期待與要求的活動有哪些？趨向變化為何？ (4)藉由顧客資料庫所蒐集與分析的顧客前來參與活動時的休閒行為，與消費／購買／參與有關商品／服務／活動之行為變化。 (5)可和過去的顧客滿意度資料及同業的顧客滿意度資料做分析，以比較出其組織或活動方案在顧客的休閒體驗價值之評價，以及和同業競爭做比較分析。
國內競爭市場	1.藉由國內休閒活動市場各個同業與互補性業者之間的顧客滿意度的了解，以及在了解過程中蒐集有關顧客族群的需求與期望，進而擬定出優質的服務作業管理策略，以提升顧客滿意度。

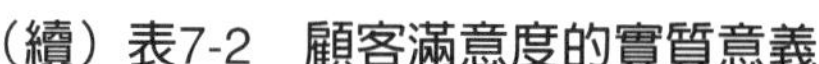

（續）表7-2　顧客滿意度的實質意義

意義構面	實質意義
國內競爭市場	2.並可在顧客服務過程，藉由顧客滿意度的提升策略，以提升顧客忠誠度，同時利用忠誠度高的顧客之口耳相傳與傳遞對組織活動的互動交流與體驗價值，達到吸引／開發更大更多的顧客族群，以增強在國內的市場競爭力。
公衆關係或互動交流關係	1.休閒／活動組織可藉由公衆關係或互動交流關係之策略，保持組織的內部與外部利益關係人的良好公衆／互動關係，並將各項商品／服務／活動以及組織的顧客滿意度予以翔實揭露，明白地傳達給其內部／外部利益關係人，使其更能感受到組織的各項休閒商品／服務／活動之顧客滿意度情形。 2.同時顧客滿意度也是該組織的內部／外部利益關係人之滿意度。
政府公共政策	1.政府公共政策之擬定，可藉由顧客滿意度之調查、分析與統計，而予以制定其施政方針，同時也是政府對於休閒活動組織予以政策性支持或補助的參考指引。 2.當然休閒市場的顧客滿意度更可作為政府擬定休閒遊憩觀光產業政策的參考指標。
國際競爭市場	1.休閒／活動組織的顧客忠誠度愈高時，則該組織的休閒商品／服務／活動也較不易為外來品牌所侵蝕（如：國人也較不會一窩蜂往國外進行活動／休閒體驗）。 2.本土休閒／活動組織必須進行創新的商品／服務／活動之開發、休閒服務作業技巧提升、顧客要求回應快速與有效，並時時監視量測有關的組織、品牌與活動方案之顧客滿意度，及時改進缺點並提高顧客的體驗價值。 3.當然本土休閒／活動組織也應思考如何進行全球化布局之策略行動方案。
顧客體驗價值	1.組織經營管理者與活動規劃者應將其所規劃設計與上市行銷的商品／服務／活動如何創造出顧客終身價值（consumer lifetime value），以及如何持續發展下去，作為活動規劃設計之最高方針。 2.同時組織與活動必須能夠創造出所謂的組織／活動之經營利益，也就是顧客來參與活動所貢獻的收益必須要能高出所花費的成本，也就是顧客之體驗價值。
社會休閒與生涯發展	1.組織／活動的顧客滿意度愈高，就愈能吸引更多的顧客族群前來參與／體驗，而形成休閒風氣之後，即為整個社會與人們的生涯發展上注入更多的休閒體驗之期望與需求。 2.休閒活動在整個社會化過程中，乃扮演著相當重要的角色。

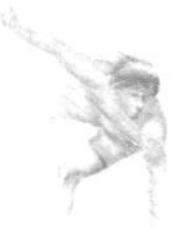

(三)顧客對休閒活動與服務品質的需求

顧客和休閒／活動組織、活動規劃者、經營管理者與行銷管理者之間已如前述，乃是必須維持良好的互動交流關係，而這些良好的互動交流的品質保證，是依據哪些服務品質維度？事實上這些服務品質維度（如**表7-3**所示），也就是評鑑該組織／活動的服務品質表現之依據。雖然這些品質維度在休閒活動的服務品質方面具有如此的重要性，但是若是休閒／活動組織內部溝通與服務作業程序／標準之傳遞不佳時，則該組織／活動之服務作業之品質策略將會在制定上產生偏誤，而且在執行方面將會更爲無法推動。所以休閒／活動組織內部各階層人員（尤其第一線服務作業人員）更應維持高度的內部良好互動交流關係，同時爲其顧客進行服務品質作業標準之傳遞，使其內部與外部利益關係人均能夠共同認知到休閒活動的

表7-3　休閒活動的服務品質維度

品質維度	簡要說明
服務可靠度（service reliability）	1.泛指休閒／活動組織在服務顧客方面是否如同其高階主管與組織之承諾，當然包括活動的宣傳手冊、摺頁、DM、廣告文詞與公共報導內容的忠實履行在內。 2.例如：組織的運作信念／政策，真誠服務而不虛慆做作、組織／活動的經營管理與組織文化的堅持與落實、組織與服務人員對顧客的互動信用／可信度／可靠度、服務品質的一致性與童叟無欺……等。
回應顧客速度（responsiveness）	1.泛指顧客的疑惑諮詢回應、顧客抱怨處理與回應、顧客建議事項之處理與回覆等之即時性與及時性要求。 2.例如：服務人員的回應顧客之能力、服務人員的問題解決能力、服務人員之問題回饋到主管或組織之能力、服務人員與顧客的溝通能力、服務顧客之親和力與關懷心境……等。
實體系統（tangibles）	1.泛指休閒／活動場地設施與設備、服務人員與服務品質、服務人員的公衆形象與禮儀禮節、與顧客溝通管道……等。 2.例如：活動場地與交通公共設施、活動主要與次要設施設備、活動緊急事件處理與預防系統、服務人員之服裝／儀容／禮儀禮節／談吐／服務態度、顧客疑惑或困難請求支援系統……等。

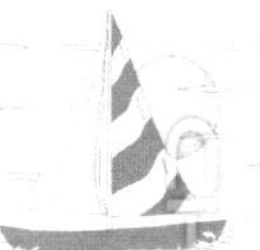

（續）表7-3　休閒活動的服務品質維度

品質維度	簡要說明
信任感（assurance）	1.泛指服務工作人員與休閒／活動組織給予顧客的信任感與信賴度。 2.例如：服務人員之謙恭與禮貌互動行為、服務人員服務作業態度的熱忱與活力情況、服務人員（含專業人員在內）給予顧客的溝通感覺、服務人員工作態度的慷慨（generosity）／親和力（access）／友善（friendliness）／給予顧客免於危險之恐懼（freedom from risk）／真誠（sincerity）等。
關懷（empathy）	1.泛指服務工作人員對於顧客的服務態度是否能處於關心與關懷的立場。 2.例如：對於顧客是否能夠營造輕鬆愉快的互動交流氣氛、是否主動了解顧客的需求／期望／福祉、主動拉近與顧客的距離、和顧客進行實質有效的溝通與互動交流、展現熱誠與活力去和顧客交流互動等。
專業性（professionalism）	1.泛指服務人員在提供服務活動時所應展現的專業者氣質與能力。 2.例如：塑造在顧客心目中的品質專家與服務專業形象，能夠隨時為解決顧客疑難問題、思考計畫與服務展現縝密的特質、能展現出符合顧客預期之目標、服務作業過程具有正直／直率／誠實／真誠的特質等。
適時性（timeliness）	1.泛指服務作業乃在顧客有需求時即予以適時的提供。 2.例如：顧客申訴抱怨／建議要求之前即能主動掌握可預知之結果而給予適時的協助與回應、在顧客有需要了解有關活動資訊時即予適時溝通並協助達成體驗目標、在顧客結束體驗活動時給予適時的感謝與歡送……等。
完整性（completeness）	1.泛指服務作業品質要求必須周全、疏而不漏。 2.例如：在細微小事即給予顧客適時協助、服務顧客必須完整誠懇而絲毫不會虛偽或偽裝、要站在顧客立場來看服務作業等。
愉悅性（pleasantness）	1.泛指服務顧客時必須要能夠給予自由自在、無壓力與無拘束，同時要能幸福、愉悅與快樂的情境。 2.例如：讓顧客感受到充分的休閒體驗價值，給予體驗環境之優雅／幸福／愉悅感，塑造友善體驗氣氛，並給顧客有足夠的體驗空間等。
可用性（availiabilty）	1.泛指休閒／活動組織與服務人員提供給顧客完全與優質的體驗價值／效益的休閒機會。 2.例如：必須與顧客形成夥伴關係，同時給予顧客體驗價值之保證，並且給予可兌現的卓越承諾……等。

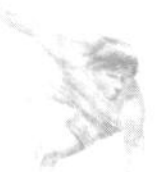

品質需求，如此的良好互動關係之品質要求行爲，乃是休閒組織/活動得以獲取顧客忠誠度的重要指標。

二、顧客對休閒活動服務的要求

以下資料取自吳松齡，《休閒產業經營管理》，頁348-355。

(一)休閒/活動組織領導者應具有的特質

休閒活動組織的領導者乃包括：該組織的經營管理者、活動規劃者與行銷管理者等在內，而這些領導者所應具有的特質如下：

1.服務願景：休閒/活動組織之服務願景（service vision）左右了其組織的服務作業管理系統之品質，而服務品質乃是導引休閒組織賺取利潤與事業成功與否之關鍵，因此休閒組織領導者如何將其組織之願景使命與經營目標予以激化，與帶動全組織之認同，形成組織之共同願景、使命與經營目標，如此將可帶動全組織的執行力及提供其優質服務品質予顧客，以達成滿足顧客需求與期望之經營理念。

2.服務是要具有高標準的認知：休閒組織領導人必須具有高標準之服務品質認知，無論在服務前的商品/服務/活動規劃與推展，提供予顧客參與之前後，均應具有此一高服務品質標準的認知，同時在其組織之軟體服務與硬體設施設備所展現的任何細節，均應予以用心規劃、設計、執行與檢討改進，如此的用心服務品質之行動，將會投射在其活動服務人員與行銷人員之服務作業管理系統中，進而提升顧客休閒體驗之價值與效益。

3.領導者要把持三現主義：

(1)現場查察巡訪主義：領導者應到服務作業現場實地查察巡訪，以充分掌握住眞正的服務品質水準是否符合組織之要求標準。

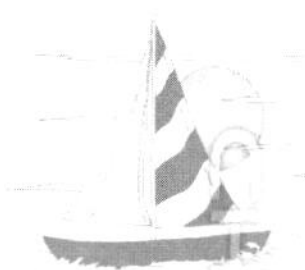

(2)到顧客休閒現場訪視：了解顧客對服務之需求，藉以了解其組織之服務品質是否能符合顧客之需求與期望。

(3)到行銷與服務人員服務現場巡視：巡視其組織與服務規劃是否依據作業程序、標準與品質水準來進行休閒服務之提供，並可清楚了解服務現場之營業狀況與組織之服務作業系統管理動態。

(二)休閒活動的服務作業品質調查

休閒活動之服務作業管理系統，乃是提供予休閒參與者／顧客互動的最直接也最關鍵的作業，所以在此一系統作業程序與過程中，有必要對休閒參與者／消費者／顧客進行調查其對服務品質之要求水準為何，以供作設計服務品質標準之參酌。休閒活動之服務品質調查表，乃是休閒活動組織領導者針對其休閒參與者／顧客／消費者所關注的品質焦點予以調查分析，Parasuraman、Zeithamel與Berry所發展的服務品質調查表（SERVQUAL），以評估五個服務品質特性（實體性、可靠度、回應性、保證與同理心），休閒組織經由此調查表蒐集顧客的期望與顧客的認知，並將其分析結果供組織了解顧客對服務品質的認知，並供組織得以評量其顧客對其服務品質認知的基礎與方法。服務品質調查表包含兩個部分：顧客期望（customer expectations）與顧客認知（customer perceptions），分別簡單說明如下：

■服務品質期望調查表（如表7-4所示）

服務品質期望調查表共有二十二個項目（第一至四項之品質特性為實體性，第五至九項為可靠度，第十至十三項為回應性，第十四至十七項為保證，第十八至二十二項為同理心），以顯示出顧客所欣賞的休閒／活動組織之特質。

表7-4　服務品質期望調查表

	調查表－內容	非常不同意 1	2	3	4	5	6	非常同意 7
1	卓越的______公司有外觀先進的設備。	□	□	□	□	□	□	□
2	卓越的______公司的實體設備看起來美觀。	□	□	□	□	□	□	□
3	卓越的______公司的員工儀容整齊體面。	□	□	□	□	□	□	□
4	卓越的______公司製作與服務有關的資料（如公司服務簡章或宣傳冊子）看起來較美觀。	□	□	□	□	□	□	□
5	卓越的______公司會履行在約定時間內提供服務的承諾。	□	□	□	□	□	□	□
6	卓越的______公司會顯示解決顧客問題的熱忱。	□	□	□	□	□	□	□
7	卓越的______公司首次即能提供顧客所需的服務。	□	□	□	□	□	□	□
8	卓越的______公司一旦承諾提供顧客服務，必定會依約履行。	□	□	□	□	□	□	□
9	卓越的______公司會堅持零缺陷的工作經驗。	□	□	□	□	□	□	□
10	卓越的______公司會明確告知顧客提供服務的時間。	□	□	□	□	□	□	□
11	卓越的______公司的員工會對顧客提供立即的服務。	□	□	□	□	□	□	□
12	卓越的______公司的員工必定會幫助顧客。	□	□	□	□	□	□	□
13	卓越的______公司的員工絕對不會因太忙碌而忽視顧客的要求。	□	□	□	□	□	□	□
14	卓越的______公司的員工表現會讓顧客有信心。	□	□	□	□	□	□	□
15	顧客與卓越的______公司進行交易時不會感到擔憂。	□	□	□	□	□	□	□
16	卓越的______公司的員工對顧客永遠保持禮貌。	□	□	□	□	□	□	□
17	卓越的______公司的員工能回答顧客的所有問題。	□	□	□	□	□	□	□
18	卓越的______公司的員工會照顧每一位顧客。	□	□	□	□	□	□	□
19	卓越的______公司的營業時間便於所有顧客。	□	□	□	□	□	□	□
20	卓越的______公司將雇用會個別照應其顧客的員工。	□	□	□	□	□	□	□
21	卓越的______公司的員工會將顧客利益放在心上。	□	□	□	□	□	□	□
22	卓越的______公司的員工會了解顧客的個別需求。	□	□	□	□	□	□	□

資料來源：V. Zeithamel, A. Parasuraman, & L. Berry, *Delivering Quality Service*. New York: Free Press, 1990, pp.181-183.

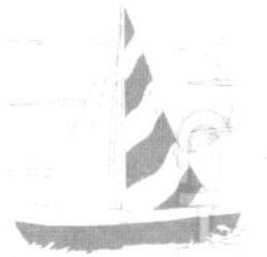

■服務品質認知調查表（如表7-5所示）

表7-5　服務品質認知調查表

	調查表－內容	1（非常不同意）	2	3	4	5	6	7（非常同意）
1	______公司有外觀先進的設備。	□	□	□	□	□	□	□
2	______公司的辦公室裝飾美觀。	□	□	□	□	□	□	□
3	______公司的員工儀容整齊體面。	□	□	□	□	□	□	□
4	______公司製作與服務有關的資料（如：公司的服務簡章或宣傳冊子）看起來較美觀。	□	□	□	□	□	□	□
5	______公司會履行在約定時間內提供服務的承諾。	□	□	□	□	□	□	□
6	______公司會顯示解決問題的熱忱。	□	□	□	□	□	□	□
7	______公司首先即能提供顧客所需的服務。	□	□	□	□	□	□	□
8	______公司一旦承諾提供顧客服務，必定會依約履行。	□	□	□	□	□	□	□
9	______公司會堅持零缺陷的工作經驗。	□	□	□	□	□	□	□
10	______公司會明確告知顧客提供服務的時間。	□	□	□	□	□	□	□
11	______公司的員工會對顧客提供立即的服務。	□	□	□	□	□	□	□
12	______公司的員工必定會幫助顧客。	□	□	□	□	□	□	□
13	______公司的員工絕對不會因太忙碌而忽略顧客的要求。	□	□	□	□	□	□	□
14	______公司的員工之表現會讓顧客有信心。	□	□	□	□	□	□	□
15	顧客與______公司進行交易時不會感到擔憂。	□	□	□	□	□	□	□
16	______公司的員工對顧客永遠保持禮貌。	□	□	□	□	□	□	□
17	______公司的員工能回答顧客的所有問題。	□	□	□	□	□	□	□
18	______公司的員工會照顧每一位顧客。	□	□	□	□	□	□	□
19	______公司的營業時間便於所有顧客。	□	□	□	□	□	□	□
20	______公司將雇用會個別照顧其顧客之員工。	□	□	□	□	□	□	□
21	公司的員工會將顧客利益放在心上。	□	□	□	□	□	□	□
22	公司的員工會了解顧客的個別需求。	□	□	□	□	□	□	□

資料來源：V. Zeithamel, A. Parasuraman, & L. Berry, *Delivering Quality Service*. New York: Free Press, 1990, pp.181-183.

■服務品質之缺口分析

服務品質調查表對於評量缺口分析乃是方便的，因爲休閒產業的商品／服務／活動大都是無形的，因此員工與其顧客在溝通與互動了解上的誤差（gap），對於休閒組織的服務品質認知會有負面之影響（如圖7-2所示）。

在圖7-2之中，可發現共有五個缺口發生，而爲提高顧客滿意度指標與符合顧客之需求與期望，及服務品質的認知能爲休閒組織所確認，則可在缺口分析模式中予以檢討改進（如表7-6所示），以符合顧客之需求與期望，及提高顧客滿意度指標。

(三)提升服務作業管理系統之顧客品質

休閒／活動組織要作好顧客服務作業管理，並非一件不易辦到的事，只要由休閒／活動組織之領導者開始，每一階層的管理人員均能修正原有之服務作業之工作態度，即可達到顧客服務品質的績效。

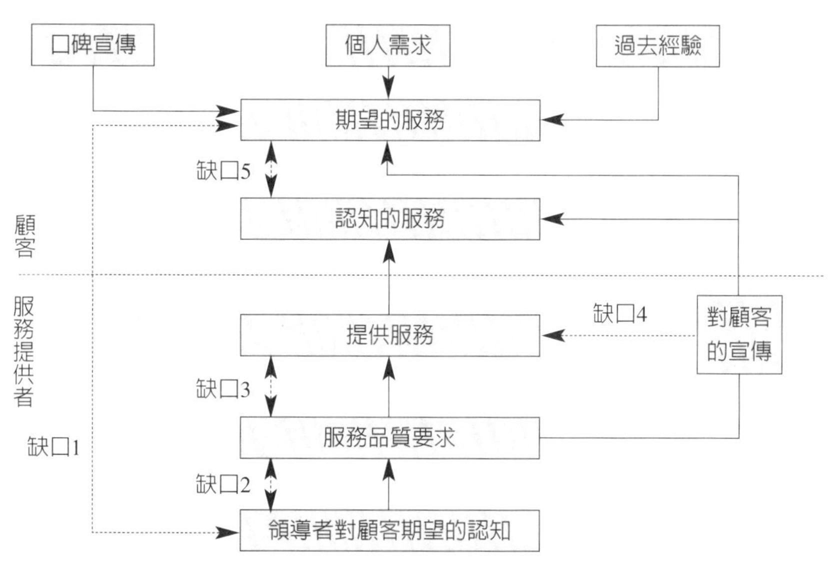

圖7-2　服務品質缺口分析

資料來源：V. Zeithamel, A. Parasuraman, & L. Berry, *Delivering Quality Service*. New-York: Free-Press, 1990, p.46.

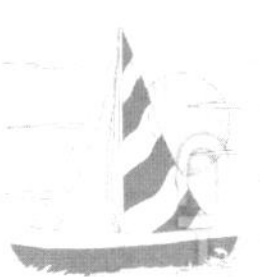

表7-6　服務品質缺口分析與對策

缺口別	建議矯正預防措施
缺口1	1.了解顧客之需求與期望到底是什麼。 2.改進組織之服務作業管理程序。
缺口2	1.確認顧客真正的需求與期望是什麼。 2.發展服務作業管理程序，以設計符合顧客要求之服務。
缺口3	1.針對行銷與服務人員予以服務作業管理程序之訓練。 2.並和行銷與服務人員溝通，以取得其對顧客要求之服務能夠明瞭。
缺口4	1.針對顧客經由行銷推廣與廣告宣傳認知差距予以了解。 2.並和顧客做溝通，以使其明瞭組織的服務品質標準。 3.必要時得修改行銷推廣與廣告宣傳之表達方式。
缺口5	1.設計謹慎的服務作業與推廣宣傳活動體制。 2.加強和顧客溝通。 3.加強訓練行銷與服務人員之行銷與服務作業水準與能力。

■服務作業管理循環

某些成功的休閒／活動組織之領導者能夠身體力行，對服務作業品質管理投下大量的時間與心力，他們把品質當作組織經營管理的首要任務，而且秉持高標準的要求，及到現場巡訪查察的三現主義，所以其組織內的行銷與服務人員及相關部門全體人員，不得不由內心動起來，進而啓動堅強的執行力，共同爲做好全方位服務顧客、滿足顧客之服務作業品質管理活動，尤其第一線員工必須要接受組織文化與品質理念的教育訓練，使其具有「說、寫、做」一致的服務顧客行爲與態度，同時管理者也能投入實際的服務顧客之環境中，了解顧客的需求與期望，並協助其員工與顧客，領導者更要能確立其組織目標，和管理者制定評估標準與激勵措施，如此一來，休閒／活動組織當可在此展現活力的模式，乃稱之爲服務管理循環（Service Management Circle），如圖7-3所示。

■提升服務作業管理系統之顧客品質行動方案

1.把顧客視爲組織永久的夥伴：休閒／活動組織領導人應把顧客當作夥伴，跟組織中的管理者、行銷與服務人員、一般職員與其他各部門人員一樣，都當作組織的一脈，當作組織的

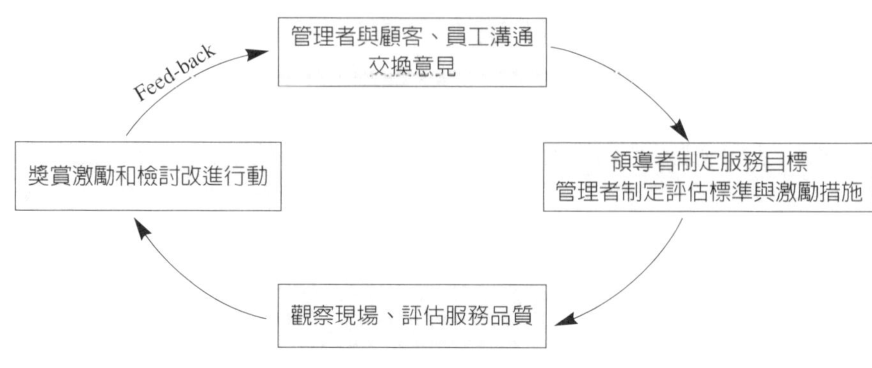

圖7-3　休閒組織服務管理循環

終身合夥人，同時應該思考如下事宜，並將之付諸服務作業管理系統中予以落實執行，如此組織才能把顧客眞正看待爲其組織的夥伴。

(1)了解顧客來參與休閒之動機。

(2)試著和顧客互動，但不要一成不變或流於形式。

(3)讓顧客感受到組織的上下均很認眞的在服務他們。

(4)經常蒐集調查顧客的意見或需求與期望。

2.徵詢組織的員工有關改進顧客服務品質的看法：顧客知道休閒／活動組織所提供服務之良窳，而組織員工也知道要怎麼提供符合顧客要求的服務品質，所以組織領導者／管理者不如先和顧客溝通，請顧客告知他們希望組織的員工能提供的服務品質之看法與認知，並可請其提出改進的地方與方法，然後再和員工溝通，告知顧客的需求與期望，及領導者／管理者之所見所聞，而後請員工提出改進意見。

休閒組織爲激發員工提出改進服務品質的意見，也可以透過小集團創意思考法或震腦會議來蒐集資訊，同時給予能提供組織進行改進的最佳方案提案者獎賞激勵，如此組織員工之提案率可以大爲增加，而在執行時也會更樂意執行。

3.制定組織的服務政策並由最高領導者宣示聲明於全組織：服

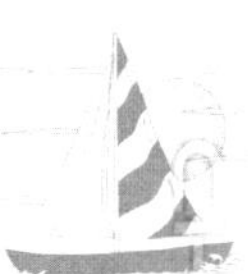

務政策可以經由最高領導者帶頭聲明或力行，以帶動全組織的執行動能，同時也可以吸引顧客，更能讓顧客判斷出組織與競爭者之差別所在。

例如：威斯汀度假中心的「周到、舒適、雅致是威斯汀度假中心的特色，永遠不會讓你失望」。

迪士尼企業的「在迪士尼企業裡，服務品質指的是不歇息地爲人類創造快樂的體驗」。

4.遴選優質的行銷與服務人員並予以嚴謹的服務品質教育與訓練：一般在遴選到第一線的行銷與服務人員，應屬最好的人員而不是充數人員，所以組織必須將組織之服務政策，組織提供給顧客的商品／服務／活動，服務顧客與保有顧客之基本知識與技術能力、緊急事件與危機處理之技巧與能力……等，予以潛移默化爲行銷與服務人員的服務能力，如此方能獲得顧客、維持顧客與保有顧客。

5.制定組織之服務品質目標：組織必須有願景、使命與經營目標，而服務顧客之品質目標，則是全組織員工所要共同努力實現的指標，而此指標最好能夠具體化數據化，如此組織之品質目標明確化、具體化，全體員工也能形成共識並全力以赴達成目標。

6.訂定服務品質目標評核標準與激勵獎賞措施：爲使全體同仁全力以赴達成服務品質目標，當然須予以定期或不定期的評核與監視量測品質績效狀況，惟評核標準則是進行評核之依據，組織不宜疏忽。當評核過程中，對於達成目標之部門或個人則應做激勵獎賞，而未達成目標之部門或個人則應再召集訓練，或調整不合適人選到非第一線位置。

7.確立評核後檢討與改進行動機制：對於評核成果不佳時，應即召開品質檢討會議，透過要因分析法及採取矯正預防措施，重新進行本行動方案的第2項起再循環執行。

8.領導者與管理者不定期到現場訪查以了解實際情形，遇到顧客時可以請示顧客，探詢其對組織應提供之支援服務項目與資源，以爲組織對顧客可以做出更好的服務，而若發現員工之服務績效時應即時給予激勵，以切身的身教讓全組織能動起來爲顧客服務。

本行動方案之執行必須是永續性的運作，以形成一個行動方案循環圖（如圖7-4所示），方能持續地發展與永續的經營。

三、服務作業品質管理

以下資料取自吳松齡，《休閒產業經營管理》，頁355-363。

休閒／活動組織所提供給予顧客參與的休閒體驗，大都是屬於無形的服務與活動，而所謂的服務與活動及商品（購物中心、餐飲

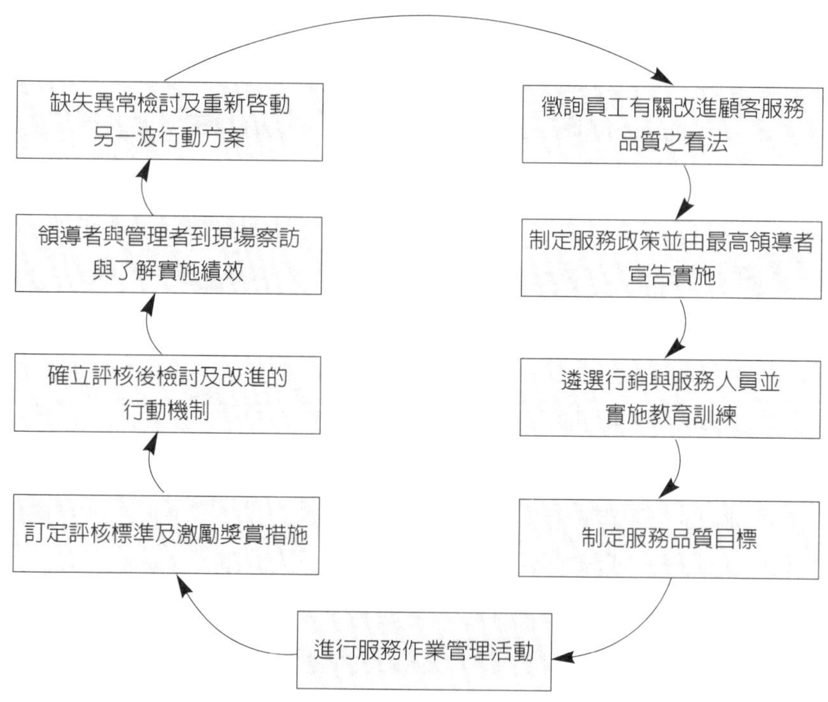

圖7-4　提升服務顧客品質之行動方案

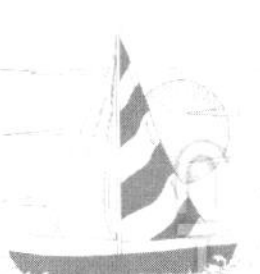

產業、特色產業……等也提供有形的商品供休閒者購買），本書通稱之爲服務，所以所謂的服務應該包含有商品與其價格、形象、評價，及休閒服務與休閒活動、感覺、感動、歡娛、自由……等體驗價值在內的整體服務行爲。

休閒商品／服務／活動給予休閒者／活動參與者必須是自由、自在、無拘、無束、歡娛、快樂、安心、感覺、感動、健康、美感、成長、學習……等休閒體驗之價值與效益，而休閒服務作業則是一種藉由服務作業來提供予休閒參與者／顧客的服務，是以服務乃由服務作業之活動來提供顧客價值，及經由休閒體驗所產生的顧客價值，而此兩者的服務作業品質乃取決於兩個要素（服務作業本身的提供與休閒體驗），惟此兩者經常是共存的（如**圖7-5**所示）。

(一)服務作業品質管理特質

休閒／活動組織的服務作業管理活動在休閒／活動參與者之心目中，其提供之休閒商品／服務／活動的服務品質之良窳，對於顧客的是否再來休閒參與具有重大的影響力，或許有可能因爲休閒組織的一個疏忽或缺點，就導致其推展供休閒參與之休閒活動全盤皆失，甚至於嚴重到影響其組織之是否能夠存活下去，在休閒／活動

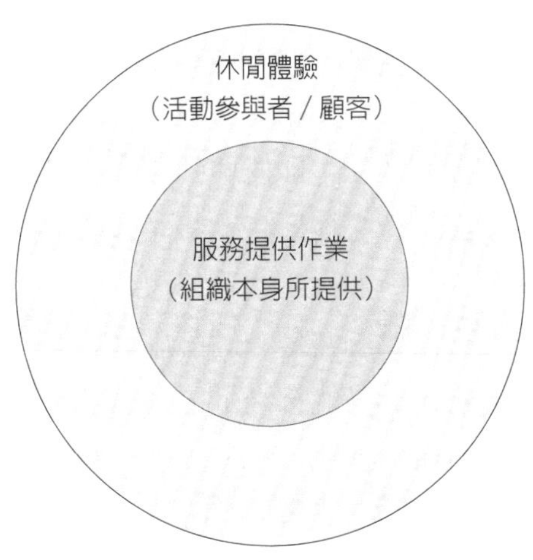

圖7-5　以服務提供服務關係圖

組織裡只有兩種結果，其一乃是全盤皆贏，其二就是全盤皆輸，不太容易是存在兩者之中者，休閒／活動組織的領導者不可不重視其休閒活動之品質管理。

■體驗感覺並為顧客解決問題

根據Theodore Levitt說法：「商品這個東西是不存在的。」爲什麼？今天休閒／活動組織的顧客願意花費成本來參與組織所提供的休閒活動，乃是顧客基於向組織購買／消費／參與休閒時所體驗的感覺與感動，及能解決顧客的問題等兩大理由，顧客才會捨得花費其可支配所得來參與休閒活動。

1.體驗感覺：休閒／活動組織之顧客心目中到底想什麼？參與休閒活動的動機又是什麼？
休閒／活動組織必須要很清晰地鑑別出顧客的消費行爲與需求期望，而後要充分地掌握住休閒參與者／顧客的情緒反應狀態，顧客在休閒後之心理與生理的反應若屬愉快時，則肯定這是愉悅有價值的休閒體驗，那麼顧客會再度前來參與休閒，甚至還會引介其人際關係網絡中的親朋好友同學同儕前來參與休閒；而若其在參與休閒活動後感覺到的是怒或怕、哀時，則他日必定看不到該名顧客之再參與，甚且還會影響其他潛在顧客之不會前來參與休閒活動。
2.解決問題：休閒／活動組織必須爲其顧客創造一個感性、感覺與感動的休閒體驗，即使遇到顧客抱怨服務不佳或品質不符合其需求與期望之情形時，休閒／活動組織必須要全力以赴爲顧客解決其所遇到的問題。顧客消費決策乃爲尋求問題的解決辦法，其要的乃是一個可以令其得到高興的期盼與快樂歡娛的感覺，若是能夠滿足這個需求時，無疑的，這個顧客將會成爲組織的忠實顧客或冠軍顧客。
3.維持給予顧客體驗感覺與爲其解決問題之對策：休閒／活動組織要想能贏得顧客與保有顧客，應該有一套right touch的概

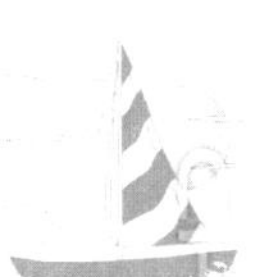

念與行動，要如何在與顧客互動與交易過程中，使其感到愉快，則顧客前來參與休閒活動的機會當可大為增加；反而在此過程中，若因某些服務無法取得顧客支持，甚且感到不愉快，則很可能導致顧客的拒絕參與休閒活動，同時日後也不會再前來參與休閒活動。所以休閒／活動組織要時時運用幾個right touch概念於休閒／活動組織之服務作業管理活動中，將可使組織能夠維持給予顧客體驗到休閒服務之感覺與感動品質，與協助顧客解決問題對策之能力，進而維持顧客與保有顧客。

■顧客的服務品質要求日益嚴苛

休閒／活動組織進行休閒服務活動時，要體現到顧客對於組織所提供之服務品質的需求與期望，乃是一再的改變而不是一成不變的，而且日益嚴苛、絲毫不能妥協，所以休閒／活動組織應針對服務作業品質之特性有所了解、認知，與執行針對方案（如表7-7所示），方能維持顧客之持續前來參與休閒活動及持續組織之高競爭優勢。

(二)服務作業品質策略

■建構顧客至上以客為尊的品質經營理念

1.在組織裡，由最高階領導者與管理者宣告「沒有顧客就沒有組織」的觀念，讓全體員工均能認清此一趨勢。
2.最正確的服務戰略就是掌握住既有顧客，然後再利用策略，促使這些既有顧客去牽動潛在的顧客成為組織的顧客。
3.組織要配合顧客，設法滿足其需求與期望。
4.選擇服務導向的差異化策略，提供顧客貼心眞實的休閒與活動體驗。
5.確立組織的顧客至上以客為尊的品質經營理念，由最高階領導者與管理者以身作則宣告於全組織，做全組織服務作業品

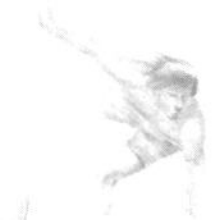

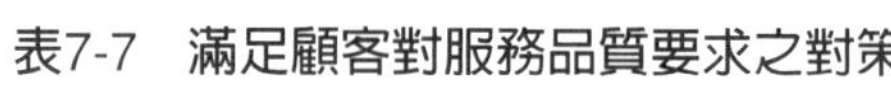

表7-7　滿足顧客對服務品質要求之對策

1.應隨時隨地維持應有的品質水準。
2.休閒／活動組織領導者與管理者要掌握住顧客階段性上升之品質要求意識。
3.推展新的商品／服務／活動時要注意行銷，讓顧客了解、認知與參與。
4.休閒／活動組織要具有與競爭者比較品質水準之意識，應付有經驗之顧客。
5.休閒／活動組織要能提供符合自己的期望與需求，方能提供最好的服務品質以供顧客體驗。
6.居於領導的休閒／活動組織的行銷與服務人員要拋棄老大、自傲、自尊與浪漫情懷。
7.若無法滿足顧客之要求時，應委婉、耐心與謙虛地向顧客解釋，以免給予態度惡劣之不良印象。
8.對於服務的周邊一些因素（如：他人之評價、服務台感覺、資訊清晰度、服務人員給人之信賴感、環境清潔衛生……）應予以具體化評核，提高顧客之評價。
9.建立休閒活動是完美水準的體驗價值（如：自我品味、無拘束放鬆感……）。
10.做好品質均衡（指對服務層面加以關心，對顧客層面的整體狀況加以關心），以利顧客群組均能在休閒活動中輕鬆愉快共同參與。
11.建構貼心服務與有心服務的服務理念，站在顧客立場為顧客服務。

質經營目標，指導組織朝向顧客滿意之方向發展。

■有實體商品之服務作業品質策略

1.依價格與服務內容做區分之策略：

(1)高服務品質高價格路線的高水準策略。

(2)低價格但注意個人化的服務品質路線的個性化策略。

(3)低價格低服務品質的大眾化策略。

2.依商品生命週期階段位置採行之服務品質策略（如表7-8所示）。

表7-8　商品生命週期與服務品質策略

週期階段	導入期	成長期	成熟期	飽和期	衰退期
卓越服務之品質條件	附加價值	安心感	附加價值與安心感	中級附加價值與安心感	高級附加價值或撤退
服務品質策略	高水準	個性化	大眾化與個性化	大眾化或高水準與個性化	高水準或撤退

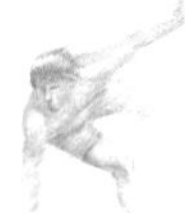

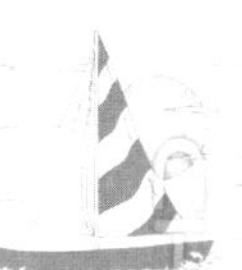

■無實體商品之服務作業品質策略（如表7-9所示）

表7-9　服務活動之服務品質策略

策略形態	策略說明
講究型策略	1.策略特性：高價格、高服務品質。 2.策略要點： (1)尊重每位顧客之嗜好，並與顧客做長時間接觸，關心其需求。 (2)目標市場為高品味需求之顧客群，採取高價位策略。 (3)必須維持卓越品質水準。
個性化策略	1.策略特性：合理價格、個人化服務品質。 2.策略要點： (1)設法尊重與配合顧客個人嗜好。 (2)價格必須合理，不能隨意更動。 (3)服務品質也不能隨意更動。 (4)服務技術要走向標準化。 (5)鼓勵顧客參與。
速食型策略	1.策略特性：低價格、最低必要限度之服務品質。 2.策略要點： (1)目標客群設定於對價格敏感度高於服務品質者。 (2)可降低服務成本與價格。

(三)服務承諾與服務溝通

■服務承諾

任何服務策略均應建立組織對顧客的服務承諾，所以服務承諾對休閒／活動組織來講是很重要的，而且此承諾應由最高經營領導者做聲明，及將之納入於組織的服務作業管理系統中（如表7-10所示）。

■服務溝通

任何服務品質策略均須經由溝通（communication），將其傳達給予組織的內部利益關係人與外部利益關係人，以確保組織能夠瞄準目標，並將之傳達於顧客可能直接間接接觸的所有管道。

1.讓顧客能充分了解組織的獨特性。

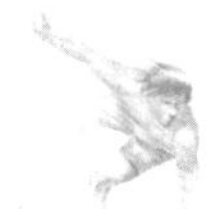

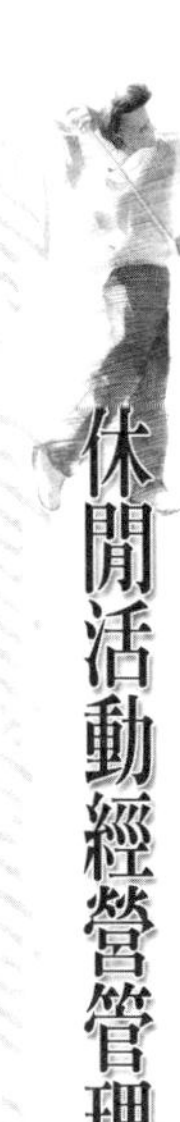

表7-10　服務承諾以表達組織之品質目標

聯邦快遞公司	1.每筆交易或與顧客接觸，務必要求達到百分百的顧客滿意度。 2.每個經手的包裹，力求百分百零缺點的服務表現。
立茲．米爾頓飯店	以淑女紳士的風度，禮遇尊寵我們的顧客： 1.溫馨誠摯的接待，若時地適宜，盡可能稱呼顧客的姓名。 2.事先預期顧客需求，並盡力配合。 3.珍重再會，熱情道別，並在時地合宜的情況下，稱呼顧客姓名。
地中海俱樂部	1.美觀、清潔，一切順利。 2.關懷、寬敞的心胸與想像力。 3.隨心所欲吃喝自己所喜愛的東西。 4.輕鬆的會面場所，只要願意，隨時可學習新事物。 5.可以不必有任何擔心，沒有任何風險即來參與。 6.充分享受立即可融入其中的度假村。
亞都飯店	提供顧客難忘的經驗。

2.減少顧客的事前期望超過實際的休閒與活動體驗價值。
3.減少顧客心目中的憂慮與風險。
4.使服務作業能夠具體化呈現予顧客。
5.員工的服務行爲乃是最好的溝通管道，尤其第一線的櫃台人員、行銷與服務人員、廣告、摺頁、導覽手冊……等，更須注意溝通。
6.注意經銷商、中介商、掮客與供應商之溝通。
7.員工溝通乃是要員工關注顧客之需求與期望。
8.對於社區居民溝通更須注意關懷與回應之品質要求。
9.對於其他內部與外部利益關係人必須保持暢通的活動訊息傳遞與溝通。

(四)制定服務品質標準

休閒／活動組織的服務作業品質應予以制定可供監視量測的服務品質標準，服務品質標準不僅表示組織的服務功能與能監視量測的指標，尚且要能顯示從顧客面所看到的結果是什麼。

服務品質標準設定時，應該站在顧客的立場，由顧客所需求與期望的價值來設定組織的服務品質標準，同時在設計時要考量其指

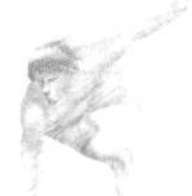

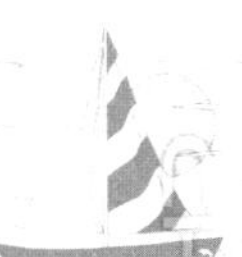

標是可量測的、可具體化的與可經由評核監視的特性，更重要的是在制定完成後，應由最高經營領導者向全組織員工宣示執行，形成組織之服務工作文化。

(五)品質異常改進要持續

休閒／活動組織可在服務作業活動中，找出不符合組織制定之服務品質標準的任何「人、事、時、地、物」，將其異常運用品質管理技術（如：ISO9001：2000、TQM、QCC活動、提案制度、QCt手法、新QCt手法……）予以探求異常要因之根源，並擬定改進，朝向消滅錯誤與達到零缺點之目標。

組織在其服務品質標準制定時，除由最高經營領導人宣告聲明之外，最重要的乃是經由全體員工的教育訓練，及配合激勵獎賞措施，在組織之中形成系統化、程序化與標準化的服務文化，遇錯誤或缺點即予以消除，並採取矯正預防措施，將之徹底根除任何異常要因，並持續不斷地評核與監視量測服務作業活動及徹底改進，以達符合顧客要求與高顧客滿意度之組織願景、使命與經營目標。

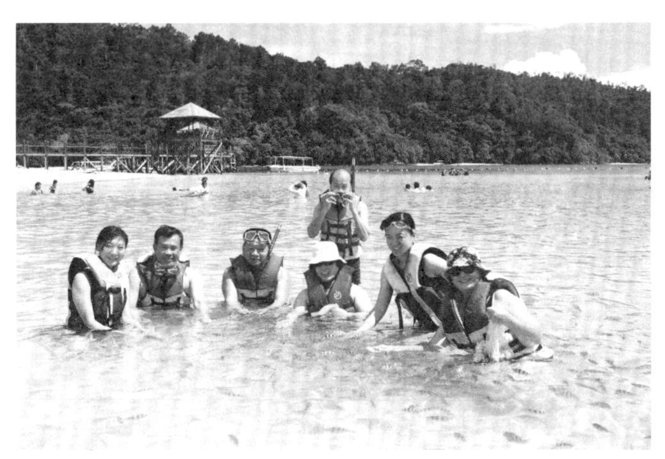

▲沙巴海中遊憩

馬來西亞沙巴有座神山、浩瀚與美麗的海洋、魚、珊瑚礁、如夢似幻般的日出與陽光、遐想的逐浪和沙灘，都是歡笑與不一樣的歡樂時光代表。

照片來源：黃怡華

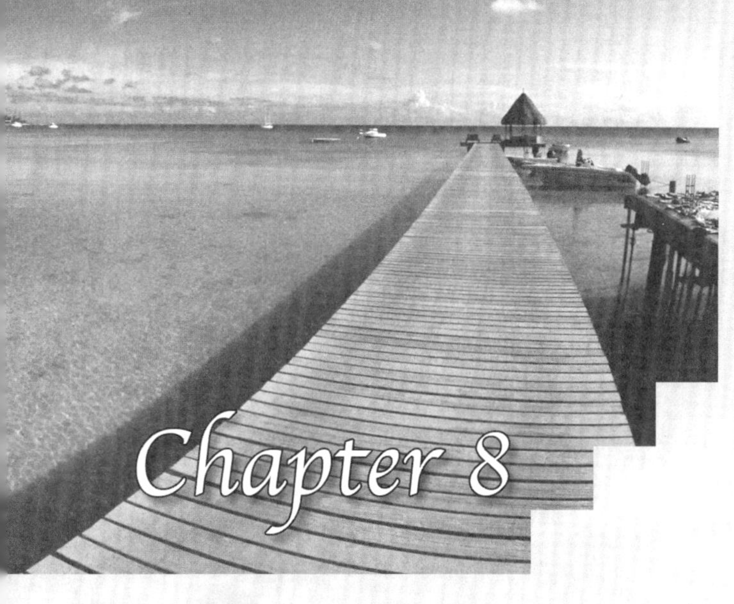

顧客服務作業與顧客爲重

Easy Leisure

一、探索顧客服務品質與優質顧客服務意涵
二、釐清顧客服務品質與顧客滿意關鍵議題
三、了解以顧客為重服務策略行動方案重點
四、認知顧客需求期望與要求回應的重要性
五、學習如何做好以客為尊的顧客服務策略
六、界定及時服務與回應是顧客為重的行動
七、提供建立優質顧客服務品質之策略方案

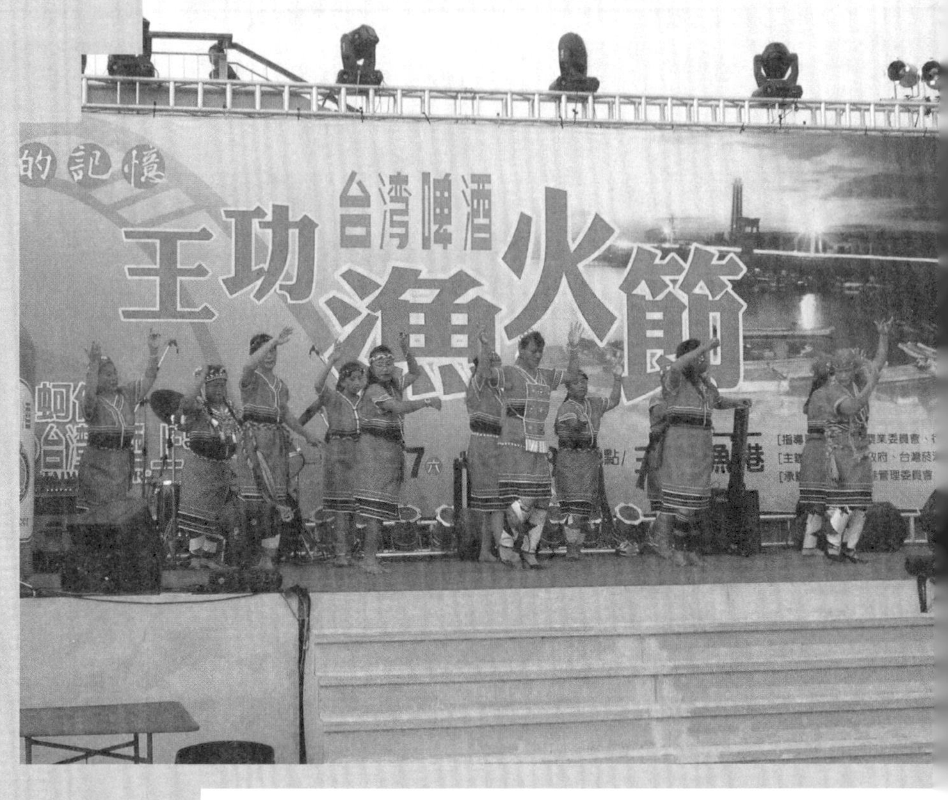

▲ 王功漁火節

2005王功漁火節系列活動，除了熱歌勁舞之外，主辦單位準備三千杯啤酒與兩千五百斤蚵仔，免費招待遊客，讓你「飽擱醉」。而當地還有燈塔、王者之弓、生態景觀橋、紅樹林以及賞鳥區風光明媚的景點，是全家一同前往歡度中秋節的新選擇。

照片來源：彰化縣王功蚵藝文化協會　余季

在這個數位經濟時代的休閒／活動組織，必須體驗到如何使其活動傳遞與執行服務有關作業管理模式，必須以顧客爲出發點的重要性。在以往的認知中，每每將所謂的以顧客爲出發點，就是把商品／服務／活動呈現給顧客及促使顧客照單購買／消費／參與，以維持本身的組織，如此的認知在這個講究「以顧客爲重，傾聽顧客與市場的聲音，設計吻合顧客需求的商品／服務／活動」等顧客服務時代，乃是不合時宜的。一般來說，任何以顧客服務爲出發點的休閒／活動組織，將會深深建立以顧客服務及顧客滿意爲出發點之經營磐石，因而該等組織的經營管理者與活動規劃者就會對其顧客（包括內部顧客與外部顧客在內）需求，有完整且正確的認識，舉凡該等組織的商品／服務／活動均以滿足顧客需求爲目的，或者是爲了解決與顧客滿意相關的問題。

第一節　顧客服務品質與顧客滿意

事實上，休閒／活動組織必須面對的三大問題：(1)誰會是我們的顧客？(2)我們要如何來確認他們的需求與期望？(3)如何利用顧客的滿意度來推展本身組織的運作？基於如上三大問題的思維，我們在此願意鄭重的提出以達成顧客百分之百滿意的整個組織追求目標之新企業管理模式，作爲現代休閒／活動組織的運作基石，如此的組織將會以顧客爲重的出發點，以達成顧客百分之百滿意的目標之方法，更以顧客滿意作爲整個組織的最高指導原則；換句話說，休閒／活動組織最重要的任務，乃在於了解顧客與市場的聲音，以及了解顧客的期望與需求，並極力滿足顧客的要求。

一、顧客服務的重要性

在本書第七章第二節的**表7-1**中，我們曾以Foster（2001）的顧

客服務重要性來佐證在休閒／活動中的顧客服務乃是休閒／活動組織所必須加以正視的重要議題。由於顧客服務對於休閒／活動組織能否永續經營發展具有關鍵的影響力，所以我們必須先了解顧客在哪裡？顧客所關注的焦點有哪些？顧客的聲音有哪些？並構思如何讓顧客能夠滿足與滿意之策略行動，以及針對顧客的抱怨、申訴與建議建構完整之行動方案，如此休閒／活動組織才能達到顧客的眞正滿意，以及維持組織的優勢競爭力。

(一)顧客的分類

一般來說，顧客可分爲內部顧客（internal customers）與外部顧客（external customers）兩種，所謂的內部顧客泛指同一個組織內的員工接受另一位員工的商品／服務／活動，及服務作業過程中下一過程的人員而言；而所謂的外部顧客則指某些人員或組織接受我們所提供的商品／服務／活動而付款者，及商品／服務／活動的最終使用者（end user）。基於如上的說明，我們可以肯定的將顧客界定在商品／服務／活動的設計開發、製作銷售、行銷傳遞與服務提供的所有活動重心之位置上，所以任何企業組織必須以顧客爲導向的服務品質作爲其組織的核心價值，方屬於以回應顧客爲重的組織。

(二)確認您的目標顧客

大部分的休閒／活動組織會自以爲是的認爲他們相當了解誰是他們的目標顧客，這樣的思維或許是對的，然而如此的認知基本上仍是有其程度上的差別，一般來說，組織若能對其顧客愈深入愈了解的話，那麼這個組織的商品／服務／活動也愈能滿足顧客要求。休閒／活動組織乃是服務性產業的一環，所經營的業務大都爲無形的服務與活動，兼有少部分的有形商品與服務，在基本上更應確切的了解目標顧客在哪裡。當您能夠明確的定義出目標顧客在哪裡時，方能鑑別出他們的需求與期望，如此也才能提供滿足其需求與期望的商品／服務／活動。

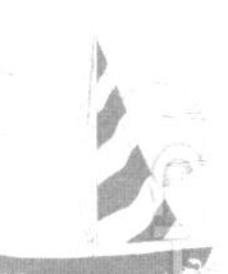

休閒／活動組織將顧客予以和其組織願景、方針與目標相連結，以進行策略規劃、商品／服務／活動等休閒活動的設計與開發、生產與服務作業流程管理等各項管理活動，藉此達到拉近和內部顧客與外部顧客之間的距離（尤其員工與顧客間距離之拉近更是首要之務），組織的高階經營管理者更應鼓勵員工參與顧客小組，並積極與顧客（含其所屬員工、人際關係網絡之親朋好友師長同儕）進行交流互動，同時也要提醒其員工要如何注意衡量顧客滿意度與評量之結果。

休閒／活動組織也要和生產製造產業、服務產業與生產性服務產業一樣，嘗試建置顧客資料庫（同時須隨時更新及提高面對顧客之員工的使用率），以爲了解顧客眞正需求與期望，及監視量測顧客對其所提供的顧客服務措施之反應，如此方有利於組織知道要使用什麼樣的行銷方式與策略、服務技術、價格與顧客服務等，以及最爲顧客關注的焦點所在。另外，休閒／活動組織並可透過顧客資料庫，找出顧客與市場之定義、定位與再定義，進而得以運用市場區隔過程，使該組織更易於洞悉顧客／市場的關注焦點議題所在，及爲潛在顧客之溝通與修正，並達成接近顧客、交談與傾聽、查驗、改變與測試等，一連串的與顧客對話之過程，而此一過程乃是永不可休止的，且是彌足珍貴的確認目標顧客，與認識顧客、了解顧客的最好方式。

(三)確認顧客的需求與期望

顧客資料庫的建立，可用來評估與修正休閒／活動組織原來的市場區隔，並能持續進行改進，而這個顧客資料庫更可依顧客群別來進行實驗，並經由一個封閉系統以爲了解刺激／反應機制的運作，以及和顧客之間的距離拉近一大步（如圖8-1所示）。顧客資料的蒐集與分析整合將會促使「定義客群」的市場區隔方式成爲新焦點，也就是休閒／活動組織與顧客之間將會有更深入與清晰的認識，也將不會再一廂情願地希望顧客必須跟隨著自己的策略思維、

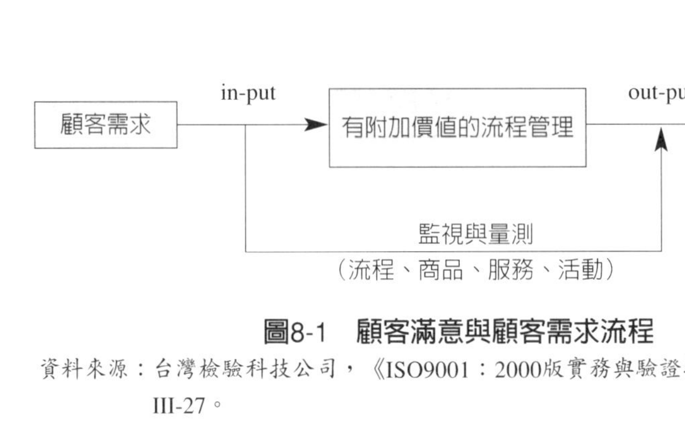

圖8-1　顧客滿意與顧客需求流程

資料來源：台灣檢驗科技公司，《ISO9001：2000版實務與驗證指引》，2001年，頁III-27。

創意點子與創新構想起舞，進而改變爲努力設計規劃出符合顧客需求與期望的休閒活動。另外，休閒／活動組織也必須與顧客保持同步脈動，不但要確認顧客要求，同時對於顧客的任何建議、抱怨、申訴與抗拒，均要透過各項管道來蒐集顧客的任何有關上述議題之回應，以朝向建構高顧客滿意度的顧客服務作業管理系統而努力不懈。

雖然，大多數的顧客有時候並沒有辦法明確地表達出來「到底要什麼」「困難是什麼」，但是休閒／活動組織卻不得不仔細傾聽顧客／市場的聲音，同時運用管理工具，以強化對於如何增進顧客滿意度之有關作業流程的了解，以及擴增組織本身的競爭能力，如此才能掌握住顧客的眞正要求，提升顧客滿意與競爭優勢。

休閒／活動組織應該如何尋找出顧客的需求與期望（如**表8-1**所示）？又顧客之需求與期望是什麼（如**表8-2**所示）？

二、顧客與市場的聲音

休閒／活動組織大都了解到傾聽與了解顧客是有益無害的，但是休閒活動市場乃是處於一個高度變動的產業環境之中，顧客的需求與期望時時在變，顧客的要求不斷地變動而且更會不斷地升高其要求程度，以至於許多的組織無法跟上顧客求新求變的腳步，因而被迫退出市場。一般來說，當顧客的要求增加時，組織的品質績效

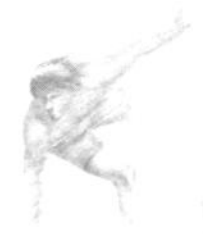

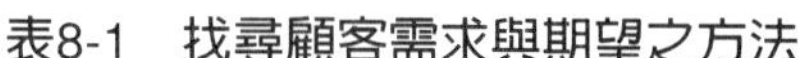

表8-1　找尋顧客需求與期望之方法

1.組織知道顧客的需求與期望是什麼嗎？ 2.有什麼樣的流程或方法可以確認出顧客之需求與期望？ 3.如何評估組織要達成上述需求與期望之能力？ 4.要藉由哪種流程或方法使顧客之需求與期望變成為要求？ 5.如何獲得顧客之需求與期望並傳達給整個組織內部各位員工，並能夠對此有足夠的認知及有效達成？ 6.尋求顧客需求與期望，能夠與組織之願景／方針／目標相結合？ 7.如何利用顧客滿意度來推展該組織之運作？

表8-2　顧客需求與期望之定義

1.符合服務品質管理系統標準之要求。 2.合理與合適的價格。 3.及時提供商品／服務／活動之品質。 4.新商品／服務／活動的詳細資訊提供。 5.符合法令規章、族群文化要求及環境品質與安全之要求。 6.銷售及生產與服務作業過程之服務過程的服務品質。 7.商品／服務／活動提供之滿意度。

就必須跟著增加，只是在顧客要求增加之比率比起組織的品質與服務之改進速度還快的時候，所謂的顧客不滿足現象與問題也相對增加，這個時候組織就應該思考將其商品／服務／活動重新設計，以爲因應顧客需求（如**圖8-2**所示）。

圖8-2所顯示的被動式顧客導向品質（reactive customer-driven quality; RCDQ）模式，其揭露出主要陷阱與危險之處乃在於：顧客所期望與需求的品質與休閒／活動組織所提供之品質交叉點（E點），在理論上乃是最佳的均衡點，可是顧客的需求與期望目標永遠不會是E點，而且最有可能向右移到E_{1+n}點（升高其需求與期望之目標），可是休閒／活動組織的品質改進只到達E_{2+n}點（$Q_{2+n}<Q_{1+n}$），如此下來就產生E_1'E_2'的差距，休閒／活動組織若不能及時趕上的話，則其顧客將會離開並找尋可以滿足其需求與期望目標之另一個組織或休閒活動，爲其提供其活動體驗的要求之滿足，這就是所謂的RCDQ的陷阱與危險理論。

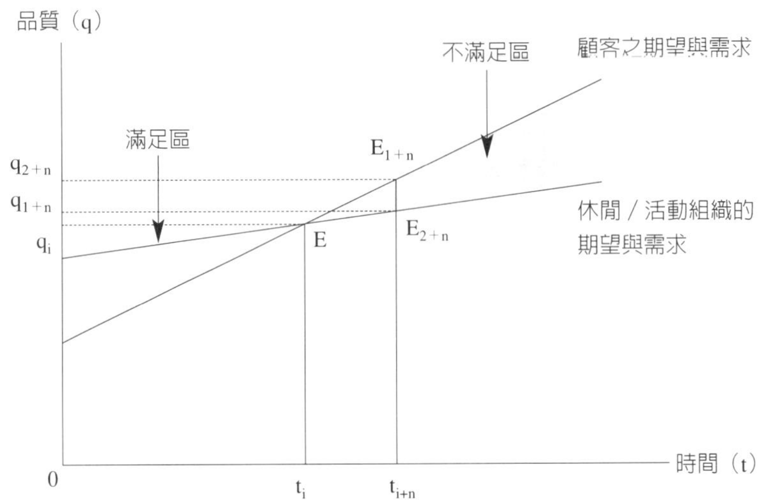

圖8-2　被動式顧客導向品質的陷阱

資料來源：S. T. Foster, "The ups and downs of customer-driven quality", Quality Progress (October, 1998): 70.

所以休閒／活動組織必須站在顧客期望與需求目標之前，準備顧客需求與期望之品質目標提高之際，馬上可予以填充滿足，而不會是處於被動式的RCDQ模式，反而落後顧客需求改變時間點，以至於隨著時間的移動而離顧客期望與需求目標愈來愈遠。

(一)顧客的聲音

顧客的聲音（voice of customer）乃是指顧客的需求、期望、意見、感覺與要求。顧客的聲音乃是告訴休閒／活動組織務必要去迎合並滿足顧客的最基本訴求，若是組織所提供的商品／服務／活動無法達到其基本訴求，則其顧客將會另棲息他處而不再回頭，所以組織必須正視所有顧客的聲音，並依據顧客的需求與期望，設計規劃出更好更能符合顧客需求的休閒活動供其體驗。

顧客的聲音可以分為兩個模式加以蒐集、分析與了解：其一，主動促成顧客回饋的方式；其二，被動促成顧客回饋的方式。

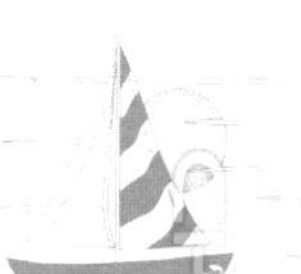

■主動促成顧客回饋方式

指的是由休閒／活動組織主動針對顧客所進行的接觸，這個模式常見的方法約有以電話接觸顧客、舉辦焦點小組、寄發問卷調查、活動現場接觸，及親自訪問等方式。

1.電話接觸顧客：乃是相當簡便的調查方法（以問卷調查或架構性訪談），但也往往因爲過於簡便而造成某些程度上的困難，例如：時間點選擇的標的對象無法訪問到、訪問時間不易拿捏以致造成顧客厭煩、最近電話詐騙案頻傳以致被拒絕的比率相當高。因此若要進行電話接觸方式，宜先徵得受訪者的同意，並在正式調查之前將問卷先寄達受訪者，再約定電話訪問時間爲佳。

2.焦點小組：焦點小組（focus group）乃利用小組討論的方式，將要討論的議題縮小到單一主題或一組主題之上，再由類似特徵與人口特性的個人組成焦點小組，討論休閒／活動組織特別感興趣的議題與市場區隔，從廣到窄的問題中找出共同的議題，並將之作爲改進與規劃設計的依循（這個方法運用到公部門的施政公聽會上，乃是常見的運用案例）。

3.問卷調查：問卷調查法乃爲較常見的顧客接觸方式（如表8-3所示），問卷調查法在進行之時應該依循「確認顧客需求→開發並驗證問卷的有效性→執行調查→分析結果」等步驟來進行。在現在功利主義掛帥的時代，問卷調查的回收率相當低，而且回收問卷的勾選往往虛假與眞實莫辨，以致徒然浪費組織的資源而無法確認出眞正的調查議題之有效性。

4.現場訪問：在活動現場由調查工作人員或主管親自參與顧客之體驗過程，而向顧客施以問卷調查之方法，已有逐漸爲組織所重視之跡象。在現場訪問中較易於取得受訪者的認同，也易於找出各個現行活動之優劣點及顧客之評價與建議，當然進行這樣的調查，須遴選有公關專才的工作人員與主管親

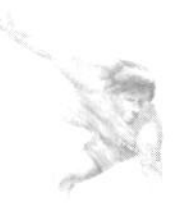

表8-3　顧客問卷調查表（範例）　〈附回郵之調查卡〉

親愛的張太祺先生：

由於您過去的支持，敝公司才能有今日。當您不再光臨，使我們深感遺憾將失去為您提供更好更值得回憶的服務機會。我們是多麼期望您的離去不是由於我們的服務不周全所致，若不幸正是如此，可否請您指出我們的缺失？對於您撥空填寫此份回函調查表，將可使我們得到如珍似寶的資料，作為我們努力改進的依循，在此深深由衷的向您致謝，並殷切盼望不久的將來能有讓我們再度為您服務的榮幸。

此致　　時祺

GOING-CONCERN公司
總經理 吳大海 敬上
2002年2月15日

我們所關心的顧客：

使顧客滿意是我們的服務政策，請您撥空答覆下述問題，將使我們的服務能更貼心更完美。

請您填妥後將本調查表對摺加封免附郵資（已貼足郵資）寄回本公司，謝謝您。

如果方便的話，請您留下您的：
姓名（寶號）：＿＿＿＿＿＿＿＿
地址：＿＿＿＿＿＿＿＿＿＿
＿＿＿＿＿＿＿＿＿＿＿＿
電話：（　）＿＿＿＿＿＿＿＿
T.C.T.: ＿＿＿＿＿＿＿＿＿＿
e-mail: ＿＿＿＿＿＿＿＿＿＿

您的評價：	極佳	良好	好	尚可	不佳
1.服務人員的態度	5	4	3	2	1
2.提供商品的品質	5	4	3	2	1
3.提供服務的品質	5	4	3	2	1
4.我們的售價水準	5	4	3	2	1
5.商品與服務項目有沒有滿足您的需要？	5	4	3	2	1
6.我們提供條件和競爭對手比較？	5	4	3	2	1
7.您的抱怨我們處理的滿意度？	5	4	3	2	1
8.距上一次來店消費已有多久？	1-7天	8-14天	15-25天	26-45天	46天以上

9.您的建議：＿＿＿＿＿＿＿＿＿＿＿＿＿＿＿＿＿＿＿＿

您的建議，我們由衷地感謝，並轉化為我們持續改進的動能。
顧客服務專線或電話0800-080-888

資料來源：吳松齡，《國際標準品質管理之觀念與實務》，台中：滄海書局，2002年，頁111。

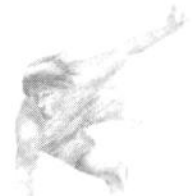

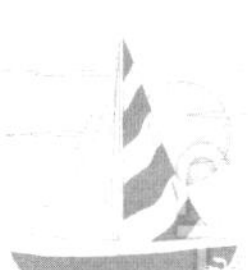

自到活動現場，甚至於可以顧客的角度與顧客進行溝通。

5.親自訪問：親自訪問乃是由調查人員依據顧客資料庫之名單前往訪問，惟此項方法之成本相當高，但蒐集資訊應屬較好的有用資訊。

■被動促成顧客回饋方式

指的是調查發動者不是由休閒／活動組織來發動，而是由顧客所主動進行的顧客接觸，常見的方式有：(1)塡寫申訴／意見表；(2)打0800免費申訴／要求服務電話；(3)經由網際網路塡問卷調查表／詢問請求服務之要求；(4)直接向消費保護團體申訴／要求調解或賠償；(5)直接或登門採取退貨／換貨／要求賠償；(6)訴諸法院／政府消保官要求仲裁／調解；(7)直接訴諸媒體造成組織的壓力及時採取對策以回應其訴求等方式。

在上述所介紹的七個行動中，以第(1)項第(2)項與第(3)項較具建設性，而且顧客對休閒／活動組織尚不至於到斷尾求生或玉石俱焚的地步，也是組織與顧客接觸中較易取得顧客聲音的主要管道，此時組織必須妥善回應顧客、了解顧客眞正的需求與期望，及設法滿足顧客的要求。而第(4)至(7)項則是顧客在已不信賴組織的處理與回應之任何行動，而採取的激烈回饋方式，在這些狀況下，休閒／活動組織就必須當作危機處理模式來進行，切忌掉以輕心，以至於組織遭受到重大的有形損失（如：賠償、罰款及負責人／代理人被判刑罰）與無形損失（如：媒體報導致組織形象受損、其他顧客同情申訴／行動人而串聯拒買／拒來參與之活動……等）。

(二)市場的聲音

所謂的市場包括了既有的顧客、競爭對手、競爭對手的顧客、潛在的競爭對手及其顧客在內，所以休閒／活動組織想要以策略建立起市場，就必須先對顧客與市場有所了解，而在了解之後，進行市場資訊與顧客資訊的蒐集。雖然顧客資訊的蒐集（如**表8-4**所示）並非市場資訊的唯一來源，但是顧客可以說是蒐集競爭對手資訊的

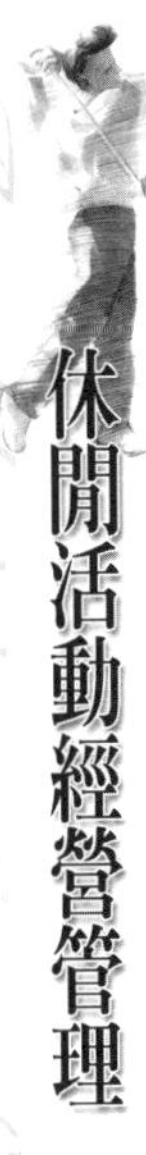

表8-4　滿意度與未來需求調查表（範例）

要求／調查項目	未來類別變動				未來重要度變動			未來期望水準	＊公司或產品	目前滿意度					
	魅力	正比	當然	無差	高	中	低			5	4	3	2	1	0
整體滿意度															
＊＊															
備註 ＊含標竿（競爭）公司或產品。 ＊＊請填上新的期望或足以讓你喜出望外之新需求項目。															

資料來源：詹昭雄，〈e品質管理〉，《品質管制月刊》，37（4）：37。

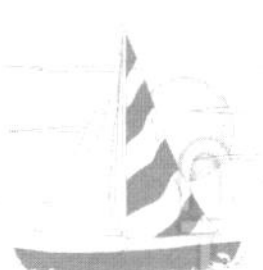

最佳來源管道；同時從流失的顧客口中，也可得到相當具有參考價值的競爭對手之優劣點資訊，這些競爭對手的資訊乃是組織了解競爭對手及認識市場的最佳資訊來源。

所蒐集的市場資訊包括了：(1)競爭對手與本身的休閒商品／服務／活動在顧客的認知與需求上的優劣勢比較；(2)競爭對手與本身在生產與服務作業過程（如：流程、運作系統、技術、服務作業）的優劣點比較；(3)競爭對手與本身在經營績效方面（如：業務成果、成本結構、生產與服務績效、品質與回應顧客速度……等）的比較；(4)競爭對手與本身在策略競爭力方面的優劣比較；(5)競爭對手與本身在各項作業管理機能的優劣比較等五大構面。當然市場聲音的了解不單限於競爭對手而已，尚包括了潛在的競爭對手（尤其休閒產業特性更爲明顯，異業也可以取代您，並不是只有同業種的才會取代您），如此的市場聲音的了解，最主要目的乃是將標竿企業／組織當作學習的方向，當您進行標竿學習時，既能朝向滿足顧客與市場的要求努力邁進，進而形成爲具有競爭優勢的休閒／活動組織，更可邁向全球化／國際化的領導性企業組織。當然在標竿學習過程，乃是經由持續改進的手法，逐步邁向標竿企業或領導性企業，絕對不是一蹴可幾的（如**圖8-3**所示）。

(三)顧客溝通

與顧客溝通乃是顧客服務的一種過程（如**圖8-4**所示），但卻不是一個結果或事物，而且所謂的溝通乃是動態的機制，並且不會無始無終的，乃是持續不斷的進行過程。顧客的需求乃是持續不斷地成長與變化的，但是休閒／活動組織若是以爲「只要有溝通就好了，何必在乎何時溝通」，而一曝十寒的進行與顧客溝通，那麼將會注定如此的溝通乃是沒有意義，因爲溝通不管用什麼方式進行，或是哪一個時點進行，均有其一定的意義，任何溝通結果所蒐集的資訊均具有一定的價值，而且是休閒組織進行休閒活動之經營管理與設計規劃時，不宜忽視其顧客或市場聲音所顯示的價值與意義。

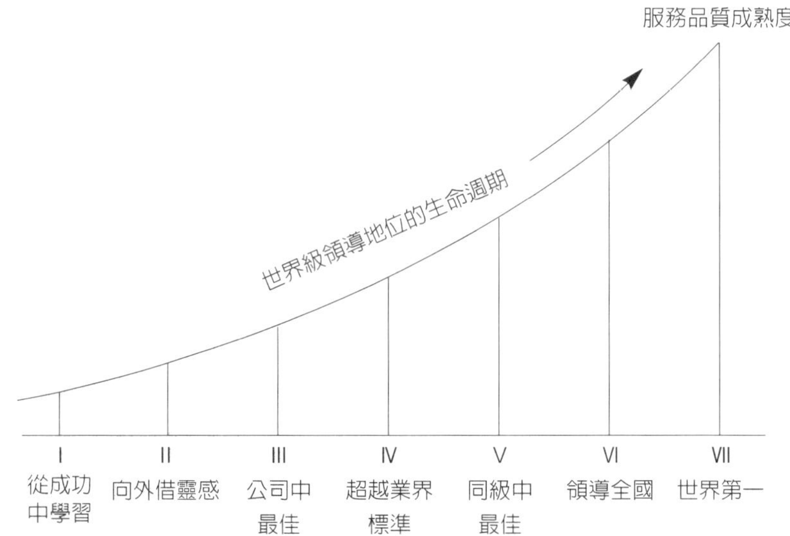

圖8-3　標竿學習的目的與品質成熟度

資料來源：S. Thomas Foster著，戴久永審訂，《品質管理》（一版），台北市：台灣培生教育出版公司，2002年，頁237。

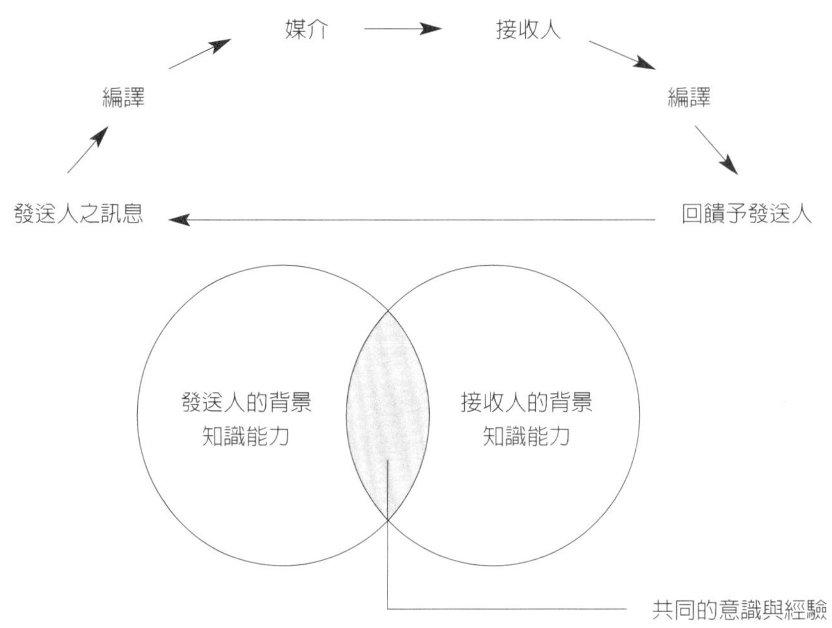

圖8-4　溝通流程圖

資料來源：吳松齡，《國際標準品質管理之觀念與實務》，台中：滄海書局，2002年，頁104。

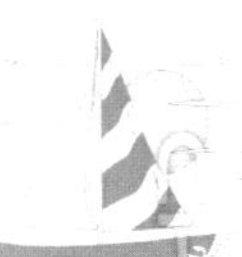

要想進行良好的顧客關係管理，乃是需要持續不斷地與顧客接觸，休閒／活動組織必須在進行之前，先施予和顧客溝通與面對面接觸的員工（尤其是調查人員、第一線服務人員）妥善的訓練，例如：聆聽顧客的技巧、主動協助顧客請求協助或支援之服務技巧、顧客申訴抱怨的回應技巧，訪問顧客的技巧，及有關休閒／活動組織及休閒活動（含各項活動方案在內）的介紹與解說技巧，以及各項充分運用主動接觸顧客機會進行溝通／接觸之技能。組織可以利用顧客滿意度調查表發出問卷調查，分析顧客對於既有的休閒活動之品質、服務、溝通等方面的期望與需求，以爲持續改進的參考。另外也可依據顧客申訴抱怨或報告之方式，促使組織及內部員工能夠深入了解到顧客的要求議題，進而更可與顧客進行面對面的接觸，以確認其眞正的需求與期望，而得以盡力滿足顧客的要求，而這樣的行動模式應該是沒有終止的時候，除非顧客已完全滿意或是組織想要退出市場（如**圖8-5**所示）。

三、顧客滿意度

休閒／活動組織所推展傳遞的休閒活動，即使已達到無懈可擊的境界，但是在報名報到或購票／驗證入園、開立發票／收據、售後服務，或回應顧客非預期要求……等方面，若是表現得不夠好，

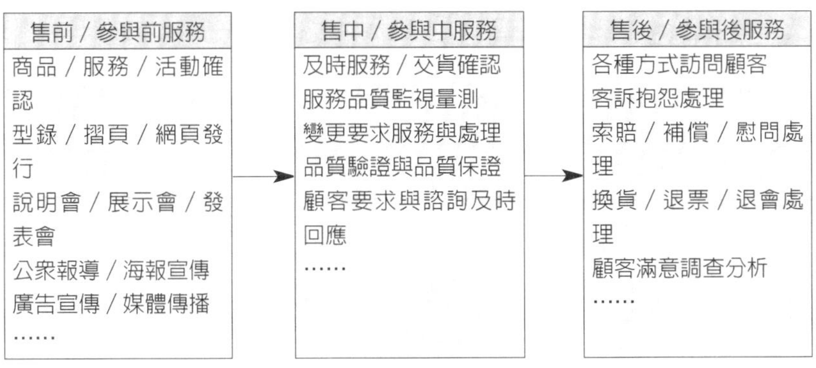

圖8-5　顧客溝通管道之建立

那麼這家組織的品質評價上仍是不好的，這是因爲顧客的品質標準相當容易萌生「求全之誨」念頭，習慣地用零缺點的標準來驗證其參與的休閒活動之組織及其他方面之品質水準，而不會只單單針對其所參與體驗之休閒活動做評價，這乃是因爲休閒活動只不過是顧客與組織間的整體交易／接觸經驗的一部分而已。

任何休閒／活動組織應該了解其組織與休閒商品／服務／活動在顧客心目中，往往會被顧客放在一塊兒來評價，所以顧客對於參與活動體驗所得到的經驗之好壞，就決定了提供該項活動的組織形象之評價，當然更是影響到整體品質的好壞。所以休閒／活動組織要想獲取高的顧客滿意度，就應該要將顧客服務品質之意義予以擴張，例如：顧客與該休閒／活動組織的往來／互動交流經驗愉快嗎？該組織所提供的休閒活動，會爲顧客帶來便利、愉快與符合預期需求目標的體驗價值嗎？

因此休閒／活動組織就應該將其所提供的休閒活動之品質定義在，提供給顧客輕鬆、愉悅、舒適、便利、自然、興奮、學習、挑戰、安全、舒適、驚奇、快樂與具有價值利益的層次，同時更要認知到所謂的品質，也應能提供給予顧客高體驗價值解決方案的能力。休閒／活動組織必須相當明確地將自己定位清楚，要不斷地爲本身創造出爲顧客所認同與需要的價值，另外在組織外部確確實實地針對顧客的潛在需求與期望，以及內部不斷地創新，以發展出讓競爭對手無法炮製或提供的休閒商品／服務／活動，以獲取永續發展的入門票。

休閒／活動組織應該確認其所蒐集之資訊是否足以反應出「顧客觀點」，以進一步了解是否能夠滿足顧客之要求及滿足的程度爲何，同時對於顧客對其組織與休閒商品／服務／活動之績效是否滿意，以及顧客所呈現的訊息是否組織已在品質方面有所改進，或是日趨惡化等方面資訊的監視量測，乃是較爲積極的方式。

另外顧客滿意的監視與量測方式乃宜取決於組織要如何以最佳的方式來進行，且有效地應用此資訊以鑑別可資採行之改進措施。

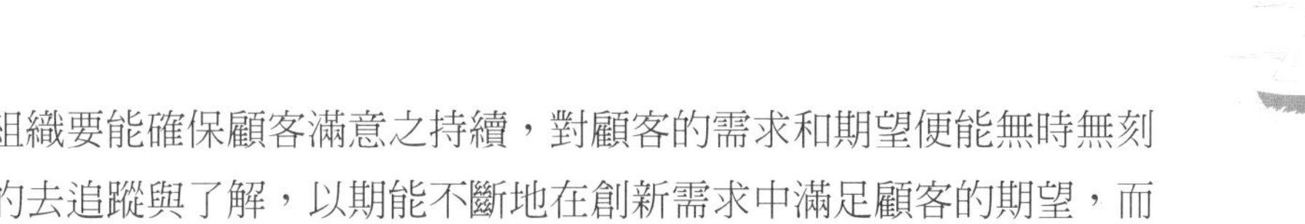

組織要能確保顧客滿意之持續，對顧客的需求和期望便能無時無刻的去追蹤與了解，以期能不斷地在創新需求中滿足顧客的期望，而這當中最有效的方案便是顧客滿意度的調查（如**表8-5**所示）。

組織對於顧客滿意度的調查，最主要的是要能找出顧客滿意度指數，也即爲顧客對組織所提供之商品／服務／活動的看法與意見，並加以量化，得到一個具體的結果，因而組織應主動積極去調查，請顧客告訴組織本身滿意與否，以及要改進的建議……等。組織能在顧客滿意度調查中，掀出組織本身之缺失，進而加以改進，將有助於使顧客關係更爲緊密，也能填滿組織本身不易發現之缺點，並且向外部更積極快樂地開發新的客源，進而使流失的顧客回歸。

至於顧客滿意度的調查方式，可如前面所說的主動促成顧客回饋方式之方法來加以進行，當然休閒／活動組織也可由組織之內部顧客中與顧客互動交流過程中有關係之人員，來進行顧客滿意度調查（如**表8-6**所示）。

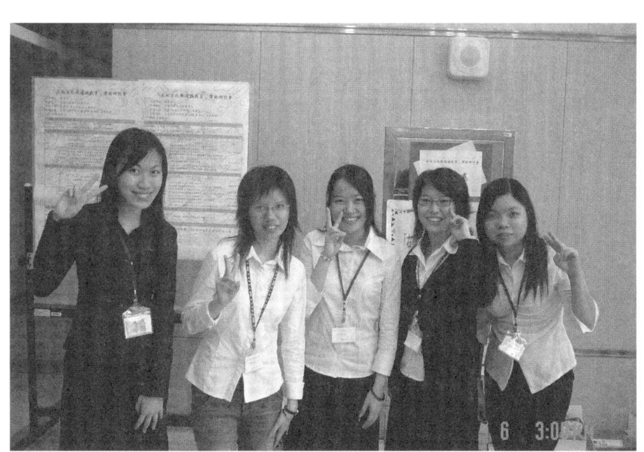

▲研習後歡樂笑容

成長與學習包括：創意潛能開發、法律常識、民俗草編、義賣、整理發票、古蹟之旅、生命教育、參觀社福團體、歌仔戲、生態研習、飲料調製、DIY自我成長等。然而這些成長與學習課程，並非所學的新知會帶來的效果，而是學習者本身所追尋新知的內在驅力所造成的。換言之，會積極學習成長的人，無論其有無新知，本身就很容易成為積極與有活力的人。

照片來源：王香諭

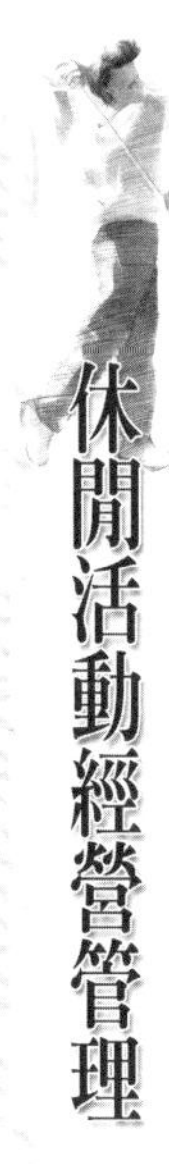

表8-5　顧客滿意度自我評估表（範例）

部門	評估人	評估點數（S）							權數(R)	評分SXR
職位	日期	極佳	優良	良好	合格	勉可	稍差	不良		
序	評估項目／評估結果	7	6	5	4	3	2	1		
1	所屬部門對於顧客滿意之追求有否部門之顧客滿意目標，以達成組織總體目標之努力？									
2	對於本部門所制訂之顧客滿意指標，在本部門之內的全體同仁有無了解其意義？									
3	對於本部門之顧客目標，部門內是否訂有具體與書面化之品質管理方案？									
4	對於本部門之顧客服務品質管理方案有無制訂監視與量測之作業標準？									
5	對於本部門之顧客服務品質管理方案是否有激發部門／單位主管多了解／接觸顧客，以利了解與評估顧客對本部門之滿意度？									
6	對於本部門內所有可能直接和顧客接觸之人員，制訂有針對此些人員之考核／稽核制度，以促進部門之顧客滿意度目標之實現。									
7	對於本部門所能直接或間接提供顧客滿意之商品／服務／活動制訂有品質基準之評量指標，並與組織之顧客滿意目標相關聯。									
8	對於本部門管理階層是否定期／不定期盤查及修訂其有關之經營管理制度／程序／標準／報表，以利達成高顧客滿意之目標？									
9	對於顧客向本部門回饋之資訊是否向有關部門或組織之最高管理階層反應，以利及時矯正預防再發生？									
10	對於達成顧客滿意所修訂之制度／程序／標準／表單，該部門主管是否經常稽核／查證是否落實以求持續改進？									
總評分 $\Sigma(S \times R)_i$										

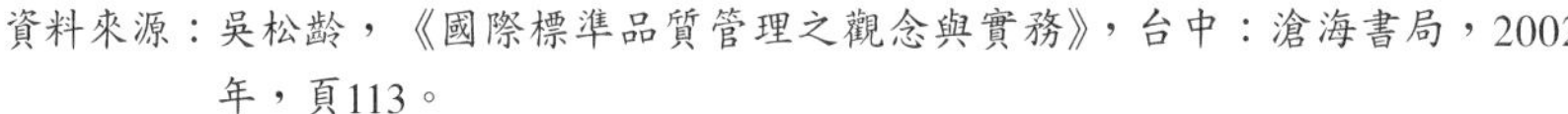
資料來源：吳松齡，《國際標準品質管理之觀念與實務》，台中：滄海書局，2002年，頁113。

表8-6　顧客滿意度調查表（範例）

敬致親愛的顧客，您好：

感謝您們多年來的支持與惠顧，我們公司全體同仁均誠摯的於此敬致無比的謝意，謝謝！謝謝！我們公司為追求卓越的服務品質以回饋客戶，將在我們公司領導人的親身引領下，決心傾一切所能的持續以高顧客滿意度為我們的經營目標，以為回饋您們的支持與惠顧。為持續全面提升服務與產品品質，特別製作此問卷，希望您在百忙之中撥出幾分鐘時間，把這份問卷清楚填寫完成，另請能傳真至（04）22222222營業部，讓我們了解您的感覺及想法，使我們能夠提供更佳服務，期能滿足您們的需求與期望。謝謝！謝謝！

凱芳休閒事業股份有限公司
營業部張太禎經理敬上
2006年12月15日

一、顧客資料：

填表人：____________________ 性別：□男 □女　電話：（　）________________________

電子信箱：____ 手機：

二、評核內容：

評核項目		評核結果（請圈選）	與其他同業比較（請圈選）
商品	1.商品品質滿意度	□非常滿意 □滿意 □尚可 □不滿意 □非常不滿意	□較佳 □相當 □較差
	2.交期配合或服務及時滿意度	□非常滿意 □滿意 □尚可 □不滿意 □非常不滿意	□較佳 □相當 □較差
	3.商品包裝或服務活動創新滿意度	□非常滿意 □滿意 □尚可 □不滿意 □非常不滿意	□較佳 □相當 □較差
服務	4.第一線服務人員服務滿意度	□非常滿意 □滿意 □尚可 □不滿意 □非常不滿意	□較佳 □相當 □較差
	5.第一線服務人員回應滿意度	□非常滿意 □滿意 □尚可 □不滿意 □非常不滿意	□較佳 □相當 □較差
	6.支援服務人員服務滿意度	□非常滿意 □滿意 □尚可 □不滿意 □非常不滿意	□較佳 □相當 □較差
活動	7.客訴回應滿意度	□非常滿意 □滿意 □尚可 □不滿意 □非常不滿意	□較佳 □相當 □較差
	8.缺失改進滿意度	□非常滿意 □滿意 □尚可 □不滿意 □非常不滿意	□較佳 □相當 □較差
	9.開發／修改配合滿意度	□非常滿意 □滿意 □尚可 □不滿意 □非常不滿意	□較佳 □相當 □較差
	10.整體表現／企業形象	□非常滿意 □滿意 □尚可 □不滿意 □非常不滿意	□較佳 □相當 □較差
其他建議事項（請留下您的寶貴建議）			

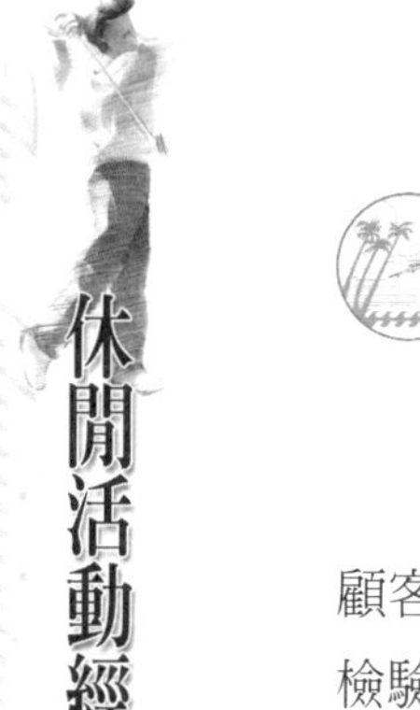

第二節　顧客申訴處理與顧客回應

事實上，無論休閒／活動組織的任何活動規劃設計再完美，在顧客進行體驗活動與互動交流過程中，仍然免不了接受顧客的嚴格檢驗與批評。只要在顧客的參與活動過程中，發生一點點的挫折、不爽、頹喪、生氣或失望，均會導致顧客的不滿意與不滿足，在這個時候休閒／活動組織若未及時加以發現，並立即給予處理及回應顧客的話，將會導致顧客的流失，甚至影響到該流失顧客的人際關係網絡中的朋友親戚與同儕。所以我們願意以一個簡單的原則「顧客永遠是對的」來加以界定，也就是休閒／活動組織及其服務人員若有任何不滿顧客的挑剔、瞎整或胡亂做不合理的要求時，只好盡力回過頭來省思一下「顧客永遠是對的」之眞義！

一、顧客申訴與抱怨處理

休閒活動乃是相當具有個性化或客製化的休閒體驗之特性，雖然休閒活動的規劃設計在基本上乃是有點標準化的，並不會因顧客族群之不同而有過多的修正或調整，但是顧客卻會受到其個人的感受與感覺，而和他人有體驗價值上的差異，以至於有所謂的個性化意涵。尤其回頭再參與的顧客，以往在該休閒／活動組織所推出的活動中之體驗與互動交流經驗，往往會因該顧客的高期待特性，而會有要求組織必須提出合乎其期待的休閒活動，以至於會對組織提出建議、抱怨或申訴等方面的要求，這乃是任何休閒／活動組織必須體現的重點，也是無法避免的。

(一)顧客申訴抱怨行爲之重要性

每一位顧客對於休閒／活動組織來說均應該是財富，假若讓任何一個顧客因不滿而離去的話，勢必會招致不可預估的損失。事實

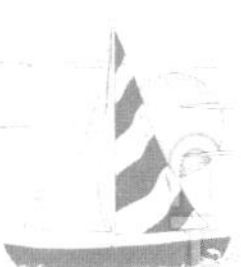

上，任何組織均會有對失去顧客而付出相當的代價而有很深的體會，而且若因不滿而離去的顧客在其決定不想也不願再成爲組織的顧客時，將會造成一系列的負面影響。所以休閒／活動組織必須要能夠迅速回應顧客任何所關切的事宜，絕不宜輕忽掉顧客點滴的申訴抱怨，不但要能夠有建設性且快速地解決任何顧客的申訴與抱怨，同時更要快速地積極回應顧客的申訴抱怨，及對顧客表達出關心、重視與關懷（如**表8-7**所示）。

(二)顧客申訴與抱怨處理作業

■顧客申訴抱怨的意義

1.顧客對休閒／活動組織仍存在有所希望或信賴的感覺。

2.站在顧客的立場向休閒／活動組織提出哪些有待改進？有哪些乃是顧客所期待或要求的事項？

3.只有在顧客申訴抱怨事件發生後，才能夠證明：休閒／活動組織對於其顧客的眞正信念／態度；顧客對於該組織或活動的忠誠度與信賴度。

表8-7　顧客申訴抱怨的重要性

1.因得罪一個顧客，致該顧客會將其不愉快的經驗告訴另外十一個人，而在此十一人當中每一個人會再將此等不愉快經驗轉告五個人，如此將會有總共六十七個人有此不愉快經驗之資訊，但是會有十五個人（包含原來真正有不滿意體驗的那一個人）決定離開，而不再前往參與該組織的任何休閒活動。
2.一般來說，約有96%的休閒／活動組織未曾接收到顧客的不愉快、不滿與不願意再度參與的抱怨訊息，但是在處理客訴抱怨案件時，只有約30%的顧客會將其問題點呈現出來，而能真正呈現較嚴重的問題點的顧客不到10%。
3.經過客訴處理且完滿與快速回應顧客之後，大約有60%至70%的顧客願意再度前來參與／購買／消費該組織之商品／服務／活動，而且若能夠在顧客抱怨當時即予明確回應，則顧客回流率將有95%以上。
4.經由組織的客訴處理與回應之後，顧客大致上約會轉述給五個人知道該組織是如何重視客訴及貼心顧客。
5.事實上因不滿而對休閒／活動組織申訴抱怨者，乃是基於「愛之深、責之切」的心態，而向組織要求改進，有可能向組織反應抱怨事宜之顧客往往比不想抱怨者更有機會再度參與（即使其所抱怨事項尚未解決）。

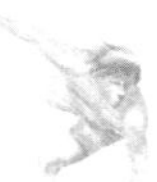

■顧客申訴抱怨處理的原則（如表8-8所示）

表8-8　顧客申訴抱怨處理原則

	處理原則	處理的重點事項
一	接受抱怨	1.以關懷顧客的信念／態度來接受顧客抱怨。 2.接受客訴乃是一個過程，不是結果，更不是直截了當的評斷是非。 3.受理的服務人員必須要態度委婉／心平氣和的接受，而且不要與顧客爭是非或力爭。
二	由傾聽開始	1.全體的員工（尤其第一線服務人員）均應基於顧客滿意服務之理念與服務熱誠，傾聽顧客之申訴與抱怨。 2.另外處理顧客申訴抱怨人員更應本著顧客服務的態度，進行有關客訴原因之調查與分析作業。
三	找尋原因	1.找尋原因的基本立場與方針乃是在發現問題所在，而不是要找個責任者加以處罰。 2.找問題真正發生原因，切莫推諉塞責。
四	評估重要性及採取處理措施	1.找出問題發生原因之後，必須發展出解決問題之對策。 2.找問題不是單方面的能力所能承擔，而是要能夠運用群體的力量（跨部門的協助）來處理。
五	解釋處理措施	1.必須在團隊力量下找出解決問題之對策。 2.並將解決問題之策略行動方案以具體合理的態度向該顧客解釋，以取得其諒解與重獲信任。
六	立即授權採取行動	1.組織應該充分授權給問題解決與回饋顧客的服務人員加以執行。 2.立即解決問題並將處理進度與結果迅速明確地回饋給申訴抱怨之顧客了解。
七	後續服務	1.處理結果必須立即追蹤其改進成效，並對於申訴抱怨之顧客加以關懷。 2.後續服務乃是重獲顧客承諾再度前來的重要關鍵。
其他：1.重大的顧客抱怨事件處理方針：第一線服務人員必須立即、迅速與有效的處理，同時必須站在顧客的立場看問題，且要以專家的精神發揮強力的黏性來進行客訴處理作業。 2.客訴處理人員應具有的心理準備：誠心誠意處理、不可獨斷獨行、確實針對問題點加以反覆分析檢討、要放鬆心情來進行，及不妨自我讚賞自己一番。		

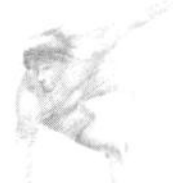

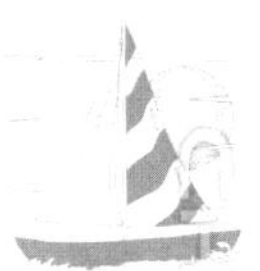

■顧客申訴抱怨處理作業流程（如表8-9所示）

表8-9　客訴抱怨處理流程（以某休閒組織為例）

	權責單位	作業流程	作業說明	使用表單／文件
1	1.1顧客	1.2.1 客訴　1.2.2 退換	1.3顧客申訴抱怨或退換貨訊息之傳輸反應。	1.4書信、電子郵件、電話或當面提出。
2	2.1客服部門客服主辦人員	2.2 客訴登錄表	2.3客服人員接受訊息並予登載。	2.4客訴登錄表。
3	3.1客服部門	3.2 審核（NO→2.2；OK→4.2）	3.3呈所屬主管審核，核可者由客服人員列為客訴件，未核可者由客服人員和顧客溝通，列為客訴件者登錄於客訴處理單。	3.4客訴登錄表。
4	4.1客服主辦人員	4.2 客訴處理單	4.3填寫客訴處理單	4.4.1客訴登錄表。 4.4.2客訴處理單。
5	5.1品管部門	5.2 調查原因責任歸屬	5.3品管執行要因分析與責任歸屬判定。	5.4客訴處理單。
6	6.1責任部門	6.2 矯正預防措施	6.3責任部門提出矯正預防措施呈所屬主管審核，必要時知會客服與服務部門主管。	6.4客訴處理單。
7	7.1所屬部門主管 客服部門	7.2 審核（NO→6.2；OK→8.2）	7.3客服主管審核認可者執行矯正預防措施，未認可者退回責任部門處理。	7.4客訴處理單。
8	8.1責任部門	8.2 執行矯正預防措施	8.3責任部門執行矯正預防措施，以防止再發。	8.4客訴處理單。
9	9.1品管部門	9.2 成效追蹤（NO→8.2；OK→10.2）	9.3品管追蹤其矯正預防措施實施成果。	9.4客訴處理單。
10	10.1客服部門主管 客服主辦人員	10.2 回饋顧客	10.3執行矯正預防成果由客服主辦人員或主管回饋予顧客。	10.4.1客訴處理單。 10.4.2客訴登錄表。

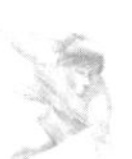

二、接近顧客與顧客溝通

任何組織爲改進與顧客的接觸，就必須站在顧客的角度出發，找出其組織的商品／服務／活動，以爲服務顧客及提供其體驗。而休閒／活動組織應該深切體認到顧客最關心的兩件事，就是他們被該組織及其服務人員所對待的方式，及他們想要參與／購買／消費的休閒商品／服務／活動，同時顧客對於這兩件事情均具有一定的期待與要求，例如：他們體驗與互動交流的過程，以及所體驗後感受到的價值與效益等。

(一)改進與顧客的接觸

所以休閒／活動組織就應該讓全體員工（尤其第一線服務人員）了解到，要怎麼樣才能爲其顧客提供高品質的休閒服務：

■以員工本身為顧客時，所希望與要求所能獲得的待遇／服務，來善待顧客

1.詢問顧客及同儕有哪些需要你效勞服務的地方？

2.傾聽顧客及同儕有哪些不自在或不舒服的感覺，並給予協助與支持。

3.找出顧客及同儕憂慮的問題點給予鼓舞、支持與讚美。

4.強調顧客及同儕參與活動所展現的優點，而要刻意忽略掉其缺點。

5.同儕之間應該力求群策群力，切莫個人英雄主義。

■把顧客需求與期望是否獲得滿足當作自己的責任

1.確認服務人員的個人服務目標在哪裡。

2.了解顧客的眞正期望與需求再採取行動，並協助解決問題。

3.將組織對顧客的承諾擺在第一位，並努力達成組織的承諾。

4.了解自己的優劣點，遇有自己能力所不及者，要主動請求同儕協助。

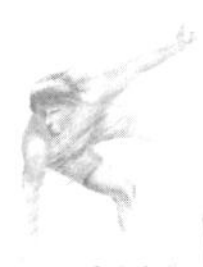

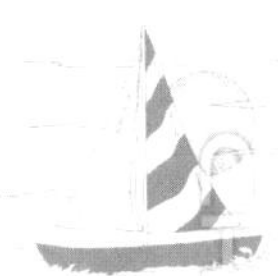

5.對於自己不足的知識與技能，要加快腳步彌補上來。

■服務人員必須了解自己的工作任務並努力服務顧客

1.服務人員應能自我分析診斷自己要完成服務顧客所欠缺的技術、知識與能力，並加快腳步自我成長。
2.若在短時間內沒有辦法令顧客滿意時，應要消除「好面子的不好意思」迷思，主動尋求同儕或主管的協助。
3.平時要自我充實知識及自我訓練技能，並要請求組織給予訓練與教育。

■將自己的優勢分享給予同儕並主動支援同儕服務顧客

1.不要吝於將自己的優點及專業知識與技能分享給予同儕。
2.多和同儕維持專業服務知識與技能之互動交流。
3.同儕的成功不要吝於給予掌聲，同時更不要將自己的服務績效和同儕的服務績效拿來比較，更不要害怕他人的成功而埋沒了自己之心態，因爲大家都要以滿足顧客爲第一要務。

■服務人員要樂觀，不要害怕顧客的挑剔或找碴

1.遇有任何顧客申訴抱怨，要立即傾聽了解並加以處理，絕不要拒絕或迴避。
2.顧客都是對的，不要抱怨顧客無聊、無理或蠻橫，要勇於接受挑戰，同時更要將顧客的挑戰當作自我成長的良機。
3.工作必須要全力以赴、虛心學習與熱誠擁抱顧客，同時也要盡力爲顧客解決困難點，以取得顧客對組織與自己的信任。

■服務人員要能與顧客進行有效溝通

1.讓顧客在互動交流過程中能夠盡情、自由自在、幸福愉快地進行活動體驗。
2.要對任何顧客保持微笑、誠懇與傾聽，以呈現出你是如何重視顧客及了解他們眞正的需求與期待。

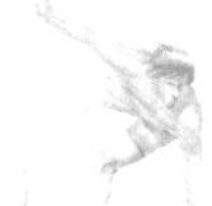

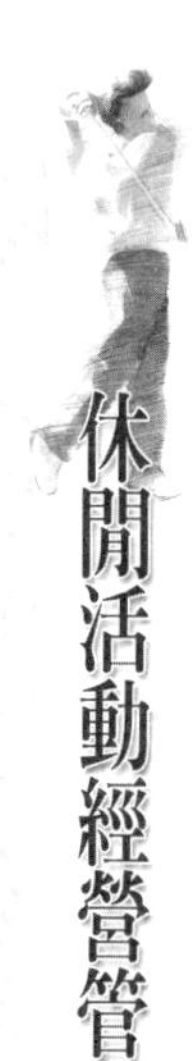

3.跟顧客溝通，要注意禮儀禮節與溝通技巧，同時使用溝通的工具必須讓顧客能夠了解，所以語言要清楚、簡短與明確，少用專業術語，而且肢體語言部分也應注意。

■服務人員要能和同儕保持良性溝通

1.和同儕間要保持暢通的溝通管道，互相交換服務心得。
2.對同儕要能夠眞心相處，切莫鉤心鬥角。
3.要和同儕之間維持「亦師亦友」的情誼。

(二)顧客服務要求的標準守則

1.如果有任何顧客提出要求，要立即找出顧客要求的問題點及其所可能帶來的衝擊，尋求解決方法並安排問題處理進度，而且若未能在短時間內處理完成，應回報顧客有關處理進度。
2.顧客電話來聲響起應在三聲之內，即能接起電話，並在兩個小時內給予顧客回覆（不論是否處理完成）。
3.接獲顧客的傳眞、電子郵件或書面問題反應時，應即刻告知已收到其問題，並在一天之內回報解決方案、進度及有關關懷或感謝的內容。
4.任何顧客的申訴抱怨均應仔細傾聽，切莫與顧客爭論，同時盡可能鼓勵顧客多做說明，並跟顧客道歉與致謝他們的建議。
5.服務人員不要將問題丟回組織的其他個人或部門，而是要努力在本身授權範圍內做解決對策的思考，若已超出本身能力範圍，應立即呈報主管請求協助解決，當然必須代表組織先向顧客致歉。

(三)多行動少保證做好顧客至上的服務

■從「不滿意服務」的體驗作為教育的起點

任何一項顧客滿意服務的教育，應該從一項不愉快及不滿意的

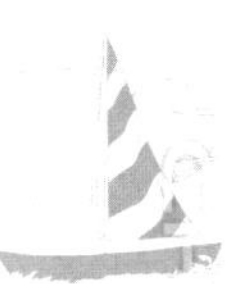

服候開始，組織可以要求每位員工（尤其第一線服務人員），個別提出一些與其他顧客服務時任何不愉快經驗，然後在這些經驗中引導出可以改進現有的服務方式與態度，徹底與顧客做好貼心與坦誠的互動交流，如此才能達到教育的目的。

■將顧客滿意正式列為「經營成本」事項

要達到顧客滿意服務，在組織的經營管理上乃是要付出代價的，而且在景氣不佳或經營狀況不好的時候，很多的組織就會疏忽了服務品質的要求，以至於促使該組織營運狀況更爲惡化，所以休閒／活動組織的經營管理者要將服務政策予以明確化，如此方能做好顧客滿意服務的組織經營方針。

■運用「時間」創造顧客滿意績效

一般來說，在正常情況下99%的顧客大致上是不會胡亂找麻煩的，除非休閒／活動組織的商品／服務／活動的確有不能令顧客滿意的問題，因此當顧客有任何申訴抱怨時，組織必須將顧客的小事當作整個組織的大事來處理，絕對要找出一套可讓顧客滿意的解決方案，而不是去虛應顧客了事，更不是以僥倖的心態去對付消費者，若是如此時，將易於造成顧客的不安全感，對顧客滿意服務是最大的傷害。

■多一點實際行動少一些口頭保證

完全服務是企業服務政策的問題，經營者能不能提出一套實際的行動計畫，讓服務人員有執行空間及提供顧客服務品質的最佳解決方案，將會是能否讓顧客滿意服務成功的一項重要指標。

■防止經營者「錯誤理念」的主導效果

能不能提供滿意的服務功能，與企業既有的文化有絕對的關係，經營者又是形成企業文化的主要動能，因此，有著太多經營者講的是一套做的又是一套，這樣的企業文化自然也會影響到員工的行爲，所能提供給顧客的滿意度一定不高，員工害怕處理的方式不

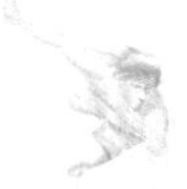

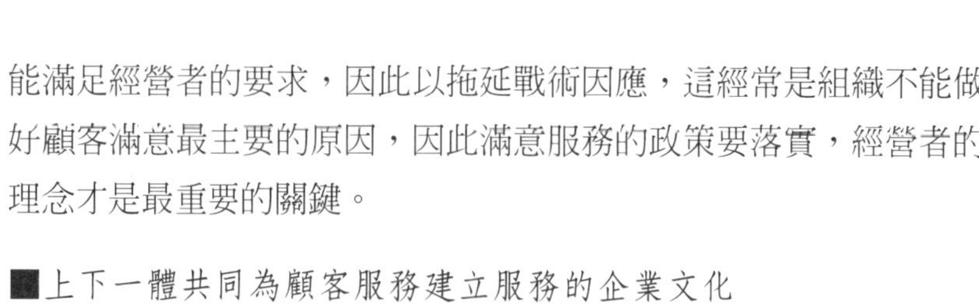

能滿足經營者的要求，因此以拖延戰術因應，這經常是組織不能做好顧客滿意最主要的原因，因此滿意服務的政策要落實，經營者的理念才是最重要的關鍵。

■上下一體共同為顧客服務建立服務的企業文化

經營者及高階主管要有更多的機會去面對顧客，才能在實際的運作中，提出一個適當的顧客服務政策，服務的企業文化也才能建立起來。但是，要將服務精神深入組織的各個角落、各個層面，讓所有員工均能眞正實踐顧客至上的精神，那麼就得由組織的經營管理者開始，積極的去推動、建立這樣的企業文化，並從新人進入公司的第一天開始，由職前訓練、晉階訓練、績效考核，以及日常的作業流程，或制度規劃等，均應將提高顧客滿意度的具體作爲與成效作爲最重要的課題，建立一種「企業生命構築在顧客的滿意上」，「市場擴張的力量源自顧客口碑」的共識，讓「如何使顧客滿心喜悅的參與／購買／消費」，成爲每位員工最關心的事。

■完整周延、具體有效的顧客滿意作法

做好顧客服務絕非只是第一線服務人員的責任，組織中的各個部門都直接、間接的與之發生關聯，在這些關聯上，均可在提高顧客滿意度上，產生一定的貢獻，任何部門都是提高顧客滿意度的目標中不可或缺的。若有任何部門以爲事不關己，那麼顧客滿意度必有所影響。

■考核與獎懲制度的配合

「顧客至上」的道理甚爲淺顯，大家耳熟能詳，然而，在實際的休閒體驗與互動交流過程中，我們並不認爲各商家都是做得令人滿意，反而常讓我們有「人人知道，人人做不到」的感慨，在內部管理上就須建立一套結合顧客滿意作法的獎懲與考核制度，並認眞確實的執行，不可因輕忽而淪爲表面工夫。以具體的利益誘因，引導所有員工持續不懈的做好顧客服務，服務品質才有可能居高不墜，並進而成爲顧客的第一種印象。

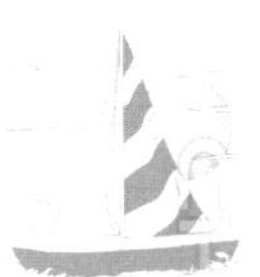

■避免以業績達成率為唯一追求目標

休閒／活動組織經營管理者若採取強勢行銷與促銷宣傳策略時，可能會在短時間內帶來頗爲亮麗的業績與參與人潮，但是一個具有永續經營概念的經營管理者要能夠考量到顧客的休閒預算，及其可能的一窩蜂前來參與／購買／消費，將會影響到顧客往後的休閒計畫，對於休閒／活動組織來說並不是很好，反而易引起顧客對往後的促銷宣傳活動存有排拒的心理，如此對整個組織的長遠發展將是不利的。

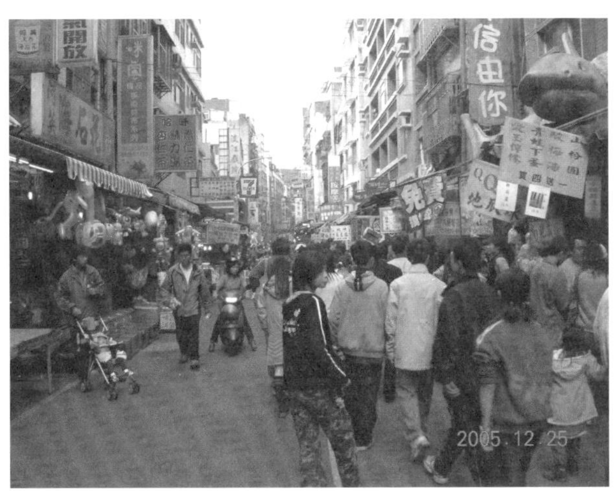

▲逛街購物休閒遊

講求高格調的商品，將購物與文化、休閒結合為一體，繁華的百貨公司、購物中心與傳統的商店街，結合購物、休閒、娛樂、遊憩、學習等多元化的商品、服務與活動，販賣時下最流行的商品，貼心的空間設計，真誠的服務態度，多元化的服務，讓民衆享受到便利的購物環境與滿足一次購足的方便需求。

照片來源：德菲管理顧問公司　許峰銘

焦點議題

在此部分乃是休閒活動已到了檢討與回饋的階段，在這個階段裡，休閒活動組織及策略管理者、活動規劃者應該進行如下行動：活動績效管理與活動發展方向定調／修正／調整、發展優質休閒服務與社會責任倫理道德之建構、基於為顧客的理想生活方式而不斷發展優質之休閒活動、掌握活動營運期間的風險危機因素、進行活動及組織之診斷、提出持續改進及永續發展策略，以及經營管理者認知的休閒教育與趨勢所提出的因應對策等，乃是本部分希望帶給讀者對組織與活動如何發展能更深入了解的目的。

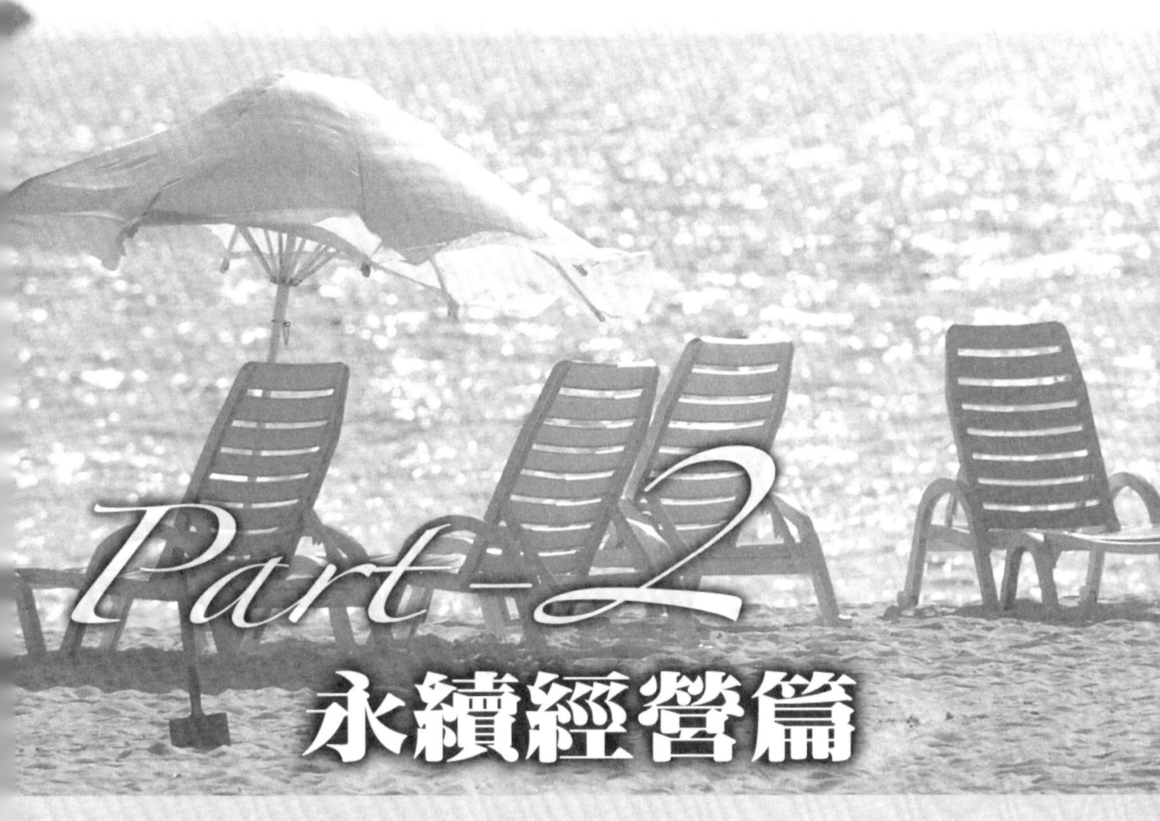

Part-2 永續經營篇

本篇主題

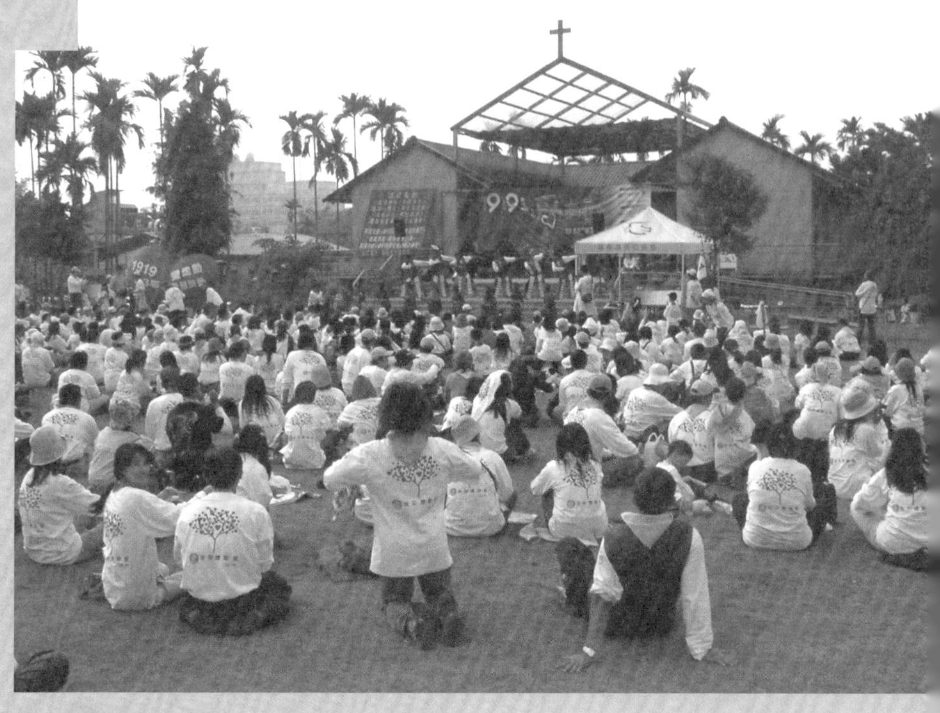

▲ 體驗學習

體驗學習係指人們直接透過體驗而建構知識、獲得技能和提升自我價值的歷程（AEE, 1995）；Sarason（1984）：你不是靠做中學，而是以思考→行動→思考→行動的模式學習，而關於做這件事學習；Caine and Caine（1991）：從體驗中學習。藉由體驗學習之方法提供有目的性之主動學習機會，透過真實之情境，經由個人及團隊互動學習來增強個人成長與組織之互動運作及應變能力。就學習理論，20%的學習是從聽而來，50%是從眼見而來，80%是從親自參與而來。所以體驗學習就學習模式的定義是:體驗→內省→討論→分析→體驗評估。

照片來源：中華基督教衛理公會竹山工作站迦南美地

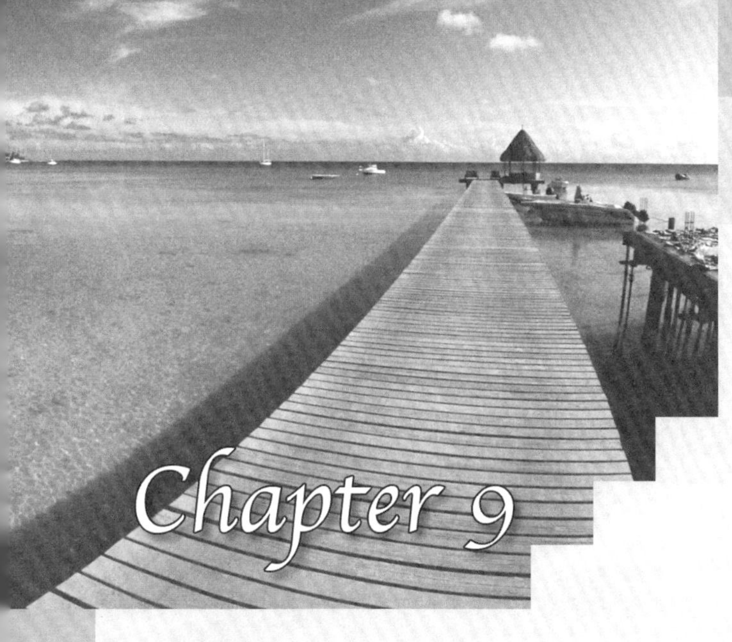

Chapter 9

活動評估程序與評估報告

Easy Leisure

一、探索休閒活動績效評估程序方法與用途

二、釐清休閒活動評估程序擬定與執行方法

三、了解活動評估的方法用途及其程序策略

四、認知活動評估程序所應進行的關鍵要項

五、學習如何有效進行休閒活動的績效評估

六、界定活動評估進行中各項應考量的課題

七、提供進行優質休閒活動評估與報告內容

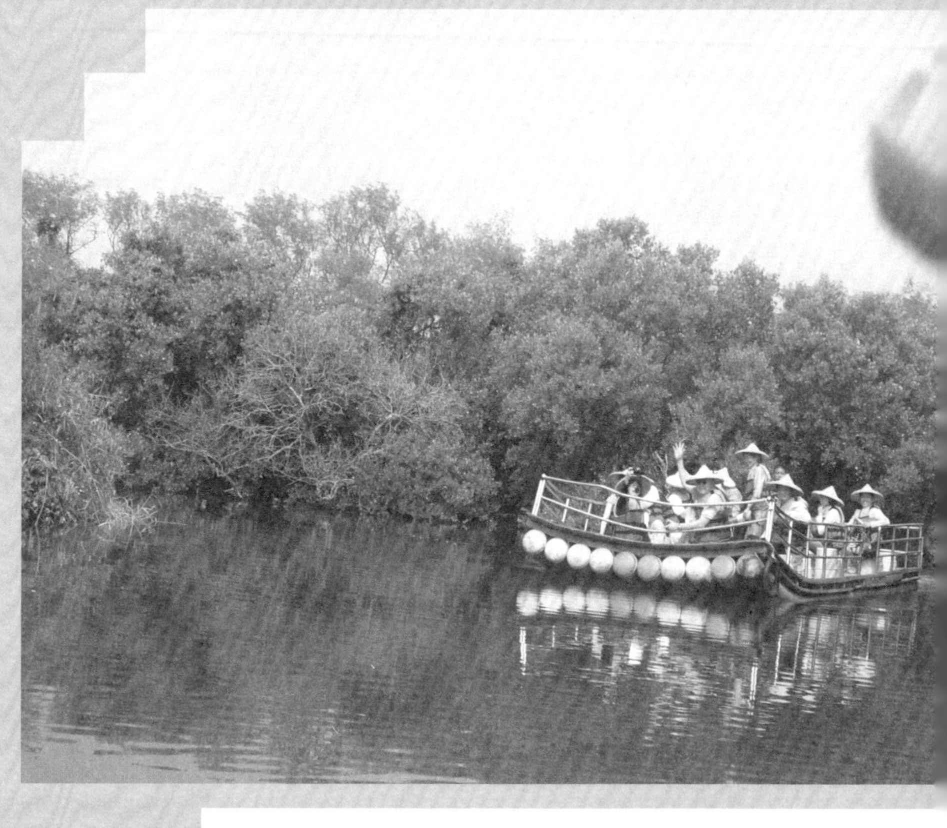

▲ 竹筏渡輪快樂參訪活動

明清時代僅靠竹筏、舢舨撐渡，險境叢生，時生意外，涉渡者須打鼓鳴鑼，焚燒紙錢，以避災厄。風浪大，便處於交通斷絕狀態，兩地往來極為不便。時至今日，竹筏渡輪已不再擔負生活運輸任務，而蛻變為休閒旅遊的一項載運人們的工具。

照片來源：梁素香

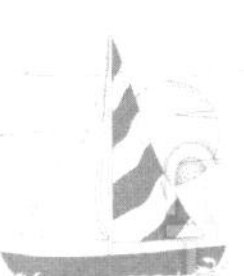

休閒／活動組織的經營管理者與活動規劃者在活動執行過程中（包含單一活動辦理完成之後），應該針對該項活動的績效進行評估，針對其顧客的休閒體驗情形、活動經營的成果與業績、活動的品質保證狀況、服務人員的執行品質與效益、活動設施設備使用效率，及往後的活動決策應考量因素等加以評鑑／評估，以確實了解該組織的資源運用是否達成預定目標，及顧客休閒體驗的滿意程度。

當然活動評估的結果，就應該被休閒／活動組織引用來進行下次活動之規劃設計與經營管理的參酌。因爲評估乃是用來描述許多活動的一個彈性概念，而且也是後續分析與管理的開始，當然更是下次活動規劃設計與經營管理等方面的前置決策，亦即評估分析結果就是未來活動的決策依據。簡單地說，活動評估系統乃在於建立一些相關議題，例如：活動領導、資源供需、設施設備、原材料與補給品、活動場地與服務人員等方面的基礎與參考資料；另外，活動評估也是了解顧客的休閒行爲與服務滿意度的重要資訊來源。

休閒教育、休閒／活動組織的社會責任、休閒發展趨勢與休閒／活動組織的創新發展方向，則是未來的休閒／活動組織必須深切了解的關鍵議題，尤其在二十一世紀人們講究多變多樣性、感動幸福感與創新求變的休閒活動，不再滿足於現狀或國內環境所提供的休閒活動，所以休閒／活動組織就必須主動且具有鑑別、分析與引導整個社會變遷的能力，否則在未來不久就會被淘汰出局。

第一節　活動評估目的與評估用途

活動評估（evaluation），依據Rossman（1995: 378）主張：「評估乃是以系統性的方法，蒐集資料並加以分析，以爲評定出活動方案的服務價值」；而Farrell和Lundegren（1991: 233）則主張：「評估乃是包括有價值的調查與判斷活動方案目標是否達成的兩個基本要素，同時此兩個要素互相影響」；Suchman（1967: 11）則

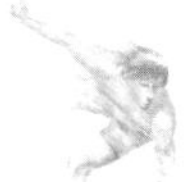

以為：「評估，基本上乃是一種價值的判斷，也就是價值評估」；Worthen和Sanders（1973: 19）也以為：「評估乃是決定一件事物的價值」；Henderson（1995: 5）也以為：「評估乃為評估我們在哪裡？我們想要到哪裡？以及我們要如何達到所期望與需求的目標」。本書以為評估乃是：休閒／活動組織針對顧客、服務人員、活動規劃者及整個休閒／活動組織在完成某一個休閒活動或是某項特定活動之後，以系統化的正式方法加以評估其活動的有關價值。

一、活動評估的目的

一般常用的活動評估，大都是休閒／活動組織的最高主管、委託辦理活動的出資者／組織、活動組織的內部稽核／經營稽核部門／委員會的要求，而促使活動規劃者或稽核委員會進行所謂的活動評估。活動評估在以市場導向的商業性質之休閒／活動組織，乃是以經濟利益／利潤來進行評估，而在非營利組織或政治／政府部門、公益服務組織等組織，則不宜以利潤／經濟利益來作為活動評估的原則。另外，活動評估應是活動規劃者應將之視為例行性的活動規劃設計與經營管理之持續性責任，根本不需要其組織的執行長或經營者要求，就應該將之作為例行性且正常的一項工作任務。

為什麼要進行活動評估？基本上，任何休閒／活動組織若能妥善縝密的進行活動規劃設計與經營管理之計畫、組織、執行與檢討改進的話，那麼組織與顧客、服務人員、利益關係人均應會獲取正面的價值／效益／利益的。只是若是沒有適時地進行了解有關顧客的體驗與互動交流滿意度如何？活動方案的設計與執行是否符合顧客與組織資源的要求？活動場地與設施設備的有效利用情形？休閒／活動組織的整體價值是否符合預期？則是未經進行活動評估乃是無法確切了解與實現的。所以我們建議休閒／活動組織與活動規劃者要將活動評估的工作，列為活動規劃作業程序中的一項有意義、有價值與必需性之工作。

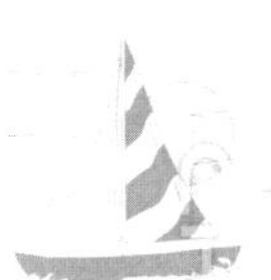

二、活動評估的用途與價值

活動評估之用途及價值有五項，說明如後：

(一)促進活動的永續發展

活動評估的過程與結束之際，活動規劃者或稽核委員會將會發現：(1)哪些活動類型是有價值，哪些是不具有價值的；(2)活動服務作業程序與活動服務作業標準是否符合顧客與組織的期待；(3)哪些活動設施設備的利用率是有價值的，哪些則是不具有價值；(4)哪些活動類型／方案在未來可以加以設計規劃與導入的；(5)哪些活動服務人員的服務品質績效是值得獎賞鼓勵的，哪些人員則不宜再聘用，或應該再加以訓練；(6)哪類型的顧客應列爲組織開發與促銷的重點顧客；(7)顧客的新需求與期望等等。

休閒／活動組織可以經由活動評估，來蒐集有關資訊與資料並加以整理分析，以判斷出該組織如何改進現階段的活動經營管理與設計規劃之缺點，以及作爲未來發展新休閒商品／服務／活動的參考依據，如此不斷的進行PDCA的管理循環，將可促進組織與商品／服務／活動的永續發展。

(二)鑑別與了解顧客的觀點與期待

1.藉由活動評估以監視與量測出顧客的滿意度，同時並藉由顧客的接觸溝通與了解互動過程，而能確實的認知到顧客滿意度所代表的意義。

2.在活動評估過程中，均可經由顧客的休閒／活動需求的了解與互動，而得以發現顧客的休閒活動行爲趨勢，同時也可以協助顧客發覺其新的休閒／活動需求。

3.在活動評估過程中，可以導引出顧客對於休閒／活動組織與服務人員的建議與服務品質的感覺，這對於組織與活動規劃者來說乃是相當寶貴的資訊。

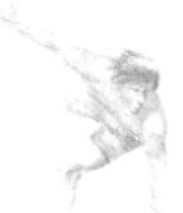

4.另外在活動評估過程中，由於評估者與顧客可以更近距離的互動交流，如此將會激發顧客更多的參與決策與向組織提出建議的欲望／興趣。

5.當然經由如此的互動交流，對於顧客任何需求與興趣／欲望，若能善加鼓勵他們勇於參與，則會激起顧客對組織與活動的更多更大的支持度與信賴感。

(三)協助活動組織的經營管理

1.因爲經由活動評估的進行，將可提供活動服務部門與企劃部門相當多的改進建議，例如：哪些計畫不夠嚴謹有待修正？哪些服務乃是不必要的？哪些服務則是應予以增加？哪些人員的訓練不夠有待加強？哪些服務的知識與技能必須針對所有服務人員再予以訓練？

2.對於組織的活動經費預算及資源分配，可以藉由活動評估來深入了解是否合理，而預算計畫之執行狀況如何，在未來的規劃設計時可以引爲參考。

3.對於組織／活動的願景與目標之達成，也可經由活動評估加以檢視，而在檢視過程裡就如同強心針一般，給予活動規劃者／經營管理者／行銷管理者相當的壓力，逼使他們必須努力達成目標。

4.在活動方案的執行成本與效益檢視上，將可以依其活動目標與組織願景／使命，而予以優先順序的考量，而且此等考量資訊將會是該組織在進行策略決策、利潤決策或非營利組織的基金／經費募集決策方面的有用資訊。

5.將活動評估應用在有關活動的作業程序與作業標準的適宜性、有效性與合理性方面，將可評量出哪些作業的SOP與SIP有所偏差，須做修正；哪些活動決策不夠嚴謹有待調整；哪些顧客申訴抱怨處理與回饋措施有偏差，要做修正等等訊息，將會是維持該組織／活動的績效的有用訊息。

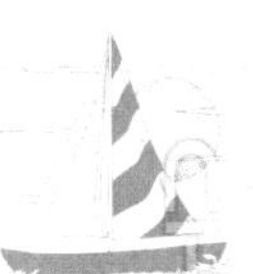

(四)作爲活動績效的證明

1.將活動的結果予以忠實地呈現給組織經營管理者與活動規劃者參酌，以爲確立休閒／活動組織目標是否達成之依據。

2.另外也可將活動評估資料呈現給贊助者、組織的執行長與社會大衆，以作爲證明該活動服務乃是有需要予以持續進行，而且對非營利組織來說，乃是有必要的一項持續尋求贊助或請求政治／政府機關的經費補助之有力證據。

3.活動評估結果也是活動規劃者與所有服務人員（尤其第一線服務人員）的有效管理證據。

(五)作爲下次進行活動評估改進的參考

1.有哪些評估項目或評估準則是必要的？有哪些是不必要的？

2.下次進行活動評估的時間點應在何時？

3.活動評估若與組織結構、組織薪資報酬結構與檢測活動服務是否達成組織目標等相結合，將會對於該組織或某項特定活動的經營管理績效具有顯著性的貢獻。

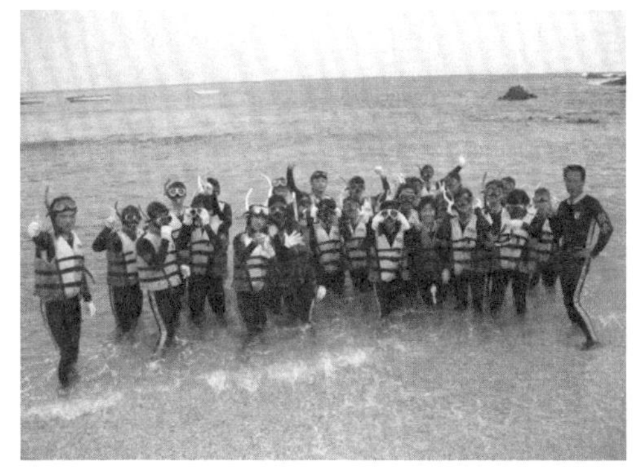

▲浮潛活動

在救生衣的安全裝備下，浮潛是一種很安全的水上活動，初學浮潛者，真正的學習障礙是「心理的恐懼」，不是技巧的困難。浮潛的基本裝備：浮潛三寶面鏡、呼吸管、蛙鞋。台灣浮潛勝地有東北部龍洞灣與卯澳灣、南部的墾丁、東部的石梯坪、綠島、蘭嶼。

照片來源：梁素香

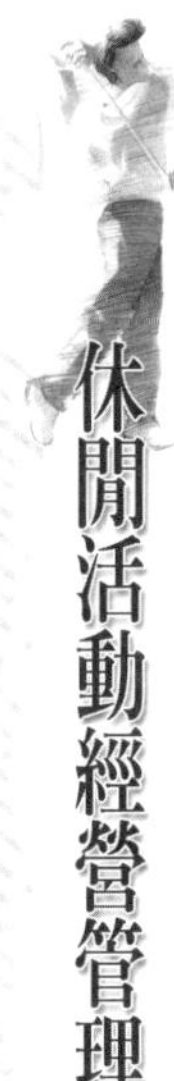

第二節　活動評估計畫的擬定程序

任何工作要能夠有效的執行，都必須要有妥善的計畫，活動評估自也不例外。事實上，活動評估一般應分爲例行性的活動評估與專案性活動評估等兩種，只是若想進行上述的任何一種評估作業，應該完成如後的兩項工作才能順利地進行後面的正式活動評估工作，此兩項工作爲：(1)選擇受評估的對象，及(2)活動評估前的準備工作。

依Stufflebeam（1974）的活動評估前須做的辨識與分析評估問題以確立活動評估之分類（如表9-1所示），而這些評估分類乃著重在活動需求的滿足與體驗結果之上，也就是衡量活動需求的滿足與滿意結果。活動評估的過程乃是休閒／活動組織的一項活動規劃設計作業程序中的持續性功能，而且活動評估作業乃應包括有：訂定活動評估計畫、評估與衡量的相關資訊、溝通評估的結果，及事後追蹤評估改進成果等等功能。當然活動評估在基本上應該具有啓發性、正式性與計畫性等特質的評估作業，然而也有可能是接受該組織的執行長或董事會要求，及爲特定目的而進行的非計畫性的評估作業，只是在活動的經營管理系統中，還是以具有計畫性與正式性之特性的評估方法爲最理想，而且必須是長期性與持續性加以追蹤。

一、選擇接受評估的對象

接受評估對象之選定，乃是經由：(1)依照既定的有系統方法來決定；(2)高階經營管理階層與／或董事會、監察人之要求；(3)委託辦理活動之組織／個人的要求；(4)接受評估單位的請求及(5)有爆發活動風險因子之虞者等方法，而加以進行的，同時這五個方法並非互相排斥的，而是可以互補進行的。

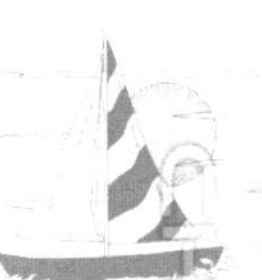

表9-1　活動評估分類——辨識與分析評估問題表

目　的	活動評估的種類			
	目　標	策　略	方案要素	結　果
協助完成績效責任的評估	選擇何種目標？	選擇何種策略？	操作設計為何？	獲致什麼結果？
	被拒絕的活動目標有哪些？	曾考量的替代策略有哪些？	要執行到什麼樣的程度？	確立活動目標有否達成？
	有哪些活動目標曾被考量過？	還有哪些策略可加以考量？	執行該方案時可能的優點與缺點有哪些？	正面與負面的副作用有哪些？
	選擇活動目標之證據有哪些？	選擇策略的論點或證據為何？	執行該方案的品質如何？	影響活動目標達成的因素有哪些？
	此些證據具有多少的辯護能力？	此些論點／證據具有多少的辯護能力？	實際執行的方案設計為何？	可預期的長期影響有哪些？
	此等目標的具體可行性如何？	此等策略的具體執行運作性如何？	實際達成時的價值為何？	成本對效益的關係有哪些？
	這些目標的整體價值如何？	這些策略的整體價值如何？		此等行動之結果與影響為何？

資料來源：Christopher R. Edginton等著，顏妙桂譯，《休閒活動規劃與管理》(一版)，台北：台灣美商麥格羅希爾國際公司，2002年，頁465。

(一)活動評估的優先順序

進行活動評估時要基於風險的考量（風險乃指某些事件或行動可能會對休閒／活動組織造成不利後果的影響機率），風險高的應列爲優先評估考量之對象，簡單的說，在決定進行活動評估之優先順序，乃需要考量如下幾個因素：

1.上次進行活動評估的時間與其評估結果。

2.顧客不滿意與申訴抱怨頻率／數量有呈現增加之趨勢時。

3.活動作業程序的管理控制系統具有潛在顧客不滿意風險且風險性頗高時。

4.經營管理階層或董事會／監察人或委託辦理活動之組織的要求時。

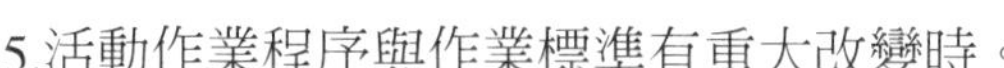

5.活動作業程序與作業標準有重大改變時。
6.活動經營管理計畫、系統及控制發生重大改變時。
7.活動結束前的活動績效評估。
8.活動評估組織變更或人員更調時。
9.委託第三者進行活動服務驗證時。

事實上，上述九個決定優先順序之因素的考量，並非有客觀的證據予以確立何者優先，何者可延後，而是基於活動評估者的主觀判斷，而在這些因素的發展過程裡，乃是傾向以系統化的方法來決定受評估的對象。

(二)常見的活動評估風險

在活動評估的過程中，仍然存在有許多的陷阱、問題或風險，而這些風險因素有可能是短暫性發生的，也有可能是持續性潛藏的，所以休閒／活動組織與活動規劃者就必須加以正視，否則在評估時很可能會發生立即性的風險。常見的活動評估風險如下：

1.表面成功卻未必能掌握到顧客參與活動的態度、需求或行爲的變動趨勢，以至於在下次推展活動時，未必有出現如此次參與人潮的衆多，以至於落得活動評估結果無法作爲下次活動規劃設計之參考的下場！
2.活動評估使用的監視量測或評量工具的適合性，也是影響活動評估成果的可堪參考性、價值性。
3.休閒／活動組織之文化特性、組織倫理氣候與經營管理階層的活動評估目標之壓力。
4.活動服務人員（尤其第一線服務人員）的服務作業能力、品質、品德與活動人數是否足夠？
5.活動評估過程中的蒐集資訊與資料態度的嚴謹度？若是草率的蒐集資料態度，將會對於評估結果的參考價值有不良之影響。

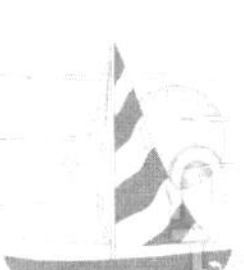

6.活動評估時的活動情境與背景環境的複雜度與穩定度，對於活動評估也會有不少的影響力。

7.活動評估的評估作業程序、評估方法、評估工具與蒐集資訊方面的技術與能力，對於活動評估將會有不小的影響。

8.活動評估者之評估方法／能力及品德將會影響到評估結果。

9.活動地區／據點／場地的分散程度也會影響到評估結果。

10.活動的服務作業控制程度是否具備有效性。

11.只著重在內部或外部的評估而進行評估，以至於有失偏頗（如：只運用內部評估而無法做客觀評估、只運用外部評估而無法充分了解整個活動的狀況等）。

12.評估需要有系統性規劃，也就是活動評估之計畫、執行、檢討與改進之系統化規劃，否則難以評估出哪些過程或決策會對活動產生影響。

13.活動評估絕不是總結的地位，而是要秉持PnDnCnAn的模式持續進行。

(三)選出被評估的活動或活動單位

活動評估者乃可分爲內部評估者與外部評估者等兩種，所謂的內部評估乃是指派組織內部某個人或某些人來執行活動評估，而所謂的外部評估則是委由組織外部之專業組織／人士來進行活動評估。一般來說，外部活動評估有較少偏見、對服務作業進行有較具創新性的看法，及較爲客觀等優點；而內部評估則可能在評估的知識與技能方面較爲不足，而且易淪入對於某個活動或活動過程中的某個活動或某個服務人員之不客觀性與偏見等陷阱。

活動評估的主要評估項目（如表9-2所示），乃是進行活動評估時應加以進行監視量測，並予以依序呈現出來。而這些活動評估項目的監視、量測、查核與改進，也會受到整個休閒／活動組織資源之限制，所以休閒／活動組織是可以採取輪流稽核（rotation audit）的方式，而編訂出該組織的中期與長期的活動評估計畫（如表9-3

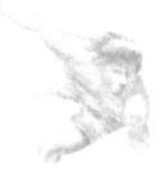

表9-2　活動評估項目

一、目的：指的是為何要進行此次活動評估？有何預期目標？ 二、範圍：乃包括為誰進行評估？要得到哪些問題之解答？受評估的對象有誰？想要得到的資訊／資料有哪些？ 三、定義：乃指有關使用的評估用語之定義與說明。 四、權責：乃指評估者的界定（內部或外部），審定該評估報告之權責人為誰？評估作業程序修正權責人員為誰？ 五、資源：乃指使用的評估資源有哪些？評量工具及評估稽核資料有哪些？需要參考的文獻／資料有哪些？ 六、程序： 1.活動評估之流程圖 2.活動評估之進行方法或如何評估？ 3.活動評估之主要課題有哪些？評估些什麼項目？ 4.活動評估應蒐集的資料／資訊有哪些？此等證據的來源有誰能夠提供？要如何蒐集？ 5.活動評估如何進行蒐集之資料／資訊分析？需要運用哪些統計分析的工具？如何判讀分析結果？ 6.活動評估報告的提出。 7.活動評估過程中應使用的報表（含in-put與out-put）或電腦資訊工具有哪些？ 七、結語：將結論與建議予以簡單或條列式、圖表方式呈現出來，以供組織或活動規劃者／策略管理者參考。

所示），除將風險較高的活動予以列爲每次必須評估的對象之外，其餘的活動則可每隔一段時間評估一次的方式加以編訂，而且各項活動項目／單位也可實施輪流稽核方式進行評估。

二、活動評估前的準備工作

在進行活動評估時，評估者乃需要對其所要進行評估的工作有充分的準備，而這些活動評估準備之工作通常應包括如下各項目：

(一)確立活動評估的目的

也就是在進行評估前即應要能夠找出其將評估的焦點議題放在哪裡，而後依此焦點議題來進行活動評估，就不會有不知道爲何要

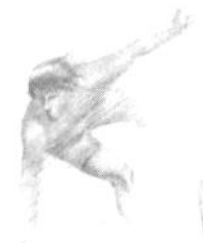

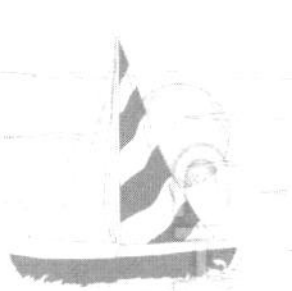

表9-3　中期與長期的活動評估計畫（個案）

	活動範圍	2006年	2007年	2008年	2009年	2010年
部門別	住宿服務	5	5	5	5	5
	餐飲美食	5	5	5	5	5
	遊憩活動	10	10	10	10	10
	採購行政		5		5	
	企劃行銷	5		5		5
活動別	運動競技	5	10	5	5	5
	生態旅遊	10	5	5	5	5
	團康唱遊	5	5	10	5	5
	烤肉野炊	5	5	5	10	5
	休息住宿	5	5	5	5	10
備註	1.活動評估預估人天數。 2.每年年底前管理審查會議審查有關評估報告及決定次年度的活動評估計畫。 3.活動規劃部門主管須擬定次年度評估的細部計畫。					

評估或漫無目的之評估，事實上活動評估的項目或目的最好能有若干個以上（例如：促進活動發展、協助組織管理、活動結果證明……等），而這些評估項目或目的仍是需要依活動的明確目標並加以確立的。

事實上需要列爲被評估的項目，依據Henderson和Bialeschki（1996）的說法，可分爲5P的評估項目：

■參與者（participants）

如參與前動機、參與後滿意度、參與前後態度的改變、參與前後的活動知識之改變、參與前後之技術與能力之改變、參與情境變動時的參與適應／轉變能力，及參與時的互動交流方式……等。

■人員（personnel）

如：直接面對面的領導者與／或活動規劃者、活動服務人員與督導人員、活動之支援人員（如：維修、會計、出納、秘書、採購……等）及其他管理人員之間的服務工作績效、訓練需求、服務態度、服務缺失改進，及顧客申訴抱怨之回應等。

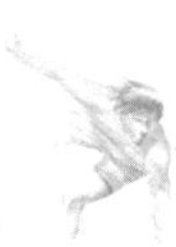

■地點（place）

如：活動場地、活動設備設施、交通路線、道路設施、停車場、原材料與補給品等方面的安全考量、場地與設備設施規劃、活動場地衛生環境、活動設備設施與自然／人文景觀環境之整體規劃等。

■政策／行政（policies／administration）

如：政府法令規章、政府政策與施政方針、法律契約／合約、休閒／活動組織與員工顧客的互動交流路徑等的資源預算、成本效益分析、成本效用分析、經營利益分析，及公平提供服務等。

■活動方案（program）

如：(1)活動方案部分（如：視覺藝術、表演藝術、工藝藝術、社會遊憩、嗜好、競技活動、文化藝術、戶外遊憩、志工服務等）；(2)活動執行部分（如：財務資源之支援活動擴展與活動服務體系、支援活動設計規劃與推展上市工作等）。

(二)確立活動評估之範圍

活動評估的工作範圍指的是評估人員所要進行評估與衡量的標的，也就是到底要評估些什麼。事實上提出問題乃是活動評估過程中相當重要的一項步驟，而這些問題乃為活動規劃者所應考量該問題的有效性與價值，也就是要讓顧客前來參與時能夠獲取眞正的體驗價值。

上述所說的活動5P評估項目，乃是活動評估的問題擬訂的參與範圍，當然活動規劃者並不代表就會將上述5P項目全部列為評估範圍，而是有可能選擇較易於評量、且其與活動體驗過程具有相當的相關性的項目加以評估。同時在進行活動評估項目／範圍之確定時，尙應該考量到：(1)休閒／活動組織內部的各項管理系統之作業程序／標準之妥當性與有效性；(2)執行所指派各項管理系統的作業品質與績效，以為將活動評估範圍與管理作業系統各項制度之目的

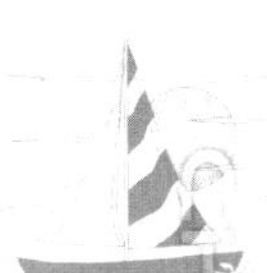

能夠產生息息相關等原則，其目的乃在於確保：(1)活動評估所需資訊的可靠性與完整性；(2)活動組織之政策、計畫、程序與政府法令規章之遵循；(3)活動場地與設施設備之維持與保護；(4)活動各項資源的有效運用；(5)達成組織／活動之體驗價值與目標。

(三)決定活動評估所需的資料與證據

在進行活動評估之前，評估人員應先進行接受活動評估者／單位之適當資料、資訊與證據。而這些資料、資訊與證據乃包括有：(1)活動組織與員工工作說明書、活動特性之描述、組織之政策／願景與方針目標、服務作業程序與標準、組織內部刊物與外部媒體有關接受評估者／單位之報導、資源預算等永久性檔案（permanent files）；(2)另外就是前次活動評估計畫、督導報告、評估報告與改進報告等前次檔案（files from previous audits）。

因爲這些前次活動評估的資料、資訊與證據，可以提供給活動服務人員有所警覺，同時更可藉由前次活動評估之執行過程及要點，及早準備在評估時所可能遭遇的特殊問題之應對策略與戰略戰術技巧，如此在本次活動評估時，將可充裕應付任何突如其來的挑戰或問題。

(四)決定需要哪些資源

進行活動評估時，不可否認的活動評估乃是需要成本、時間與人力的投入，所以當休閒／活動組織決定要進行評估時，就要考量到這些成本花費乃是無可避免的，何況一旦決定進行評估時，所須檢查與評估的課題／議題將會迅速增加，而且每多一項問題時，其活動評估成本也會逐漸增加。所以組織應做如下的思考：

1.活動評估的進行並不一定均要重新進行，而是可以參考前一次活動評估的資料、資訊與報告，而且也可能只須再加以分析或重新解釋說明一番，就可以獲取一部分的評估成果。

2.甚至於活動評估根本不須重新進行，而可以從其他同業、學

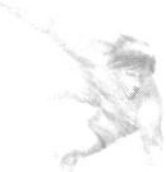

術機關、策略合作之組織、與企管顧問專家等地方獲取某些評估資源。

3.建立活動評估作業程序／標準，並明確指出有關的評估要點，以爲盡可能避免不重要或不相關問題的花費。

4.針對所想要獲得之問題答案，進行成本與利益分析，不符合利益的課題／議題則不必加以考量，以壓縮評估成本。

5.針對可以促使組織發展與改進活動之服務管理等事項，須進行有意義的解釋與說明。

(五)遴選活動評估者

活動評估者可能是一個人，也可能是一個小組，乃是依據該休閒／活動組織規模大小，以及活動稽核範圍的大小而定者。評估者的選擇通常是由該組織的稽核人員、企劃人員、規劃者或外聘專家顧問所組成。當評估者組成之前，應先考量到進行活動評估所需的知識、技能與經驗，而此些知識、技能與經驗乃涵蓋有：活動服務、活動流程、品質保證、顧客申訴抱怨處理、財務會計、人際溝通與協商、導覽解說、資訊處理……等方面的知識、技能與經驗。

另外在進行活動評估小組組成時，也要考量到進行活動評估的時間有多長。在選擇接受評估單位／個人／活動時，乃需要先完成該項評估的時間之預估，並將這些預估時間分配給各項活動評估之項目與範圍。而在有些時候，更要能夠將所需的評估人力、時間與金額預算，在活動評估規劃時即予以納入考量。

(六)確立資料與證據的蒐集方法

活動評估的資料與證據的蒐集方法有很多種，諸如：問卷、訪談、對話、在旁邊觀察、參與活動之觀察、資料查檢與記錄、標準化稽核、查檢表……等方法均是。一般而言，活動規劃者常用的方法乃是利用問卷設計來進行面對面訪問、請顧客或同仁填寫問卷、直接到活動場地與顧客互動交流、親自或指派評估者到活動現場進

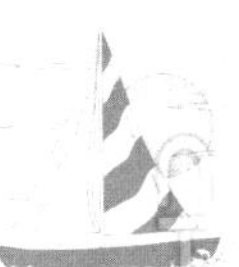

行觀察（有在旁邊觀察與直接和顧客在一起參與觀察等兩種觀察法）等五種方法，而此五種方法乃是進行活動評估較能獲取有價值的資料與證據之有效方法（至於活動評估工具將在第十章中介紹）。

而活動評估者不論是採取哪種評估方法，大都是經由抽樣程序以選取其獲取資料與證據之對象，而後依據所選擇的評估工具來進行資料的蒐集。至於抽樣的方法大都採取簡單隨機抽樣（simple random sampling）、系統隨機抽樣（systematic sampling with a random start），及矩陣抽樣（matrix sampling）等三種方法（如**表9-4**所示）。

表9-4　隨機抽樣方法的意涵

抽樣方法	簡單說明
簡單隨機抽樣	一、定義：乃指自母體（population）中的每一個基本單位（elementary unit）皆有相同的機會被抽中，也就是每一個可能樣本出現的機率乃是均等的。 二、步驟： 1.將所有母體編制成為連續編號表（如：報名資料即可作為抽樣架構）。 2.決定所需樣本（sample）大小（依據統計方法在一定的抽樣誤差與信賴係數下，來決定樣本數的多寡）。 3.從抽樣架構中隨機選取個體（即樣本單位）。 4.進行向樣本單位蒐集資料。 5.評估抽樣結果的成效（如：樣本是否具代表性，符合研究所需、抽樣計畫是否確實執行）。
系統隨機抽樣	一、定義：乃指將母體之所有基本單位依序排列，每隔若干個樣本單位抽取一個（可利用隨機數字抽出或編號表抽取）。 二、步驟： 1.先有一份代表母體的抽樣架構（如：名冊、電話簿……等）。 2.依次劃分母體基本單位（N）為n個相等的間隔，每一個間隔為K=N/n 3.從第一個間隔的K個基本單位中，以摸彩法或隨機數字抽出一個樣本作為起點。 4.由此點起算，每隔K個基本單位抽出一個樣本，共抽取n個樣本。

（續）表9-4　隨機抽樣方法的意涵

抽樣方法	簡單說明
	5.進行向樣本單位蒐集資料並評估抽樣結果的成效，惟抽樣架構具有週期性資料之性質時，應避免此種抽樣方法（所謂週期性資料如：每週選擇兩天調查，以至於另五天則調查不到，因而導致嚴重偏誤）。
矩陣抽樣	一、定義：在沒有控制點的狀況抽取樣本，例如每天在電影街中從上午十點到晚上十二點對前來電影街的人潮進行抽樣，此時即可由時間（上午十點到下午十二點）與日期（週一至週日）的矩陣來建立抽樣架構。 二、步驟： 1.先建立一份代表母體的抽樣架構（矩陣表）。 2.在不同日期的同一個時段性到底有多少個參與者／顧客，並決定在各個時段要抽取多少百分比的樣本。 3.進行資料蒐集及評估抽樣結果的成效（除非有詳細的參與者資料，否則不妨多抽取一些樣本，以確保樣本代表性）。

(七)決定活動評估報告何時及如何分送給誰

任何活動評估的結果，大都會有活動評估報告的產生，因此活動評估者在評估工作開始之前，即應同時規劃有關活動評估報告之事宜。雖然評估工作尚未進行，有關評估報告之內容無從得知，不過基於活動評估領域所涉及的風險、評估之目的與範圍、各級管理階層對於被評估的活動之關心程度，以及前一次評估的結果，應該是可以事先確立某些有關未來進行活動評估報告之格式與內涵。

一般來說，在活動評估結束時，均應在活動現場就向各受評估的活動服務部門主管及有關人員，就其評估過程中所發現的事實／證據及建議事項提出口頭報告，並進行雙向的溝通。而且活動評估結束時，也可比照ISO之內部稽核結束會議一般，向受評估者做雙向溝通，當正式的評估報告完成時，也一樣要考量需要分發哪些人員／部門、報告篇幅多大、報告目標日期何時、有否需要期中報告……等事宜，惟若事涉高度敏感性或機密性報告，則又須考量另案處理以求周延。

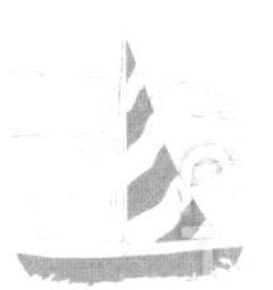

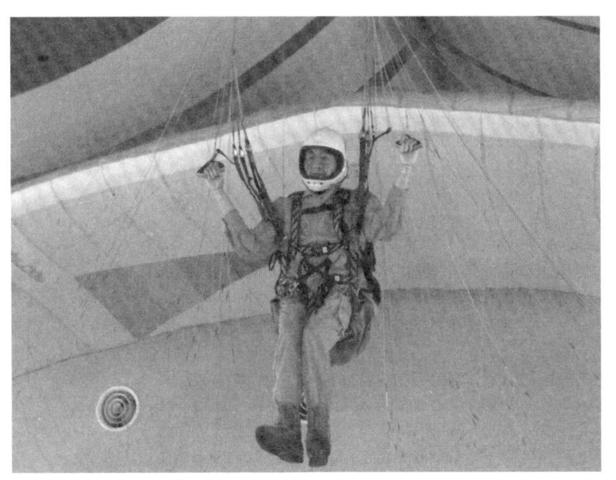

▲阿嬤參加跳傘運動

跳傘目前已經成為一項運動，飛行傘的操控，在操控者的左右兩邊都有操控線，拉住右邊的操控線，飛行傘就往右邊轉，同樣的拉左邊的線，傘就往左邊轉；降落時，同時拉兩邊的操控線，如同踩煞車一般，飛行傘可以很平穩的降落到地面上。

照片來源：林虹君

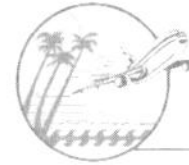

第三節　活動評估進行與評估報告

在上述的活動評估計畫的準備工作告一段落之後，即應進入正式的活動評估作業，惟在正式進入活動評估之前，應該要能夠取得休閒／活動組織權責主管（如總經理、評估部主管等）的核准與授權。而且在進行活動評估之前，若爲求能蒐集得到更進一步的資料，與對受評估部門／對象之更進一步了解，則可在評估準備工作中增加實地訪查（preliminary survey），或者在正式開始活動評估前進行實地訪查，而這個實地訪查將可協助該活動評估者擬訂適當的評估程序。

這個評估程序也就是資料與證據的蒐集方法，諸如：問卷調查、訪談、對話、在旁邊觀察、參與活動觀察、資料查檢與記錄、標準化稽核、查核表……等方法。活動評估者利用這些評估程序，

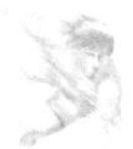

可就資料來源管道中獲取資料，例如：在活動現場與活動執行期間可蒐集到的一手資料、各個部門作業現場中蒐集到的品質與績效一手資料，以及從其他來源管道中可蒐集到的額外資訊，而在蒐集資料的過程中也可能會面臨許多干擾，則是活動評估時不得不加以正視的。

一、蒐集資料時應考量的干擾因素

一般來說，活動規劃者與活動評估者在進行資料蒐集的時機，約有：(1)活動報名註冊時；(2)活動開始前的廣告宣傳時期；(3)活動開始時的註冊等候時間；(4)活動進行期間；(5)活動結束之後等時機。

一般在進行資料蒐集之過程中，存在有不少的干擾因素，以至於影響到資料調查與分析的結果，諸如：

(一)蒐集資料與資訊之時間不同將會影響到不同的分析結果

在活動進行前的報名、註冊與報到之等候服務期間所做的資料（稱之爲前測資料），將會與在活動結束後的資料（稱之爲後測資料）有所差異。若以後測資料作爲活動評估成效／見解的分析與判斷基礎，則會有遺珠之憾（即中途離去者的意見與資訊），而將前測資料作爲分析判斷基礎乃是較爲周延，只是活動參與者／顧客尚未正式體驗有關的活動，則其意見／見解未必眞實或客觀。所以在事後寄發問卷或一一電話訪問所有報名參與者之方法，乃是最完善的資料蒐集方法，只是費用相當高！

(二)問卷設計長度若不適宜時將影響到顧客回答資料之眞實性

因爲顧客的到來乃爲參與活動的體驗，而不是爲塡寫或回答問卷而前來參與的，所以問卷長度不可以超過十分鐘的作答時間，以免顧客隨意作答，而影響到資料分析結果。

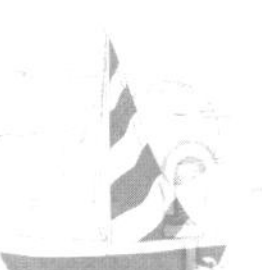

(三)有些顧客以其休閒哲學而拒答

有些顧客會以其前來乃是爲體驗休閒，而不是前來接受休閒調查／訪問，因而堅拒作答，此時也不宜多做說服，以免造成負面效果。

二、資料之整理

活動評估者在資料蒐集到手之後，爲使雜亂無章的資料得以將其特徵顯現，就要進行資料的整理，資料的整理最主要的目的乃爲使所蒐集到手的資料特徵得以顯現。一般來說有關資料的整理，乃是依照如下步驟加以進行的：

(一)資料的初步檢查

乃針對所蒐集得來的資料加以檢查，而所謂的檢查乃指編輯工作（editing），包括刪改與修正，其目的乃在降低資料的錯誤。

(二)對於「空白或不知道」的處理

空白與不知道的答案有時是以丟棄掉來處理，但是不宜疏忽了這種情形乃是不可避免的問題，所以也應正視這個問題，絕非不管它或拋棄它就了事。至於要如何處理？則可在計算總數時，將「空白與不知道」部分予以排除，而且將「空白與不知道」列爲單獨一項來處理。當然若有足夠資料可供參考時，也可利用問卷中的其他資料來推算「空白與不知道」的答案，惟若資料不夠時則不宜勉強。

(三)編碼作業

乃是依測量方法（measurement method）來進行編碼作業，也就是將適當的數值分派到標的物或事件之上的方式，而這些數值也就是代表該標的物或事件，其目的乃在於可藉由這些數值來進行統

計分析。而這些編碼作業乃可依照名義變數、順序變數、等距變數與比例變數等四種測量尺度水準，而將數值予以分派到標的物或事件之上。

(四)資料建檔作業

乃將編碼數字鍵入到統計軟體（spss、excel…等）的工作底稿（資料檔）上，以利進一步的分析。建檔作業如下：(1)單選題則依受評估者所勾選的編碼號碼鍵爲一題；(2)順序尺度問題則鍵成如題目順序數目相等的題數；(3)複選題則有勾選者給“1”，無勾選的給“0”，依題目有多少數目之比較鍵入資料就有多少題數；(4)兩兩比較則以最佳者爲“1”，次優者“2”，第三者爲“3”（依序類推），視題目有多少項比較鍵入資料就要有多少題。

(五)編製統計表或繪製統計圖

當完成資料分類與歸類之後，即可進行編表與繪圖的工作。統計圖表可依時間數列、空間數列、性質（屬性）數列，與數量（屬量）數列，而加以編製爲統計圖表；常見的統計圖有長條圖（bar chart）、圓形圖（pie chart）、直方圖（histogram）、次數多邊圖（polygon）……等種。

三、資料的分析與解釋

經由上述的資料整理之後，已可了解這些資料的某些特徵，只是尚不知道是否完全符合評估者的需要，所以仍要再用應用統計方法來加以分析，而統計方法可分爲敘述統計方法與推論統計方法。

(一)敘述統計方法

敘述統計方法乃以統計量數來說明這些活動評估所得資料的特徵，常用的統計量數有平均數、差異量數、相關係數、指數與時間數列等。

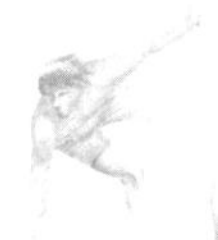

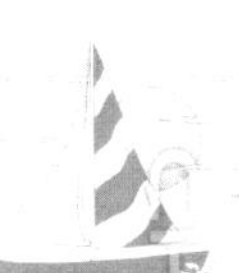

(二)推論統計方法

推論統計方法乃是以檢定方式進行對母體的推論，常用的爲有母數的統計方法與無母數的統計方法等兩種。有母數統計之法如：實驗設計與變異數分析、相關與迴歸分析，乃是應用有母數統計方法中最常用的檢定方法；而無母數的統計方法如：點計資料統計分析、順序資料統計分析等。

一般來說，資料不是計量性就是計數性，因此分析與解釋資料就要依據所獲得資料的屬性，來進行選擇適合的統計方法以爲分析工具。而在經過資料分析之後所得到的結果，一般大都用來了解目前的活動執行績效及解釋活動結果所代表的意義，但是比較少用來做爲未來活動的預測；惟市場調查與研究則可作爲組織的市場經營決策與未來市場需求之預測的參考。

四、活動評估報告

活動評估報告乃是活動評估者執行活動評估的成果／產物，而這個評估報告乃是在追求能夠發揮對該休閒／活動組織之經營管理階段與活動規劃者的服務與貢獻。既然評估報告的產出並不是給活動評估人員自己使用，那麼這份報告就必須講求是一篇有品質水準的報告，而且要確定是否能爲經營管理者／活動規劃者／策略管理者所採行，而應用在改進決策、管理控制風險因素及提高下次活動績效等領域，否則此報告也就是一種單調乏味的負擔。

(一)活動評估報告之目的

一般來說，活動評估之目的乃包括有：改進活動、記錄與說明本次活動、建議改進方案、協助活動進行中的服務與品質管理、協助降低或消除有關的活動衝擊或風險、協助活動進行之策略行動方案的改進或形成、獲取顧客的支持與高滿意度，以及獲得贊助資金等。惟一份完善的活動評估報告應具有：(1)告知、(2)說明、(3)得

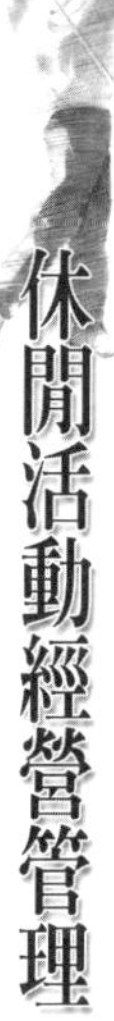

表9-5　活動評估報告之目的

目的		方法	要素
項目	意義		
告知	乃在說明活動評估人員在評估過程的發現。	產生警覺	對於活動現場所發現的風險因子、品質異常、顧客需求／抱怨、服務作業瓶頸，以及可改進的機會等，均予以清晰、明確、簡單的述說，以供經營管理者／活動規劃者辨識。
說服	針對所發現的價值及真實性予以說服經營管理者與活動規劃者與其他主管。	取得接受	必須將其報告的分析與解釋予以有真實及有說服力的支持，同時其結論必須要有充分證據。
得到結果	藉由活動評估報告之提出，而取得經營管理者與活動規劃者支持與認同，而且真正落實執行改變與改進。	挑起行動	所建議的改變或改進方法必須是要能夠確實可供執行的建議性提案，而且要能夠付諸實施，以顯現出評估報告的價值。

到結果等三大目的（如**表9-5**所示），也就是一份評估報告的提出若不具有此三大目的，那麼此份報告的效果就會有所打折，甚至於只當作花瓶來擺飾而已。

(二)活動評估報告之內容與架構

由於評估報告的目的乃在於溝通，所以若不能達成溝通效果，那麼該份報告也就沒有價值。活動報告之溝通應該以誰是你的讀者作為撰寫報告的溝通準則，所謂知道誰是讀者，也就是要能確認接受報告者到底希望理解些什麼、期望什麼、需要什麼。這些原則就是活動評估者所應該認清溝通之首要任務，乃在於報告／資訊接受者的認知與期望，否則即使這些活動評估人員在活動現場深受服務人員與顧客的讚賞，以及發現了什麼有價值的結論，也大都僅供孤芳自賞而已。

■活動評估報告溝通的指引

1.活動評估作業結束後，應該需要出具活動評估報告書，至於期中報告則可用書面或口頭以正式或非正式方式予以提出。

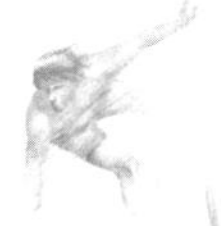

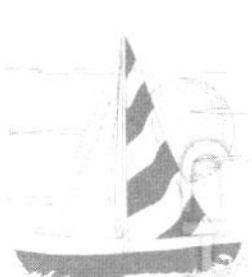

2.活動評估者在發出活動評估報告之前，最好能將結論與建議先和適當的管理者（如：活動規劃者、策略管理者、行銷管理者與現場主管）溝通討論之後，再行提出。
3.活動評估報告文詞須力求簡單、明瞭、客觀、明確與建設性，但是要注意時效性。
4.活動評估報告架構應明白表達活動評估之目的、範圍及結果，當然是可以將活動評估者之建議事項併予陳述。
5.活動評估報告應將可能的／潛在的風險予以提列。
6.活動評估報告應將可能的／潛在的改進建議予以提列。
7.活動評估報告中應對於活動中有關的良好表現、令人滿意的績效，及所見到的矯正預防措施予以讚賞、鼓勵與肯定。
8.活動評估報告可包括被評估者／部門對於活動評估之結論或建議事項之看法或觀點。
9.活動評估主管或其代理人應在報告發出之前，加以審查核准之後，始可分發出去，同時並一併決定分發的對象與份數。

■活動評估報告之主要內容

活動評估報告的主要內容，應該可以涵蓋如下項目，惟並不是說評估報告一定要包括有如下的各個項目，而是要依照活動評估之目的、委託或要求進行評估者之目的、分發各閱讀報告者之期望，以及評估過程中所採取之評估程序等需求而定。

1.活動評估之目的：活動評估的主要目的有告知、說服與得到結果等三大目的（請參閱**表9-5**），所以其評估目的乃在於揭露服務、品質與安全上之風險因素、顧客抱怨申訴之改進與矯正預防活動、記錄與說明此次活動、協助進行策略擬定與分析、處理活動衝擊情況、協助進行合理化的管理系統，以及獲取資金贊助或補助等。
2.活動評估之範圍：也就是此次活動評估的對象包括哪些活動、哪些部門、哪些活動據點、哪些活動的哪些活動設施設

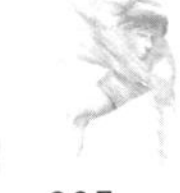

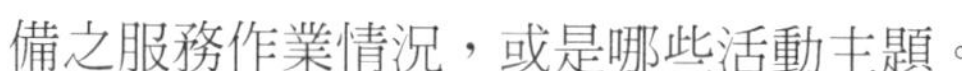
備之服務作業情況，或是哪些活動主題。

3.活動評估之課題：也就是本次活動評估之主要課題有哪些，評估價值標準為何，以及哪些額外課題得視評估狀況而予以納入。

4.活動的簡要描述：也就是將該活動項目的辦理經驗、活動環境及活動目標予以簡要描述，可以分為5W1H的方式加以描述。

5.活動評估者背景簡介：也就是將本次活動評估之評估者團隊的成員、學經歷、專業經驗、評估者專長，以及評估者的活動理念或偏見等予以呈現出來。

6.法令規章與風俗禁忌簡述：也就是將有關於該次活動之政府法令規章、利益關係人的要求，以及該社區的民俗風格禁忌事項的簡述。

7.資料蒐集與統計分析方法：將所使用的資料蒐集方法（如：質化或量化的資料蒐集方法）及將應用的統計分析方法／工具予以介紹，在介紹時，宜將其使用此等蒐集與分析方法之特性與目的一併說明，使報告閱讀者得以了解其意義與價值。

8.資料分析解釋與判讀：這個部分乃是整份評估報告的精華所在，在此部分必須將經由資料的統計分析之後的結果，加以在評估議題／課題之概念上予以整合，以呈現出所分析出來代表的意義與價值，這個意義與價值乃是報告閱讀者所要求必須能夠明白了解的關鍵點。在這個分析結果部分必須沿襲自評估課題，而且要能夠解釋其課題的意義與結果，不論是正面或負面的結論，均應翔實加以揭露，而且最好要有一份摘要呈現在本節之首，以利閱讀者能夠明白了解。

9.活動評估的結論：這個部分乃是將評估課題所獲致的結果及有關活動價值／目的之判斷，予以呈現出來，其結果與價值之判斷乃是經由上述的統計分析之解釋與判讀做整合後，所

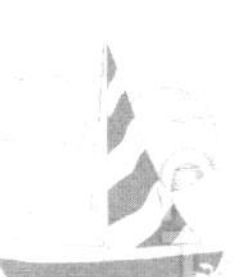

提出的結論。在做成結論之前，必須忠於活動評估目標與所蒐集的資料，而在妥善的資料整理與分析過程中，不可受到評估者的主觀意識所左右，而必須忠於統計分析結果，並和活動價值／目的相整合，以獲致結論。

10.評估者主觀意見的評論：一份活動評估報告往往在評估過程中，會在評估者團隊中產生多元多樣的意見，雖然在評估結論中已做整合而呈現出評估者團隊的共識／結論，但是不可否認的，仍有部分評估團隊中之成員存在不同的意見，爲求整份報告的完整性，是有必要將不同意見書予以併陳，以供閱讀者參考。

11.活動評估的建議：這個部分可分爲幾個方面來呈現，諸如：對本次活動的改進意見及對後續活動的發展建議。

(三)活動評估報告的其他方面考量事項

在活動評估報告撰寫完成的過程中，也應考量到如下幾個要點，以有助於整份報告的完成：

1.在評估過程中，若發現該活動的進行方式有待修正，而且若不及時修正恐將對休閒／活動組織及該活動產生某些立即性不利影響時，則可在未完成活動評估報告之前，即提出修正活動的建議／溝通書，給予活動規劃者、行銷管理者及活動部門主管做考量。

2.另在評估過程中發現該活動的進行與活動目標有所違背，或是對於活動參與者／顧客之體驗價值有所不滿意，應建議後續不予繼續舉辦，以免流失既有的顧客或傷害到組織形象；甚至於若發現問題相當嚴重時，即應建議將活動立即終止，以免發生不可掌握的危機與損失。

3.其他事項，諸如：(1)何時提出評估報告；(2)提出報告前的溝通與討論；(3)報告要能考量不熟悉活動規劃設計者之吸收／了解能力，而做出簡潔或描述性的報告；(4)可依不同的評估

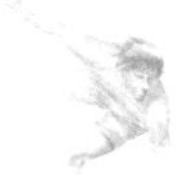

報告閱讀者之需要而提出不同的撰寫方式之報告；(5)對於未納入評估之課題要能夠列示出來，以供評估報告閱讀者了解等。

五、如何使評估報告得到結果

活動評估報告必須要能夠發揮效用、得到結果，及獲取報告閱讀者的注意與共鳴，一份活動評估報告不在篇幅大小或頁數長短，而在於其內容是否能夠引起經營管理者與活動規劃者的認同與支持。而且一份活動評估報告是否對經營管理者與活動規劃者能夠提供服務的附加價值，乃在於該份報告是否能夠說服其閱讀者，進而採取改進與矯正預防措施，所以活動評估者絕對不是將評估報告提出來即告結案，而是要促銷與說服其所提的結論與建議。

所以活動評估者爲能化解或減少閱讀者的阻力或反抗，就必須先了解閱讀者的眞正需要，與想要如何進行改進行動之輕重緩急順序，如此才能投其所需、應其所好地跟他們建議，及改變他們的看法，進而接受建議。一般來說，要想使你所提出的評估報告得到結果，應該採行如下三個步驟：

(一)盡可能以數量化來描述問題

若能將溝通說服過程中的說詞盡量以數量化來說明，將其面臨的風險與問題嚴重性以數量來陳述，將會比較容易說服他們。例如：

1.直接而具體地將結論呈現出來。
2.以事實性的數據來說服他們。
3.將問題發生的要因診斷出來，並予以條列方式呈現。
4.將問題的嚴重性以數量、百分率、金額的方式陳述出來。
5.將問題的數據和活動價值／目標之標準做比較說明。

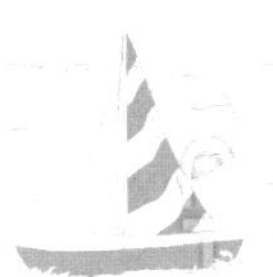

(二)站在閱讀者立場點出問題的重要性

切莫以評估者立場來陳述問題點，而是要站在閱讀者之立場來說明問題的嚴重性，同時必須以數據化方式來佐證所陳述的重要度。

(三)站在關心者與協助者角度來說服閱讀者

不應站在稽核者立場來發現問題，而是基於命運共同體原則，以關心者、協助者與支持者的角度來找問題，並提出改進建議與矯正預防措施，讓閱讀者感受到你的善意，進而樂於接受你的結論與建議，以及付諸改進問題之行動。

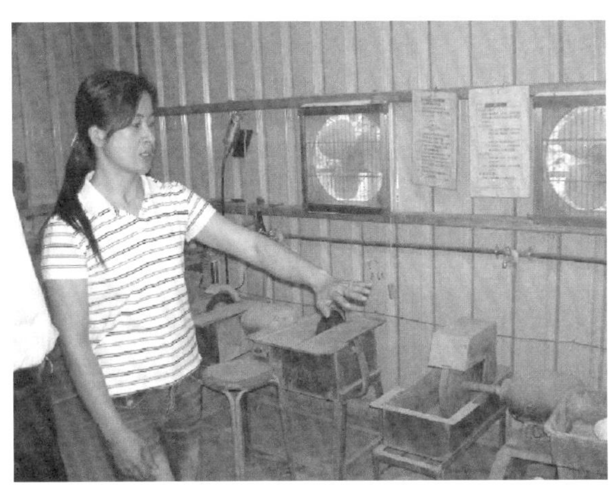

▲導覽解說活動

導覽解說活動擔任休閒商品／服務／活動之展示，以及休閒／活動組織與觀眾間聯繫橋樑的角色，使觀眾能認識了解展示特色、理念與內容。一般團體或學生團體可預約或臨時安排解說人力服務，依照一般、特殊、專業、臨時、貴賓等各種參觀團體性質安排適合行程，帶領觀眾深入認識各展示主題和展品內容的奧妙。

照片來源：集集影雕工藝村　展智管理顧問公司　林志伸

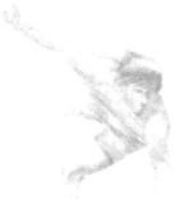

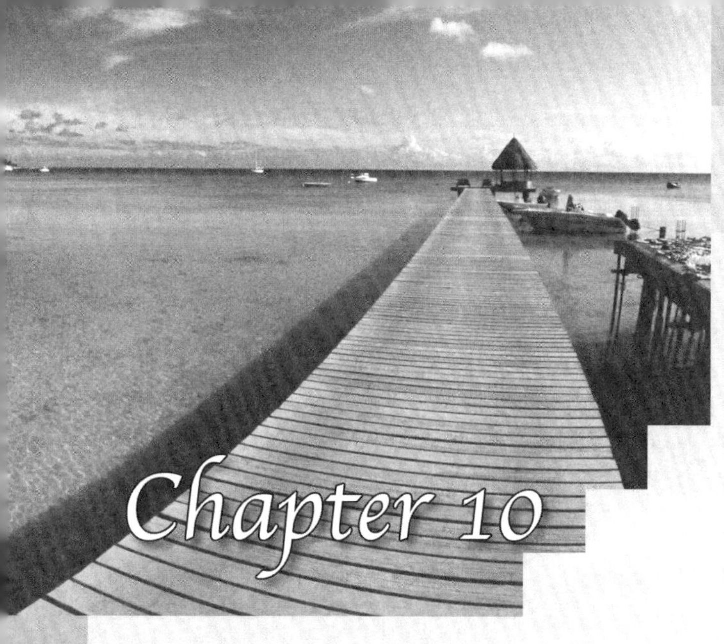

Chapter 10 活動評估工具與生命週期

Easy Leisure

一、探索活動評估與活動生命週期理論價值
二、釐清五種活動評估工具的選擇運用方法
三、了解休閒活動評估與生命週期理論重點
四、認知運用活動評估與生命週期管理方向
五、學習如何有效運用活動的生命週期理論
六、界定生命週期盤點與修正行銷組合策略
七、提供評估工具選擇及生命週期管理策略

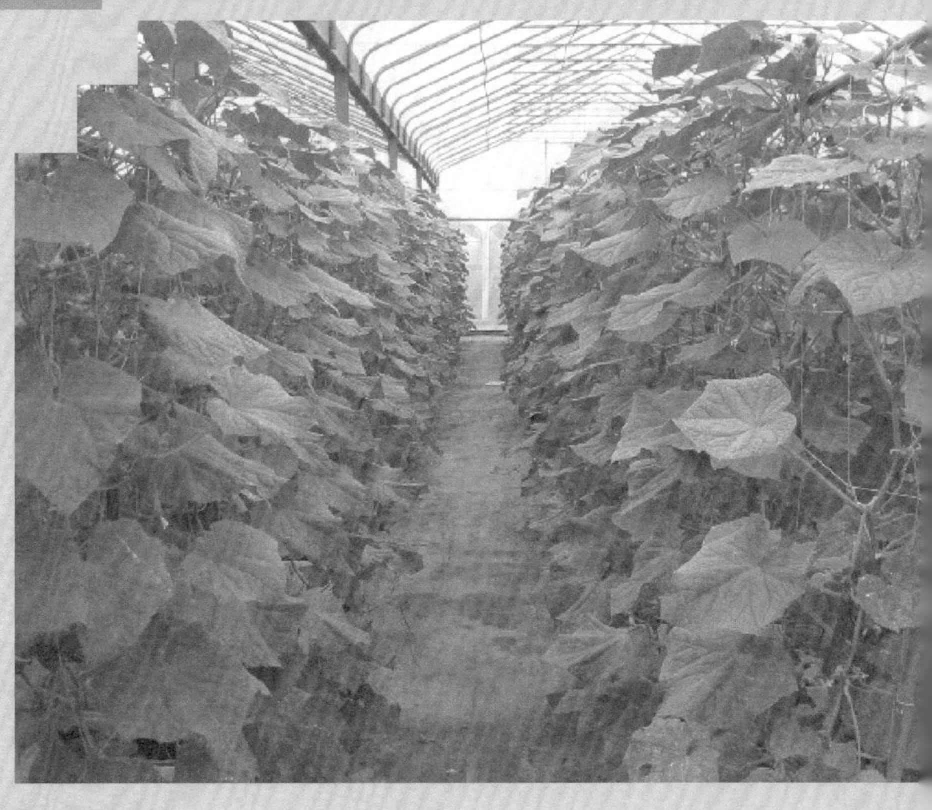

▲ 農村田園神仙遊憩活動

休閒農業是在經濟自由化、國際化的衝擊下，傳統農業經營轉型為休閒農場經營規模，提升經營效率；利用農村當地的自然田園景觀、自然生態及鄉土文化等環境資源，結合農林漁牧生產及農業經營活動，經過縝密的規劃設計，成為一個休閒遊憩理想園區，以發揮農業生產、生態平衡與農村旅遊的效果，成為具有活力與特色的產業，提供民眾體驗及親近大自然的場所。

照片來源：國姓土城社區優質新故鄉　展智管理顧問公司 林志仲

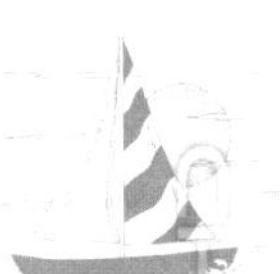

在前面章節中，我們談到了活動評估報告應考量的處理建議，我們曾提出四項可供選擇的處理方式，也就是不需要做任何修改可以繼續辦理下去、修正活動、終止活動與建議後續不予繼續辦理等四種。雖然只有四項選擇，只是若要做修正決策時，就有可能會有多項決策可供選擇；要立即終止活動更要考量已報名參與者之權益，除非遭受到天災地變或罷工、戰爭等因素，大致上也不是那麼容易解決的，所以活動規劃者與評估者團隊必須謹慎處理，以免傷害顧客又傷及本身，那將會是「賠了夫人又折兵」、「得不償失」。

第一節　五種活動評估方法與介紹

在前面我曾提到評估5P（參與者、人員、地點、政策／行政、活動方案），至於活動評估方法與模式在實務界中運用也有許多種，本書介紹如下幾種以供讀者參考／選用（事實上活動評估方法還有許多種，惟限篇幅不多做介紹）：

一、重要－績效表現評估法

重要－績效表現評估法（importance-performance evaluation）乃是由Martilla和 James（1979）所發展出來的活動評估模式。

(一)評估方法說明

這個模式乃是監視與量測商品／服務／活動的特質之有效方法，其方法乃在於證實活動參與者期望與實際表現的滿意度綜合感受，所以顧客／參與者必須在參與活動之前接受測試，以確認哪些活動屬性對其而言乃是重要的；而在參與活動之後再接受同樣的測試，以了解在其參與之後的眞正感受或表現。而後將參與前和參與後所量測而得之結果標示在二維的矩陣圖上（如**圖10-1**所示），在

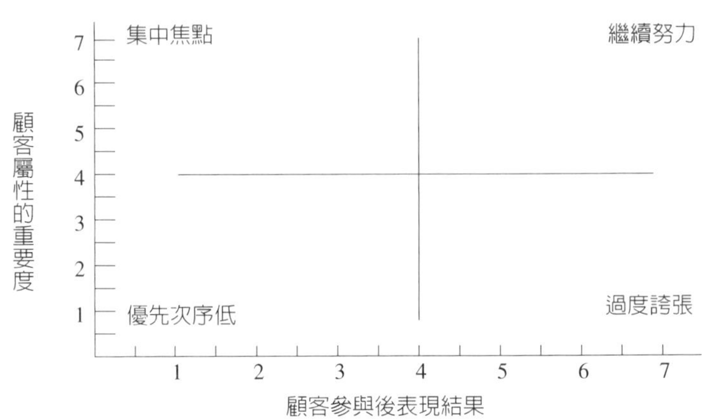

圖10-1　重要－績效表現評估法

資料來源：J. Robert Rossman & Barbara Elwood Schlatter著，陳美美等譯，《休閒活動企劃》（下冊），台北市：品度（股）公司，2003年，頁158。

該圖中共有四個象限，橫軸為參與後的實際表現，縱軸為在顧客眼中的屬性之重要程度，各個象限依第一象限順時鐘方向稱之為「繼續努力、過度誇張、優先次序低與集中焦點」象限。

(二)使用此方法應注意事項

運用「重要－績效表現評估法」時，乃是需要：(1)研擬量測活動重要屬性的清單；(2)設計量測工具以檢視這些屬性對潛在顧客的重要程度；(3)設計資料調查的蒐集工具；(4)量測屬性重要性工具與實際表現工具所包含項目必須相同（但是可以修飾文句惟辭意須一致）（如**表10-1**所示）。

利用**表10-1**之工具進行資料蒐集，並在**圖10-1**的矩陣中依題目序號加以填寫在圖上，經由填寫調查前後的結果，則可以依調查工作中之題目分別加以分析描述，結果解釋得愈清楚，將會更有助於活動規劃者確立其潛在顧客的眞正需求與期望，進而調整其規劃設計或管理的方向。

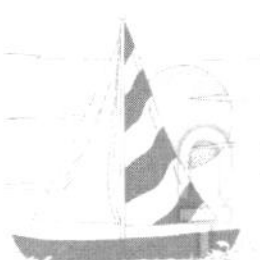

表10-1　重要－績效表現評估項目（個案）

重要程度							
在國標舞會活動中，下列哪些事情您認為很重要？							
	非常重要			重要			不重要
1.參與國標舞會活動的費用低廉	7	6	5	4	3	2	1
2.參與國標舞會活動可以提升國標舞技巧	7	6	5	4	3	2	1
3.國標舞會場地要能停車方便	7	6	5	4	3	2	1
4.藉由參與機會可以擴大社交圈	7	6	5	4	3	2	1
表現結果							
對於參與本場國標舞會後的滿意程度？	非常滿意			滿意			不滿意
1.本次國標舞會活動收費低廉	7	6	5	4	3	2	1
2.參與國標舞會可以提升國標舞技巧	7	6	5	4	3	2	1
3.停車設施與停車服務之提供	7	6	5	4	3	2	1
4.參與之後感覺可結交新朋友	7	6	5	4	3	2	1

二、系統設計與決策導向評估者

系統設計與決策導向評估者（system designs and decision oriented approach）約有三個技巧可供運用：計畫評核術（program evaluation review technique; PERT）、要徑法（critical path method; CPM），以及目標管理（management by objectives; MBO）等。

(一)計畫評核法

計畫評核法乃是以一種事件爲導向的技巧，且著重在規劃、時間表與定量式（如：時間、成本等）的活動控制上，計畫評核法乃以網路或流程圖來說明活動規劃者如何達成所預定的目標。一般在計畫評核表上，大致應列有主要活動與估計該等活動完成的時間，其時間的估計方法有三種：其一爲樂觀時間（optimistic time; to）；其二爲最可能需要時間（most likely time; tm）；其三爲悲觀時間（pessmistic time; tp），此三種時間如**圖10-2**所示的樂觀時間爲五小時，實際或最有可能時間七小時，而悲觀時間爲九小時。〔期望時間TE=（to+4tm+tp）÷6=7小時，變異數v=[（tp-to）÷6]^2 = 0.444，標準差S =$\sqrt{v}$ =0.667〕。

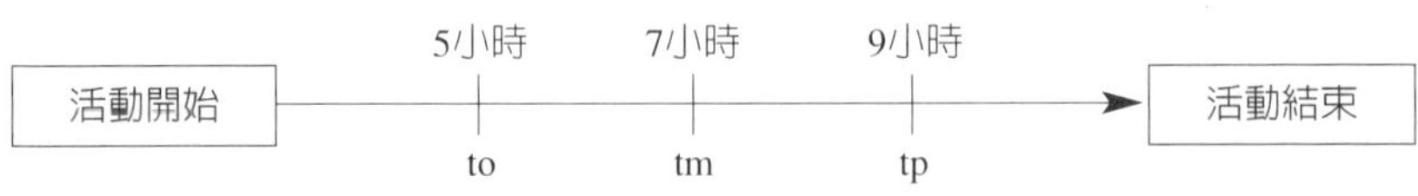

圖10-2　計畫評核法的時間估計（個案）

一般在整個事件作業時間估算若採取三時法有嫌繁複，所以建議仍以單時估計的方法來進行，而所謂的單時法乃以最有可能之時間為其作業時間。而若要進行網路時間計算時則有兩種方法，其一為前進計算法（由左到右），其二為後退計算法（由右到左）；前者乃在計算該活動之作業所需時間，而後者乃在已知活動作業之最末完成時限，再計算各作業可以最晚開始之時間（如**圖10-3**所示）。

至於寬裕時間（slack time）也稱浮時（float time），乃指某一作業可以最晚開始或完成的時間，而寬裕時間可分為總浮時（total float time; TF）、自由浮時（free float time; FF）及干擾浮時（interfering float time; IF）：

1. 總浮時乃指不影響整體時間限制下，某作業可延遲開始之最大寬裕時間，即 $TF_{ij} = LF_{ij} - EF_{ij}$。
2. 自由浮時乃指某作業可以延遲但不至於影響其後續作業之最早開始時刻的容許寬裕時間，即 $FF_{ij} = ES_{jk} - EF_{ij}$（$i < j < k$）。

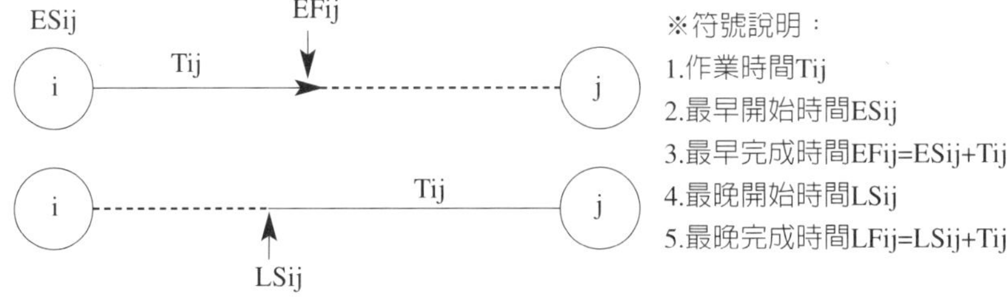

圖10-3　計畫評核法之作業時間關係

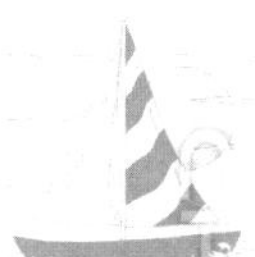

3.干擾浮時乃指在此容許時間內，作業之延遲雖會妨礙到後續作業之最早開始時刻，惟對整個活動來說並無任何影響之寬裕時間，即 IFij＝TFij－FFij。

計畫評核法可以廣泛運用到商品研究開發、活動設計規劃、活動場地與設施設備之規劃／建築／購置／維修、人員教育訓練……等方面，而運用計畫評核法的優點爲：

1.創造一份／多份完整、詳細、眞實與良好溝通的計畫，可以促使整個計畫依既定目標來實施。
2.能夠顯示出時間的預計與實際狀況，以供活動規劃者管制整個計畫。
3.在最早開始與最晚開始、最早完成與最晚完成時間的制定，提供規劃者作爲彈性應變計畫因應之參考。
4.提供整個計畫中最有可能延遲或阻礙的作業點供規劃者進行有效管理。
5.提供活動資源在整個計畫中之有被運用與未被運用之資訊，以爲規劃者進行資源管理。
6.將整個計畫的進行狀況做一個清晰的簡報。
7.可延伸作爲要徑法的分析基礎，同時也模擬了整個計畫之可能替代方案與時間表。

(二) 要徑法

要徑法乃延伸自計畫評核法之網路計算中（如**圖10-4**所示），作業總浮時爲零或小於零的路徑稱之爲要徑，而此路徑中並無任何寬裕時間存在，一旦其中存有任何作業延遲時，則將會造成整個計畫的延遲，故乃爲管理重點，也作爲趕工或修正計畫時間之依據（如**表10-2**所示）。

浮時與要徑之特點如下：

表10-2 浮時與要徑（個案）

結點編號	（工期）時間	ESij	EFij	LSij	LFij	TF	FF	IF	要徑
2—4	10	0	10	0	10	0	0	0	*
4—6	15	10	25	12	27	2	0	2	
4—8	8	10	18	18	26	8	0	8	
4—10	16	10	26	10	26	0	0	0	*
6—12	5	25	30	27	32	2	2	0	
8—10	0	18	18	26	26	8	8	0	
8—16	9	18	27	29	38	11	11	0	

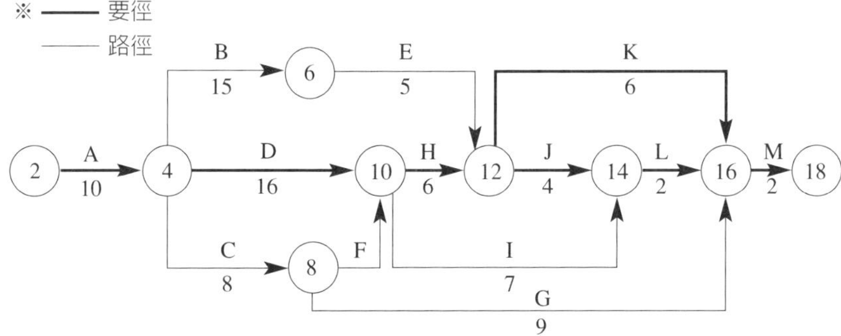

結點編號	（工期）時間	ESij	EFij	LSij	LFij	TF	FF	IF	要徑
2—4	10	0	10	0	10	0	0	0	*
4—6	15	10	25	12	27	2	0	2	
4—8	8	10	18	18	26	8	0	8	
4—10	16	10	26	10	26	0	0	0	*
6—12	5	25	30	27	32	2	2	0	
8—10	0	18	18	26	26	8	8	0	
8—16	9	18	27	29	38	11	11	0	
10—12	6	26	32	26	32	0	0	0	*
10—14	7	26	33	29	36	3	3	0	
12—14	4	32	36	32	36	0	0	0	*
12—16	6	32	38	32	38	0	0	0	*
14—16	2	36	38	36	38	0	0	0	*
16—18	2	38	40	38	40	0	0	0	*

圖10-4 計畫評核法／要徑法（範例）

資料來源：周文賢、柯國慶，《工程專案管理》（一版），台北市：華泰書局，1994年，頁90-96。

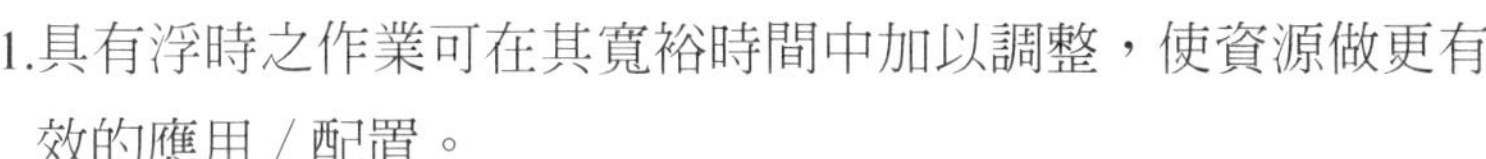

1.具有浮時之作業可在其寬裕時間中加以調整，使資源做更有效的應用／配置。
2.要徑以其總浮時爲零時爲之，所以一份計畫的要徑法分析中，不僅只有一條要徑。
3.要徑乃實際作業路徑中最長者，所以將之做爲進度管理及縮短時間的依據。
4.作業浮時的消化也可能會另行產生新的要徑，而且若原寬裕時間爲零時，則將會產生負浮時。
5.要徑乃是資源調配的依據，所以在規劃時對於具有寬裕時間之作業，可將其開始與完成時間予以妥善安排，有些可提早開始，有些則延後開始，以錯開同一資源使用的時期，減少投入時的高低變化，以因應尖峰時間的供不應求現象，而在離峰時間則人員、設備、器具、材料……等會有閒置現象。

三、以滿意度為基礎的方法

以滿意度爲基礎的方法（satisfaction-based approach），乃是以顧客／活動參與者對於其在參與活動之後所感受的滿意度，作爲活動評估的基本資料。這些資料乃是用來評定該活動所呈現的服務價值，而此方法乃須有如下的基本假設：「假設活動的價值乃是可由休閒／活動組織提供給予活動參與者／顧客在活動體驗時決定其價值，所以說，顧客乃是評定某項活動是否達到休閒／活動需求的最佳人選」。

根據Rossman（1995）所提出的十項滿意度指標（如**表10-3**所示），乃是常爲休閒／活動評估時所引用爲請活動參與者填寫之問卷（如**表10-4**所示）的撰寫參考之指標。

以滿意度問卷所蒐集的資料對於休閒／活動組織與活動規劃者／行銷管理者具有如下的好處：

表10-3　Rossman的十種滿意度指標

成　效	提供有關精通一項活動、新技巧的發展，以及成功掌握新經驗的資訊。
自　主	提供有關參與者對情況掌握的資訊、資料，顯示獨立感或依賴感。
環　境	提供有關地點滿意度的資訊，包括乾淨程度、空間規劃設計，以及是否吸引人。
遠離家庭束縛	提供有關參與者能成功地遺忘對於其家庭成員掛念與焦慮感方面的資訊。
家庭團聚	提供有關參與者透過活動，成功地與其他家庭成員進行情感方面的聯繫資訊。
樂　趣	提供有關參與者在活動之中，對於享樂與歡娛之心理知覺方面的資訊。
體適能	提供有關參與者在提升體適能方面的資訊。
放　鬆	提供有關參與者在參與活動之後，在免除壓力之感覺方面的資訊。
風　險	提供有關參與者在參與活動時，對於危險感方面的資訊（如：生理、心理、情緒等方面）。
社交樂趣	提供有關參與者在參與活動過程中，所經歷的互動交流方面的資訊。

資料來源：Christopher R. Edgington等著，顏妙桂譯，《休閒活動規劃與管理》（一版），台北市：美商麥格羅希爾國際公司台灣分公司，2002年，頁483。

1.呈現活動參與者對該活動的觀感，可以作爲組織與活動規劃者了解整個活動實際上對於活動參與者所產生的活動感受與影響，而藉由此方法讓活動規劃者得以利用這些資料，以爲判斷顧客參與活動所體驗的價值依據。

2.休閒／活動組織與活動規劃者可利用此方法進行系統性的資料蒐集與分析，而將其顧客滿意度作爲活動成果／價值之證明。

3.可以透過此一系統性方法，加以檢視活動之目標與目的是否達成，更可用爲強化更廣泛目的之執行度。

4.不同的活動之顧客滿意度資料，乃是活動規劃者與經營管理者用來比較不同活動服務之滿意差異性，以爲協助後續活動規劃設計之參考依循。

5.滿意度調查方法也是組織／活動參與者蒐集參與者／顧客自行評估之資料來源。

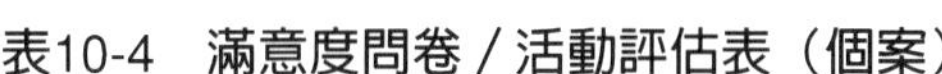

表10-4　滿意度問卷／活動評估表（個案）

下列是您對於本活動的滿意度評估，請在下列各項中勾選您對本活動的滿意程度之分數，如果您認為本活動沒能帶給您那樣的感受或感覺，可以勾選「0一無法作答」，謝謝您！

評核項目與內容	非常滿意			滿意			不滿意	無法作答
	7	6	5	4	3	2	1	0
一、成效								
1.經由參與本活動我學到更多的與本活動有關的知識。								
2.參與本活動後我已經可以發展出新的技術或能力。								
二、自主								
3.經由參與活動之後我已經學會可以控制許多狀況。								
4.經由參與活動之後我已經了解獨自行動或思考的好處。								
三、環境								
5.本活動場地5S整理整頓得很好。								
6.本活動地點的交通路線與停車均很方便。								
四、遠離家庭束縛								
7.參與本活動使我有忘卻家庭中俗務的感覺。								
8.參與本活動後使我相信我可以離家而獨立。								
五、家庭團聚								
9.參與本活動之後使我相信我們家人可以一起從事這種活動。								
10.本活動能夠讓我們家人親密關係更強化。								
六、樂趣								
11.我喜歡這項很值得嘗試參與的活動。								
12.在本活動中我玩得相當愉快。								
七、體適能								
13.這個活動能讓我的身體保持健康。								
14.我很喜歡在這種空間參與體適能運動。								

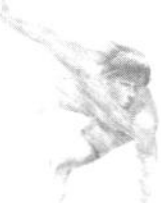

（續）表10-4　滿意度問卷／活動評估表（個案）

評核項目與內容	非常滿意			滿意			不滿意	無法作答
	7	6	5	4	3	2	1	0
八、放鬆								
15.本項活動使我的心靈獲得休息。								
16.本項活動使我的身體獲得放鬆。								
九、風險								
17.我喜歡嘗試高風險的活動。								
18.我喜歡冒險犯難的機會。								
十、社交樂趣								
19.我喜歡在活動中的交流互動關係。								
20.在活動之中我認識了新朋友。								

針對下面兩個活動參與的問題，請勾選最能夠呈現出您的感受之分數：

1.請您就本次活動與曾經參與過的活動做比較；請問將把本活動放在第幾順位？

我會最後才放棄						我會第一個就放棄
7□	6□	5□	4□	3□	2□	1□

2.您參與本活動之後的整體滿意度如何？

非常滿意	滿意	稍微滿意	普通	稍不滿意	不滿意	非常不滿意
7□	6□	5□	4□	3□	2□	1□

四、服務時數評估的方法

服務時數評估的方法（service hour evaluation），乃是根據傳統的數人頭之計算方法，外加上活動時間之考量，使服務數量的統計分析更顯得準確。例如：某項活動的服務（總）時數＝平均每一位參與者參與活動之時間×活動參與人數。所以活動之服務時數評估法來評估一項活動，就需要蒐集參與活動的人數與平均每位參與者參與活動的時間，而此時的活動服務時數就是該活動的服務系統的產出值之基本單位，也為活動服務時數評估法的分析單位。

使用這個評估方法大致上有兩種呈現方式：其一為一般活動報

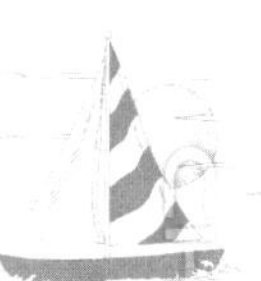

告（program activity report），即爲使用在需要報名註冊的活動方面（含付費與免費活動），其有一定的準則依循；其二爲特別活動報告（special event report），則在慶典活動及一些非固定聚會等活動中被採用。無論是以一般活動方式或特別活動方式之調查內容，大致上均包括有如下十一種資料：(1)參與者年齡層；(2)活動類型；(3)活動形式；(4)參與者性別；(5)活動地點；(6)活動執行部門；(7)活動數量；(8)工作人員；(9)報名人數；(10)活動時數；(11)出席人數等，而此些資料就是評估必須蒐集的資料，所以這些資料應該要愈詳細愈準確，但是活動組織／活動規劃者並不是一定要這十一種資料均有完整蒐集，而是由需要資料的方向來決定要蒐集哪些資料。

使用這個評估方法乃是需要設計一份活動調查表，調查表項目則如上所稱的十一種資料，而在調查完之後經由統計分析，其結果應在報告表中（如**表10-5**所示）呈現，當然採用服務時數評估方法，乃是假設在休閒／活動組織針對不同的變數進行活動服務之分配，它可以顯現出該組織的活動服務之分配價值，惟不能夠顯示出該活動服務之品質，所以若想進一步了解到服務品質時，則應搭配其他種評估方法爲之。

表10-5　服務時數的個別活動報告（個案）

第14屆男子籃球錦標賽				
活動名稱		男子籃球比賽	**活動形式**	大葉大學第14屆校慶
活動地點		體育館（J333）	**活動類型**	錦標賽
年齡層		大學部與研究所部在學男生	**執行部門**	體育組
活動摘要報告	報名人數	188	**出席率**	80%
	場數	18	**服務時數**	2325
	總出席人數	3.330	**工作人員工作時數**	155
	平均每場出席人數	185	**服務效能**	15
	說明：1.服務時數＝總出席人數×活動時數 2.員工工作時數＝工作人員人數×活動時間 3.服務效能＝服務時數÷員工工作時數 4.平均每場出席人數＝總出席人數÷場次 5.出席率＝總出席人數÷原先應出席人數			

五、三角評估的方法

三角評估方法（triangulated evaluation）乃是以多方的觀點與實際狀況加以評估的一種方法，假設所要評估的資料需要從若干觀點，並用若干方法來蒐集。三角評估方法在休閒活動評估方面，乃分由三個方法加以進行：

1. 第一個方法，活動評估者團隊必須邀集並聯合所有的活動服務作業的監督者／管理者共同討論之後，研擬出一份觀察記錄表，就依據這個觀察記錄表以統一蒐集所計劃觀察與監視量測的項目，當然在進行這一個觀察檢視記錄的過程中，活動服務監督者／管理者也應持續其資料蒐集之工作。
2. 第二個方法，活動監督者／管理者擬訂各自的訪談策略，或需要時也一併擬訂訪談計畫，並且利用顧客在進行活動體驗過程中，直接和顧客進行訪談，以建立與顧客的公衆關係，及蒐集顧客對活動體驗價值與服務品質之有關資料與資訊，惟所獲取之資料與資訊必須加以驗證是否眞的是顧客之意見。
3. 第三個方法，利用問卷設計將問卷作爲資料與資訊蒐集的來源，而問卷蒐集的管道則可直接由顧客自行塡答，或進行面對面的深度訪談等方式，來進行資料與資訊之蒐集。

經由上述三個方法的運用，有如將三個方法三角化一般，當然其所蒐集的資料也會呈現三角化，但是要運用三角評估方法時，最重要的要能夠確立誰會對資訊與資料最熟悉，一般公認的最豐富的三種資料來源爲：與活動直接接觸的活動指導員、監視與量測活動的活動監督者／管理者，以及實際參與活動的顧客等。

應用在三角評估法的三種工具分別說明如下：

1. 第一種工具乃是由活動監督者／管理者或活動指導員擬定活動評估表，並請該組織內部的活動服務人員塡寫，以蒐集內部人員所了解或認知需要改進的服務項目（如表10-6所示）。

表10-6　活動監督／管理者或活動指導員的評估表（個案）

□活動監督者姓名：＿＿＿＿＿＿　　NO：＿＿＿＿
□活動管理者姓名：＿＿＿＿＿＿　**活動評估表**　日期：＿＿＿＿
□活動指導員姓名：＿＿＿＿＿＿

活動名稱		活動地點	
		活動季節	

請各位女士先生依下列各題勾選您認為我們有待改進服務的項目，您們的意見將會是我們最有利的改進動力，企盼您們賜答！謝謝！

評估項目與內容	非常好						非常不好
	7	6	5	4	3	2	1
一、活動時間的安排							
1.每個活動項目之時間長度							
2.活動舉辦的時程（如：週一、週二……週日）							
3.活動舉辦的時段（如：上午、下午、晚上）							
二、活動材料與補給品：							
4.活動材料的提供							
5.活動補給品的提供							
三、活動設施設備與場地							
6.交通公共設施與停車設施							
7.活動設施設備的安全維護情形							
8.活動設施設備的合法性							
9.活動設施設備的清潔保養情形							
10.是否準時開放？							
四、活動指導員的支援							
11.活動指導員是否技術成熟？							
12.活動指導員是否合格合法？							
13.活動指導員是否能提供支援？							
14.活動指導員是否有預備／職務代理人？							
五、活動執行狀況							
15.活動服務人員人數是否適當？							
16.活動服務人員工時是否適當？							
17.該活動能否達成預定目標？							
18.您在該活動中的表現如何？							
19.您認為本活動還有再辦的需要嗎？							
六、其他意見							
20.請提供其他寶貴意見：							

2.第二種工具乃是遊憩活動觀察表或活動觀察表，此活動觀察表乃由活動監督者／管理者在活動現場，依據其所觀察而加以記錄者（如**表10-7**所示），至於觀察的項目乃依據該活動組織的需求而制訂與調整。

表10-7　活動監督者／管理者的活動觀察表（個案）

□活動監督者　　　　　　　　　　　　NO：＿＿＿＿

□活動管理者　　　**活動觀察表**　　　日期：＿＿＿＿

活動名稱		活動地點	
觀察活動項目		觀察時間	從□上午□下午 [：] 到□上午□下午 [：]

觀察項目與內容	非常好	很好	好	普通	不好	很不好	非常不好
	7	6	5	4	3	2	1
一、活動場地與設施設備							
1.活動場地是否適合這個活動？							
2.活動設施是否適合這個活動？							
3.活動設備是否適合這個活動？							
二、活動服務工作人員							
4.活動服務工作人員人數是否足夠？							
5.活動服務工作人員的服務態度與禮節禮貌好不好？							
6.活動參與者要找服務人員服務時好不好找得到人？							
7.活動服務人員對活動參與者之要求是否快速處理與回應？							
8.活動服務人員是否都在管理者的掌控之中？							
三、活動本身							
9.活動安全預防措施做得好不好？							
10.活動本身內容與進行過程是否符合活動宣傳內容？							
11.活動項目是否能夠符合活動規劃與設計之各項目標？							
12.活動的進行時程是否符合活動計畫之規定？							
13.活動的進行過程是否符合活動計畫之內容？							

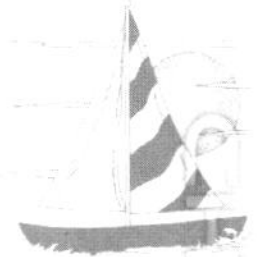

（續）表10-7　活動監督者／管理者的活動觀察表（個案）

備註	觀察量測尺度	1：非常不好（需要立即修正）；2：很不好（應該檢討是否立即修正）；3：不好（則在下次活動辦理之前應予以修正）；4：普通（看是否在下次活動辦理之前做部分修正或可做思考予以更換更好的替代方案）；5：好（已經不錯了，若沒有更好的方案可供運用時，就維持現狀，若有，則可做思考予以更換更好的替代方案）；6：很好（已經很好了，若有更好的替代方案將會更好）；7非常好（根本不須再改變）。
觀察時發現的事實	1.有沒有在觀察中沒有辦法判斷活動是否完成？若有，請記下來（含時間、地點、活動項目）： 2.有沒有在觀察中接收到活動參與者的肯定或否定評語？若有，請記下來（含姓名、電話、時間、地點、項目）： 3.有沒有在觀察中發現到服務工作人員的有價值服務活動？若有，請記下來（含姓名、時間、地點、項目）：	
整體評語	1.對活動的體驗價值／利益方面為： 2.對服務人員的服務顧客價值方面為： 3.對活動的其他評語為：	

簽名：＿＿＿＿＿＿＿＿＿＿＿＿＿＿

3.第三種工具乃是活動參與者的評估表，此活動評估表乃在於由活動參與者在參與活動的體驗過程中，對於其體驗活動的價值與感受，透過評估表予以呈現其對所參與活動之評估結果（如**表10-8**所示），以作爲活動組織與活動規劃者進行活動評估，及改進下一波活動的參考。

4.最後，就應該依據前面三種工具所蒐集得到的資訊／資料，進行評估分析之後，提出活動評估報告表（如**表10-9**所示），也就是完成三角評估的最後工作。

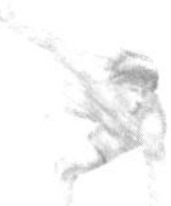

表10-8 活動參與者的活動評估表（個案）

活動參與者的評估表

NO：________
日期：________

活動名稱		活動地點	

敬稟各位親愛的顧客女士／先生：

請基於為本組織與活動的發展更貼近各位貴賓的需求與期望之原由，敬盼能回答下述問題，以協助我們評估本項活動。同時也為了未來我們能夠提供給各位貴賓更好的服務品質，本組織／活動相當期望能得到各位貴賓的寶貴意見。請各貴賓以您們的看法與需要，針對下列各項問題的同意程度，勾選最能表達您們的意見之號碼。研究結果僅以摘要形式呈現，我們絕對會對於各位貴賓保留匿名。

評估項目與內容	非常同意	很同意	同意	普通	不同意	很不同意	非常不同意
	7	6	5	4	3	2	1
1.在本活動中，我能夠充分享受到本活動的休閒價值。							
2.在本活動中，我並且將我參與休閒／活動的技術能力提升。							
3.在本活動中，我能夠與其他參與者進行社交／互動交流。							
4.在本活動中，讓我參與活動體驗的目的與價值實現了。							
5.在本活動中，讓我更為增加對休閒活動參與的興趣。							
6.整體而言，我對參與本活動是相當滿意的。							
7.與其他活動相比較，我對於本活動仍是相當滿意的。							

8.請提供您的寶貴意見：

9.其他建議／意見：

感謝各位貴賓，請填寫完成之後繳回本活動監督者或寄回（含傳真）給我們，謝謝！相當感謝各位嘉賓，希望我們有更多機會為您們服務，謝謝！

（若您不介意的話，請留下您的姓名與手機或電子信箱，我們當隨時準備有活力、有價值的活動，以更精進的服務來回饋各位貴賓，謝謝！

姓名： 手機：

電子信箱：

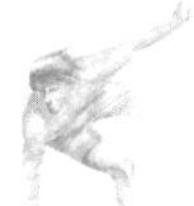

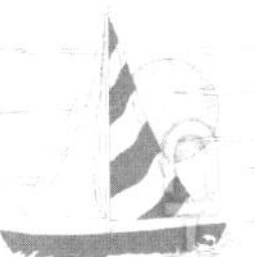

表10-9　活動評估報告表（個案）

活動評估報告表－摘要

NO：________
日期：________

活動名稱		活動地點	

一、統計摘要：

評估項目	評估指標名稱	計算公式	統計結果
A 參與衝擊	活動場次（NOS）（場） 報名人數（NOE）（人） 潛在參與人數（PA）（人） 實際參與人數（ATA）（人） 平均參與人數（AVA）（人） 出席／參與率（%）	 = NOS×NOE = ATA / NOE = ATA / PA	
B 工作人員	工作人數（NBS）（人） 工作時數 工作人員／參與者比例（%）	 = AVA / NBS	
C 成本	薪資（NT$） 設備（NT$） 補給品（NT$） 設施（NT$） 總成本（TOTC）（NT$）		
D 收入	資金（組織或其他）（NT$） 參與者所繳交的費用（NT$） 總收入（TOTR）（NT$）		
E 成本分析	淨成本（TOTC）（NT$） 每位報名者平均成本（NT$／人） 每位實際參與者平均成本（NT$／人） 自費比例	 = TOTC / NOE = TOTC / ATA = USER FEES / TOTC	

二、目標：

1.為什麼要辦理這項活動？
2.這項活動的辦理是否符合組織目標？
3.這項活動的特殊目標有哪些？

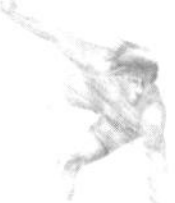

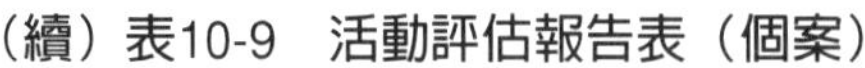

(續)表10-9　活動評估報告表(個案)

三、程序:(請簡要敘述這個活動的執行狀況)

四、評估資料:

1.活動觀察記錄

2.活動監督者/指導員的評估報告

3.參與者評估報告

4.其他來源資料

五、活動管理者評估分析:

1.這項活動完成什麼?

2.這項活動的服務對象是誰?

3.這個活動的資源分配狀況?

4.與其他組織類似活動比較,表現如何?

5.這個活動有沒有符合組織願景/使命?

六、活動處理:這個活動應該要……

1.以目前方式繼續辦理,理由?

2.將活動取消,其可能風險/衝擊為何?

3.進行如後的修正

核准		審核		製作	

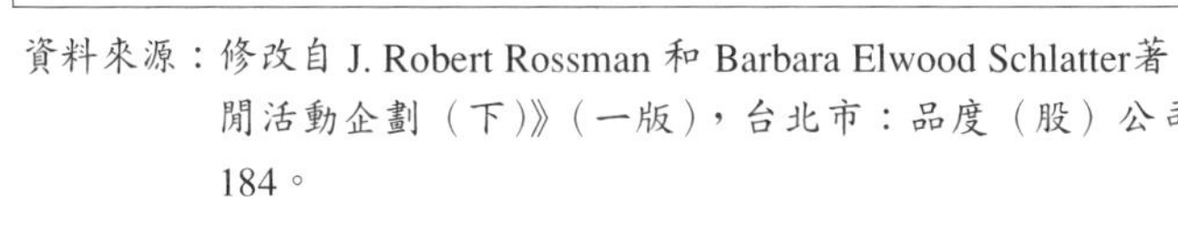

資料來源:修改自 J. Robert Rossman 和 Barbara Elwood Schlatter著,陳惠美等譯,《休閒活動企劃(下)》(一版),台北市:品度(股)公司,2003年,頁183-184。

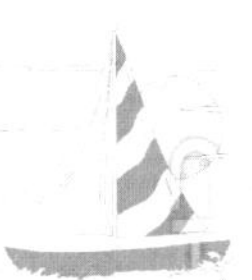

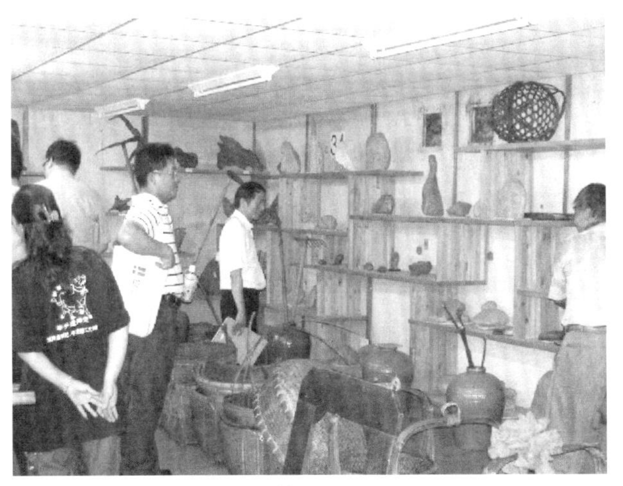

▲手工藝展現人們的智慧

您是否覺得外面買的東西都滿貴的呢？其實有些東西是可以自己動手做的！既省錢又可以健身，過程更有許多樂趣，何樂而不為呢？您可以善用您的靈巧雙手與工具，純熟的技術，不論是傳統的或是現代感的工藝品，基本上您都可以展現一流的技藝水準，建立自信，學習一技之長與貢獻社會。

照片來源：德菲管理顧問公司　許峰銘

第二節　休閒活動的生命週期管理

休閒活動基本上仍有其生命週期（life cycle），而活動的生命週期乃是可以加以經營與管理的，所有的活動生命週期大致上約有五個階段：導入期（introduction）、成長期（growth）、成熟期（maturation）、飽和期（saturation）與衰退期（recession）（如圖10-5所示）。

活動規劃者必須了解與掌握到其活動進行時所位處於生命週期中的哪一個階段，而在各個階段之中，必須調整其休閒組織與活動經營管理之策略，如此才能達成其組織／活動願景使命與目標。活動生命週期的各個階段，均各有其特殊性，例如：(1)當某休閒／活動組織的活動生命週期已趨飽和期或衰退期時，應即改變其活動

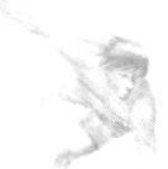

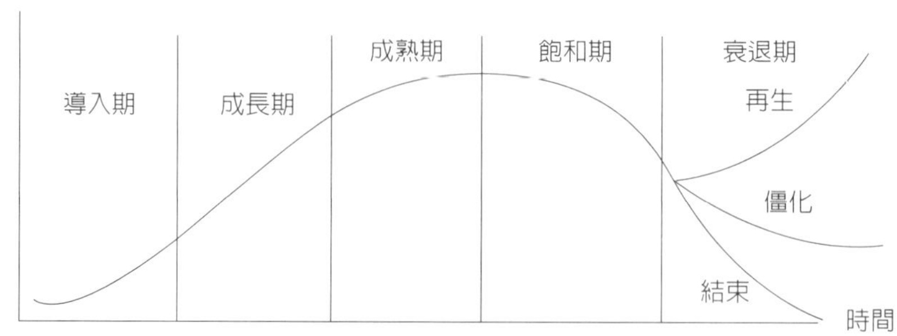

圖10-5　休閒活動的生命週期

經營與活動管理策略，否則將會把成長期與成熟期所賺取的利潤倒賠，甚至很可能撤退或結束；(2)在導入期時其市場規模較小，成長也很緩慢，同時組織／活動的知名度也低，則市場之競爭狀況將不會很激烈，此時新導入者就可以採取高價的定價策略來創造利潤，惟若市場發展快速或競爭者相繼進入市場，則此時價格敏感度很高，其定價策略則採低價策略，期能順利進入市場；(3)市場中經由經濟理論與物種進化論之「物競天擇」過程，演化出自然的競爭性市場結構，而在活動之導入、成長、成熟、飽和以至於衰退階段，其市場中的反應將會是促使其定位更爲明確；也就是在進入成熟期之後，各競爭者爭相提升自己的市場競爭地位與市場吸引力，任何人想要進入此市場，均須在大環境中展開競爭，直到最後而產生優勝劣敗之情形；(4)市場在成熟之後，除了大型組織及專業性組織之外，還可能有第三家存在，惟此家規模通常不是很大，業務則屬高度多元化，而缺乏規模經濟或顧客忠誠度，故大都進行價格競爭，且其投資報酬率則屬不佳，然而如此的三家則可共存於其產業之中；(5)新的競爭者投入市場做競爭時，要採取強攻策略？或採取防禦策略？所以組織之經營管理階層、行銷管理者、活動規劃者應當時時針對其商品／服務／活動進行如下的盤點：查核價格策略是否需要修正？廣告文宣要增加或減少？商品定位要不要改變？促銷策略是否需要調整？人力資源策略需要增員或裁員？……凡此種種均是休閒／活動組織的活動生命週期所位處位置的關鍵因素。

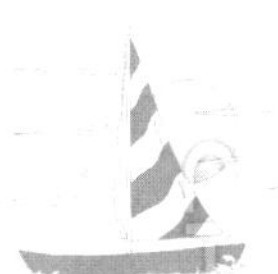

一、生命週期的盤點

由於活動生命週期中，市場的變化與反應，休閒／活動組織之競爭環境條件與資源會隨著環境與時間變化，以及其商品／服務／活動之商品生命週期之轉化，而造成其產業或組織之市場競爭地位與市場吸引力發生變化，諸如：(1)台灣SPA業者在2001年時屬導入期與成長期，在此時的價位較高，乃因投入此產業者規模不經濟，惟迄2002年下半年則因大量SPA業者投入，因而產生價格差異化策略與創新SPA爲具有療效之商品策略，使具機能性或功能性之業者在價格方面能夠較高於未具特殊功能或機能之業者；(2)日月潭船難事件造成日月潭遊客銳減50％以上；(3)九二一大地震災區遊憩與觀光飯店業蕭條達兩年以上；(4)宜蘭冬山河因國際童玩節之配合造勢，形成2001至2002年觀光遊憩熱潮；(5)大甲鎮瀾宮媽祖出巡則在台中縣政府之媽祖文化節助益下，形成其活動優勢等，均受到其環境變化之影響而形成其優勢或劣勢。

所以，爲了有效管理一個活動，休閒／活動組織與活動規劃者就應該進行盤點／稽核，以了解到其活動目前所位處的生命週期位置。一般來說，休閒／活動組織與活動規劃者可以運用活動生命週期盤點表（如**表10-10**所示），來進行了解與掌握其活動的生命週期到底在哪一個位置，並進行有關經營與管理策略之改變、調整或維持，以確保其競爭優勢。

二、行銷組合策略之檢討與修正

經由活動生命週期盤點之後，即應針對所位處的階段之各項行銷組合策略加以改變，企圖得以延續或改變該活動的生命週期。休閒活動方案正式上市推展行銷之後，即應針對該活動方案的行銷績效予以評估，若是實際績效未達原來的預期目標時，即應針對其行銷組合策略做盤點分析，以了解並掌握其行銷資源組合之情形，諸

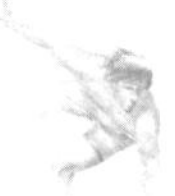

表10-10　活動生命週期之盤點表

活動生命週期盤點表						NO： 日期：
活動名稱	活動地點					
活動衝擊盤點項目	X年	X+1年	X+2年	X+3年	X+4年	備註
1.報名人數（人數）						
2.出席人數或參與者人數（人數）						
3.服務時數（小時）						
4.成長率（%）						
5.服務工作人員時數（小時）						
6.服務工作人員／參與者人數（%）						
7.參與者平均成本（NT$）						
8.活動收入（NT$／年）						
生命週期圖	參與人數；導入期；成長期；成熟期；飽和期；衰退期；再生；僵化；結束；時間					
說明	一、如將2005至2009年按年度實績，在生命週期圖上繪製當前所位處的位置所在。 二、如何繪製？可以另行制訂生命週期之各階段的上述活動衝擊項目的各項指標，以作為繪製的依據。					
核准		審核		製表		

資料來源：修改自J. Robert Rossman和 Barbara Elwood Schlatter著，陳惠美等譯，《休閒活動企劃（下）》，台北市：品度（股）公司，2003年，頁199-200。

如：(1)商品／服務／活動定位方面；(2)品質需求方面；(3)廣告策略；(4)通路策略；(5)促銷策略；(6)價格策略；(7)品牌策略；(8)人力資源管理策略；(9)活動場地與設施設備策略；(10)服務作業程序策略；(11)夥伴關係策略；(12)活動方案規劃與設計策略；(13)其他方面的策略等。茲分述如下：

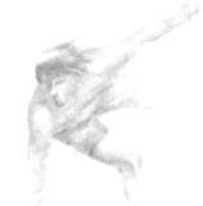

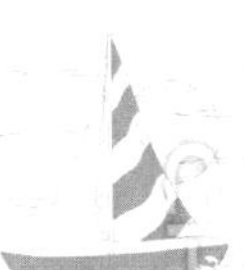

(一)商品／服務／活動定位方面

商品／服務／活動定位是否符合組織之預期目標？若不能達成目標時，是否要將其商品／服務／活動定位予以修正或調整、終止？在商品／服務／活動定位上，其最主要目的乃在於發掘出是否有另項的機會？或是在目前或未來已呈現不適切之情勢，則將其轉移到另一個更好的位置再定位？或是在目前或未來該活動方案已經無法再予重新定位時，則是否予正式宣告終止？當然最重要的乃是在於其組織／活動之目標是否能夠達成！

(二)品質需求方面

商品／服務／活動之品質需求計畫是否符合顧客所要求之眞正品質？若是顧客的品質要求已超越新商品／服務／活動的品質需求計畫時，則組織應針對其品質再予具體化，轉換爲能符合顧客的品質要求水準。

(三)廣告宣傳方面

廣告策略之應用在其生命週期各階段中各有其不同的策略，諸如在導入期之廣告策略乃是相當常用而且是採取較爲強勢的廣告策略；惟在成長期的廣告費用往往高於導入期，以利消費者能對商品／服務／活動有較高的認識；成熟期的廣告要調整增加其預算或訴求改變嗎？就看商品是否要加強投資其品牌，使其品牌成爲組織之資產；飽和期之廣告策略則可延續成熟期之品牌投資策略；衰退期時則視其要進行收割策略（不再增加廣告投資）或繼續採取投資策略，或採行集中效果策略（分析其個別通路、地區之損益，留下符合經濟效益之通路、地區，集中促銷）。

(四)通路流通方面

通路策略也可應用到生命週期之各階段，採行有所不同之通路策略，諸如導入期之通路策略因係新商品／服務／活動，致其通路

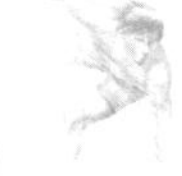

較爲不廣，惟此時應極力擴大其通路；成長期通路應該擴大策略，以加速取得競爭優勢；成熟期大致消費者對品牌占有率較穩定，新加入者不多，惟若有新加入者時，則其勢必來勢洶洶，故或可採行市場修正策略、商品／服務／活動修正策略、通路修正策略以爲因應；飽和期通路大致穩定，視競爭者加入狀況而採行市場修正、商品／服務／活動修正或通路修正策略以爲因應；衰退期則宜採取集中效果策略以維持其競爭優勢，或乾脆退出市場之策略，以爲因應競爭者。

(五)促銷策略方面

導入期乃要採取強力促銷之策略，以吸引潛在顧客，並逐步建立經銷網／經紀網／行銷網；成長期則比導入期應更擴大投資經費，以爲擴充市場占有率，同時試著進入新的市場區隔與銷售管道，並擴大品牌知名度；成熟期與飽和期則視市場定位與通路是否需要轉型或修正而定，若須修正則不妨持續擴大促銷經費，以確保持續市場競爭地位與市場吸引力；衰退期時則須由經營階層決定，到底要持續投資或採取收割措施不再增加促銷費用，而以昔日累積之銷售力來販售，以爲將促銷費用節省爲組織之利潤，當然也可以集中效果戰略，專攻特定有效益之通路或地區，以追求穩定利潤。

(六)價格策略方面

導入期可採取高價之市場去脂定價策略與低價之市場滲透策略，當然，要採取哪種策略須視其商品／服務／活動之品牌知名度、潛在競爭者進入市場時點與可能性、消費者對其價格之敏感度及是否已爲經濟規模而定；成長期價格大致可維持導入期之價格水準，惟此時對商品／服務／活動之改良以領先競爭品牌、降低服務作業成本以儲備降價之實力；成熟期與飽和期若未修正其市場定位策略與商品／服務／活動修正策略時，則將要考量是否降價以爲穩定其顧客，惟若其品牌知名度能維持在一定水準之上時，則可免淪

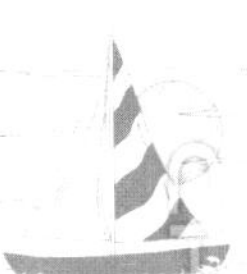

於採取降價策略；衰退期則視其經營管理決策，若爲採行收割措施時，則大致可降低價格以穩住營銷業績，惟若採取集中效果策略時，則可免採取降價策略。

(七)品牌策略方面

品牌形象策略不論其生命週期處於哪一階段，均爲組織必須努力建立品牌知名度與形象，因爲二十一世紀的產業均可以說面臨了商品的區隔效果降低、平均品質／性能的提升，生命週期的縮短與組織之併購增加，所以要進行品牌管理，而品牌行銷管理則應由如下幾個方向來進行：增加品牌面度以豐富品牌個性、集中表現品牌特質、建立獨特的品牌行銷管道、建立品牌架構及回饋並做動態管理。品牌形象與品牌切入點會隨著市場之動態改變，但卻是要確保品牌核心價值（如顧客忠誠度、獲利率），否則品牌管理將是沒有意義的。市場愈成熟，品牌在消費行爲過程中的角色愈爲重要，所以除非組織想完全撤出市場，否則品牌形象策略乃是持續不斷地投資，而把品牌變爲資產，把品牌變爲商品價值之代表，則組織之永續發展將可持續下去。

(八)人力資源管理

休閒／活動組織的內部人力資源發展與管理策略，也必須與其生命週期相結合，在導入期的人手尚不至於需求太多，只是組織應在這個階段進行人力的培育與訓練，以備成長期與成熟期的人力大量需求，當然休閒／活動組織所聘雇的人員仍以契約員工與臨時員工爲主，但是若全職人員的服務技能不足時，勢必造成兼職員工的服務品質低落。而在衰退期時，則減少兼職員工的聘雇數量，而盡可能以全職員工爲服務主要人才，惟若經診斷分析之後，對於該活動方案的未來並不看好，或有可能終止／結束時，則全職員工也可酌予減少，以減輕組織之負擔。

(九)活動場地與設施設備方面

若經由診斷／盤點之後發現其營運業績衰退，但整體產業並未衰退，經檢討分析之後，發現乃為活動場地與設施設備上發生問題，這個時候就應該針對活動場地與設施設備加以修正或汰換，以符合顧客需求的場地與設施設備吸引顧客前來參與。相反的，就無須進行汰換作業，只要做修正改進即可。

(十)服務作業程序

服務作業程序不論是SOP或SIP，在生命週期之任何階段裡，均應時時注意與更新、建檔，絕不是在營業繁榮時才要建構（乃因每個人員均工作繁忙，未必有時間去建構SOP與SIP），而是在生命週期的任何階段中，均應隨時建構、更新、增刪與廢止的。

(十一)夥伴關係策略

任何組織均與其供應商與顧客（甚至末端顧客也如此）保持著良好的緊密的夥伴關係，尤其對於潛在顧客／活動參與者更要努力建構夥伴關係網絡，以確實維持高的夥伴關係，進而達成永續經營與管理之組織願景與目標。任何新的活動方案在設計規劃時，即應在最早的時間裡就能徵詢／調查一些老顧客的看法，而且在上市行銷時也應一併通知這些老顧客，以關心與優惠的顧客關係管理方案，和顧客與供應商形成共生的夥伴關係，讓顧客與供應商能充當新活動方案的宣傳員，如此的緊密關係乃是顧客滿意的關鍵作法。

(十二)活動方案規劃與設計方面

活動方案的規劃與設計策略乃是要能夠跟上時代潮流的，尤其在這個數位知識經濟時代裡，若是沒有辦法創新有吸引力的、有經營價值的、有激發參與者／顧客前來參與／購買／消費欲望的，以及符合社會潮流的活動方案，將會是沒有價值的活動。同時在前面已上市的活動方案屆臨生命週期的成長階段，休閒／活動組織即應

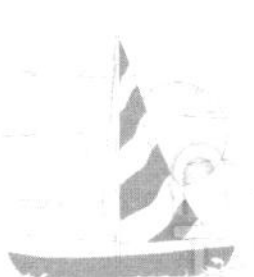

開始著手新活動方案的研究，以供作爲預備前兩個活動方案若因市場因素／顧客需求改變之時的備胎；而在前面已上市的活動方案已屆臨生命週期的飽和期末段時，休閒／活動組織應已完成另一個活動方案的規劃設計，甚至於已進行市場測試，隨時準備上市行銷推展。所以休閒／活動組織要在經營活動之時，有一套活動方案可以隨時上檔，且也進行另一個活動方案的規劃設計，如此才能確保休閒／活動組織的永續經營。

(十三)其他方面

諸如休閒／活動組織文化的調整、休閒活動經營管理策略之轉型與調整、組織經營管理階層接班人遴選與培育、分期分區發展計畫的調整或修正、多角化經營策略的思考……等均有待休閒／活動組織掌握有關組織／活動生命週期的變化，並擬訂對策因應以爲者。

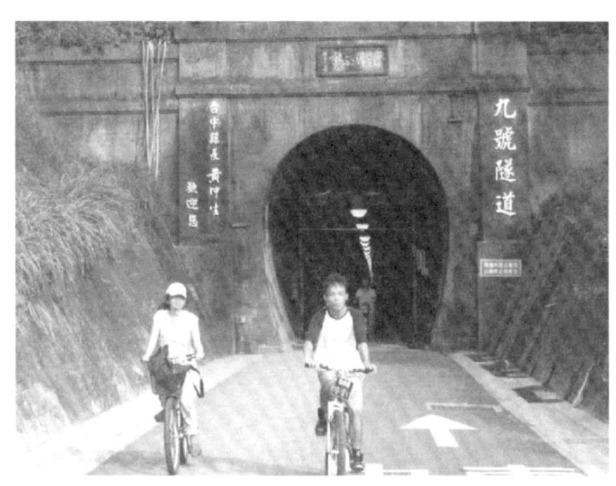

▲悠遊自由車活動

沒有污染，能健身，和環境自由互動度高的單車，逐漸受到老少民衆的青睞。台灣小小一個島，平均每千人有五百四十七點一輛機車，汽機車比例冠全球，這些都是造成城市污染的來源，對於居住環境與健康造成嚴重的影響。兼具環保、健康與便利性的自行車，只要有好的騎乘環境，就會是都會交通運輸最佳的夥伴。

照片來源：廖婉菁

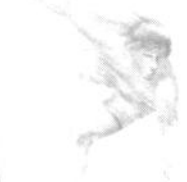

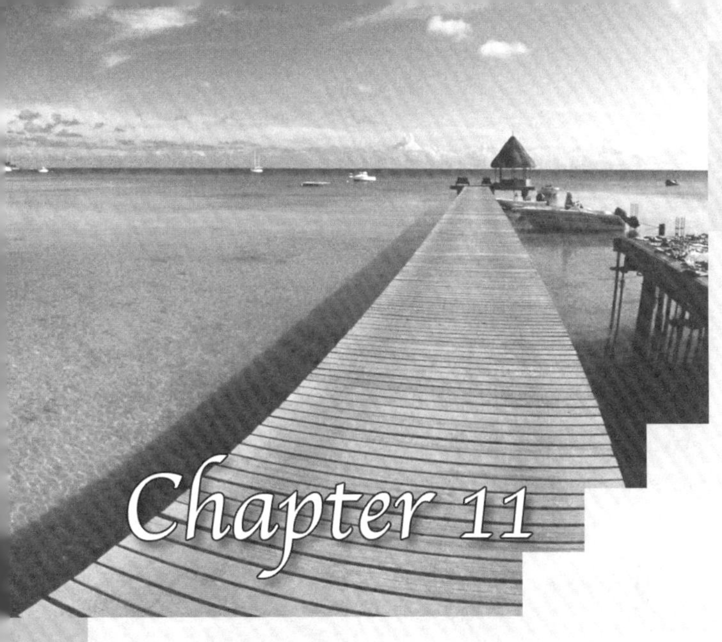

優質休閒服務與社會責任

Easy Leisure

一、探索優質休閒服務與社會責任關鍵議題
二、釐清建構優質休閒善盡社會責任的方向
三、了解休閒組織形塑優質休閒的關鍵因素
四、認知顧客不來休閒與社會輿論批評原因
五、學習善盡社會責任與建構優質休閒策略
六、界定優質休閒服務與社會責任的關鍵點
七、提供優質休閒社會責任的可行策略方案

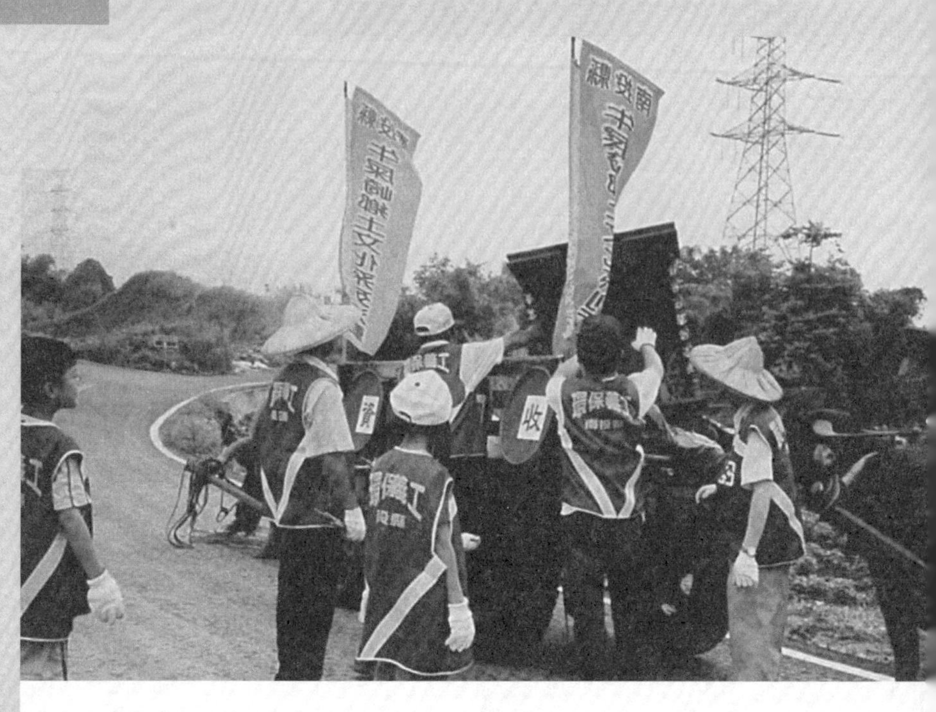

▲ 環保志工活動

環保志工之工作項目應有如下方面之任務：1.協助推動家庭、社區、學校之資源回收、垃圾減量工作；2.協助本市環保局宣導環保政令及環境教育活動之推行；3.協助維護社區、街道、水溝等環境清潔巡察、勸導及查報工作；4.協助社區附近違規廣告物查報；5.廢棄汽、機車，破壞環境之拖吊通報；6.社區附近工地、工廠、產業道路污染源之通報（如揚塵、道路污染、露天燃燒、不明廢水之排放、亂倒廢土、廢棄物、水肥等污染源）。

照片來源：牛屎崎鄉土文史促進協會　洪金平

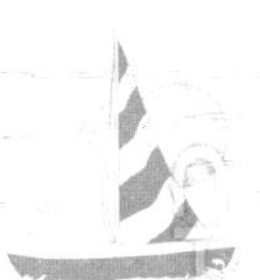

自從1987年起，國際標準組織（International Organization for standardization; ISO）相繼推動ISO9000與ISO14000以來，在全世界的各個產業界掀起一番導入與取得驗證通過之證書風潮，然而在推行過程中，產業界每每陷入了如下的迷思：(1)ISO標準的導入與推動有嫌「礙手礙腳」，眞的要持續推動？(2)取得ISO9001及ISO14001證書並不代表品質變好了，也不代表環境保護變得成功？(3)要不要以取得ISO證書做追求目標？或者以ISO9001及ISO14001精神來落實推展在組織的各個角落裡，而根本不要去驗證／取得證書？

要回答這個問題，眞的就如同印度國父甘地（Mahatma Gandhi）在英國進行長達三個小時的完全不用手稿及其他協助之成功演講過後，其秘書回答媒體記者的話：「很簡單，因爲甘地先生想的、說的、做的三者合一」之理由一樣，若是要推展ISO9001或ISO14001的組織能夠秉持著如上的理由／精神，來個「說、寫、做」一致，相信推動ISO9001或ISO14001，就會如同甘地的演講能夠讓英國聽衆如癡如醉，且沒有瑕疵般一樣的成功。

在休閒產業中，也存在著同樣的道理，若是休閒／活動組織能夠想的、做的與說的相一致，那麼其所設計規劃、開發製作及行銷傳遞的休閒活動，將會是可以讓活動參與者獲得休閒／活動體驗之價值、利益與目標。如此的活動體驗之經驗勢將引導活動參與者再度參與活動體驗之需求與期望，同時也會影響其人際關係網絡中的親朋好友、師長與同儕，一齊參與活動體驗，如此的良性循環結果，將可形塑與影響人們的休閒生活方式。尤其現代的人們已將追求成功休閒生活與獲取有意義的休閒經驗，列爲其休閒主張及參與活動的動機與需求，所以休閒／活動組織與活動規劃者就應該幫助顧客取得休閒活動有關之知識、技能與態度的資訊，釐清其休閒哲學與主張，以及決定參與休閒活動體驗等方面的服務，同時更須基於健康休閒與優質休閒的理念，爲其目標顧客設計規劃出符合顧客需求與期望之休閒活動。

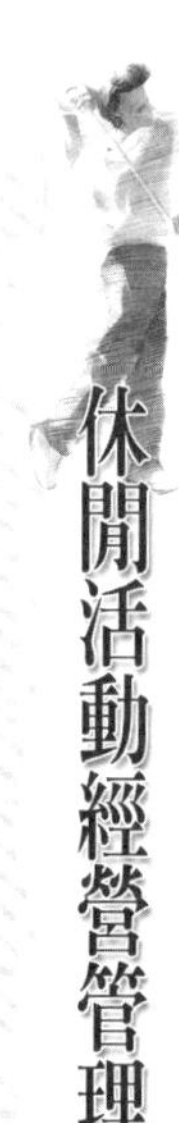

第一節　休閒活動組織與優質休閒

休閒／活動組織的經營管理者與活動規劃者必須認知到其所應肩負的社會責任與倫理，乃是爲了整個社區、社會、國家與全球的人們生活形態的優質化，與免於自然或人爲的傷害，所以休閒／活動組織就必須首先思考如何設計規劃與開發製作出優質的休閒活動，以供人們的參與／消費／購買。而所謂的優質休閒乃指的是：「使參與休閒者能夠處於最適合的休閒生活形態」（如**圖11-1**所示）。

在**圖11-1**中，表示休閒活動參與者可能從未進行／參與過休閒活動，在時代潮流驅策之下，嘗試參與休閒活動，然而若其在嘗試體驗休閒活動之結果是一個失敗的經驗，那麼他會認爲參與活動體驗乃是活受罪、毫無體驗價值／利益，以致他或許從此退出休閒生活，而回到努力工作、不重視休閒的原來生活形態；另外他或許會再度嘗試參與休閒活動（但可能會是其他組織的活動），若能於再度嘗試休閒之際獲致有價值／利益的休閒體驗時，則將繼續參與休閒服務，而發展到優質休閒生活之形態。當然在首度嘗試參與休閒

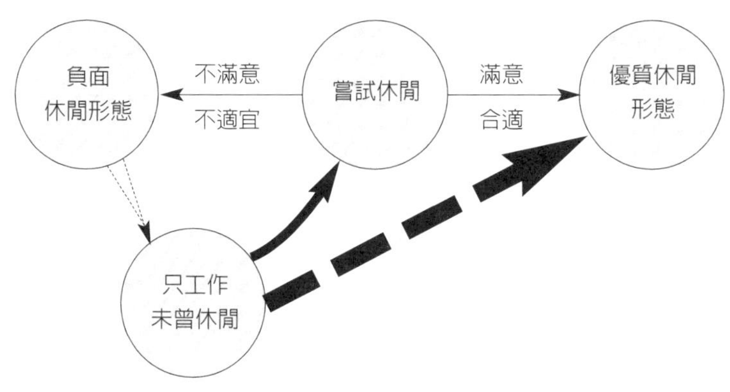

圖11-1　最適的優質休閒生活形態

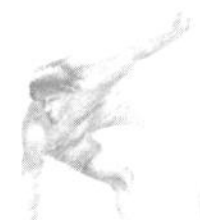

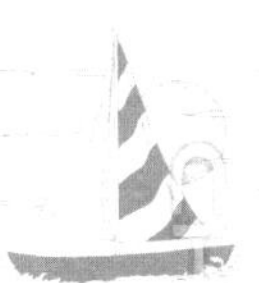

活動所獲得的體驗，乃是具有利益／價值／目標之經驗，那麼他就會努力尋找其所認知的優質休閒生活形態而參與休閒。

一、優質休閒的意義

所謂的優質休閒（leisure wellness），依據Carter（1995）的研究，乃假設「每一個人均有追求高品質的生活方式之責任」，而在這個假設的前提下，我們以爲不論你位處哪一個社會族群或經濟階層，都有權利追求整體健康的生活方式，以及追求您自己的潛能之發揮。在這個健康的生活方式裡，您將是可以自由自在的、積極主動的、有責任感的追求美麗、愛、正義、善良、自由與休閒，這樣子的休閒如同人類其他重要的理想、價值或目標一樣，乃是值得人們努力積極的尋找，這就是我們所謂的優質休閒。

基於如此的討論，我們可以相當肯定的指出，所謂的優質休閒生活形態，乃是人們可以自由自在的決定自己最適宜的生活方式，在決定的過程裡，乃是需要休閒／活動組織（甚至於包括政治組織在內）給予人們有關於休閒／活動方面的知識與技能之指導、教育、訓練與諮商輔導，同時必須提供充分的休閒活動資訊、資料與情報，給予人們進行學習與準備參與休閒體驗的能力與技術、知識，而人們在接受此等的休閒教育（leisure education）與休閒諮商（leisure counseling）之後，也才能夠進行自我的選擇、判斷與決定所想要參與的休閒生活形態與休閒活動類別（如圖11-2所示）。

二、活動規劃者應了解的優質休閒要素

依據Christopher R. Edginton等人（顏妙桂譯，2002: 506-508）所提出的健康的生活形態，乃是一種協調與統合的生活方式，休閒活動方案應該包括有生理、智能、情感、社會、心靈與職業的六大面向之發展內容，如此才能夠促進優質休閒生活方式的發展。

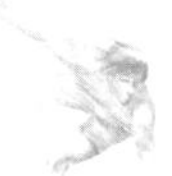

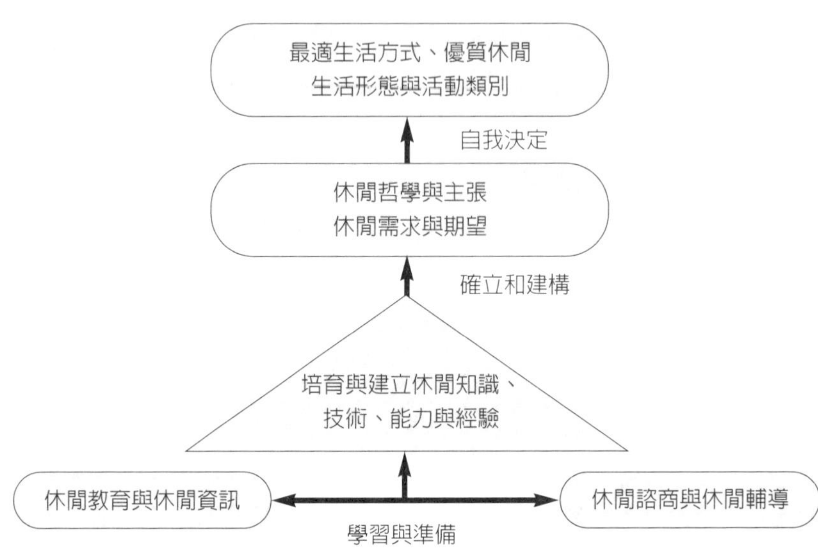

圖11-2　優質休閒生活形態的建構

(一)生理的面向

乃指的是參與休閒／活動體驗者在參與活動之後，能夠達到身體各個器官的運作功能之回復，甚至於可以達到治療的效果。例如：疲勞消除、肌肉強化、筋骨活絡、心肺持久、血液循環、消化順暢等方面的功能之復元與強化，尤其最近流行的運動治療與遊憩治療更是此面向的表徵。

(二)智能的面向

智能的面向乃是指進行休閒活動體驗之後，對於活動參與者而言，在其智慧、思維、創意與創新能力方面有所刺激，因而形成強盛的創造力。例如：當你覺得思路閉塞時，若能放下工作壓力去享受一場休閒活動的體驗，將可在智能發展上有茅塞頓開的效果，所以很多的企業家與執行長熱中於清貧旅遊、志工活動或社交活動，其目的乃是讓其腦力、心智得以暫時休息，在另一個完全不同的環境與情境當中，創造出另一番的智慧、思維與創意創新點子。

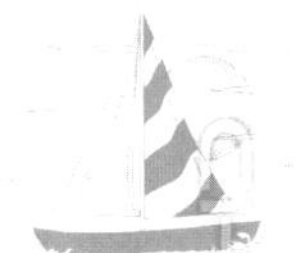

(三)情感的面向

往往人們經由活動的參與，將其原本情感不穩定、情緒高低起伏與心緒不寧靜的情感予以妥適管理，當然包括情緒宣泄、情感的控制、情感的處理在內。若是人們在情感不穩定時，適時地引導他們參與活動體驗，透過社會的互動交流及人際公衆關係的互動，得以適時化解其情感之癥結，同時更由於參與活動之過程，得以建立新的人際關係網絡，自是有助於情緒、情感與親密關係面向的有利發展。

(四)社會的面向

社會的面向乃包括有與人相處並能欣賞他人的能力，也就是能夠與人進行良性互動交流，且能以主動、積極地參與社區的活動，而且對於其互動交流過程中不會採取冷漠、高傲、非公平與不正義的態度，如此對於社區與社會福祉將會有助益，當然休閒活動之設計與規劃若能夠朝此面向發展，對於休閒／活動組織與活動參與者均屬正面與有益的。

(五)心靈的面向

由於休閒體驗的價值與目的乃在於愉悅、快樂、幸福、自由、主動、積極的目標，所以活動參與者在進行活動過程中，必然會是在如此的目標裡享受體驗，而休閒／活動組織爲吸引顧客／活動參與者前來參與／消費／購買，自然會朝向此方向的活動規劃設計。最主要的參與活動體驗的結果，會使活動參與者心靈充實，並能體驗到人們生活的目的與生存的意義之眞正意涵。

(六)職業的面向

由於這個時代乃是充滿著競爭與壓力的時代，人們一天二十四小時有可能會超過十個小時以上的工作時間，以至於壓縮了休閒的時間，導致現代人的憂鬱症與躁鬱症、精神病症的患者一天比一天多，這就是工作的時間與休閒的時間缺乏平衡的後果。休閒活動組織就應該藉由良好的休閒活動之設計規劃，以優質的休閒活動供人們選擇，以為幫助人們得以維持工作與休閒的平衡。

基本上，休閒的基本功能乃在於促使參與休閒／活動者身心鬆弛、擴展生活經驗、獲取工作以外的滿足感、增強個人身心發展、享受自由自在的歡娛幸福、挑戰個人體能與智能之極限／潛力，及達成社會交流互動之社會關係網絡，而在如此休閒功能的基礎上，優質休閒的任何一個面向若有所疏忽，則很可能會喪失掉某個年齡族群、職業族群、家庭生涯階級之族群，或是特殊嗜好族群的顧客。無怪乎有學者（如：C. R. Edginton等）提出休閒的雙面刃之理論，也就是休閒／活動組織所提出／傳遞的休閒活動，若是忽視掉六個面向中的任何一個面向時，將會導致該項休閒活動之服務品質受到傷害。

至於參與休閒／活動者並不是終其一生均偏好於某個休閒功能或面向的休閒活動，而是會隨著人們的生命週期做些修正或調整，也就是不同的家庭生命週期與個人生命週期的各階段之流動，而有不同特別關注或強調的休閒功能與休閒面向，所以休閒／活動組織的經營管理者與活動規劃者就必須朝向均衡的方向，來設計規劃與開發製作休閒活動，以為幫助參與活動者得以獲取完整的休閒與生活形態。

三、活動參與者未能參與休閒服務的因素

上面所討論的優質休閒六大面向及有關休閒服務之功能與價值，乃是促成人們參與休閒活動的重要因素，然而一個休閒／活動組織對其六大面向之均衡及工作與休閒之均衡，已做了完整的考量，然而卻未能打動人們的芳心，也就是空有整體的活動設計規劃與開發製作，並呈現給顧客前來體驗，卻是沒有辦法如預期地吸引人潮前來參與優質的休閒活動，其理由到底在哪裡？

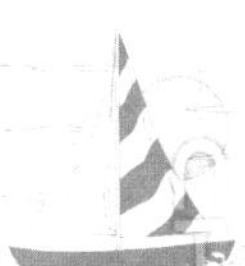

這個問題乃牽涉到人們參與休閒活動時，存在有許多障礙因素，而這些因素就是導致活動參與者體驗價值不如預期的瓶頸所在。所以休閒／活動組織與活動規劃者必須站在顧客的角度來思考如下十五個議題：(1)目標顧客根本太忙了，挪不出時間參與休閒活動；(2)即使難得挪出時間來卻受制於個人的經濟條件不允許；(3)目標顧客對於某休閒活動有耳聞，但對活動的目標與內容不了解以至於不想參加；(4)目標顧客對於某休閒活動之資訊根本不知道，即使有時間有經濟能力也無從去參與；(5)目標顧客認爲該活動宗旨與活動內容，和本身所認知的休閒哲學與主張、態度不相融合，以致不想參與該休閒活動；(6)目標顧客本身或其人際關係網絡中的人員以往參與該休閒活動的負面經驗（包括：活動本身之過程不良、組織未能以客爲尊、活動有變相從事斂財或政治活動、活動對環境保護有害……等情形在內），以至於不想參與該活動；(7)目標顧客在了解該活動內容之後，有感於本身身體狀況不適於該活動而放棄參與之機會；(8)目標顧客對該休閒活動的交通設施與公用基礎建設不佳已有所了解，以至於雖然想參與但卻打退堂鼓而不去參與；(9)目標顧客對於參與該休閒活動時，沒有足夠支持或輔助資源（如：餐飲、衛生、住宿等），以供去排解活動空檔之需求，而未能前去參與活動；(10)目標顧客對該活動場地之設施設備的安全性或環境保護性有顧慮，故無法採取行動去參與活動；(11)目標顧客雖然取得某個活動資訊，但是未曾參與過類似活動，而且對活動內容尚不甚了解，以至於未採取參與行動；(12)目標顧客是想參與，但是因其內容與宗旨和其所受到的社區之宗教與文化禮俗禁制或風俗禁忌的影響，以致未能採取參與行動；(13)目標顧客原想去參與，但受到家庭與族群的家庭教育影響，在恐有違其家族傳統的想法下而不去參與；(14)由於舉辦該活動的休閒／活動組織經營管理者之平時具有強烈政黨色彩，因擔心被貼上政黨標籤而不去參與活動；(15)該休閒／活動組織的企業形象不佳，因而望之卻步。

如上的十五個重要議題乃是影響到個人／目標顧客是否會採取

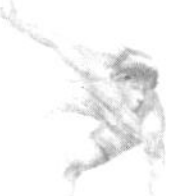

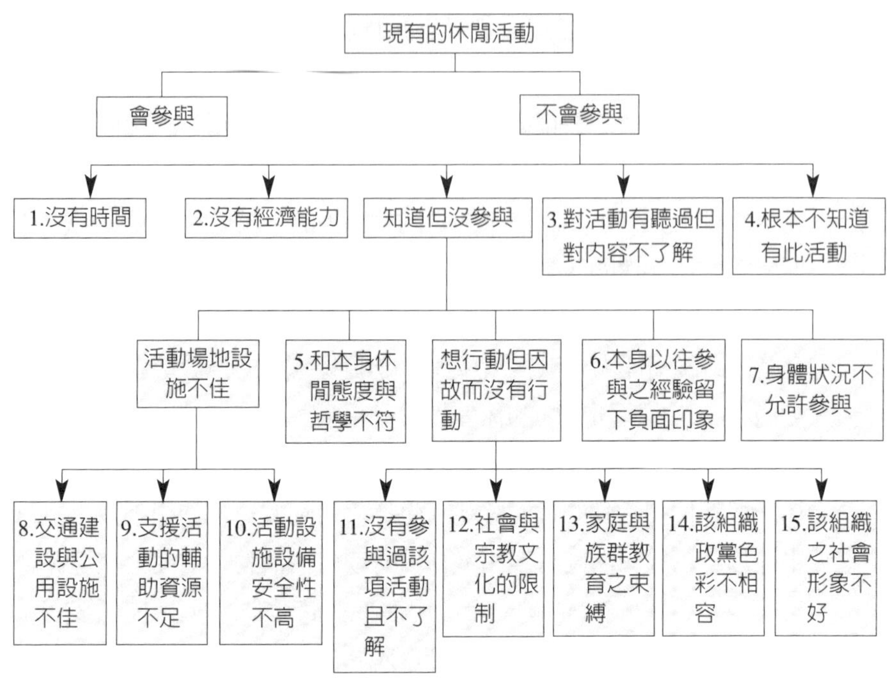

圖11-3　不參與休閒活動服務的模式

參與活動的關鍵因素（如**圖11-3**所示），活動規劃者必須審慎採取因應對策。

四、活動規劃者應考量提高活動參與率之對策

當然休閒／活動組織經營管理者與活動規劃在認知上述的十五項優質休閒障礙因素之後，即應建構排除障礙因素之對策。雖然在障礙排除過程裡，乃是需要休閒／活動組織的全體人員群策群力，去探討這些障礙因素之形成要因，同時針對各個障礙要因擬定出矯正措施與預防再發策略，而最重要的乃是分配權責人員去努力達成矯正預防之目的。然而要想徹底地排除有關的障礙因素之要因，乃是一件相當困難的事，例如：(1)交通與公共設施可能就超出了休閒／活動組織的能力範圍；(2)個人的休閒教育問題，除了是社會

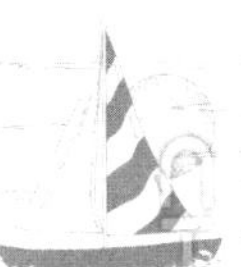

脈動潮流因素之外，就是整個休閒產業必須共同來努力正視與投資的議題；(3)族群與社區的休閒行爲規範則需要時間與教育來促進／調整等，均非單一休閒／活動組織之能力。

但是休閒／活動組織與活動規劃者仍然要思考應該如何提高活動參與率與活動參與者之滿意度，方能將目標顧客的參與活動障礙予以排除。當然這些提高目標顧客參與活動的策略與行動（如**表11-1**所示），乃是需要休閒／活動組織將之形成爲一般性的策略，並妥適與加強地傳遞出來，以和目標顧客進行休閒溝通，如此才能創造出優質休閒與提高顧客滿意度。

表11-1　顧客參與活動障礙排除對策（案例）

障礙因素	可能的排除障礙對策
一、沒有時間	1.活動辦理時間盡可能不要選擇人們有義務的時間內辦理（如：週一至週五、非節慶活動時間等）。 2.活動的附加服務（如：幼兒照護、老人照護、老人送餐等）。 3.協助或輔導活動參與者安排與管理時間。
二、沒有經濟能力	1.壓低活動參與之費用或是允許分期付款。 2.推展儲值參與活動之優惠措施或提供費用抵用券。 3.爭取廠商、公益團體或行政機關的費用捐助／補助。
三、對活動有聽過但對內容不了解	1.加強各種宣傳工具的宣傳（包括顧客資料庫之運用）。 2.透過媒體進行公衆報導，使活動資訊／資料得以強力傳遞。 3.製作光碟及贈送光碟宣導活動資訊。
四、根本不知道有此活動	1.利用顧客資料庫之目標顧客名單寄發電子郵件、信函、DM或摺頁，讓他有所接觸。 2.與相關組織聯合辦理說明會或發表會。 3.製作光碟及贈送光碟宣傳活動資訊。
五、和本身休閒態度與主張不符	1.將休閒活動項目、內容與宗旨、目標標的製作成DM、摺頁或光碟，進行對顧客之訊息傳遞。 2.進行休閒教育、啓發顧客的另類休閒需求。 3.依據目標顧客需求修正或調整活動設計，逐步吸引顧客前來參與。
六、受限以往不愉快的參與經驗	1.將活動內容、活動流程及活動進行作業以書面或影像、語音檔案方式呈現，以利參與者了解活動服務內容。 2.強化休閒教育，促使顧客了解活動宗旨目標與進行方法。 3.設置協助參與活動進行時的助理服務人員，以協助參與者體驗服務。

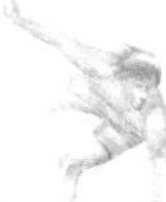

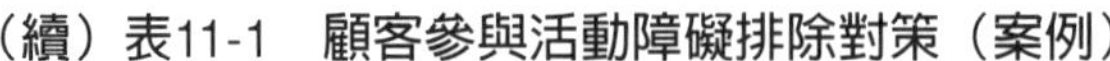
（續）表11-1　顧客參與活動障礙排除對策（案例）

障礙因素	可能的排除障礙對策
七、受限於身體狀況之不允許	1.設計規劃符合各種身體狀況的活動方案。 2.設置協助參與活動進行時的助理參與服務人員，以協助參與者進行體驗。 3.提供便利的交通協助服務。
八、交通建設與公用設施不佳	1.轉移活動據點／場所到交通較便捷的地方。 2.提供便利的交通協助服務。 3.促銷優惠措施。
九、支援活動輔助資源不足	1.與同業／異業策略聯盟，提供參與者所需的輔助資源。 2.變更活動之內容，以利參與者可以在一天之內到達兩處以上之活動場地／據點。 3.促銷優惠措施。
十、活動設施設備安全性不足	1.變更活動設計，盡量避開那些老舊或危險設施設備。 2.加強組織的安全維護與環境保護工作。 3.設施設備汰舊換新。 4.給予參與者意外險、產品責任險、公共安全險保障。 5.強化宣傳廣告，將應變措施傳遞出去，消除顧客疑慮。
十一、未曾參與過目不了解	1.製作活動體驗光碟與書面文稿供目標顧客了解。 2.將活動作業過程予以SOP/SIP化，讓顧客得以參考。 3.透過廣告文案或媒體報導，以擴大資訊傳遞。
十二、社會與宗教文化的限制	1.修正原有活動方案，與當地社區之宗教、風俗與文化連結。 2.提供社區居民及意見領袖優惠參與措施。 3.辦理說明會、座談會與社區居民做意見溝通，化解疑慮。 4.積極參與社區活動。 5.提出贊助或關懷社區的計畫，並爭取社區意見領袖支持。
十三、家族與族群教育的束縛	1.強化活動功能宣導與宣傳，化解社區居民之誤解。 2.修正／調整活動方案內容與流程設計。 3.提供社區居民及意見領袖優惠參與措施。 4.積極參與社區活動，化解居民疑慮。 5.主動在社區辦理與活動宗旨有關聯的社區活動。
十四、組織政黨色彩濃厚（不相容）	1.去除政黨敏感色彩，尤其不宜支持特定候選人。 2.主動與社區不相同的政黨支持人做溝通，化解排斥。 3.積極參與社區公益活動，支持社區建設方案。
十五、組織形象不佳	1.積極做好敦親睦鄰工作。 2.積極參與社區公益活動、支持社區建設方案。 3.主動招待社區意見領袖前來免費活動。 4.主動投入環境保護工作。 5.認養社區公共衛生維護工作，扭轉以往不佳印象。

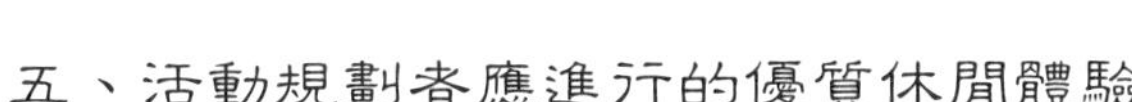

五、活動規劃者應進行的優質休閒體驗

我們已研究過許多的篇幅在有關休閒體驗、活動體驗與休閒服務方面，所以我們已深切了解到，「休閒／活動組織與活動規劃者必須深深地體驗到顧客的休閒體驗感受程度的好與壞，將會影響到顧客是否滿足與滿足程度」的結論，也就是說，活動規劃者必須了解到這種決定顧客體驗好壞的因素有哪些，這些決定顧客體驗好壞程度的因素，應該包括有如下幾個構面：

(一)顧客移轉行爲構面

休閒產業乃是服務性產業之一環，首重的乃是顧客需求與期望的服務與滿足，若是沒有辦法／能力／疏忽去滿足顧客的服務要求時，顧客很可能會移轉行動。據Keaveney（1995: 71-82）的研究，曾提出有八種顧客移轉的主要因素，即：價格失誤、不便利、核心服務失誤、服務接觸失誤、服務反應失誤、競爭者介入、道德發生問題，及非志願性移轉等。茲以休閒活動所可能出現的八種移轉因素爲例，說明如後：

■價格失誤

所謂的價格失誤，在休閒活動方面乃出現有：(1)定價過高；(2)以欺騙性定價策略欺騙顧客的不了解市場行情；(3)組織無充分進行顧客溝通即逕行調高價格；(4)所定價格不合理；(5)該主動調降價格卻藉故拖延。

■不便利

所指的是：(1)辦理活動的時間不合宜妨礙顧客參與權利；(2)辦理活動的地點不方便（如：交通工具不足、停車場不足、太偏遠等）；(3)活動預約／報名的工具與方式不夠方便，或等候回應時間過長；(4)參與活動時服務等待時間過長或報到手續繁複；(5)活動流程散漫或活動說明不清楚。

■核心服務失誤

核心服務失誤乃指：(1)活動內容的說明與操作不相符合；(2)服務流程安排失當，影響活動進行；(3)活動設施設備或場地發生緊急事故或停俥無法運作現象；(4)活動場地內衛生與環境維護不當，以致影響參與者之活動興致；(5)活動服務人員沒有遵行SOP與SIP的活動作業能力；(6)活動價格與DM／摺頁價格不相符合；(7)服務過程發生服務災難（如：人員受傷、機械故障、人員鬥毆或爭執等）。

■服務接觸失誤

服務接觸失誤所指的乃是：(1)第一線服務人員對不熟悉活動操作之參與者未能主動協助與輔導；(2)報到／售票服務人員的服務作業紊亂沒有效率；(3)第一線服務人員對於活動有關之知識不甚明白；(4)支援服務人員不會主動協助第一線服務人員，消化等待服務之負荷；(5)對顧客的詢問與請求協助無動於衷等。

■服務反應失誤

服務反應失誤乃指：(1)對於顧客之建議與反應愛理不理；(2)對於顧客之反應或抱怨雖受理卻不處理；(3)對於顧客之反應或抱怨處理超乎其權限卻不往上呈報，空讓顧客等待；(4)對於顧客的申訴或抱怨拒絕受理；(5)甚至罵顧客太囂張或「奧客」等。

■競爭者介入

所謂的競爭者介入，乃是：(1)已有取代的活動可供顧客選擇；(2)顧客已可找到更好的休閒服務組織與休閒活動；(3)同業或異業已結盟，並將我們的休閒活動排除在外等。

■組織道德發生問題

休閒／活動組織的道德發生問題，所指的是：(1)員工發生舞弊、掏空財務、盜取公款事件；(2)組織經營管理者發生不名譽或刑事案件；(3)組織爲社會／媒體揭發詐騙、緋聞、侵占等嚴重影

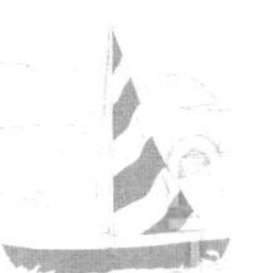

響組織形象之事件；(4)業務人員行銷採取欺騙手法，導致與顧客發生爭辯或訴訟糾紛；(5)與其他組織發生敵意競爭事件等。

■非志願性轉移

此一因素較不具有負面因素，因爲顧客遷移住所或變換工作地點，以至於沒有辦法前來參與休閒活動，惟休閒／活動組織也不宜拋棄此類顧客，相對的更要適時給予關心與新活動資訊，可能會讓該顧客感動而主動介紹鄰近活動地點的親友、師長或同儕前來參與。

(二)顧客服務品質構面

休閒／活動組織應該檢視顧客體驗好壞的主要因素（如表11-2所示），以確保顧客服務在第一時間即能夠給予顧客好的最初感覺及第一印象，而且休閒活動的服務乃是以服務提供服務，其服務品質取決於服務本身的提供與顧客的休閒體驗這兩個要素之上，而且本身的服務提供與顧客的體驗乃是經常共存的，所以休閒／活動組織與活動規劃者必須將此兩者的品質標準予以界定。

表11-2　活動參與者的體驗好壞要素

1.可供選擇之活動項目與活動類別多寡？
2.參與過程遇到困難時，有沒有服務人員立即前來協助解決？
3.活動過程的氣氛是否足以感動活動參與者？
4.面對活動參與者之服務人員的服務態度是否令人欣賞？
5.面對活動參與者之服務人員的溝通與接觸能力如何？
6.活動參與者在選擇服務時會不會感受到風險因子存在？
7.活動參與者在參與過程的個人興趣與嗜好有沒有辦法掌握？
8.在某人進行活動時，在旁的顧客的感受性或反應如何？
9.服務人員回覆顧客疑惑的能力與速度是否快而貼切？
10.服務人員處理顧客抱怨／申訴時的能力與速度是否正確而快速？
11.服務人員在服務顧客時會考量到顧客的心理狀況、情緒狀況、身體狀況而予以個別化的服務？
12.服務人員在服務過程中有沒有能化解顧客的退卻或害怕、恐懼心理？
13.服務人員對於活動進行中之危機處理能力是否完美周延？
14.休閒／活動組織對於服務的提供與顧客參與體驗之程度認為已經足夠了嗎？
15.休閒／活動組織對於競爭對手之服務有沒有超過本身的服務品質以上？

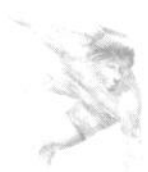

(三)顧客服務策略構面

休閒／活動組織必須保持隨時能夠與顧客溝通，乃是因爲要想了解休閒活動品質的好壞，不一定單看活動現場是否合乎服務品質標準而已，尙應審視一些間接的服務品質因素。另外服務品質的內容愈是複雜，那麼就具有看不見的特性，顧客在參與的過程中或參與的前後，常會受到一些身邊立即可觸及的情境或條件所影響，尤其是：(1)服務人員的外觀（指：服裝、儀容、禮儀、禮貌）；(2)活動場所的外觀（指：化妝間的衛生情形、活動現場的環境衛生情形、停車場的管理……等）；(3)活動費用高低（指：活動費用高，自然要求服務品質要相對提高）；(4)事前資訊提供與事實吻合度（指：事前資訊、DM、摺頁、DVD/VCD所揭露的資訊與活動現場有誤差時，組織或服務人員能否給予保證？）；(5)顧客期待與事實有落差（指：顧客所認知的活動體驗價値與實際參與體驗之價値有落差時，自然會認爲服務品質不好）等。

所以，休閒／活動組織應建構一套一般性的策略（如**表11-3**所示），以供活動規劃者查驗與管理活動體驗服務的系統化策略，何況所謂的眞心或有心的服務絕對不是口頭說說、貼標語、執行長帶領員工宣誓就可以達成的，而是要眞心拿出誠意來付諸行動才可能實現！

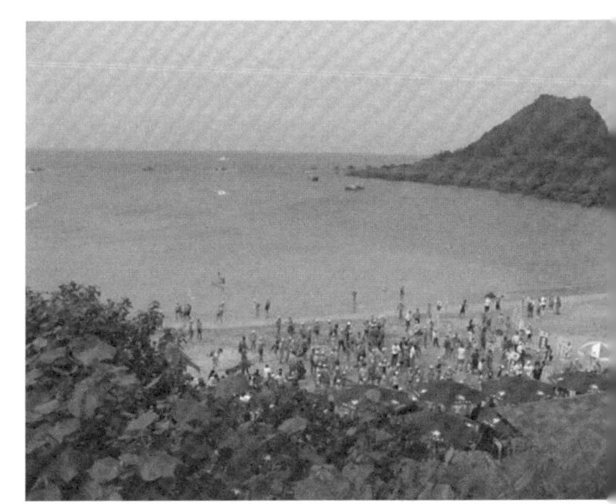

▶墾丁鐵人三項活動

鐵人三項須經過游泳一點五公里、自行車四十公里及跑步十公里的體能極限挑戰，只要通過挑戰就是「台灣鐵人」，而運動除了可增強體力外，亦可忘卻煩憂。

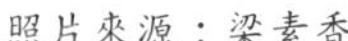

照片來源：梁素香

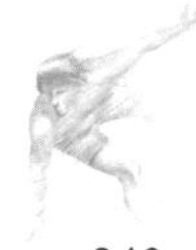

表11-3　顧客服務策略

1.確認休閒活動方案與組織的顧客到底是什麼人？ 2.目標顧客的需求、期望、休閒哲學、休閒行為已經確定了嗎？ 3.目標顧客是否屬於一個均質的族群？ 4.前來參與的顧客之事前期待是什麼？ 5.休閒活動資訊傳遞是否適當？有沒有對潛在顧客產生限制？ 6.提供多元的顧客溝通管道？ 7.顧客體驗參與活動之服務品質評價的基準是什麼？ 8.顧客體驗後對服務品質之評價與參與之前的期待有落差？ 9.顧客體驗活動的服務品質要求水準乃是與日俱增的。 10.顧客體驗後有沒有出現以往未曾有過的評價議題？ 11.有哪些因素會阻礙顧客前來參與活動體驗？而這些因素當中有哪些是組織可以管理的？有哪些是無法加以管理的？ 12.休閒／活動組織有否辦理或支持／參與休閒教育之活動，以增進目標顧客與潛在顧客的參與欲望？ 13.有沒有競爭者或其他次級團體在活動參與者進行參與行動之阻礙情形？ 14.有沒有擬定策略以解決活動參與之阻礙因素？ 15.依組織的立場與顧客的立場來觀察，在休閒活動方案之中有哪些活動項目或內容較弱？

第二節　休閒組織應負的社會責任

休閒／活動組織所獲取的活動經營利潤，不單單僅是由於該組織的優質經營管理成果，而是仍然需要人們的消費／參與／購買，以及該組織所位處之環境、文化、政治、經濟與科技等因素互動的結果。所以休閒／活動組織要想能夠永續經營與發展，那麼就要認眞地關心與擔負起環境保護的責任，以及承擔起社會責任與嚴守該組織的企業倫理，如此才能夠獲得各方面的利益關係人的支持，也才能爲其組織創造出更多的利潤。

一、休閒／活動組織的社會責任

以營利爲目的的休閒／活動組織，乃在透過活動的規劃設計與

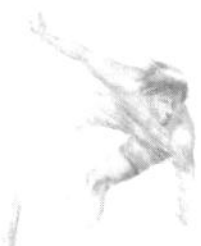

經營管理而獲取利潤，並將其經營利潤分配於股東及員工，以為創造股東滿意與員工滿意的優質競爭力，然而在二十一世紀已經打破了這個企業經營管理的價值觀，不但要創造股東利益、照顧員工生活與分配紅利之外，尚且更應該重視其企業的社會責任（social responsibility），也就是要善盡企業公民（corporate citizen）之責任與義務。

(一)休閒／活動組織社會責任的意涵

休閒／活動組織的社會責任，就是在政治／行政系統的法律規章制度、社會宗教文化的風俗禮儀規章典範、市場經濟運作要素、利益關係人關注焦點議題，以及企業／組織與經理人應有的道德與倫理考量因素等要素所規範與自我要求的社會責任與義務。企業社會責任本就是企業／組織在現今的政治、經濟、文化、宗教與法律之規範下與社會互動的行為義務，事實上社會責任並不需要如同法律規章一般形成文件（含電子檔案）化，方能顯示出其理念與價值，因為一旦形成法律內涵與成文法典化後，將會因其具有法律效果與國家公權力之規範，在界定其意涵時，將會因政治／行政系統公權力的擴張，反而有損於人民，以致法律化的結果，將會是得不償失。

所以休閒／活動組織到底要能夠擔負起多少社會責任？該組織及其領導人／策略管理者是不是已經對其所應負的社會責任有所認知？該組織參與社會問題與回饋社會的行為到底對社會與本身是否有益？企業組織與政府在其功能上有多少差別？企業組織應進行什麼樣的活動對社會才是有價值？舉凡此等社會責任，企業組織到底要負擔多少？事實上乃是不易簡單回答的，而是要先衡量本身的能力、考量內部與外部利益關係人的利益再做決定，才是最好的方法。

在中外學者專家的論點中，贊成休閒／活動組織應負起應有的社會責任之觀點有：(1)公眾期待與要求；(2)營利組織較有長期利

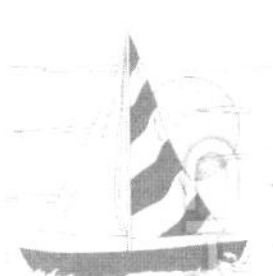

潤；(3)組織具有公衆形象；(4)組織應具有良心或道德責任；(5)參與解決社會問題，營造出良好的環境；(6)減少多如牛毛的政府法令規章之干預；(7)平衡權力與責任；(8)創造股東利潤；(9)擁有支持公衆與慈善活動之財務、專家技術與管理才能之資源；(10)預防勝於治療以管理風險等。而反對組織應負起社會責任之觀點有：(1)社會責任違反了組織利潤最大化之目標；(2)分化了組織之以獲取最大利潤爲經營目標之原則；(3)組織易將執行社會責任之成本轉嫁給顧客／消費者；(4)跟隨追求社會責任之實踐而來的組織之權力，將會與政府公權力相互抗衡；(5)組織內部往往會爲執行組織社會責任之人才而顯露窘態；(6)組織不若政府／政治／行政系統之組織具有明確的社會責任；(7)組織不易取得廣大群衆的信賴與支持其執行社會責任之行動。

企業的社會責任最重要的，乃在促使組織追求對社會長期有利有益的目標，所以組織要推展社會責任時，必須先確定何者爲是？何者爲非？而如此的基本需要乃是最基本的眞實。只是在二十一世紀，組織追求社會責任時，尙應建構有爲善不爲惡的道德力量，以及對於社會義務（social obligation）與社會回應（social responsiveness）之認知，與下定決心予以落實之行動。

(二)休閒／活動組織／社會責任的分類

在二十一世紀，休閒／活動組織乃是不可避免的必須正視社會責任，並納入於其經營理念與經營政策之中，以引導該組織的社會責任之進行。一般來說，依據學者Modic（1988）的分類約有如下八種：

1.在製造商品／服務／活動上的責任：製造安全、可信賴及高品質的商品／服務／活動。

2.在行銷活動中的責任：如做誠實的廣告、誠心的服務、忠誠的關懷等。

3.員工教育訓練的責任：在新技術新商品／服務／活動發展完

成時，應該以對員工的再訓練來代替解雇員工。

4.環境保護的責任：研發新技術以減少環境污染。

5.良好的員工關係與福利，讓員工有工作滿足感等。

6.提供平等雇用的機會：雇用員工時沒有性別歧視或種族歧視。

7.員工之安全與健康：如提供員工舒適安全的工作環境等。

8.慈善活動：如贊助教育、藝術、文化活動，或弱勢族群、社區發展計畫等等。

9.社會參與：對社區重建、社區治安、社區弱勢居民關懷、社區文化與學習活動、捐款與贊助等等。

另外，依據陳柏任（2003）的社會責任依利益關係人分類經整理後如**表11-4**所示：

二、休閒／活動組織的倫理道德

倫理道德乃指的是定義正確或是錯誤行爲的法規或原則，休閒／活動組織與活動規劃者在進行休閒活動方案之規劃設計時，就要審視其決策在其休閒活動方案推展上市行銷時，所可能的影響對象。所謂的倫理道德，乃是指某個休閒／活動組織的管理者在執行其業務時，被引以爲行爲與道德判斷的準則，而此一行爲道德的判斷準則，其所牽涉到組織的內部與外部利益關係人之行爲，也不是可以簡單地由法律規定來涵蓋。

(一)企業倫理道德的分類

企業的倫理道德之標準，正如前面所說的，並不是用法律來規範就可以將企業之倫理道德建置完成，而是要考量一般的社會道德規範與價值觀，以及組織的經營管理階層與員工個人在家庭、宗教、教育與在其他組織所獲得之經驗，方能夠建構出企業倫理道德，所以企業倫理道德乃是和個人的倫理道德有所差異。依據

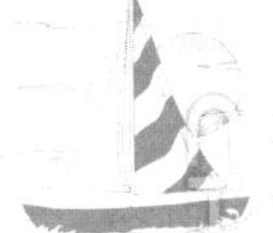

表11-4　依利益關係人的社會責任分類

利益關係人	利益關係人別	簡要說明
內部利益關係人	對顧客的責任	提供安全、高品質、良好包裝及性能好的產品。對顧客的抱怨立即採取處理措施，提供完整而正確的產品資訊，或誠實不誇大的產品廣告。
	對員工的責任	關於企業對員工的責任，法律上有許多相關的規定，如工作時數、最低薪資、工會等等，目的是在保障員工的基本人權，除了法律上保障的權利外，現代企業亦會提供員工其他福利，如退休金、醫療、意外保險等，或者是訓練教育補助、生涯發展之協助等，這些都是企業社會責任的延伸。
	對股東的責任	企業管理者有責任將企業資源的利用情形和結果，完全公開和翔實的告知股東。企業股東的基本權利，並不是要保證會獲得利潤，而是保證能獲得公司正確的財務資料，以決定其是否繼續投資。
外部利益關係人	特定外部利益關係人	如企業採用平等雇用原則，使得婦女、殘障、少數民族等成為受益人，雖然此原則已有法律上的規定，但是，不管是過去還是現在，歧視女性、殘障、少數民族等弱勢族群者，企業機構一直扮演著主要的角色，所以現代企業應該負起此社會責任，以彌補錯誤。
	一般外部利益關係人	企業參與解決或預防一般社會問題的發生，常被認為是最實際的社會責任，因為這些活動使得一般大衆都受益。例如：保護環境活動，防止水污染、空氣污染，或者捐贈教育機構及贊助文化藝術活動等。

Archie B. Carroll（1979: 499）的倫理道德，有三種不同的觀點（如表11-5所示）。

事實上在休閒／活動組織中，有些經理人在做決策時，並不會對於倫理道德方面的議題多做思考，因爲他們認爲倫理道德之議題應該是要運用在日常生活裡面，至於在商業行爲裡則可免予考量；當然也有些經理人會將追求利益目標的實現當作最重要的思維，至於道德與否，則根本不會在意，所以他們大都依照自己的需求與期

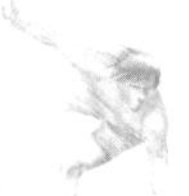

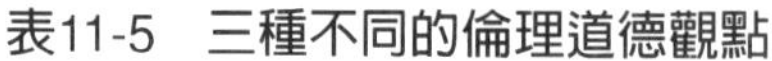
表11-5　三種不同的倫理道德觀點

區　分	簡要說明
功利觀（utilitarian view of ethics）	1.此一觀點乃是完全以結果為依歸。 2.此類的經理人乃是不倫理的管理者，因為他只關心其組織的收益與獲利情形，對於其他方面的需求與期望則根本不在乎，對法律規章所規範者，乃極力想辦法將之克服／擺平，在進行其管理決策時，只會考量能不能賺取利潤，而不會管其他事情（如：資遣員工、得罪同業、資源錯誤分配等）。
權利觀（rights view of ethics）	1.此一觀點乃是著重在尊重與保護個人自由與權利，包括個人隱私權、良心權、言論自由及合理處理程序在內（甚至可包括保護員工報告雇主的非法行為之言論權在內）。 2.此類經理人對於員工的自由與隱私相當保護，這類經理人也很期盼在倫理道德範圍內達到成功，並且會積極尋找一個公平、公正的方法，只是卻有可能造成無法提高生產力與效率之負面效果。
公平觀（justice view of ethics）	1.此一觀點乃是要求公正不偏地執行法律規章所規定的要求。 2.此類經理人，他們保護了未受重視的或沒有權力的人，但是卻有可能因鼓勵與保護某種意識而降低了員工的創新、冒險與提高生產力的行為能力。

望行事，不太會去考量到是否影響到他人（除非有遭受到外來的反彈或壓力時）。

(二)影響倫理道德的因素

一般來說，對一個經理人／管理者來說，仍是需要考量其倫理道德的原則，因爲倫理道德乃是管理者個人倫理道德發展與其中的影響變數、個人人格特質、組織之結構設計、組織文化，與倫理道德事件發生強度等等因素的互動結果（如**圖11-4**所示）。

一般來說，一個沒有強烈倫理道德感的管理者，若在有法令規章、政策、工作規則，以及有強烈組織倫理道德文化的約束時，將會很少犯錯。反之，一個有強烈倫理道德感的管理者，若在一個不鼓勵倫理道德之組織中，也會很快地「近朱者朱、近墨者墨」。以下舉兩家公司的倫理道德規則爲例：

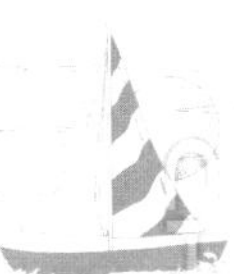

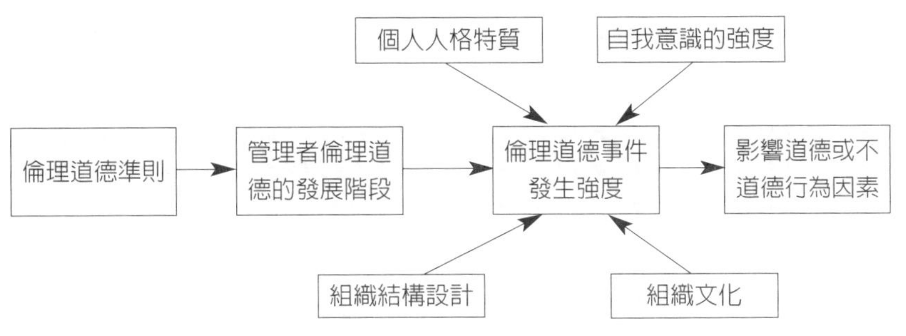

圖11-4　影響道德／不道德行為之因素

資料來源：Stephen P. Robbins著，王秉鈞譯，《管理學》（四版），台北市：華泰書局，1995年，頁169。

■美國Lummins引擎製造公司的員工倫理道德規則

1.必須遵行法律。

2.必須誠實；要公平而正確地說出事實。

3.必須公平；要公平地對待每一個人。

4.必須用心；要關注公司行爲是否影響他人，並極盡所能使這些影響成爲有益的。

5.必須鼓勵；即使丟掉生意機會，也要尊重他人。

■美國麥道公司的員工倫理道德規範（如表11-6所示）

(三)邁向倫理道德行爲的改進

休閒／活動組織想要減少一些非倫理／不道德行爲的發生，乃是可以透過如下幾個方向來達成：(1)人才選用時應剔除在倫理道德方面不適合之人員；(2)制訂倫理道德規範表（如表11-6所示），以釐清員工之不了解或模糊的困擾；(3)須由最高層主管帶領員工遵行，同時最重要的是高階主管必須身體力行；(4)確定可達成的工作目標以爲員工的努力方向；(5)經由演講、訓練、會議、公告與要求來進行倫理道德訓練；(6)進行全公司的倫理道德執行績效評估；(7)建立獨立審計、獨立稽核與查察機制，以爲做好公司的內部控制與內部稽核制度；(8)爲員工進行職業生涯規劃，使員工

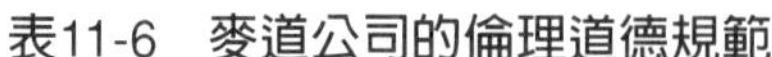

表11-6　麥道公司的倫理道德規範

麥道公司倫理道德規範

如果有誠實與道德，那它們一定存在於個人身上；如果要有誠實的道德維持者，那也一定要由個人來維持。為了使誠實與道德成為麥道公司的特徵，所屬員工必須能夠積極地做到下列各事項：

1.對我們所有的利益關係人均要誠懇且真實。
2.執行任務與負擔責任時要能夠具有可靠性。
3.所說的與所寫的均要真實而且準確。
4.在所有的工作中要能夠與他人合作且須有建設性。
5.對待同事、顧客，以及其他人均要公平而且能關心他們。
6.所有的行為一定要守法。
7.每件事情均要以追求完美的態度來進行。
8.要節省使用公司的資源。
9.為公司效力並為我們的生存環境改進而努力。

誠實與高標準的道德需要努力、勇氣，以及困難的選擇。與員工、高階管理者以及董事會之間的溝通諮商，有時是決定正確程序的必要過程。誠實與道德有時雖然會迫使我們放棄某些商機，但是就長期來看，我們會因為做對的事而非權宜的事，而獲取利益。

資料來源：Stephen P. Robbins著，王秉均譯，《管理學》(四版)，台北市：華泰書局，1995年，頁177。

對未來有所期待，而且要能落實執行；(9)建立激勵獎賞與懲罰制度，以獎賞表現優良員工，及對績效不佳員工予以再訓練、再要求與再考核，或是予以汰換。

由於倫理道德管理已經是一項現代的管理工具，因此我們認爲倫理道德有必要和各個營運環節相連結，並且也需要強調公司的倫理道德重點，不在於只是講求是對或是錯，而是要將其價值標準傳遞於整個組織之中並且要能夠取得全員共識，作爲整個休閒／活動組織的命運共同體或共同價值，也就是當作組織與個人的共同價值來看待。

而且倫理道德必須導入具體的績效衡量機制，以爲確實評估全組織員工的倫理道德表現。另外，倫理道德在企業管理行爲中已不僅僅是一個管理問題而已，應該將之視爲休閒／活動組織必須投資

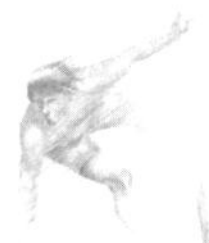

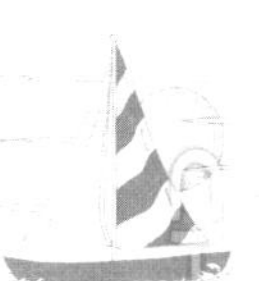

的要項，如此下來，不論內部顧客（員工）與外部顧客將會更爲認同其組織的形象，以及更爲忠誠與組織經營更具績效。

三、從心做起建立永續發展之休閒活動組織

現代的休閒／活動組織，大都會要求增加服務的產出（即增加顧客參與量與比率）及降低浪費與製造污染源，於是乎自1987年起推動的ISO9001 QMS品質管理系統，1996年推動的ISO14001 EMS環境管理系統，及陸續推動的OHSAS18001職業安全衛生管理系統與SA8000社會責任等驗證的各項管理系統，這就是所謂的QUENSH（Quality Environment Safety and Health）系統（如**圖11-5**所示）。

在QUENSH管理系統架構之下，品質零缺點、設施設備零事故、環保零罰單、員工零職業災害、股東滿意、員工滿意……等目標絕不會是空想，品質、環境、工安衛生與社會責任均不是單兵作戰，而是大家一起來做好社會責任，個人英雄主義早已不符時代要求，休閒／活動組織必須整合供應鏈與顧客鏈，大家共同來追求QUENSH管理系統的整合運作（如**圖11-6**所示）。

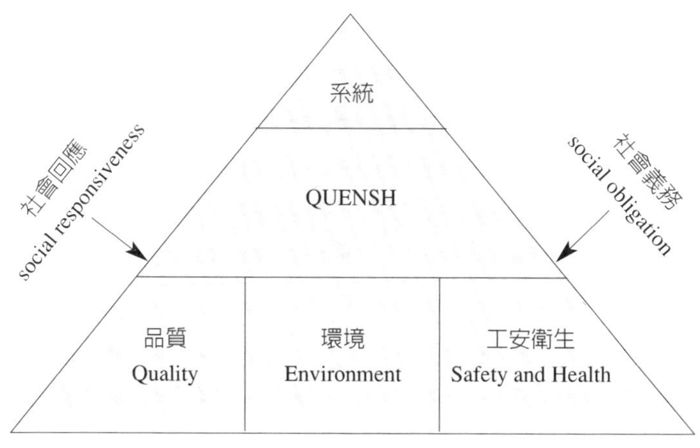

圖11-5　QUENSH管理系統的整合

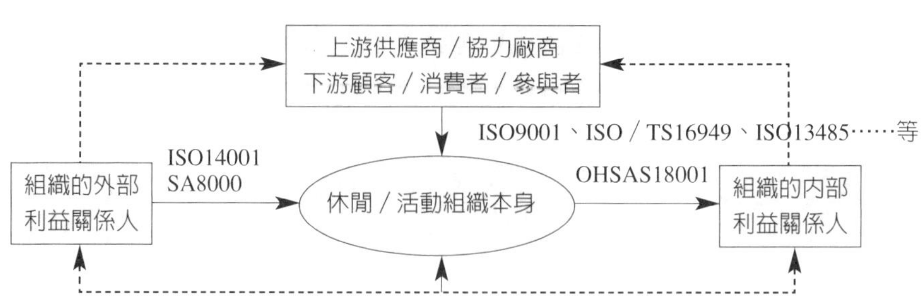

圖11-6　QUENSH關聯圖

休閒／活動組織必須結合內部與外部利益關係人、供給鏈與需求鏈體系中的組織與個人，從心裡眞誠地與各利益關係人結合起來，做有系統的運作，以建立該組織的各項商品／服務／活動之各個管理系統的有效性與系統性之運作機制，如此才能達到永續經營的事業生存目標，同時也才能持續維持其優質的競爭力（如**圖11-7**所示）。

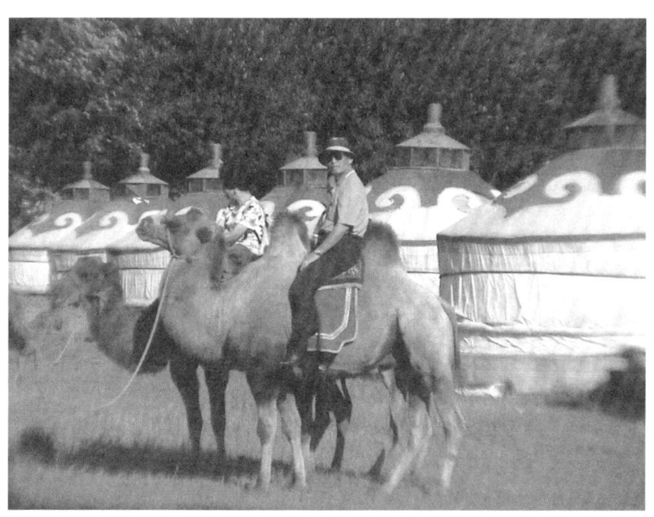

▲中國內蒙塞外騎駱駝

沙漠之舟——駱駝頂著炙熱的太陽，穿越滾滾沙暴，在沙漠中往返，運載人們和商品通過最乾燥的地區。雙峰駱駝為亞洲駱駝，單峰駱駝則叫作阿拉伯駱駝，單峰駱駝的腳比較長、身體比較輕，所以可以走得比較遠，雙峰駱駝的腳雖然比單峰駱駝粗，走得比較慢，但是牠卻可以背比較重的東西，而且可以適應比較寒冷的氣候。

照片來源：陳俊碩

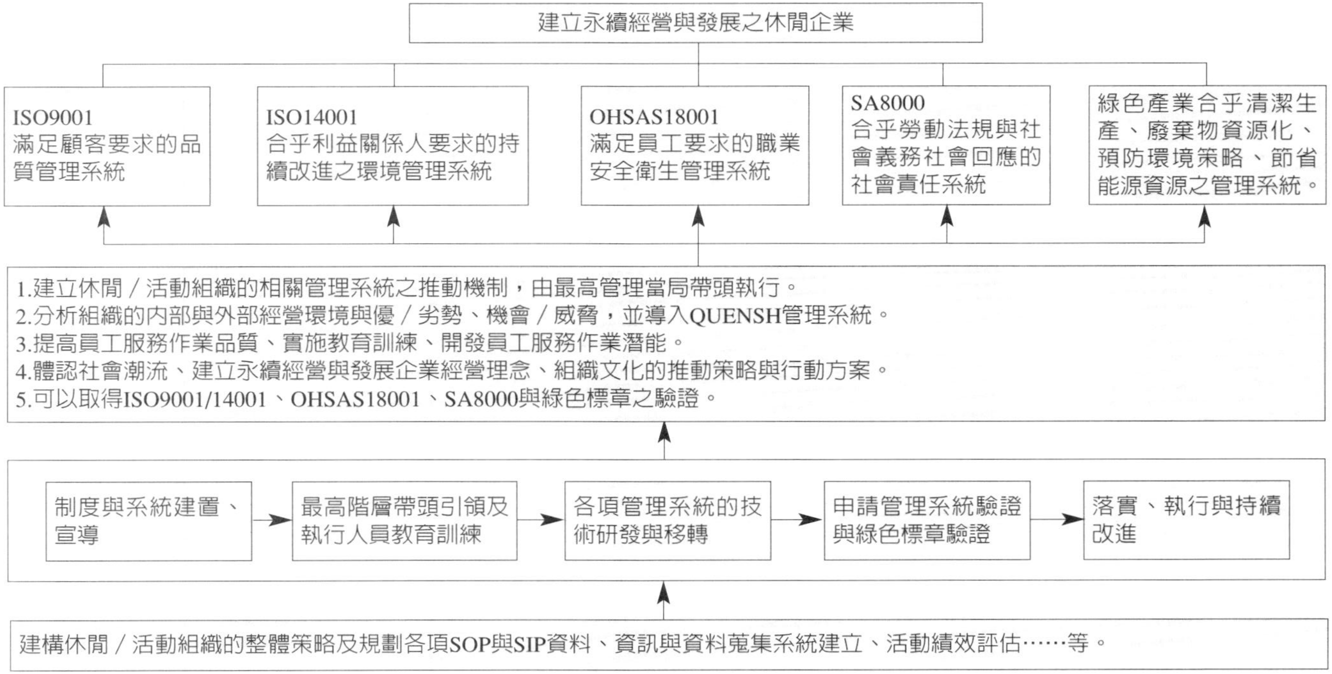

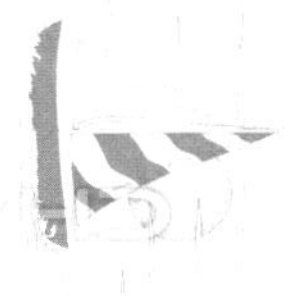

圖11-7　休閒／活動組織永續發展推動策略

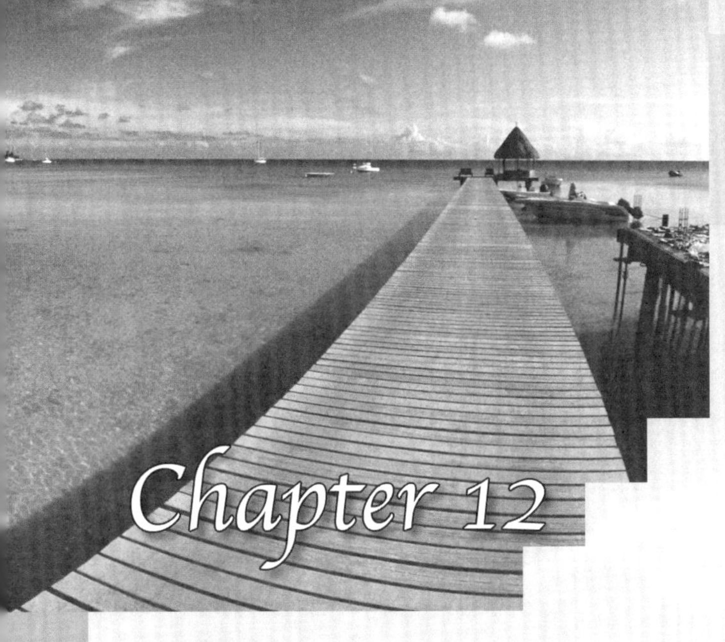

Chapter 12

顧客的理想休閒生活方式

Easy Leisure

一、探索人們理想生活方式達成的重要課題
二、釐清理想健康休閒生活方式的基本要求
三、了解理想休閒生活與教育諮商的關聯性
四、認知理想休閒生活的時間規劃管理議題
五、學習協助顧客達成理想休閒生活的方法
六、界定休閒教育方法與休閒諮商輔導策略
七、提供建構顧客理想休閒的教育諮商方向

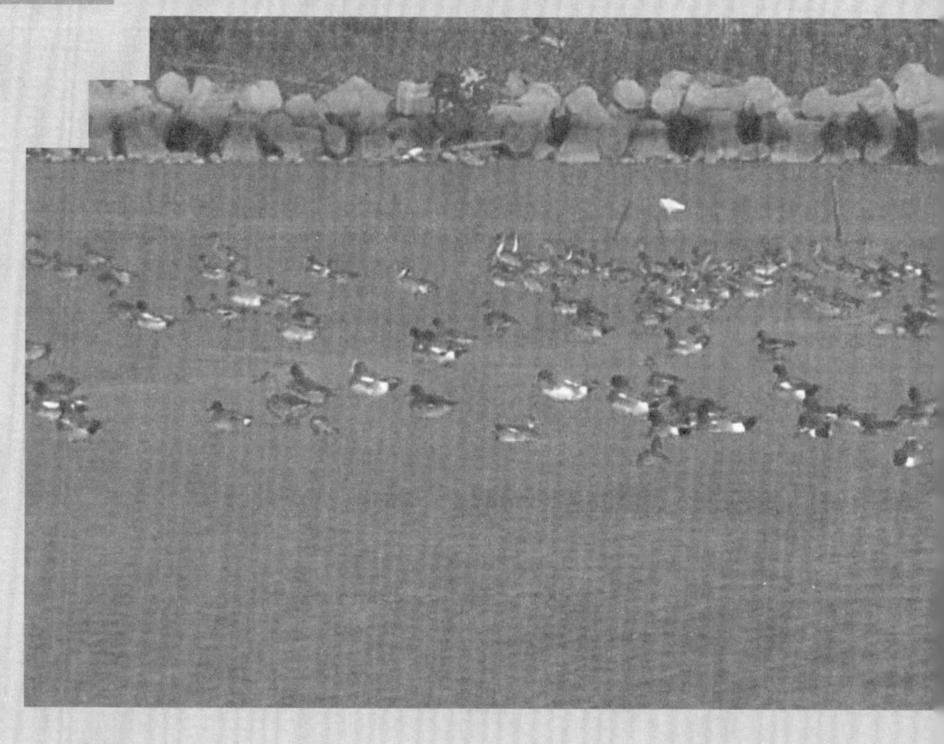

▲ 野鳥自然生態保護

「重要野鳥棲地」（Important Bird Area，簡稱IBA），由國際鳥盟（Birdlife International）於1980年代中期提出，1989年在歐洲地區首創IBA計畫。十多年來，已有兩千多個IBA據點，這些IBA遍布歐洲、亞洲、非洲及美洲地區。台灣於1999年引入IBA計畫，目前共有五十二處IBA，整體來看，這些IBA包括四大類型：島嶼型、海岸與濕地型、過境猛禽型與森林山鳥型。其中前三類型大都屬於以候鳥為主的IBA，後者則以台灣的留鳥為重點。

照片來源：德菲管理顧問公司　許峰銘

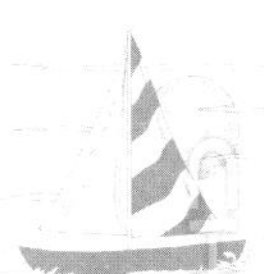

在第十一章我們曾提到最適的休閒生活方式，乃是引導優質休閒的捷徑，當然現代人所期盼與自我決定的最適生活與休閒之生活方式，乃是受到人們的生涯決定過程有關因素之影響（諸如：人們的工作與休閒的態度、工作與休閒的知識、工作與休閒的技能、工作與休閒的經驗……等），而且人們的工作與休閒生活方式在學習、訓練、挫折、奮起及到達自認爲最妥善與適合的生活方式之一連串的過程中，乃是需要接受自我認知、接受教育、經由諮商治療等系列的生涯決定與生涯規劃過程，才能尋覓出其自認適合與理想的工作與休閒生活方式。

第一節　健康休閒與理想生活方式

在第十一章中我們曾提出健康休閒的概念，健康休閒的基本概念乃在於「追求成功的休閒生活，經由休閒活動參與過程，得以獲取特定的技能、知識、態度與智慧，而且休閒活動參與者須能得到充分休閒資訊，以供其做決定及釐清其參與休閒之價值之休閒生活方式」，而所謂的健康休閒乃是優質休閒／最適合或理想的休閒生活方式。

在進入探討所謂的理想休閒生活方式之前，必須先了解人們的理想生活方式到底是什麼樣子，而理想的生活方式又可分爲幾個種類。

一、理想的生活方式

理想的生活方式，乃是人們進行組織及維持生活的一種獨特形態，同時由於人們的成長環境、生活經驗、個人特質、個人興趣、個人價值觀、個人的生活哲學與主張有所差異，以至於每一個人的生活方式也就有其獨特之形態（例如：有人主張工作就是休閒，有人則主張每逢假日一定要到戶外或離開家才是休閒，更有人主張假日乃是睡覺休閒時間……等）。事實上，不論是哪一種生活方式，都是對的也都是錯的，雖然有些人的生活方式與他人迥然不同，但是我們以為只要是適合於自己，任何人均有權利決定自己的生活方式，更有權利去創造、追求與安排適合的生活方式，這就是每一個人均是其自己的生活重心之主宰者。也許人們在其生命週期的各個階段會有所調整其生活方式（例如：結婚後不再是自我生活的日子，而是兩人同行的生活方式，婚後生了小孩則又為人父母的另一種不同於兩人世界的生活方式，孩子長大離家更是開始嘗試孩子離巢後的不同生活方式等），但是不管怎麼變化或調整，人們的生活方式始終建構為一個適合自己的重要人生目標之生活形態，乃是人們一生當中奮力追求實踐的目標。

(一)理想生活方式的種類

誠如上面的討論，每一個人或組織均有其自認為最為符合自己或組織的理想生活方式，所以理想的生活方式就依賴個人或組織的生涯信念及其生活方式之取向而有所差異，然而並不是每一個人或組織只有一個固定不變的生涯信念與生活方式取向，而是會隨著個人或組織的各個生命週期中之發展階段，以及受到環境（包括政治、經濟、社會、技術、休閒與工作等範疇）的變化，而會有所修正或調整。不過，一般來說，我們可將理想的生活方式分為如下數種：

■著重在社會交流互動的生活方式

此一取向的生活方式乃著重在如何積極參與社區／社會有關的交流互動機會，其生涯信念乃在於取得社會的認同與支持，並以貢獻社會為依歸。

■著重在家庭溫飽和樂的生活方式

此一取向的生活方式乃著重在如何積極謀求其家庭在經濟上的

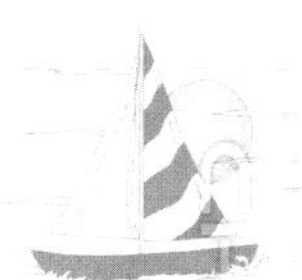

安全機會，其生涯信念乃在於營造經濟安康與幸福和樂的家庭，並能夠凡事以家庭爲重，且積極參與家庭中的任何大小之活動。

■著重在家庭社會地位的生活方式

此一取向的生活方式乃著重在如何積極爲其家庭賺取經濟上的豐衣足食，以建構其家庭在社會的理想地位之機會，其生涯信念乃爲家庭經濟追求康富，以便在社會站上令人歆羡的地位爲依歸，至於家庭親情和樂關係則非擺在優先追求的目標。

■著重在開拓國際視野的生活方式

此一取向的生活方式乃著重在個人或家庭成員要能夠多往國外跑，見識世界各地知識、技能、文化、宗教、風俗、人文、交通……等各方面的智識與見聞，其生涯信念乃爲追求國際觀，所以會常藉由休閒觀光或工作／業務機會，到世界各地走訪。

■著重在享受優質休閒的生活方式

此一取向的生活方式乃著重在個人／家庭／組織能夠爲其樂趣、興趣、歡娛、刺激、學習、運動與健康之休閒體驗目標／價值／效益之達成，而選擇符合此等活動體驗目標／價值之休閒活動進行參與體驗，但不是跟流行或跟屁蟲方式的參與休閒，也就是自由自在的、有休閒價值的與健康休閒目的之優質休閒活動。

■著重在跟隨休閒潮流的生活方式

此一取向的生活方式並不會將休閒活動之參與當作生活方式的重要因素，而是追隨他人（如：組織的定期休閒活動、友人親朋師長同儕的邀請而無特定休閒目標之跟隨參與、競爭對手或學習對象之休閒活動、爲了不會被批評落後於時代潮流而參與休閒活動……等）之後，前去參與休閒活動，其生涯信念大都是追隨他人而行動的生活方式，但是對於休閒活動基本上是不排斥的。

■著重在獨立領導角色的生活方式

此一取向的生活方式，乃是喜歡獨立作業，同時偏好能夠領導他人之角色，其工作與生活方式大都是比較獨立自主或能自我安排不受他人拘束的模式，其休閒方式有可能會是特立獨行的休閒活動，不太喜歡跟隨他人休閒而休閒。

■著重在提高知識學歷的生活方式

此一取向的生活方式，乃是無時無刻不在追求學習機會，甚至於在休閒時間中也會以具有學習價值的活動為之；同時具有此取向者，每每不會忘了追求學歷的桂冠或證照的加冕，只要有此兩者之機會的工作或休閒活動，均會努力去追求，因為他們將知識學歷的提高作為職位晉升與薪水提高、社會地位提升之踏腳石。

■著重在累積個人財富的生活方式

此一取向的生活方式，乃是以生活之目的在賺取更多財富以提高個人社會地位為目標，所以其生涯信念乃是專注在可獲取利益（尤其金錢方面）的工作或休閒方式之上，無時無刻均以要如何累積財富為其生涯目標。

■著重在建立個人形象的生活方式

此一取向的生活方式，乃是生活的重心放在如何營造個人的形象與地位的目標之上，其生涯信念乃是做任何事情（工作或休閒）均應該放在塑造個人的專業，或公益、健康、慈祥、孝順……等方面之任何一個或多個形象之基礎上，而且會汲汲營營地形塑個人形象而不在乎他人眼光。

■著重在建構自由自在的生活方式

此一取向的生活方式，乃是無論工作或休閒時，均以自由自在、無拘無束、無壓力無束縛的信念為原則，所以工作時不要太繁雜、工作時間要短且固定、工作地點距離家裡近一點、要有足夠的自己時間、要挪多一點時間參與家庭活動，乃是最基本的要求。

■著重在公益服務社會的生活方式

此一取向的生活方式，乃是將人生的目的奠基在服務他人與奉

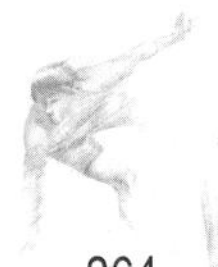

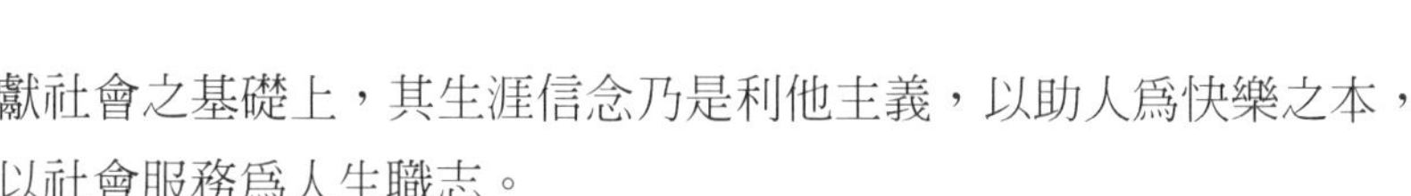

獻社會之基礎上，其生涯信念乃是利他主義，以助人爲快樂之本，以社會服務爲人生職志。

■著重在創新挑戰未來的生活方式

此一取向的生活方式，乃是抱著時時接受挑戰與隨時創新創意的勇於向未來或不可能任務挑戰之生涯信念，所以有此一取向的人們將會是發明家或潦倒的生意人。

■著重在犧牲奉獻社會的生活方式

此一取向的生活方式，乃是不論有多忙碌、多麼缺乏經濟能力，仍然會想盡辦法爲社會、爲宗教、爲族群犧牲個人時間而全力服務者。

■著重在工作成就需求的生活方式

此一取向的生活方式，乃是不論體力是否允許、家庭活動參與者是否同意、報償是否相對稱，均會在其工作崗位上全力以赴，以達成工作任務，獲取工作成就的滿足感爲最重要的指導原則。

(二)理想生活方式與時間規劃

雖然我們提出了如上的理想生活方式，但是我們並不是主張每一個人終其一生僅固執於某一種理想的生活方式，因爲人們往往會隨其個人與家庭生命週期的階段，或微調或大幅調整其理想的生活方式，這乃是受到個人與家庭學習曲線的變化而做的修正或調整。但我們在此要指出的是，若人們沒有能力針對其時間做有效的規劃與管理，那麼所謂的理想的生活方式只能淪爲空談，根本無法有計畫的向其所認知或認同的理想生活方式去努力追求或實踐。另外，常人所說的「計畫永遠趕不上變化」「人生失意事十有八九」，正可說明若我們無法做好時間規劃與管理，將使我們的理想生活方式只能是空有理想但卻無法追求，爲何會如此？因爲這個時代變化眞的太快了，雖然計畫趕不上變化，但若我們什麼也不做，很可能會更糟，因此，在生涯過程中若無計畫可供參酌或依循，可能會有「什麼時候要做什麼事」「進行事情的優先順序如何」等迷惘，那時不但步調變慢了，工作方式或休閒方式之優先順序也亂了，到最後可能落得一事無成的下場，平白浪費無數寶貴生命、時間與資源，屆時眞是可憐的很！

■理想活方式乃是均衡的生涯目標

生涯目標乃是人們的人生大夢，是自己想要的，而且應該予以明確化與數量化，同時這樣的生涯目標，乃是人們一生當中最具挑戰性與契合實際的目標。事實上現代的人們，不論是上流社會一族或是中產階級、基層社會，均應該訂定每一個人的生涯目標。而這個生涯目標最好具有：(1)是自己眞正想要的（desirable）；(2)是相當明確且可以量化的（quantitative）；(3)是具有挑戰性的（challengeable）；(4)最重要的是要能夠達成的（attainable）（余朝權，1999: 11）。

如上所說的生涯目標乃是人們的人生大夢，而這個人生大夢，我們以爲就是理想的生活方式，任何一個人想要達到其人生大夢，乃是要將個人的理想生活方式取得均衡，不能過猶不及，或是太過專注於某一面向，如此的生活方式乃是所謂的理想生活方式。其實每一個人在每天的生活裡或是每週、每月、每季、每年，以至於一生一世當中，都要能保持均衡的概念，凡事不宜偏執，否則會由於一件事的過度投注心力、人力、物力與財力，而損及他方面事務之目標達成，因此我們要能夠區分並規劃出來哪一件事要投注多少人力、物力、財力與心力，絕對不宜發生「掛一漏萬」之情事。但是哪一件事要用多少資源（包括：人力、物力、財力、心力、智力在內），則是每一個人的理想生活方式之表徵，若是一個以休閒爲取向生活方式的人，則其會較關注有關休閒需求方面之資源投注，而一個以犧牲奉獻社會生活方式者，將會在社會服務方面投注較多的資源。

而所謂的均衡生涯目標，乃分由人們的七個角度來說明（如圖12-1所示），也就是自我、學習、財富、家庭、事業、休閒、社交

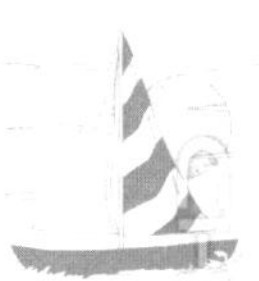

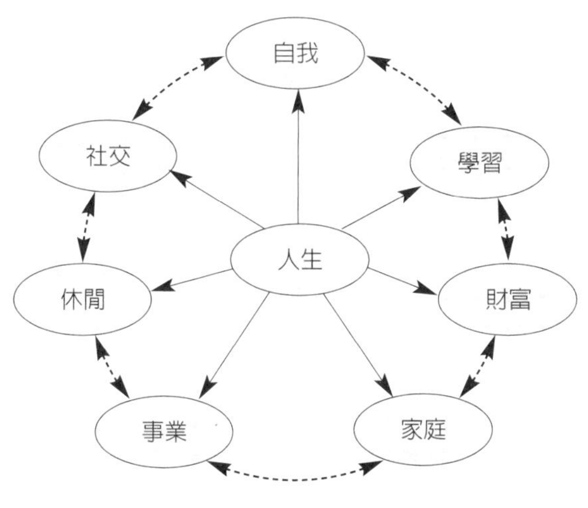

圖12-1　人生的七大錦囊

等七個角度，來檢視一個人的一生，我們會發現每一個人的一生及其每天的所作所爲，大都在這七個領域之中，有可能是追求自我發展與自我成長、終身學習增長智慧知識與技能、投資理財以累積財富、以家庭和樂幸福爲重心，追求休閒遊憩體驗活動價值，或建構良好社會交流互動網絡，但是人的一生大都需要將這七個錦囊尋求妥適、均衡的規劃與管理，因爲這七個領域並不是唾手可得的，而是需要投注資源的，同時此七大領域在本質上即具有競爭之關係，而且也存在有互補的關係，所以人生的理想生活方式必須妥爲規劃其生涯目標之均衡，畢竟資源是有限的（上帝是公平的，所以每一個人每天均只有相同的二十四小時，在學習領域上多努力就可能須挪開家庭時間或休閒時間，在休閒領域上努力爭取體驗機會，就可能要犧牲掉事業時間與學習時間……等），所以我們以爲要達成理想的生活方式，就要建構理想的均衡生涯目標，如此追求均衡的人生才是人們應該追求的理想生活方式。

■時間規劃的良窳影響到理想生活方式

在平日的生活裡，人們應該找出人生的生活餡餅，也就是將人們的每一天或每一週、每一月、每一年時間與生活予以妥適安排，而該如何安排，則端視個人的生活方式之面向及其人生的七大領域之認知，如此安排的結果以一個圓餅將之繪出（如圖12-2所示），就是我們所謂的生活餡餅。而在生活餡餅中之有關人們的作息／活動，有些是每天固定會發生的（如：吃飯、睡覺、通勤等），有些則是不一定每天會發生的（如：閒聊、運動、購物、看書等），所以我們也就可以以一週的方式，將自己會固定進行與不固定進行的作業／活動及其時間予以列出（如表12-1所示）。緊接著我們就可以將這些固定的與非固定的作業／活動，在一天的作息中予以規劃出來（如圖12-3所示）。

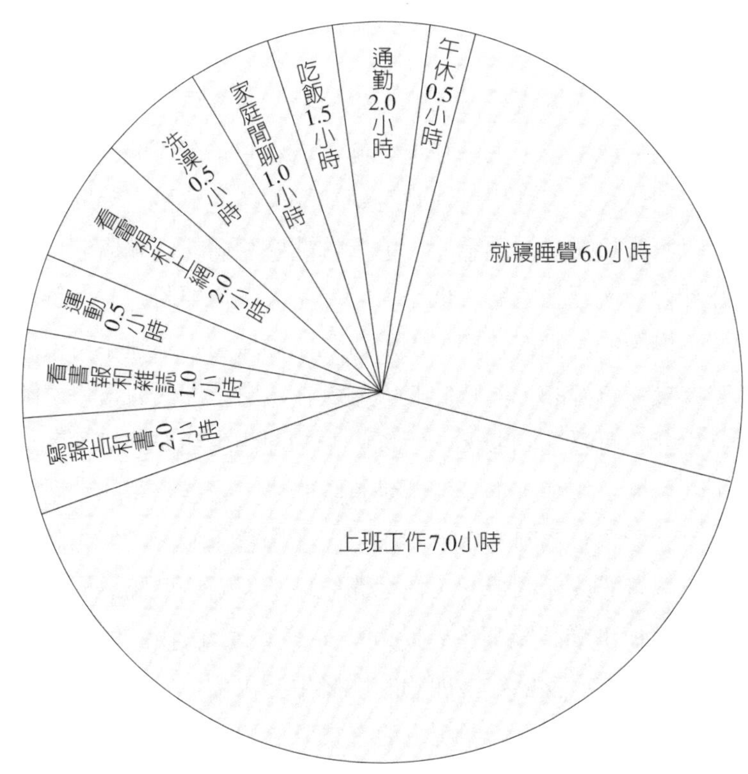

圖12-2　生活餡餅（作者的一天）

表12-1　一週的作業／活動時間規劃（作者的一週）

固定的作業／活動	花費時間（小時）	非固定的作業／活動	花費時間（小時）
1.吃飯	每週約10.5小時	1.參與聚會	每週一次約3小時
2.睡覺	每週約49.0小時	2.登山運動	每週一次約3小時
3.上班（講課）	每週約17.0小時	3.採購	每2週一次約3小時
4.上班（輔導）	每週約32.0小時	4.旅遊觀光	每2週一次約6小時
5.寫書（含報告）	每週約14.0小時	5.冥想	每週一次約0.5小時
……	……	……	……

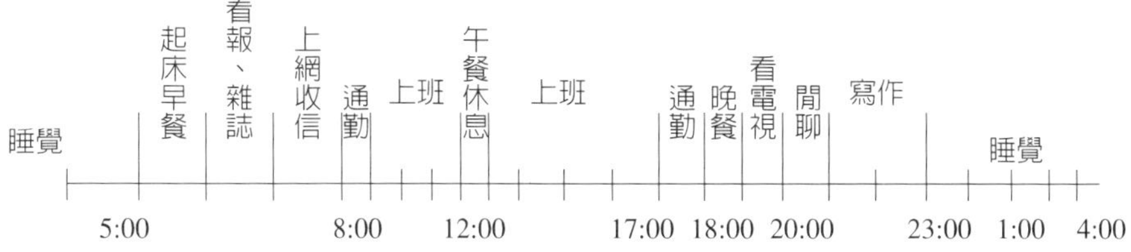

圖12-3　某一天的行事曆（作者的一天）

■理想生活方式的決定

事實上每一個人的生活方式均有差異性，往往每一個人均會在不知不覺中，受到其人際關係網絡中的人脈所影響其關注／優先選擇的生活／領域，當然也會受到媒體報導與政治／社會潮流的影響。每一個人應思考自己所構築的生活藍圖到底有哪些，然後試著去學習、分析與評估其一天的生活、一週或一個月的生活，而後檢視一下：(1)現在的生活方式是怎麼樣？目前生活的滿意度如何？(2)自己的理想生活方式到底是什麼樣？和目前的生活方式有哪些差異？(3)要如何規劃自己的理想生活方式？(4)要達成理想生涯目標時，要如何規劃與管理自己的時間？(5)自己有沒有足夠的資源或能力往理想生活方式前進？

當然這就是生涯規劃的課題，因爲人們在平常的生活中，有太多太多的變化與面臨抉擇的情境，有待每一個人去做決定。而這樣子的做決定會受到自己本身資源與外在世界競爭環境的影響，在此

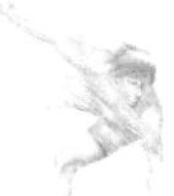

多重方案可供選擇的過程裡，個人乃依據本身所制訂之目標，選擇每一個人自己所認知的理想生活方式，之後當然是進行達成既定目標而採取邁向理想生活方式之行動方案。就這樣的理想生活方式決定之過程與步驟，說明如**表12-2**所示：

表12-2　理想生活方式決定過程

1.知己知彼了解自己的生活方式：知己乃是了解自己的興趣、能力、價值觀、個性、性向、父母師長的期望、教育學習過程的影響、家庭成員的支持度等；知彼則是探索外在世界：包括工作特性、組織支持度、生活方式所需的能力知識與費用、生活方式之內容及可能發展、社會觀感等。
2.確立個人生活方式及可能存在問題：須確立自己想要達到的生活方式之目標，惟要達到這個目標，個人所面臨的可能問題，就要去進行了解、分析及決定最佳生活方式的時機。
3.澄清個人的理想生活方式：再回過頭檢視一下自己的興趣、能力、價值觀、生活方式、生涯目標及人生七大領域的競爭與互補關係。
4.蒐集有關資訊以擬定可供選擇的方案：為達成已制訂的理想生活方式之目標，必須將達成該目標的可能方案予以選定，惟在選定幾個可供選擇方案之前，乃須多方的蒐集資料以輔助策劃有關方案之擬定。
5.就各個可能的方案予以評量分析其優劣勢：也就是須審慎考量此等可供選擇的可能方案之優劣勢，及可能機會與威脅，而就這些方案加以評量分析，以供選擇合乎個人的方案。
6.依前面評量分析結果擇定合宜的方案：經由評量分析所選擇出來的方式乃是達成其理想生活方式之行動方案。
7.確立理想生活方式之行動方案計畫：為執行理想生活方式之行動方案，必須擬定並加以確定其有關的行動方案計畫以供執行。
8.將達成理想生活方式之行動方案計畫付諸實行：在實施計畫過程中，要秉持PDCA的精神加以管理整個計畫之執行過程。
9.檢核實施行動方案計畫中各個查核點之實施結果，遇有所落後需求之計畫目標時，應予以檢討分析造成原因，並做適當的修正或調整。

二、顧客的健康休閒方式

基本上，每一個人大概都會說「是爲自己而活」，而爲自己而活的概念，乃是顧客在休閒生活方式上不斷地自我追尋能爲其自己而活之欲望，在前面我們也說明了人們在不同的人生階段中，會有不同的人生欲望與生活方式，同時在面臨轉型時，很可能人們的欲

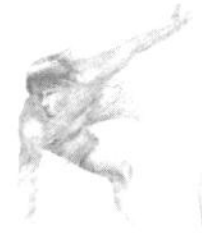

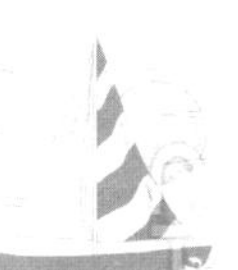

望與生活方式就不是只有一個而已，有可能會有好多個或是根本沒有半個。

於是乎休閒／活動組織與活動規劃者就應該換個角度，站在顧客休閒與工作的生活方式之需求與期待的角度來觀察與思考，以確認顧客的理想生活方式到底是什麼，有什麼欲望／需求，有什麼參與活動體驗之價值與利益。所以我們在《休閒活動設計規劃》一書中，花了很大的篇幅探討顧客休閒需求行爲，其主要的目的乃在於將顧客的休閒主張與哲學，經由顧客的說詞、行爲與需求，而形塑出影響顧客生活方式的休閒活動，予以設計規劃出來。

我們知道顧客的理想生活方式乃是涵蓋了七個互爲競爭與互補的領域，在這樣的生活方式中的休閒生活，已成爲二十一世紀人們必要的一種生活方式。休閒與休閒活動之間的七個相關概念（請參閱作者所寫的《休閒活動設計規劃》一書）：休閒、遊戲、遊憩、運動、競技、藝術、服務等，均爲現代人們重要的休閒生活安排。只是現代的人們受到工作壓力、競爭激烈、時間老是覺得不夠用，及社會與生活環境變化太快等，一連串的壓力之影響，雖然人人都有假期，但是並不是人人都會參與休閒體驗。再者，休閒生活的安排乃依賴於個人的生活方式之選擇，如果某個人將所有事情的優先順序都放在休閒活動之前的話，那麼他將會覺得時間不夠用，因爲休閒怎麼排都排不進其生活方式之領域中，如此他就會沒有辦法進行休閒體驗服務之樂趣與價值、利益、目的。

所以休閒／活動組織必須體認到，人們追求成功的休閒生活已經是現代與未來的潮流，人們渴望能夠獲取特殊的休閒技能、休閒知識、休閒態度與哲學／主張，以爲追求快樂、幸福、健康的生活及休閒經驗。休閒／活動組織與活動規劃者應該協助其目標與潛在顧客能夠獲取休閒活動資訊，以利顧客做成休閒生活方式之決定，並能確立其休閒價值，以及進行一系列的休閒教育課程，以協助顧客得以達成健康休閒之目的。

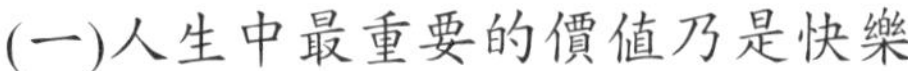

(一)人生中最重要的價值乃是快樂

事實上前面所談及的理想生活方式之七大領域，追根究柢乃是人生的基本意義（也就是生活的目的與生命的意義）乃在於快樂。而這個快樂更是人們生涯規劃的最重要價值，因爲快樂的意涵乃是個人的感覺而不是他人可以代勞的，所以快樂的價值乃在於：(1)十分有益的正面情緒經驗（楊國樞，不詳）；(2)長期而主觀、舒服滿足的感覺（吳靜吉，不詳）；(3)一種自我實現，了無阻礙的生命舒暢感（曾昭旭，不詳）；(4)生活藝術的卓越表現（E. Fromm，不詳）；(5)快樂是我們人類最終的目標，無論稱其爲美好、幸福、自在或滿足（A. Pope，不詳）。

(二)活動資訊的有效蒐集與教育

雖然每一個前來參與休閒體驗的顧客都會是獨一無二的顧客，其所需要的休閒／活動資訊自是會有所不同，所以休閒／活動組織與活動規劃者必須要讓他們能夠獲取應得的禮遇，而這樣的禮遇乃自訊息的傳遞開始以至於售後服務。通常在個人進行休閒生活規劃時，一定會對其個人目前休閒現況進行了解，而在正式參與休閒活動時，則會有兩個角度：(1)檢視自己經常或曾經參與的休閒活動類別與內容；(2)找出他自己喜歡或希望參與的休閒活動類別與內容。

顧客在參與休閒活動前，會透過活動海報、活動摺頁、活動電子信息說明、人際關係網絡中的口耳相傳、自己曾經參與過、媒體或新聞傳播、教學／說明會／展示會／發表會、廣告宣傳等途徑或工具，而得以了解到哪一個休閒／活動組織有什麼類別或內容的活動，或是該類休閒活動將在什麼時間辦理，及若要參與該休閒活動的經費預算、準備道具／服務／證件與活動地點／交通工具……等訊息內容，則顧客將會斟酌自己本身的興趣、時間、金錢、能力與動機目的，以爲決定其參與哪一個休閒活動之決策。

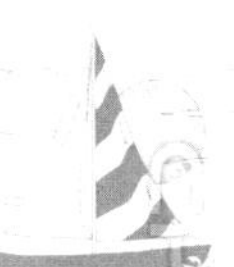

而休閒／活動組織則應基於和顧客之互動交流基礎，妥適地將休閒活動的價值、目的、類別、流程、時間、地點、活動現場周邊設施設備、經費，及限制條件（有些活動會限制顧客參與之條件，如：游泳活動會禁止心臟有毛病者或傳染疾病帶原者參與；有些活動有年齡限制，青少年籃球賽則不歡迎二十歲以上的球員參與）等資訊，透過書面、電子檔、圖案、標示物、海報、摺頁、語音廣播、電視／網路傳播等間接方式，以及直接與顧客電話／網路聯繫，或經由仲介商／經銷商／掮客的傳遞，以達成將活動訊息完整地傳遞給目標顧客與潛在顧客，選擇參與符合其需求與期望之休閒活動；另外休閒／活動更可運用整合性行銷傳播工具，將活動方案與促銷／優惠措施一併將之散播出去，以吸引更多人潮前來參與。

另外休閒／活動組織更應在活動資訊傳遞過程中，適度地將如何參與各類別有關的知識、技能、智慧與經驗告知，而活動參與者在接受該等資訊之後決定要參與時，也可透過報名時的互動交流，了解有關活動內容、過程、參與方法及要求條件。如此在正式參與時，方能認識活動，才能夠有效地掌握其參與的服務宗旨、價值與目標，因而其參與休閒活動體驗之際，也才有機會讓顧客達到參與時的快樂及參與後的回味，當然能讓參與者快樂的活動，才有機會創造顧客的回流與引介他人前來參與體驗。

(三)顧客的參與休閒活動計畫之決定

顧客在選擇參與休閒活動計畫之際，可能會透過如下計畫：(1)邀請三五好友或家人、同儕、師長組隊前往參與活動體驗，也可能會獨自前往參與；(2)當然最重要的乃是時間的安排及規劃管理；(3)如前面理想生活方式決定過程的方式予以選擇擬想參與的休閒活動；(4)另外也要籌措出參與活動的經費；(5)當已決定參與且經費已有著落之際，即可跟家人商量溝通（如：危險性較高的活動），或取得工作上班之任職組織的核准（惟若利用假日進行時，則免取得任職組織之核准），或取得前往地點的組織或機構同意

（如：入山證、登機票、船票等）；(6)開始準備應隨身攜帶的特定裝備（如：帳篷、護照、背包、睡袋、通訊裝備等）。以上五項計畫乃是活動前的妥善詳盡計畫，人們參與活動之前均應做好妥善、完備與詳盡的參與計畫，以供檢驗是否已準備充分與確保安全無害，之後才能盡情的享受休閒活動體驗的最佳快樂感覺。

人們參與休閒活動之前，除了上述五項參與計畫之外，更應事前確立個人的休閒需求及適合的休閒活動，再根據個人的休閒需求及對參與休閒活動所有可能存在的風險因素加以評估，並針對可能的與可行的範圍予以詳細規劃，如此一來，人們的參與休閒有關的不利因素將會被突破掉，如此參與的休閒生活方式，才能達到參與活動體驗之價值／利益／目標，也才能自我掌握到自己的休閒生活，這樣子的休閒生活方式乃是眞正的顧客健康休閒的目的與目標。

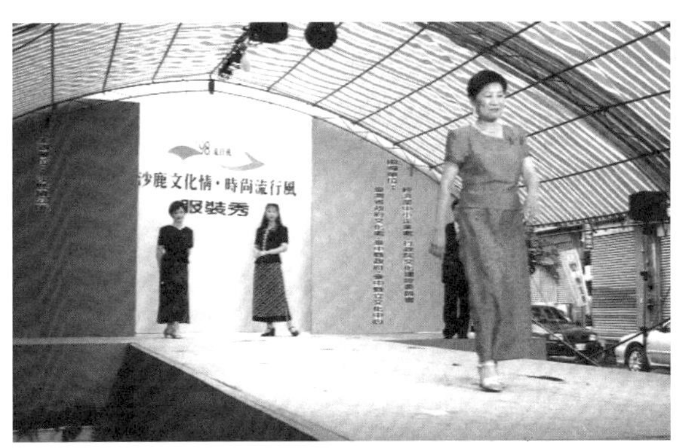

▲文化情社區媽媽

世界上凡是華人聚居之地，都會有宗親會、同鄉會的組織，除了親情和鄉情之外，就是經由遷居和移民而形成的社區，同住一個社區，彼此間雖然非親非故，雖無親情和鄉情，但既成為左鄰右舍，亦大有「遠親不如近鄰」的方便。這社區情乃是累積成鄉情與命運共同體的元素！本來就是人際關係的共同智慧。

照片來源：中華民國區域產業經濟振興協會　洪西國

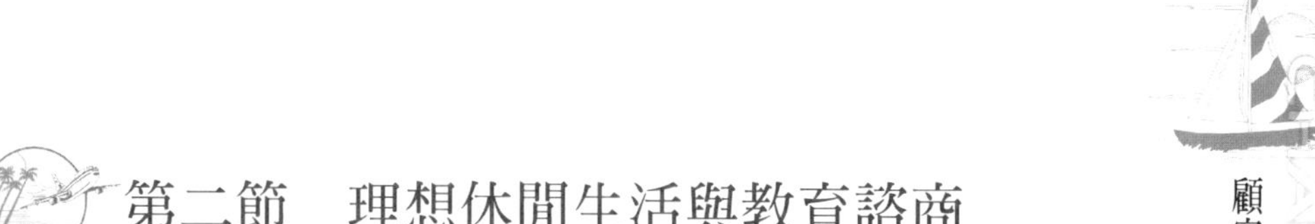

第二節　理想休閒生活與教育諮商

由於華人的生涯觀念大都承襲了孔孟儒家思想及千百年來的中華民族集體潛意識，以至於華人社會大都以發展事業（如：服膺公職、創立事業、合夥經營事業……等）或追求良好職業／工作，為其最高的事業生涯規劃之指導原則。這些中華民族千百年來的集體潛意識乃指：寧為雞首不為牛後的創業精神、好面子與深怕他人眼光的哲學、男優女卑的性別刻板印象、重視外在形象的取向、服從權威與循例重俗的慣性、命運來自命定與自定等等潛意識。由於受到這些潛意識所帶引，華人的生涯規劃方向乃以事業與職業、家庭、理財、學業等方面，作為生活方式的主軸，因而鮮少將休閒生活列為理想生活方式的一項指標，甚至抱持著未能飽食與豐富財庫之前，當不能奢求休閒之想法，以至於在二十世紀之前，可以說是苦幹實幹地工作乃是最為理想的生活方式。

事實上在二十世紀末由於全球化風潮的流行，休閒生活已經不再是有錢有閒人家才能享受的專利，反而一般的「小市民」也逐漸感受到除了工作、家庭、財富之外，更應該追求理想的休閒生活，因為休閒具有自由自在、幸福愉悅、健康運動、學習刺激、成長與發揮潛能的價值／利益，而且人人均可追求休閒生活的體驗價值，所以在二十一世紀一開始，休閒生活已經成為全世界人人努力追求實現的一種理想生活方式，我們就稱為理想的休閒生活。

一、休閒教育

現代化的社會面臨了極為快速的社會、經濟、政治與科技變遷，人們為實現其理想的休閒生活方式，每每受到工作時間緊湊與競爭壓力的牽絆，以致對於如何尋求理想的休閒生活方式，往往會顯得不知所措，以至於現代人想到休閒時，每每在參與休閒活動之前抱著極高的期待，但是在參與過程中與參與過後卻是頗爲沮喪，導致很多人不願主動再度參與休閒活動，凡此種種的狀況，乃導引休閒教育在這個充滿壓力、競爭、變遷的時代，也就愈爲凸顯出其扮演的服務角色之重要性。

(一)休閒教育的意涵

Chinn和Jowiask（1981: 4-7）就指出，休閒教育（leisure education）的重點，乃在於「經由教育過程以增進個人優質休閒的生活方式」；Kelly（1990）更指出，「個人藉由休閒教育以增進學習與準備參與休閒之能力」。因此我們以爲休閒教育乃是一種與個人自我實現與效用有關的新教育秩序，其能增進將參與休閒者的自由自在與自我決定是否參與休閒；休閒教育乃是爲全民而實施的教育，絕不會只針對某些特定人士，而且我們認爲休閒教育應該從國民義務教育開始，延伸到高等教育與繼續教育的整個過程。休閒教育應該是教育全民在心理上、職業上、社會上、精神上與自我成長上的平衡與成熟的發展，其目的乃在於促使與導引全民能夠成爲自我認知、自我決定、自我實現與自由自在地參與休閒活動。

■休閒教育的特性

休閒教育乃是一種企圖改變目前的教育系統，企圖求取爲人們造福與自定命運的革命，另外休閒教育同時具備有學識、職業、事業與經驗的功能，其基本目標乃在於培養人們具有豐富創意、創新與創造有生活目的與生命意義的人生，所以休閒教育具有如下的特性：

1.獨特性：休閒教育乃在於強調每一個人的未來均能夠依據其人格特質、需求期望與休閒哲學主張，而有一個幸福、美滿與快樂的休閒生活，而且可以是專屬的、符合個人特殊需求的、與他人有差異性的休閒生活。
2.終身性：人們爲追求符合其理想生活方式的休閒生活，勢必

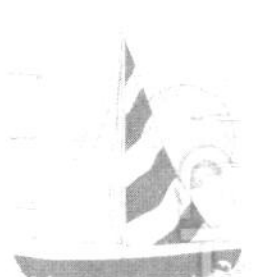

會持續性地接受有關的休閒教育與休閒諮商，所以休閒教育可以說是一種終身的教育過程。

3.整體性：休閒教育的實施，不單單是各級學校開設「休閒觀光」課程，就可以滿足人們的休閒需求，而是應該從家庭與學校到社會均共同負起休閒教育的責任。

4.全面性：休閒教育實施之對象不僅是有興趣參與休閒活動之人民，而且應該是不管有沒有興趣或有沒有需要的全體國民，均可接受的教育過程，同時也不分年齡大小，均應一視同仁接受教育。

5.生活性：休閒教育的實施乃爲誘發人民參與優質休閒體驗之需求、知識、認知與行動，而且每一個參與休閒活動者仍然有其工作上、職業上、事業上、家庭上與日常生活上的相關性，仍然是互相契合、互爲輔助支援與相輔相成之密切關係，所以我們主張「生活即教育」。

6.實用性：休閒教育乃是輔導人們能夠自由自在的自我決定參與休閒活動，而且在參與過程中所追求的乃是理論與實務、知識與運用的實用性。在學習過程中，特別強調有關休閒的知識、經驗與價值。

7.發展性：休閒教育的目的除了在引導人們建構理想的休閒生活之外，尚可藉由教育的過程，獲取更多的知識、技能、智慧與經驗，使人們有自信地自我決定參與哪一種類型的休閒活動。

■休閒教育的要素

休閒教育乃是我們能夠自我決定參與優質休閒的基礎，而且休閒教育更是具有導引人們享受美滿、幸福與快樂的理想生活方式之功能，此一教育的過程乃須具備有知識、技能、經驗、哲學與需求等五大要素。

1.知識：每一個想要參與休閒活動的人，首先應該確定要參加

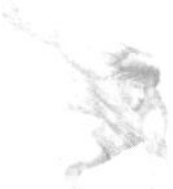

什麼類型的活動，參與該項活動所應具備的體能、知識、設施設備與費用預算，以及休閒活動辦理的地點所在地，交通設備如何，餐飲住宿周全性如何等一系列的認識，乃是想要參與休閒活動者必須要具有的知識，而這些知識乃是經由休閒／活動組織的活動傳遞或休閒教育所帶給擬參與活動者，所以休閒教育的知識要素乃是相當重要的。

2.技能：每一個要前往參與休閒活動的人們，大都會思考他要參與的休閒活動過程中，所須具備的參與活動能力是否足夠？當然並不是要參與活動前就會具有該活動應具備之能力，因爲是可以透過學習的過程而得以了解與認識該活動，進而能夠在參與活動過程中以「邊學邊活動」的方式取得活動體驗之價值。

3.經驗：經驗可分爲三個層次來探討：其一，自己參與活動的經驗乃是可以進一步探索休閒的深層意涵與價值，更可以堅定參與活動之熟練技巧信心；其二，他人參與活動的現身說法也可促進自己決定參與休閒的信心與勇氣；其三，休閒／活動組織的經驗傳遞與宣傳教育，也可以導引人們下定決心前往參與休閒活動，以享受休閒體驗之價值、利益與目標。

4.哲學：每一個人各有不同的生活目的與生命價值觀，所以其休閒主張與休閒哲學自然會有所差異，當然人們的休閒主張與休閒哲學並非一成不變的，乃會受到休閒／活動組織的宣傳與教育而有所修正或調整，惟不論如何，這些休閒哲學與休閒主張卻是評量休閒體驗的重要依據，更是人們是否會再參與的決策要素。

5.需求：休閒需求行爲往往會是決定人們參與休閒活動的重要評量指標，若經由參與活動之後，能感受到符合其需要與期待，自是他日再度參與的有力因素，反之則會導致其退出該類型的活動，甚至於放棄休閒。而休閒需求乃是可以經由休閒教育加以誘發的，人們也許礙於面子或習慣、文化、風俗

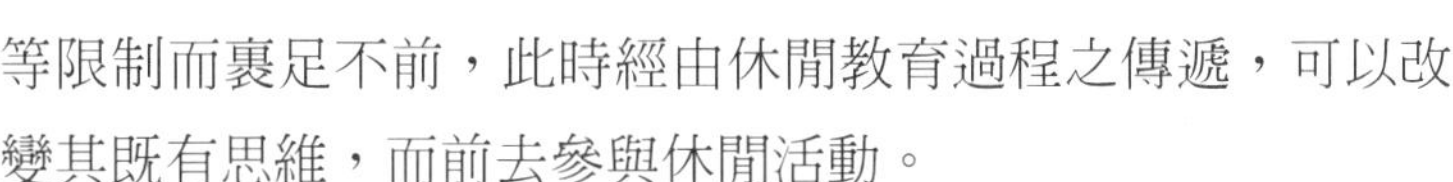

等限制而裹足不前，此時經由休閒教育過程之傳遞，可以改變其既有思維，而前去參與休閒活動。

(二)休閒教育的實施

休閒教育乃是一種新的教育哲學，將休閒的概念統合在學習的過程中，由家庭教育、學校教育以至於成人教育，其內容包括休閒認識、休閒探索、休閒價值、休閒決策、休閒體驗與優質休閒生活方式等，休閒教育計畫的需求，乃在全民教育之中占有一席重要的地位。

休閒教育的實施可分爲如後三個構面來加以探討：

■實施休閒教育之責任構面

就其實施休閒教育責任者來說，大致上可分七個對象來加以說明如後：

1.學校教育：一般來說休閒教育乃最常藉學校體系來加以推廣，早自幼稚園開始以迄高等教育，大都開設有休閒的通識課程，同時課後與寒暑假，學校或學校內部社團大都會辦理休閒活動，以供學生得以體驗休閒之機會，更可藉以統合休閒理論與實務。

2.家庭教育：事實上，家庭教育在人們休閒主張與休閒哲學的自我統整上，具有相當的影響力，而且人們從幼兒與孩童時期跟隨家人進行休閒活動之體驗的價值與經驗，對於其日後成人時期的休閒態度，乃是具有相當的影響力，所以我們認爲家庭教育對於休閒教育乃是具有相當的責任，同時家庭也是影響參與休閒體驗的一個重要因素。

3.半正式的學習教育：這個學習教育乃指在職場裡、組織裡、社區裡與家庭裡的經驗傳承與學習過程，但這個學習過程大都是經驗的口耳相傳與自我觀察所得之經驗學習，並不一定是經由正式的教育訓練體系而得者。

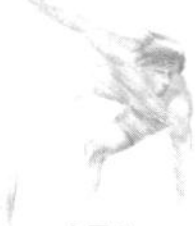

4.社區及成人的繼續教育：社區乃是所有的教育呈現的綜合中心，因爲社區乃是可以將半正式的學習教育、家庭教育、學校教育、終身學習、生活的體驗教育、休閒／活動組織的教育等方面之所得知識、技能、經驗、哲學與需求進行整合，所以社區組織乃是具有實施休閒教育之功能與責任。

5.終身學習：任何人在二十一世紀乃是需要終身學習的，並不可以因學業告一段落，或事業／職業退休就終止其休閒學習之需求與行動，活到老學到老乃是終身學習的最佳寫照。

6.生活體驗教育：人們可以透過參與休閒教育所得到之經驗、知識、技能、哲學與需求，蛻化在日常生活之中，如此才能認識休閒及具備有參與休閒的能力與知識，並和家人、社區、朋友共同建構優質休閒生活環境與休閒方式。

7.休閒活動組織的休閒教育：參與休閒／活動組織之休閒教育與實際的活動體驗，乃是最具實質性與體驗之價值，這些組織包括營利性組織與非營利性組織在內。

■實施休閒教育之要素構面

實施休閒教育必須兼顧三個基本要素，缺一不可，而此三個基本要素乃包括有：教育的對象、教育的方式、服務過程與教育人員。

1.教育的服務對象：爲什麼人們需要接受休閒教育？及有哪些人要接受教育服務？事實上，休閒教育的目的是導引與啓發人們能夠自我認知、自我決定、自我實現與自由自在、幸福快樂的參與休閒活動，以體驗休閒活動的服務價值，所以休閒教育的對象不應僅限於目標顧客而已，而是應該包括有：(1)已參與過的顧客；(2)尚未參與但已有參與休閒活動決定者；(3)尚未決定是否參與休閒者；(4)對於休閒體驗仍然在猶豫者（indecisiveness）；(5)根本不知休閒爲何者等五種人，也就是應該是全民的教育，而非特定對象的教育。

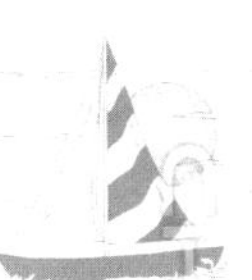

2.教育的服務方式：大致上休閒教育的服務方式可分爲：(1)休閒活動資訊提供；(2)自助式活動（指由人們經由網際網路工具進入各休閒／活動組織與教育責任者網頁，以學習有關的休閒知識、技能與經驗）；(3)休閒諮商（此部分將在後面章節中加以說明）；(4)休閒生活與休閒活動課程；(5)休閒教育後的績效評估及往後教育的服務方式之修正與調整，並適度回饋給此次接受服務者。

3.教育的服務過程與服務人員：休閒／活動的教育服務過程中，乃是分爲五個途徑來進行，其一爲由接受服務者自行前往教育訓練課程主辦單位報名與接受服務；其二爲由接受服務者廣泛蒐集休閒／活動資訊，自行研究、自行學習有關的休閒知識、技能與經驗；其三爲接受服務者自己排定課程，並洽請講師前來授課學習；其四爲接受服務者被動的半正式學習到有關休閒／活動資訊與知識、技能、經驗；其五接受服務者自行創新休閒活動，再委由休閒／活動組織設計規劃而獲取的教育成果。

一般而言，教育的服務過程著重在休閒／活動資訊的取得，以及了解有關參與活動過程所須具備的知識、技能與經驗。而若參與訓練課程或實地參與活動以學習有關的知識、技能與經驗時，則須了解有關課程內容的編排或活動內容與活動流程，如此在接受服務時，方能獲取所認知的學習成果。

教育服務人員宜由休閒／活動組織與辦理訓練課程單位敦聘合格的服務人員擔任講師或教練，因爲休閒活動乃是一種專業的活動，同時也必須在自由自在、歡欣愉悅、快樂幸福、成長學習、刺激競爭……等情境原則下進行，所以這些講師或教練必須具備有六大基本能力，即：一般教育訓練能力、資訊蒐集分析能力、測驗／評量休閒行爲需求能力、行政與管理能力、執行演講或指導的公關能力、解釋與說明能力等。

■休閒教育的模式構面

休閒教育的重點乃在於提供個人資訊，使他們能夠更有效的選擇最合宜的休閒活動，在國外的研究學者有Edward（1977）、Connolly（1977）、Johnson和Zoreink（1977）、Jowiask（1979）、McDowell（1983）. Beck-Ford和 Brown（1984）、Wittman、Kurtz和Michols（1987）、Dattilo和Murphy（1991）等多人，均曾做過相當深入的研究，而且也均提出休閒教育的模式（本書礙於篇幅將不作介紹，敬請有興趣的讀者自行參閱研究）。

二、休閒諮商

休閒諮商（leisure counseling）乃伴著休閒教育一起發展起來，其主要目的乃在輔導與協助人們去進行休閒行為或休閒態度之修正或形塑，而與休閒教育最大差異點，乃在於休閒諮商不僅是如休閒教育只提供顧客休閒資訊而已。

休閒諮商乃是屬於休閒輔導的一環，所以本書往後大都以休閒輔導與諮商來說明，由於休閒輔導與諮商的最終目的乃在於經由一定的專業過程，輔導想參與休閒生活的人們，在這專業的輔導與諮商過程中，達成促使接受服務人們能夠獲取參與休閒／活動方面的特定知識、技能與經驗，同時要使之成長與改變。基本上，諮商輔導的進行有點類似人們之間在進行閒聊，但是諮商與之差很遠，因為諮商乃是有訓練、有計畫地企圖改變接受服務者，使其能夠產生有意義的改變與有系統性的改變，絕不是沒有目的與偶發性的改變。

(一)輔導與諮商的服務過程

休閒輔導與諮商的服務過程有四個階段（如表12-3所示）：

■認清楚休閒生活到底是什麼

在這個階段大致上需要經過四個過程，即：(1)接受諮詢服務

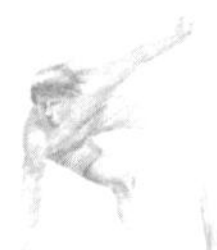

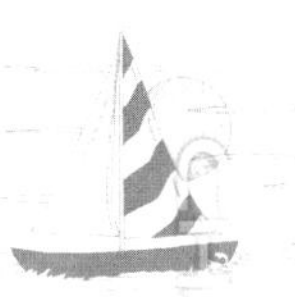

表12-3　休閒輔導與諮商的過程

休閒教育諮商階段	各階段的服務過程			
	1	2	3	4
認清楚休閒到底是什麼	接受諮詢服務	檢核／評量休閒問題與需求	確定休閒需求與問題之期望	問題固著與漸予鬆綁
確認休閒需求／問題來源	休閒需求評量與分析	休閒需求分析結果與解釋	自我察覺休閒需求與問題	假設問題並加以驗證
確定休閒需求／問題的可行解決對策	評估質疑解決對策之可行性	引導自我抉擇自己的休閒生活	針對各方案加以分析與建議	鼓舞下決心自我決定
進行休閒活動體驗	進行休閒生活規劃	實現休閒參與及檢討成果	休閒參與計畫修正與調整	訊息回饋追蹤輔導

請求之過程；(2)對接受服務者之困擾加以檢核／衡量；(3)確認其休閒需求與期望；(4)將已了解問題之固著現象漸予鬆綁，並依其興趣、價值與需求加以評量。

■確認休閒需求與問題之來源是什麼

在本階段須經過四個過程，即：(1)設計評量問卷，並進行休閒行爲與需求之評量測驗，且加以分析與解釋其測驗的結果；(2)加以解釋測驗結果，並讓接受服務者能夠自我察覺與識別出其休閒活動需求與問題；(3)讓接受服務者充分理解到其休閒需求／問題所在；(4)將過程中的假設性問題予以呈現、討論、驗證與沉澱。

■確定休閒需求與問題的可行解決方案

在本階段須經過四個過程，即：(1)針對問題解決的可行性進行評估，或加以質疑到底眞的是可行的解決方案？(2)引導接受服務者能夠進行自我抉擇；(3)分析各種可能之解決方案，並協助接受服務者進行取捨之決策；(4)鼓舞接受服務者及早下定決心進行其休閒行爲之決定。

■支持與協助進行休閒活動之體驗

在本階段須經過四個過程，即：(1)引導接受服務者進行休閒生活方式規劃作業；(2)支持接受服務者將休閒生活規劃加以推入到實現之過程；(3)指導接受服務者在參與休閒體驗過程之不適宜部分的修正與調整；(4)完成休閒輔導與諮商作業，惟仍應保持持續追蹤該接受服務對象之往後休閒活動的體驗價值狀況是否穩定或成長。

(二)輔導與諮商人員的資格

輔導與諮商人員應該具有六大基本能力，即：一般的輔導與諮商能力、資訊蒐集分析能力、評量／測驗休閒行爲需求之能力、行政與管理能力、執行與參與的能力、溝通與諮商說服的能力。

(三)輔導與諮商人員的服務項目

輔導與諮商人員應要能夠提供如**表12-4**的服務項目給予接受服務對象者，方屬合格。

(四)休閒輔導與諮商模式

國外所發展的休閒諮商模式以Montagus（1976）、Hayes（1977）、McDowell（1976）、Rernple（1977）、Gunn和Peterson

表12-4　休閒輔導與諮商人員的服務項目

1.能夠進行一對一、一對多及多對一、多對多的個別與團體諮商能力，以協助接受服務者澄清其休閒生活之目標與願景、使命。
2.能夠設計個別的休閒行為問卷，並加以實施與解釋問卷結果，以協助接受服務者了解自己的休閒行為與需求，以助其進入不同的休閒生活規劃之選項。
3.指導接受服務者進行探索其內心深處的休閒主張與哲學、態度。
4.運用休閒活動資訊，以協助接受服務者了解休閒世界到底是怎麼樣。
5.提供機會給接受服務者，以協助其增進自我決定休閒活動類型。
6.支持與協助接受服務者進行自我規劃休閒生活計畫。
7.指導與教育訓練接受服務者學習休閒知識、技能與經驗。
8.協助接受服務者自我統整其休閒目標、宗旨、願景。
9.協助接受服務者自我統整其理想休閒生活方式。
10.協助接受服務者的溝通、協調、說服、談判及社交活動之各項技能與知識、經驗的提升。
11.提供協助解決參與休閒活動時之有關問題與適應能力，擴增能夠享受優質休閒生活之能力。

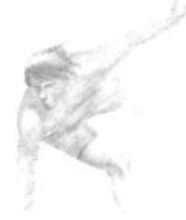

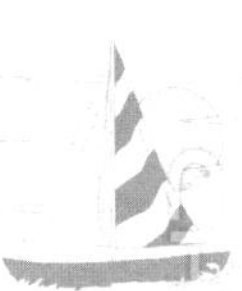

（1978）、Loesch和Wheeler（1982）等較具代表性，不過每一位學者大都均主張做休閒決策的要素與提供訊息的必要性（如表12-5所示）。

(五)休閒輔導與諮商的介入策略

休閒活動的諮商員應該會了解到爲什麼接受服務者要來請求服務？乃是他們受不了情緒上、情感上、行爲上與認知上的困擾與折磨，以至於沒有辦法經由參與休閒活動取得幸福、愉悅與快樂，以及在情感與心理上的鬱悶，因而他們期待藉由休閒輔導與諮商的過程，尋求有效的與有價值的治療，以利他們往優質休閒前進及獲取參與休閒活動體驗價值之滿意度與滿足感。

一般來說，休閒活動的參與者大多會有高度的期待，能夠經由休閒輔導與休閒諮商過程，以帶來積極的休閒哲學、價值觀、快樂的情緒，以及建設性的休閒行爲與信念，休閒參與者的休閒信念乃是一種認知系統，所以休閒信念的治療過程其實也就是一般的認知治療過程。

■認知治療的一般性療程——認知的解構

休閒參與者對於休閒活動的不良信念之所以會產生，乃源於：(1)對本身工作上、休閒上及生活上的價值評估時發現有問題存在（如：沒有成就感、不夠自由自在、限制條件多、沒有自我決定與抉擇權利、角色過於刻板、缺乏冒險性……等）；(2)本身的愛面子與刻板造成對休閒生活方式的改變沒有辦法接受；(3)本身嚮往的休閒生活沒能獲得友人親人的支持；(4)本身的休閒活動參與經驗不如意或者是個失敗經驗；(5)本人對參與休閒活動過程缺乏自主性，心有餘悸；(6)本身對想參與休閒活動的訊息與活動內容／方式不甚了解；(7)本身受到家庭或工作場所的排斥休閒主張之影響，而不敢輕易嘗試參與休閒活動。

而這些不良信念乃休閒輔導與諮商過程很重要的課題，休閒諮商者必須要能夠處理這些不良的信念，其步驟（Krumboltz, 1992）

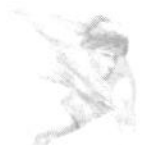

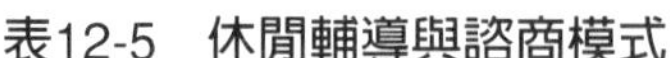

表12-5　休閒輔導與諮商模式

模式名稱	簡要內容
Gunn和 Peterson休閒諮商模式	一、休閒諮商的定義 休閒諮商乃是運用特殊的口語溝通技巧，以提升及增進接受服務者參與休閒的自我覺察、休閒主張與態度、休閒價值與情感的知覺，以為協助接受服務者進行休閒活動決策及解決問題技能的提升過程。 二、本模式的主要貢獻 (一)諮商前必要條件的輸入：(1)參照的活動體系；(2)評估的技巧；(3)評估的方法；(4)諮商服務人員的專業技能及實際活動知識；(5)設施與設備；(6)顧客的休閒問題等。 (二)進行休閒諮商活動的過程：(1)顧客資料的了解與評估；(2)顧客休閒目標之決定；(3)達成休閒目標之活動方案計畫；(4)活動方案計畫之實施；(5)活動績效評估；及(6)活動計畫執行後追蹤。 (三)諮商完成的結果輸出：(1)增進解決休閒問題技巧；(2)增進接受服務者的自我覺知、休閒覺知、休閒情感、休閒價值與休閒態度；(3)增進接受服務者的休閒滿意度。
Hayes休閒教育／休閒諮商模式	一、休閒諮商的定義 本模式乃從遊憩治療與休閒教育之觀點提供詳細資料，以為協助接受服務者發展其休閒生活形態，主要在強調遊憩治療之活動對於接受服務者治療過程之了解。 二、本模式的主要貢獻 (一)將休閒教育與休閒諮商概念予以融合及說明兩者之相關性。 (二)協助及培養接受服務者之問題解決能力。 (三)從發展與預防的觀點協助接受服務者建構理想休閒生活方式。
Loesch 和 Wheeler三角休閒諮商模式	一、休閒諮商的定義 本模式的假設為休閒乃是一個潛在且獨特複雜的生活方式，其基礎乃建構在情意、行為與認知等三個面向，在此過程中，休閒服務之規劃者也是一個諮商員，能夠了解顧客的休閒偏好屬於三個面向之哪些面向之功能。 二、本模式的主要貢獻 (一)使休閒諮商員與接受服務者之間建立相互接納的、合宜的與有效的諮商服務關係。 (二)協助接受服務者理解其當前與未來的休閒活動乃是在情意的、行為的與認知的功能形式範圍內。 (三)協助接受服務者發展有效覺察與決策的技巧。 (四)協助接受服務者獲致休閒活動的滿足感與滿意度。

資料來源：整理自Christopher R. Edginton等人著，顏妙桂譯，《休閒活動規劃與管理》，台北市：美商麥格羅希爾公司台灣分公司，2002年，頁523-527。

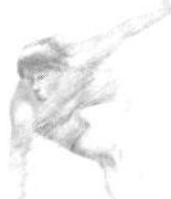

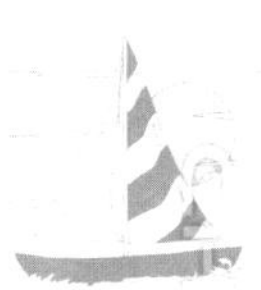

為：(1)確定不良信心；(2)考慮以不同的方式關照潛在的問題（即：重新建構問題、反擊錯誤的信念、確定問題之可行解決方案、提出反證）；(3)採取與不良信念不相容的行動（如：角色扮演、認知的演練、行為的演練等）。

■休閒信念的諮商過程

休閒輔導與諮商過程中，最重要的工作及應予以關注的問題乃在於如後兩個課題：

1.休閒信念的檢核：這個課題主要乃是引用一些較為客觀而且便捷的方法（例如：引用心理學計量工具來進行測驗），以找出接受服務者的休閒信念或休閒問題。
2.休閒信念的解構：依據Krumboltz（1991）所發展的生涯諮商模式，我們認為休閒信念的解構可依如後六個步驟加以進行：(1)經由傾聽以為了解接受服務者所關心的休閒問題與其當前的情境；(2)透過設計的休閒生活信念量表之檢核，以了解接受服務者的休閒生活發展的類型／情形；(3)依據所了解之休閒生活發展類型，加以探討其對休閒方面的信念（尤其較為特殊者更應加以探討）；(4)與接受服務者溝通，要求或鼓勵他們描述這些休閒信念之潛在理由，並鼓勵其提出反證；(5)經與接受服務者溝通時，對其重視／關注某些對其休閒生活之發展有重大影響力的信念予以挑出，並鼓勵他們採取行動，以為驗證這些信念的正確性；(6)若發現這些信念經驗證之後乃是不對的，就要求接受服務者應該採取具體的行動方案。

■其他應注意事項

上述休閒輔導與諮商介入策略實施時，尚有如後事項宜加注意：

1.須經由溝通磋商過程，以為了解阻礙接受服務者發展休閒生活目標的休閒信念有哪些。

2.發現當初爲什麼會產生某些不良休閒信念，當時的情境與環境如何，藉此以了解所採行動是否會發生導致休閒的不良信念。

3.休閒信念之類別宜加以分析，是否會有不良信念集中在某些類別。

4.注意接受服務者的情緒與精神狀況，並適時協助他們能紓壓及化解焦慮不安與抗拒心理。

5.注意營造接受服務者勇於排除不良信念的勇氣之氣氛。

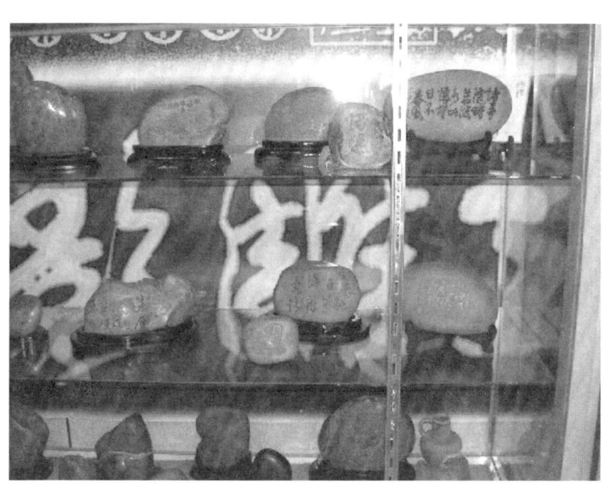

▲生活美學石頭影雕藝術

石頭影雕乃藉著工藝與鄉土文化的融合交會，將理想與生活美學帶進工藝創作，而築夢建立一個屬於影雕工藝的生活美學。影雕乃是一套蛻變自傳統絹印的新式工藝創作法，結合電腦影像處理、水轉印、石材加工、噴砂和彩繪等多元工藝技巧所完成的作品精緻、高雅、多樣化的創作藝品。

照片來源：集集影雕工藝村　展智管理顧問公司　林志伸

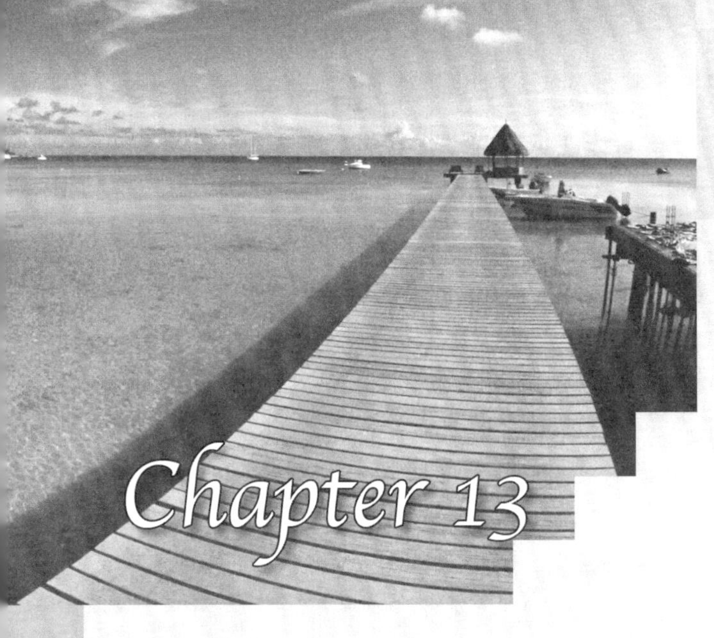

風險危機管理與企業診斷

Easy Leisure

一、探索休閒活動組織危機管理與診斷議題
二、釐清休閒活動組織存在的危機風險因素
三、了解風險危機管理與企業診斷的重要性
四、認知危機管理與企業診斷程序策略重點
五、學習了解危險因子危險事故的管理策略
六、界定企業診斷與危機處理程序行動方案
七、提供危機管理與企業診斷有效管理方法

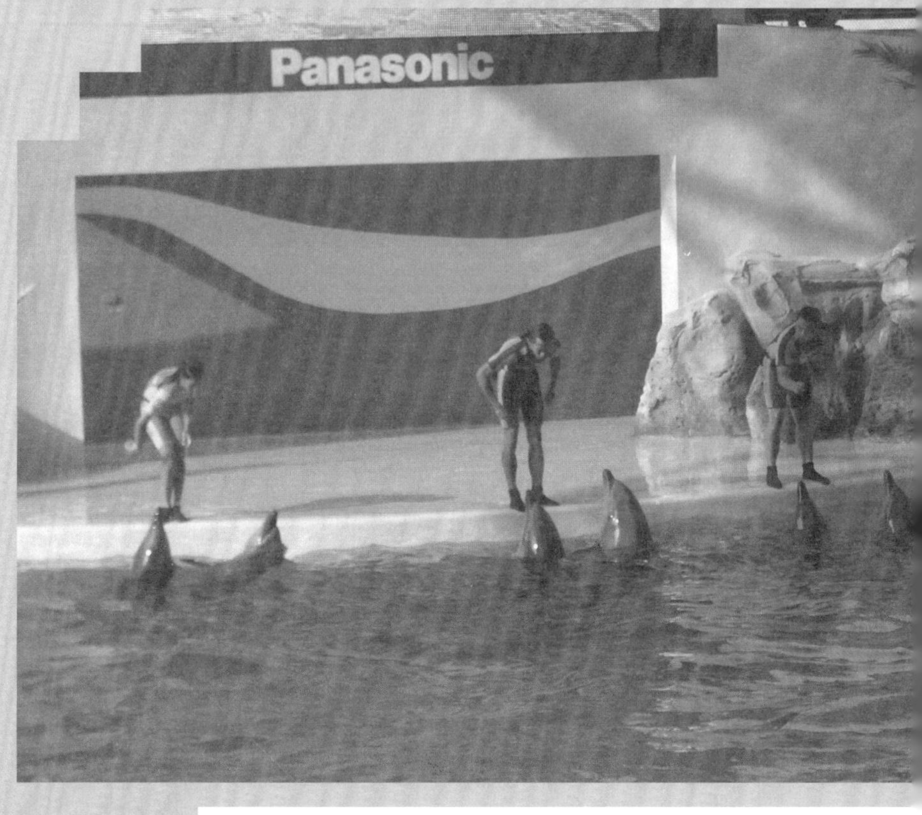

▲ 與海豚為友共舞

親近海豚的守則是要親近海豚一定要遵守的相關規定：首先走到海水中水深及膝的地方，靜靜等待海豚靠近。海豚靠近時，只能輕輕撫摸海豚的腹部，絕對不可以碰觸海豚的頭、眼睛、背鰭、胸鰭或尾巴等部分。

照片來源：林虹君

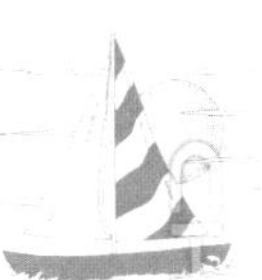

一般企業經營管理活動所發生的企業危機（business crisis），大都指的是財務危機（business financial crisis），而企業之財務危機爲什麼會發生？事實上，企業之所以會發生財務危機，可以說是由於該企業組織的市場行銷、生產與服務作業或人力資源管理構面發生失序、失焦與失控，以至於組織內部的「生產/服務、行銷、人資、研發與財管」等五大管理系統發生管理活動上的異常情況，使得績效大幅滑落，顧客滿意度低落且顧客正快速流失、成本居高不下、員工流動率增加、利潤呈現衰退與負利潤情形，因而導致該企業組織發生企業危機。

一般來說，企業經營管理之目標乃在於經濟利潤目標、顧客滿意目標，及社會責任目標，此些目標之運作與達成乃依賴企業經營的四大要素的存在與均衡的運作，此四大要素乃是：(1)企業機能要素分爲三類九種資源，第一類爲土地、原料與時間所構成的自然資源，第二類爲勞動力與管理能力所構成的人力資源，第三類爲資本、設備設施、產銷技術與資訊情報所構成的人爲資源（man-made）；(2)管理機能要素乃包括有「計畫、組織、用人、指導與控制」的管理程序，惟管理機能運作乃依賴「計畫、執行、檢核、持續改進」的PDCA管理循環來加以管理，以達成該企業組織之目標；(3)利潤要素乃爲了維持對股東、經理管理人員與員工提供適當的報酬，並對顧客持續服務與供應商的夥伴關係維持，追求共創永續發展經營環境，以及對社會進行責任分擔與利潤回饋，而不得不要求能夠創造利潤；(4)風險要素乃是爲了有效管理來自於內在決策錯誤與管理不善，乃外在環境變化之不確定性（uncertainty）因素，以爲控制與管理風險，而不得不加以持續關注之要素。

基於如上的討論，休閒組織就應該針對風險與危機加以管理，並透過企業診斷（business diagnosis）技術的運用，進行客觀性的檢核、分析與評估，並提出改進對策方案供經營管理者參酌改進，對休閒組織的營運而言，企業診斷則在於找出問題，改進休閒組織體質，以維護組織經營管理之健全發展與爲永續經營奠定有利的契機。

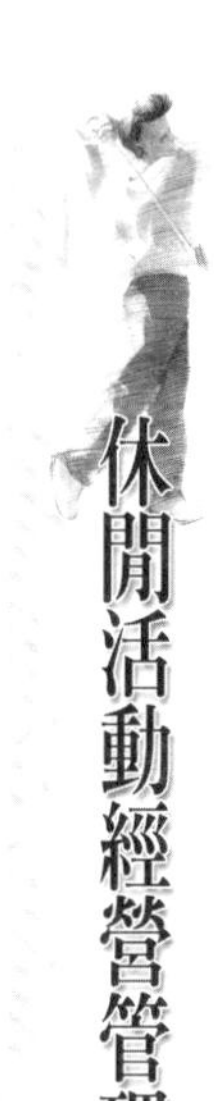

第一節　休閒活動之危機風險管理

由於國際化潮流的風行，以及人們的倫理道德與社會責任觀念的扭轉，以至於近年來國內外均發生許許多多的商業危機事件，諸如：(1)美國的三哩島（Three Mile Island）核能電廠輻射線外洩、嬌生公司生產的泰利諾（Tylenol）止痛劑被人下毒案、寶鹼公司（P & G）的衛生棉條引發疾病致人於死事件；(2)台灣的博達公司被董事長僞造交易掏空事件、蠻牛飲料被千面人下毒案；(3)印度的美商Union Carbide工廠毒氣外洩事件；(4)南韓的黃禹錫僞造幹細胞研究案；(5)日本的日產汽車因市場行銷策略失誤，以致財務發生危機，而被法國雷諾汽車併購等事件，均是企業危機的各種不同典型個案。

休閒／活動組織之所以要進行風險危機管理（risk management），乃是爲了能夠藉由成本與效益分析，將其組織及所提供的商品／服務／活動所可能潛在的風險危機加以客觀而科學化的管理，以爲降低因純粹風險（pure risk）而產生的損害與損失成本，進而在有效的危機預防制度之建立與執行下，使其組織得以獲取更大更好的安全保障。

一、危機的本質

危機乃休閒／服務組織或個人在某個特定的客觀環境下，於某一個特定期間裡，發生某件事情的結果（out-put）所可能發生之異常情形或緊急狀態之程度。由於危機乃是指面臨重大且緊急的危險狀態，所以任何組織或個人當面臨危機時，就不得不立刻全員動起來趕快上緊發條，勇敢地面對危機，並做出決定與加以處理，以取得有效的危機管理，並將損失控制在一定的程度／水準以內。然而我們要在此處指出危險並不能全部稱之爲危機，因爲危機著重在時

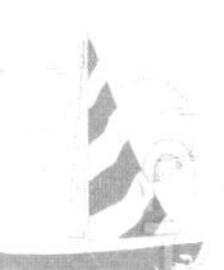

間性與影響性，而危險則僅止於狀態的陳述，所以危機都隱含著好多個危險因子，但並非所有的危險都可稱之爲危機。而危機可分爲危險因素、危險事故與損失等三大本質，說明如後：

(一) 危險因素

危險因素乃指有可能增加或導致發生損失之機率與幅度之情況，一般而言，我們將危險因素區分爲三大類：(1)實質危險因素（乃指有形的因素，其可能直接影響發生危險事物之物理功能，如：休閒設備軸承斷裂以致喪失或減低其功能、休閒活動場地動線規劃不當，有導致活動流程不順暢之危險，休閒組織未制定妥善緊急應變計畫，有發生緊急事故時無法及時處置而導致危機擴大之虞……等）；(2)道德危險因素（乃指從業人員或參與活動者之品德修養與認知上的無形因素，如：員工的欺騙顧客隱瞞事實、顧客的順手牽羊、經營者隱瞞商品／服務／活動瑕疵……等）；(3)心理危險因素（乃指與人們的心理因素有關之無形因素，如：休閒組織以爲未曾發生事故而忽略工安與保險所應進行之措施、組織經營者過於自信自己的觀人術而未能制定防患未然的員工品德管理、組織認爲既爲顧客加保意外平安險而疏忽活動設施設備之預防保養與維護作業……等）。

(二)危險事故

危險事故乃指發生危險時所導致之損失的直接原因與外在原因，危機就是在經過危險事故之後所導致，其存在許多立即與潛在的損失風險，所以危險事故可稱之爲損失的媒介物。例如在購物中心常發生的顧客滑倒受傷索取賠償事件，乃是地板打蠟方面的不專業或疏忽以致發生摔人的危險事故，而未能做好防護措施與提醒顧客注意，則是發生危機的危險因素。

(三)損　失

損失乃是在危機事件中發生之不論是否非故意性、非計畫性或非預期性的經濟價值之減損，均稱之爲損失，一般而言損失可區分爲直接損失（如：修補、復原與重購之成本）與間接損失兩種，間接損失包括了額外費用損失（如：賠償復原所需成本、重購後的再教育成本）、收入損失（如：設備損傷而停止營業之減少收入等），與責任損失（如：顧客要求賠償之營養、復健與精神慰藉成本）。

二、危機的形成

一般來說，休閒／活動組織之所以發生危險，大都乃是已陷入或萌生危險因素而不自知，此種盲點也就是爆發休閒／活動組織危機的最大危險因素，與導致組織歇止活動的最大殺傷力之所在（如圖13-1所示）。

(一)危機的形成

休閒／活動組織之所以會發生危機，大致上乃分爲如下四個構面來加以說明：

■顧客構面危險因素

乃指因在活動執行過程中所發生的顧客抱怨與顧客要求未能及

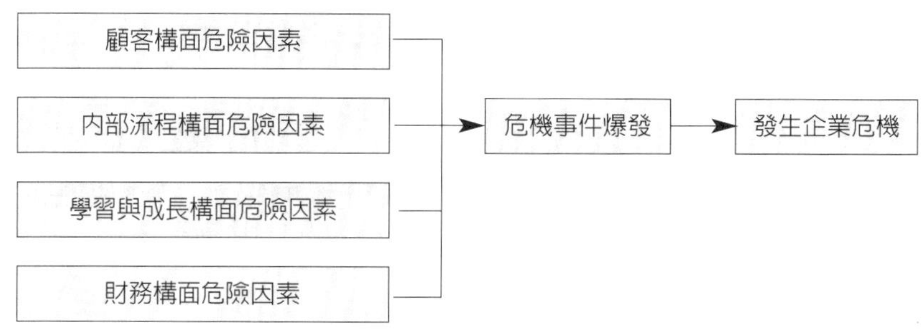

圖13-1　休閒／活動組織發生危機過程

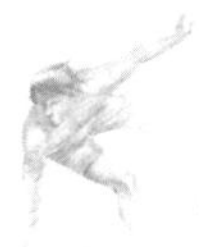

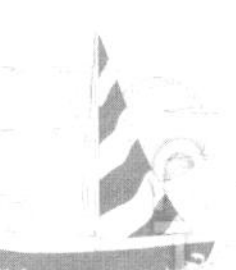

時加以妥善回應，以致惡化爲顧客的需求不能滿足及顧客不滿意之危險事故，而在事故發生後組織與服務人員未做好顧客品質復原工作，因而造成顧客流失及不再前來參與，甚至於將不滿意事實傳遞到其人際關係網絡之間，因而造成顧客的遞減。另外顧客對於休閒／活動組織的期望及其參與活動體驗價值之期待，是否符合其參與前的要求，則也是顧客構面的重要危險因素。

■內部流程構面危險因素

乃指活動服務人員的服務作業流程、組織內部各項管理系統、員工滿意度管理、第一線服務人員與顧客之交流互動作業流程、組織內部溝通與管理作業流程、商品／服務／活動創新作業流程，及售後服務作業流程等方面所存在的危險因素。

■學習與成長構面危險因素

乃指組織內部員工，不論是在其個人的服務顧客與職能上之工作的學習，或是員工對於其組織的滿意度追求具有正面、積極與競爭力的學習與成長績效。休閒／活動組織應著眼於提升員工工作能力、組織的資訊系統能力、激勵獎賞、授權賦能及有效達成目標等方面的投資與關注、執行，方能誘發員工的行動氣氛與執行力。若組織疏忽或漠視了此構面的危險因素，極易導致其他三個構面的危險因素之爆發，因而導致組織發生危機。

■財務構面危險因素

休閒／活動組織的各個生命週期中所應採取的財務管理策略，乃是有所差異的，休閒／活動組織若疏忽了各個生命週期的財務構面（financial aspect）指標之制定、評估與衡量，勢必形成毫無議題可供關注，如此的組織經營乃是潛藏了相當大的危險因素。

(二)危機事件的爆發

俗話說「星星之火可以燎原」，也就是明白地告訴我們，許許多多的危機事件的發生，大都是因爲某些不足道的微小事情所累積

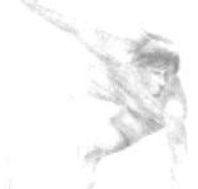

而爆發者，例如：(1)治安敗壞並不是一朝一夕因某件殺人或搶奪、綁票、姦淫事故的發生而使得治安敗壞；(2)森林大火也許就是遊客烤肉不慎或亂丟煙蒂所造成；(3)遊樂區發生遊樂設施斷裂而摔傷人也不是一下子就發生的，乃是園方疏於落實預防保養與定期維護檢修，而將許多的小瑕疵累積變成重大公安或工安事件。

任何危機爆發均有其一定的原因（如**表13-1**所示），而這些原因可能源自於組織的外在環境或內在環境，然而不論是內在的環境或是外在的環境，這些危險因素在基本上乃是都可以避免的，只是組織或其權責管理人員疏忽掉所謂的「冰凍三尺非一日之寒」與「勿以小危險不足懼而不去預防或防止」的重要性，以至於一旦累

表13-1　危機的形成原因

類別區分	簡要說明
依潛在損失形態區分	1.財產危險因素：如地震、火災、土石流、海嘯、暴風雪……等。 2.人身危險因素：如生、老、病、死、意外……等。 3.責任危險因素：如損害賠償、信用破產、無法履約……等。
依潛在損失之變動性與不穩定性區分	1.動態危機：如技術改良、活動創新、組織再造……等。 2.靜態危機：如自然界風險所造成之損失，有火災、地震、海嘯、海難、車禍……等。
依危機之可控制與預測性區分	1.可管理危機：如人身保險、火災保險、意外保險、工程責任險、產品責任險……等。 2.不可管理危機：如自殺、被殺、被性侵害、被縱火、被綁架……等。
依危機發生原因區分	1.自然危機：如水災、火災、地震、海嘯、海難、亂流、暴風雪……等。 2.社會危機：如竊盜、搶劫、縱火、罷工、暴亂……等。 3.經濟危機：如幣值上升或下跌、股市上漲或下跌、原料價格高漲或暴跌……等。 4.政治危機：如宗教報復或衝突、叛亂、戰爭、政爭、黨爭……等。 5.家庭危機：如離婚、喪偶、喪子、爭產、家暴……等。
依人為因素區分	1.內在非人為因素：如環保事件、職業災害、職業病……等。 2.內在人為因素：如勞資衝突、決策失當、溝通障礙……等。 3.外在非人為因素：如颱風、地震、原料短缺造成價格上漲或危機……等。 4.外在人為因素：如被勒索、群衆示威抗爭、戰爭……等。

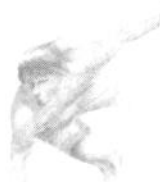

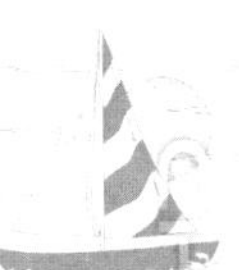

積到了其危險臨界點就爆發開了。國際危機處理專家邱強博士即在美國發生九一一事件時，提出一個危機指數公式（如**表13-2**所示），來說明危機風險的機率估算。

表13-2　邱強的危機指數公式

公式	$\frac{\text{衝擊程度}}{\text{執行成本}}+\frac{\text{不予執行的代價}}{\text{執行成本}}=\text{危機指數}$ 危機指數≧100時，表示危機發生機率為100% 危機指數＜100時，表示危機指數與危機發生機率成正比
說明	一、美國九一一世貿雙塔事件： 七千人喪生、每人的人命價值為30萬美元，則衝擊程度為21億美元，十個恐怖分子的性命、訓練、行動之執行成本約為1000萬美元，假設賓拉登取消此恐怖活動會傷害其領導地位與基地組織，因此損失為3億美元，而下達停止執行攻擊行動之執行成本為100萬美元，結果危機指數＝21億／1000萬＋3億／100萬＝510＞100，即表示發生機率為100%（但這還未估算到對經濟、股市、生產力的衝擊）。 二、若賓拉登選擇美國的三座大型水壩作為攻擊目標時： 可能造成洪水氾濫，每一座水壩預估各造成1000人死亡，並影響下游的水力發電廠，其危機指數大概為100，所以有可能被列為第二個攻擊目標（乃是其危機指數小於攻擊世貿雙塔的危機指數之緣故）。 三、所以賓拉登優先選擇世貿雙塔為目標，至於美國核能電廠則更要動用到突擊隊進入控制中心才能破壞掉爐心，其危機指數更低。

資料來源：整理自邱強口述，張慧英撰述，《危機處理聖經》，台北市：天下遠見出版公司，2001年，頁23-26。

三、危機的管理

依據國際危機處理專家邱強（2001）在《危機處理聖經》一書中提到的危機預防處理程序（如**圖13-2**所示），共分爲六大步驟：

1.界定危機：鑑定（crisis assessment）和認識危機，並把可能發生之危機狀況加以界定與釐清。

2.列出危機：危機經過界定危機之後，必須詳細蒐集每個危機可能的狀況（crisis scenario）之資料。

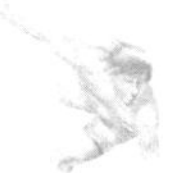

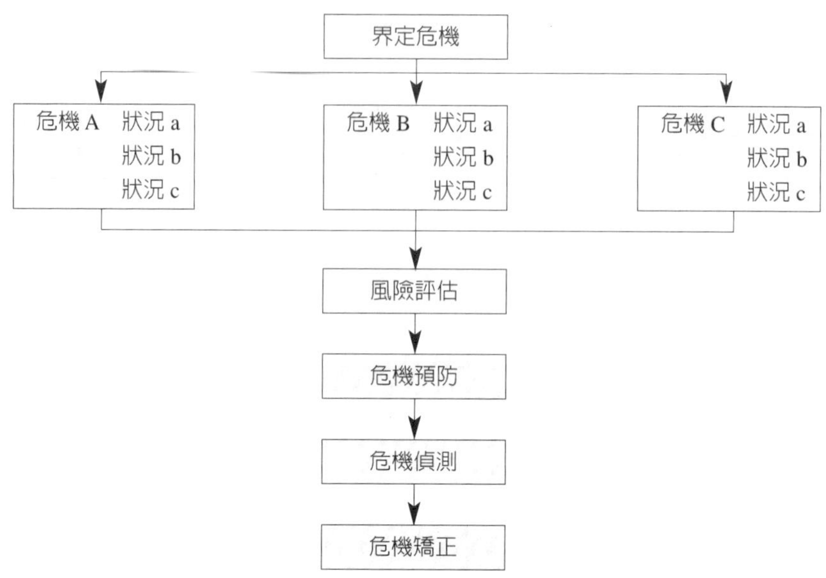

圖13-2 危機預防處理程序

資料來源：整理自邱強口述，張慧英撰述，《危機處理聖經》，台北市：天下遠見出版公司，2001年，頁8。

3.風險評估：將前項蒐集資料之所有危機狀況，一個個予以整合分析，並以科學化的風險評估（probabilities of risk assessment），預測其發生機率。

4.危機預防：危機預防（crisis prevention）乃是將所有可能發生的危機均予以列示出來，並指派專人負責監控，惟數位時代之不穩定高與多變性，所以每隔一段時間，就要對可能發生危機之情況重新檢討評估。指派專業人員，每季、半年或一年定期針對所有可能之危機與需要做的事進行研討，並提出報告予組織之經營管理階層。

5.危機偵測：設計好偵測（detection）方式，當危機快要發生時，可以事先知道危機來臨之時間、機率、大小程度與可能損失程度，對其他方面之衝擊程度等。

6.危機矯正：危機處理小組便須採行對策，完整明確地提供矯正措施（correction plans）給各部門主管採行。

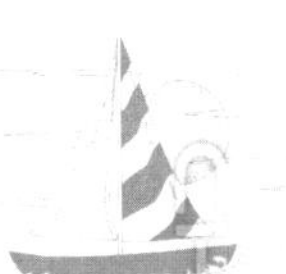

四、企業危機處理的生命週期理論

要處理企業危機，必須先了解危機的特徵以便對症下藥，而其重點乃在於「預防重於治療」。如何預防？如何治療？首先必須知道「企業危機生命週期理論」，再針對狀況加以處理。所謂企業危機生命週期，是指危機在不同的階段，有不同的生命特徵；就像產品一樣，在不同的階段，也有不同的危機生命週期。企業危機生命週期可分爲：(1)危機醞釀期；(2)危機爆發期；(3)危機擴散期；(4)危機處理期；(5)危機處理結束及後遺症期等五個階段。

(一)危機醞釀期

許多危機都是漸變、量變，最後才形成質變，而質變就是危機的成形與爆發，因此，潛藏危機因子的發展與擴散，才是企業危機處理的重要階段，在問題爆發形成嚴重危機之前，能否找出問題的癥結，加以處理，常常是成敗的關鍵，也是企業危機處理的重點所在。此時企業危機徵兆雖不明顯，但若能掌握警訊，及時處置，將危機化於無形，自然能化解危機風暴。反之，若忽略企業危機警訊，則小警訊就有可能演變爲大危機，俗話說「及時的一針，勝過事後的九針」，意思是指在微小的瑕疵出現時即加以彌補，可達事半功倍之效，遠勝於事後的補救。

(二)危機爆發期

當企業危機升高，跨過危機門檻後，危機就進入爆發階段，這時常出現公司對危機風暴的資訊不足，而不知所措。危機爆發期會威脅到企業的重大利益，可能造成營收大減、企業形象受損，甚至有瓦解的可能。企業決策核心在企業爆發期所受的震撼也最大，這時如處理不愼，企業危機會擴大，傷害程度會更大，而進入下一階段。

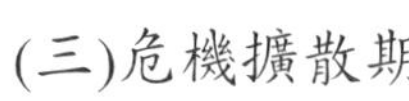

(三)危機擴散期

企業危機危害範圍擴大，也會對其他的領域造成不同程度的危機。例如台塑汞污泥事件，在新聞報導後，遲遲未有緊急處置，不僅其企業形象受害，也在國際間對政府的形象造成不良後果，這是始料未及的。

(四)危機處理期

此時危機發展至關鍵階段，後續發展完全視危機處理決策者的智慧與專業，此時企業應利用本身的優勢部分，掌握外部可利用機會，使優勢發揮到極大化，外部機會擴大到極大化，並利用外部機會，掩蓋與化解本身的弱點，克服外在的威脅，使傷害減至最小。例如克萊斯勒公司（Chrysler Corporation）的總裁Lee Iacocca有一次遇到一個大難題，有幾位克萊斯勒的經理因超速而被警察逮捕，稍後警察發現克萊斯勒汽車上的里程錶並不隨著行駛而跳動。這次事件後來被廣泛宣傳。聯邦政府並指控克萊斯勒公司所謂的「新車」，其實已被員工開了四百英里。Iacocca的直覺反應是傾向於要打這場官司，不過在重新思考後，他改變了主意。克萊斯勒以「不抗辯」的方式來處理這個訴訟，且同意支付超過一千六百萬美元給那些對已購買克萊斯勒新車有疑慮的車主們。克萊斯勒公司也在全美各大報刊登全版的廣告，說明里程錶不隨著行駛而跳動的主意是很下流的，在克萊斯勒公司的有生之年中，絕不再犯同樣的錯誤。我們在現實生活中也常聽到某某車廠的汽車回廠處理瑕疵，但這些事件的處理適當，都未使損失擴大，而這裡面當然包含了有形跟無形兩方面。

(五)危機處理結束及後遺症期

這是療傷止痛的時間，此時即使危機已解決，但仍難免會有殘餘的危險因子存在，需要時間去淡化，而且，企業危機若未徹底解決，還可能捲土重來。例如華航空難事件，其頻率遠高於一般航空

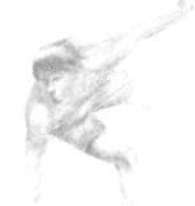

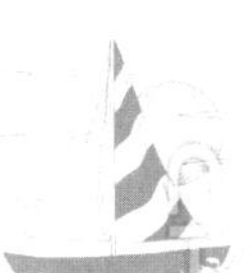

公司，卻在國家刻意的保護下繼續生存，猶如在試探該組織生存的底線，萬一再度發生時，很可能將整個國家的名譽都賠進去，這是相當明顯的例子。

五、休閒／活動組織對危機處理應有的作法

(一)危機處理作業程序之建立

■建立危機預防管理組織

雖說任何危機都有徵兆可循，然而危機的爆發卻可能是瞬間、無預警的，所以休閒組織與活動規劃者須有危機意識，並成立一個「危機預防管理小組」，平時針對各單位特性及業務性質，深入了解易生狀況的癥結，並隨時偵測發掘可能的危機，研擬採取防範措施，防患未然，應是每個休閒／活動組織及經營管理階層首應正視的課題。平日亦應蒐集國內外危機管理與處理模式以及成功或失敗的案例，教育員工。所謂「他山之石可以攻玉」，吸收他人的經驗，正可以檢驗及發掘自身潛存的危險因素與危機因子。

■完整的危機應變計畫

一份完整周延、具體可行的計畫，可使危機管理與處理不至於失去依據，甚至貽誤時機。休閒／活動組織宜針對可能發生的各種危機，撰擬不同之應變計畫，此應變計畫應是具體可行的，不應只是少數人閉門造車的產品，宜由員工參與制定，使該計畫在危機發生時，各階層人員就可以立即執行。應變計畫書也不應該像是機密文件，鎖在公文櫃中，或奉核准後就束之高閣，應當是所有成員人人必知能做的。

■模擬演練

當然，危機管理不能只有一套計畫及一組管理人員即可，應當針對可能發生的危機，模擬狀況，進行演練。考量其組織的願景，

使命與活動經營之目標，並據此最高指導原則加以演練，即將其組織與各項活動可能發生之危險因素與危險事故均放在演練的劇本之中，經常加以演練，藉以研究出一套可行的最佳解決方案。

■貫徹標準作業程序

休閒／活動組織中的每一個部門若能針對業務性質訂出一套標準作業程序（SOP、SIP），使每一同仁處理職掌內工作時，皆能按既定之標準貫徹執行，一定不容易產生差錯，也間接的消弭了潛伏的危機，就算是一位初接業務者，只要能夠按標準作業操作，相信也能很快進入狀況，並依有關規定隨時檢驗修正，當可將危險因素與危機因子的產生減至最小。

■設立發言人制度

當危機發生時，在狀況不明朗、資訊不完整的情形下，極易導致外界恣意猜測與不正確的報導，爲避免單位內不明瞭實情人員隨意對外發言，扭曲事實，造成處理的困擾及無謂的後遺症，宜設立發言人制度，由一位能掌握組織內部狀況及口齒清晰人員擔任，遇有危機發生，須對外發言時，能迅速提供確實資訊予媒體，並保持良好的互動關係，以正視聽及爭取處理時效。

(二)危機發生時運作原則

危機一旦發生，已不是上下推諉及相互指責的時候，而應該團結一心，冷靜應變。不論是企業組織主管或基層員工，皆應按照危機處理模式及平日演練程序，迅速展開活動，使休閒／活動組織或人員所受的傷害減到最低。在危機發生時依下列運作原則立即處理：

■靈活的通報網絡

吾人皆知作戰有賴良好的通信系統，才能運籌帷幄決勝千里；危機處理亦如同作戰，同樣應有靈活多樣的通報系統，使組織無論是處理天然災害、工安事故或群衆事件時，組織主管都能無礙的確

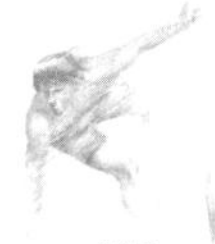

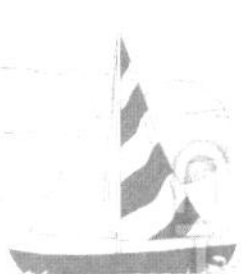

實掌握事情發展狀況，做出正確妥適的處理方案。例如通信系統除應隨時保持有線及無線通訊暢通外，宜考慮在電力全無時，訊息傳遞系統的備援應變措施。

■成立直屬最高管理單位的危機處理小組

危機發生後，最忌諱群龍無首，如此可能使危機迅速擴散，甚至無法收拾。此時，應立即召集有關人員成立「危機處理小組」，共同了解研商事情發生原因及現況，研判危害程度，研擬妥善處理方式，必要時得運用休閒／活動組織的所有資源，最先到達狀況現場，加以處理，掌握現況，隨時回報。

■分工合作

爲能完善的處理重大危機處理事件，絕非組織主管等一二人就可以竟其功，必須能針對問題平時加以演練，妥適運用人力與分工，排除本位主義，相互支援合作，才不至於突發狀況時顧此失彼或延誤處理時機。例如發生工安事故及造成人員傷亡時，分工事項宜包括：協助交通管理、維持現場安全、安撫民衆及員工情緒、緊急傷亡救護送醫、協調媒體採訪報導、事後與傷亡家屬溝通撫恤及蒐證或照相存證等，而這些都有賴於平時演練熟悉。

■妥適面對媒體

問題發生後，媒體基於民衆有知的權利，常會蜂擁而來，爭相報導，此時組織的發言人即應發揮化妝師的角色，把事情發生原因，處理的經過及如何檢討與善後等，做妥適的說明。但爲避免因面對媒體詢問的過程表現不當，影響休閒／活動組織的處理誠意及形象，宜注意要做到：切莫迴避媒體、對外說法要一致及須事先準備好書面資料，以免衍生不必要的揣測與誤解，反而造成危機無法控制在一定的範圍之內。

■講求談判溝通技巧

在危機處理的過程中，爲避免發生衝突或減低衝突，妥善規劃

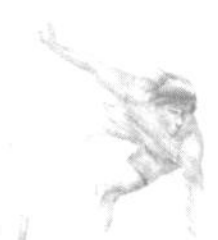

的談判或溝通，是轉危爲安的重要步驟。談判是智慧、耐性與技巧的表現，成功的談判，可化解雙方對立形勢，創造雙贏的契機並消弭後遺症。因此，事前的準備工作尤其重要，諸如：應確立目標，多方蒐集資訊，做彼此的優劣情勢比較，事前的沙盤推演，選擇效果最有利的時間、地點及團隊，隔離不必要的群衆及媒體，授權專業人士如律師等進行，均爲營造雙贏不可或缺的技巧。通常當事人或組織主管不宜扮演主角，以避免形成無法轉圜的僵局，宜多利用書面的參考文獻及法令規章等資料，代替口頭回答，可減少對方因曲解語意而造成的誤會。

■善後與檢討

危機處理告一段落後，善後工作仍是不可輕忽。就如同休閒／活動組織要講求良好的售後服務，才能贏得消費者信賴，也才能永續經營一樣。單位應即對危機所產生的後續問題，如人員的安撫照顧、組織架構的重建及形象口碑的再造等，皆須做適當的規劃處理，期能盡快脫離受創後的陰霾，迎向未來。對問題的發生應有客觀深入的調查與了解，並針對缺失確實檢討改進；對危機處理的過程有無缺失、是否適當，亦宜一併檢討，並將此經驗納入危機管理的範疇，防杜下一個危機的發生。

(三)應認知危機預防的重要性

當危機發生或某些可能引發危機的情況出現時，如果我們有很好的處理方法，這個危機可以變成轉機，也不會嚴重影響到企業生存發展，但是企業或個人有多少比例會有危機意識？研究發現，在追求生存發展的企業組織中，只有12%的組織可以眞正達到期望的目標，其餘88%的組織，都在追求目標的過程中間出了問題。至於一般人，眞正能實行自己的計畫、達成發展期望並獲致成功的，也只有5%左右而已。這個比例實在令人心驚，爲什麼絕大多數的組織和個人都失敗了？原因就在於：沒有危機預防的意識與處理能力。如果組織有危機預防及處理的系統，便可以把成功率增加到三、四

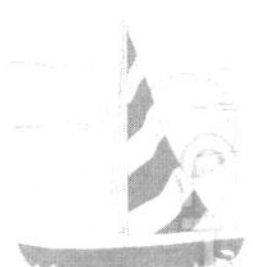

倍。如果沒有這樣的計畫，成功率最多只有12%。而危機處理的第一步在預防，套句中國人的俗諺「不怕一萬，只怕萬一」；預防事件發生所付出的代價很小，可以達到事半功倍之效，而等到眞正需要處理時，已經事倍功半了。在危機預防與危機處理之間，「預防」能使用的時間要比「處理」多，費用卻花得少，這是在今日多變的社會中，維持生存與穩定成長必修的課程，不容忽視的課題。

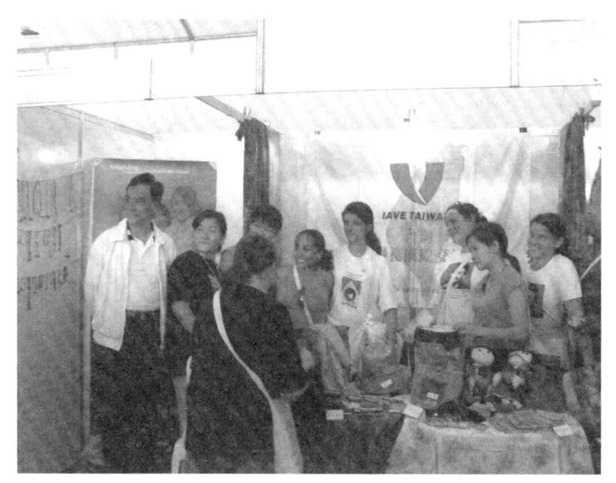

▲地方特色產業國際交流活動

參與國際交流活動，除了增進國民外交外，另有十分重要的效應，乃強化地方特色產業間的凝聚力。學習集體對外時要能顯現組織力量的可貴。地方特色產業於2005年參加巴西聖保羅地方產業交流的駐紮展演場，正是可以展示台灣手工藝之真、善、美，並可與國際人士進行互動交流！

照片來源：南投中寮阿姆的染布店　吳美珍

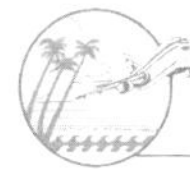第二節　休閒活動企業診斷與分析

企業診斷乃針對休閒／活動組織全部或局部的經營系統，進行客觀性的檢視、蒐集與整理資料、進行分析與評估，並將問題點找出來與探討各項問題發生的眞正原因，以及研擬出改進方案或建

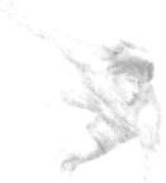

議，以供組織經營管理者參酌改進。其主要的目的包括有：(1)偵測出組織之內部與外部環境的變化情勢；(2)發掘出組織的各種管理系統所潛藏的危險因素；(3)針對組織的經營問題加以分析與探討；(4)並針對組織的各項經營管理策略加以檢討；(5)以爲追求組織運作的健全發展；(6)藉此以提高組織的長期財務績效；(7)組織整體績效得以分析與採取妥適對策加以管理；(8)確保組織整體目標的達成；(9)進而掌握住各項危險因素並加以管理，以防範企業危機的發生。

一、企業診斷的範圍與重點

(一)企業診斷的範圍

企業診斷廣義的來說應該涵蓋各個管理系統與其管理事項，惟一般乃分爲綜合診斷（general diagnosis）與專門診斷（special diagnosis）兩種，其中綜合診斷乃針對一般性組織之整體經營問題的分析與判定，通常綜合診斷又可再細分爲營運特性診斷、基本管理診斷及機能、功能別診斷等三種（如**圖13-3**所示）。而專門診斷則是綜合各種診斷所獲的資料，以供作某項營運系統的特定項目的診斷，其目的乃在於深入執行必要且詳細的探討。

(二)企業診斷的重點

企業診斷進行時，診斷者應注意到：重點導向與集中處理原則、顧及問題之間的互動層面、分辨徵候與問題根本原因、注意系統化原則，與重視比較分析之原則等重點。

■重點導向與集中處理原則

企業診斷重點應放在主要的問題上，也就是運用「80／20原理」，針對少數量的重點項目，但其影響該組織之潛在或既有問題的絕大部分之問題作爲診斷的重心，以便確實能夠集中組織的有限

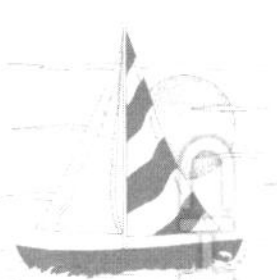

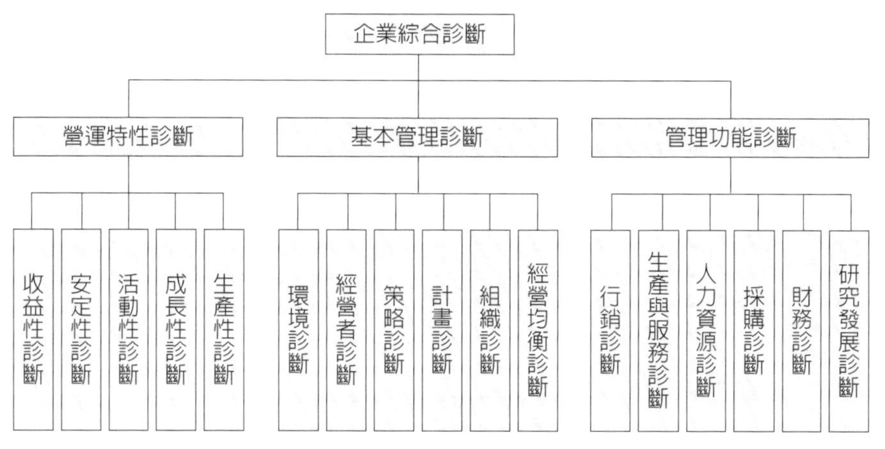

圖13-3　企業綜合診斷

資源以爲掌控重大的問題。

■顧及問題間的互動層面

企業診斷乃須針對前項的關鍵／主要問題加以探討，並須同時考量到問題與問題之間、項目與項目之間的相互關係及其互動影響情形，如此才能完整地了解與判斷，否則易有「見樹不見林」的缺憾。

■分辨徵候與問題根本原因

企業診斷重點乃在於辨識與識別出問題的徵候（symptom）與眞正原因（causes），而不是誤判徵候爲眞正問題的根本原因，也就是要深入了解問題的因果關係，如此方能謀求眞正有效的改進對策。

■注意系統化原則

企業診斷應該採取系統化的方式與原則來進行，須依據休閒／活動組織之管理功能（即：計畫、組織、任用、領導、協調、控制等項目）及組織機能（即：生產／服務、行銷、人力資源、財務、研究發展等項目），逐項進行診斷，以免疏漏掉某個項目而未加以

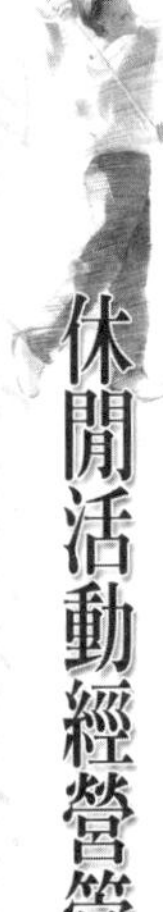

診斷。

■重視比較分析原則

企業診斷須檢視組織內部是否發生問題或問題是否有惡化跡象，所以應依據組織縱斷面（time series）加以分析現況，與以往實績之相互比較，以掌握到經營管理的變化情形，同時也應以橫斷面（cross sectional）進行和同業之間的績效比較分析。

二、企業診斷的程序與方法

企業診斷的程序乃在於確定診斷的目的與範圍、蒐集相關的次級資料、實際調查所取得的初級資料、診斷分析與研判、初步診斷報告之撰寫，及方案的再評估與追蹤等六個階段。

(一)確定診斷目的與範圍

企業診斷進行之首先任務，乃在於確定此次進行診斷之目的、範圍及特性，休閒／活動組織要進行企業診斷或是定期性的計畫診斷或不定期性的偶發診斷，但無論如何，均應由組織的高階經營管理階層事前設定好明確的診斷目的與範圍、特性，否則臨時抱佛腳式的隨機診斷乃是會徒勞無功的。因爲在事前的把診斷目的範圍與特性予以確立，方不會發生該診斷的未診斷，而不該診斷的卻是一再重複診斷，或是診斷項目與特性未能逐一診斷的只求「把事情做對」而已，而沒能「做對的事」的窘境。

(二)蒐集相關的次級資料

企業診斷時應力求「疏而不漏」的原則，並且要根據既定的診斷範圍、目的與特性逐一進行相關資料的蒐集。蒐集資料要能夠秉守：(1)排定進度掌握時效；(2)分析／驗證所蒐集資料是否有其可靠性；(3)所蒐集資料之過程及蒐集後務必遵守職業倫理道德規範，不得任意洩漏給無業務相關者知悉等三大原則。同時蒐集資料

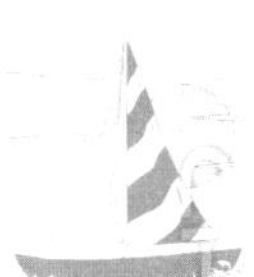

之目的，乃為藉由此等初級資料加以分析，以探究該組織所須解決的問題及有關的經營管理績效情形，所以蒐集資料類別必須與診斷目的、範圍與特性相關聯，例如：(1)一般的管理資料（如：組織概況、組織系統架構、管理系統有關的各項作業程序與作業標準、各項記錄等）；(2)銷售的有關資料（如：銷售計畫／活動計畫、近三至五年的商品／服務／活動收入與費用利潤資料等）；(3)生產／服務作業資料（如：生產／服務作業流程、有關生產／服務作業程序與作業標準、各項記錄等）；(4)財務會計相關資料（如：內部控制與內部稽核制度、各項作業程序與作業標準、近三至五年的損益表／資料負債表／現金流量表／成本分析報表、各項記錄等）；(5)研究發展相關資料（如：近三至五年研發創新成果及利益分析、未來三至五年研發創新計畫、各項有關研發創新的作業程序與作業標準、各項研發創新作業之記錄等）。

(三)實際調查所取得的初級資料

企業診斷者更應進行調查訪談以蒐集更為深層的初級資料，在進行調查訪談時，應該運用高度的觀察能力與客觀的態度，來了解組織的經營管理實際情況。調查訪談的重點在：(1)先了解組織內部的實況（如：組織設立時間與演進過程、活動發展過程、資金運用狀況、人事組織狀況與人力分布狀況、生產／服務作業狀況）；(2)並應了解組織外部情勢（如：與同業／競爭者關係、社區居民支持度狀況、利益團體壓力狀況等）；(3)運用直接調查、間接調查、問卷調查或深度訪談的調查方法加以進行調查訪談。企業診斷之實際調查的目的主要乃在於：(1)對組織及活動之經營管理現況的了解；(2)對組織的內部與外部優劣勢的客觀性了解；及(3)作為下一階段的診斷分析鋪路。

(四)診斷分析與研判

企業診斷分析乃是依據實際調查或訪談所獲得的初級資料（即

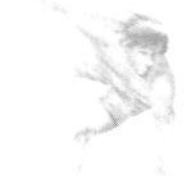

爲事實或證據），運用各種方法（即科學分析的方法，如：定量分析與定性分析方法等）加以分析，並和組織或活動規劃者與管理者進行共同的深入探討與分析，以爲確定問題的眞正根本所在，方能據以擬定出最適宜可行的改進行動方案。而在此所謂的分析與研判，乃是將蒐集所得之初級資料加以分類、篩選、整理與分析之後，再據分析所得加以推論其眞正的根本問題點所在。

(五)初步診斷報告之撰寫

在企業診斷分析之後所得的推論，即可做成初步的診斷報告，而診斷報告的內容應該涵蓋有：(1)企業診斷摘要；(2)企業診斷之目的；(3)企業診斷之程序與方法；(4)主要問題重點；(5)經營分析（如：營運特性綜合比較分析、營業收支與損益分析、經營總體分析等）；(6)企業診斷總結（如：組織經營環境與競爭力分析、組織的經營策略、組織之技術水準、組織之人力資源概況、組織之財務資源概況、組織結構及有關組織管理與發展方面之作業程序與標準、組織之生產與服務管理之作業程序與標準、組織之商品／服務／活動與品質管理作業程序／標準、組織之財務會計作業程序與標準、組織之研發創新計畫與成果、組織之經營管理績效、組織之SWOT分析、組織之未來發展計畫等）；(7)初步的具體建議（如：一般事項、生產與服務事項、市場行銷事項、人力資源事項、研究開發與創新發展事項、財務與資金管理事項、其他事項等）。

(六)方案的再評估與追蹤

診斷者必須針對其所提出的改進行動方案／建議是否落實可行，是否需要加以修正有關行動方案，是否需要與經營管理者／規劃者進行後續檢討，加以持續不斷的追蹤、回饋、後續檢討及提出更具體可行的建議。此外，組織或活動的規劃者與管理者也可以進行測試（例如：找出神秘顧客參與測試），及編配責任改進人員來進行改進，如此方能落實維護優質休閒品質之目的。但是不管如何

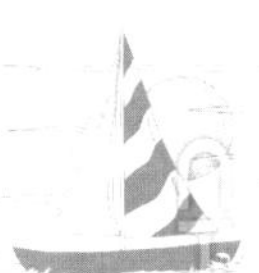

最重要的乃是必須落實，而且經營管理者更是要能夠帶頭示範與身體力行，並進行宣導傳遞給相關員工實施，而且也應扮演抽測各相關人員是否已能「說、做與寫」一致的稽核或診斷之角色。

三、休閒／活動組織企業診斷指標與因應對策

基本上，休閒／活動組織在經營管理上之所以發生危機，乃是其組織與活動之中出現有危機徵兆（即危險因素），而這個危險徵兆乃以三項指標呈現出來，這三項指標若以經濟景氣指標的模式來說，應可分別以領先指標、同步指標與遲延指標等來加以敘述，這即是組織／活動經營管理的最終現象發生危機時，在這爆發危機之前應該會出現預兆（即黃燈信號）及引發點（紅燈信號），而此兩個指標我們分別稱之爲領先指標與同步指標，而在危機發生時的指標則稱之爲遲延指標。本書所稱的黃燈與紅燈信號乃在於提高警覺，而從出現的預兆中適時、正確、確實地抓住轉機的機會點，力圖擺脫困局，否則將會走向退出市場的終點站。

(一)危機的三項指標

■領先指標

領先指標乃會呈現出各項經營與管理系統發生變化的雷達現象，例如：產業結構已經改變、市場多元跨行參與競爭且激烈、本身似已對市場的快速變化顯得招架乏力等現象。在這個黃燈信號預兆中最常見的危險因素與事故有：(1)發生銷量增加但收益卻減少的赤字銷售情形；(2)發生顧客索賠的重大事件；(3)顧客重大抱怨事件頻傳；(4)參與休閒活動之顧客愈來愈爲遞減；(5)服務人員之回應顧客要求呈現遲鈍現象；(6)商品／服務／活動無法因應市場／顧客的期待；(7)商品／服務／活動與市場資訊蒐集能力低落；(8)籌措資金能力疲乏衰弱；(9)組織系統呈現鬆散狀況；(10)錯誤市場資訊導致盲目投資於沒有競爭力的商品／服務／活動；(11)組織

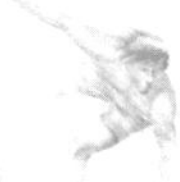

經營管理者缺乏企業家精神，以致適應競爭激烈的市場環境之能力差；(12)活動規劃者的預見力（即資訊蒐集能力）與判斷力（即選擇評估能力）沒有辦法適應或因應激烈的市場競爭環境，與顧客求新求變、求感動與幸福快樂之要求；(13)經營管理技術與服務品質不符時代潮流。

■同步指標

同步指標乃顯示休閒／活動組織的營運特性、基本管理與管理功能方面的績效情形，例如：組織與活動的收益性差（出現赤字）、組織外來資本呈現遞增現象（借款增多）、組織整體的財務體質脆弱等。在這個紅黃燈信號的引發危機點之常見危險因素與事故有：(1)銷售商品／服務／活動呈現銷售量與收益情形均呈現減少或赤字；(2)賒銷情形呈現增加；(3)常發生賒帳票據變成呆帳情形；(4)借入款項增加致利息負擔沉重；(5)往來金融機構常常改變；(6)應付帳款條件大幅修正（如：換票、延票與小款付款也用票據等）；(7)員工士氣低落且勞資雙方互不信任；(8)優秀員工相繼離職；(9)開發新商品／服務／活動失敗；(10)變更採購供應商頻繁且交易條件常作變更；(11)高階經營管理者經營管理能力拙劣；(12)活動規劃者已技窮無法創新活動方式與內容；(13)服務人員對顧客要求迴避或易與顧客發生糾紛；(14)組織幾乎停止資訊資料的蒐集；(15)經營管理合理化（如：提高績效、降低成本）的能力拙劣；(16)組織系統紊亂、權責不清，除了老闆或執行長之外，幾無人敢做主；(17)組織幾乎停止新商品／服務／活動之研發創新；(18)組織經營環境已相當惡化；(19)缺乏輔佐之有能力員工。

■遲延指標

遲延指標乃顯示休閒／活動組織已瀕臨爆發危機的階段所呈現的現象，例如：組織的財務發生困難、資金調度方面出現短缺現象、組織對於危機處理之能力已呈現難以爲繼的窘境等情形。在這個紅燈信號的引發與產生危機之常見危險因素與事故有：(1)周轉

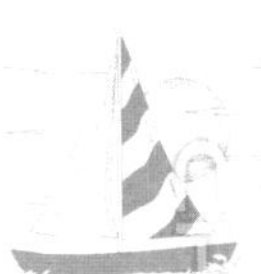

資金不足，因向金融機構融貸不到錢，轉向高利貸方向借入資金；(2)金融機構凍結其使用票據，信用因而產生更大損傷；(3)資金結構發生如下的變化：延遲償還借款、延遲發放員工薪資、修正使用遠期票據的付款方式、跳票、被金融機構列為拒絕往來戶；(4)主要的客戶發生倒閉，進而連帶影響到其資金調度而發生連鎖倒閉的危險；(5)拋棄本業擴充，轉而向非本行之產業探索發展的可行性；(6)庫存原物料、零組件與成品之反常拋售，甚至於設備設施或場地都在尋求買主之中；(7)組織經營階層發生變動，如：經營者過世、經營團隊更換、經營團隊發生爭奪主導權等情形；(8)組織的財務管理能力低弱；(9)組織的資金嚴重不足，造成周轉能力低落。

(二)危機化解可行對策

一個休閒／活動組織發生企業經營危機指標時，組織的經營管理階層即應謀求改進的對策方案，立即採取因應對策（如**表13-3**所示），方能及早跳脫出危險因素與事故爆發等影響組織發展的魔咒，否則終將會被迫退出市場的敗亡命運。

表13-3　休閒／活動組織危險因素與事故化解建議對策（案例）

對策項目	建議可採取對策
一、因應市場環境變化	1.構思如何因應市場環境的變化，如：(1)如何擴大組織的成長經營策略；(2)建構因應產業環境變化之潮流（如：技術方面的創新、經營管理與服務品質之軟體資源、國際化與在地化思維、人口結構的變化、人們休閒思維的趨勢等）；(3)鑑別休閒商品／服務／活動之生命週期情形，並依生命週期別擬定不同的對應策略。 2.積極創造出新休閒商品／服務／活動的機會，如：(1)在組織內部營造創意的開發、創新能力的培育與支持，及創新管理制度的建立；(2)推展對現有與未來可能的休閒商品／服務／活動之成長性、收益性、競爭力等方面的分析，並針對機會與威脅因素加以探討，以及擬定對策方案；(3)在組織內部推動新商品／服務／活動的創意思考，以勾勒出創新事業的藍圖與對策。

（續）表13-3　休閒／活動組織危險因素與事故化解建議對策（案例）

對策項目	建議可採取對策
二、努力做一個稱職的決策者	1.塑造為具創新精神與企業家精神的經營管理者，如：(1)鑑別出當一個卓越且稱職的經營管理者所應具有的任務、責任與精神；(2)鑑別出組織內部各階層主管所應具有向產業環境問題挑戰的解決能力；(3)形塑各階層主管的勇於挑戰與創新發展之問題解決能力。 2.塑造全體員工面對問題的正確判斷能力，如：(1)經營管理階層必須帶領全體同仁明確建立組織的願景、方針與目標；(2)經營管理者必須培植各級主管與全體員工了解目標與向目標達成的行動能力，與認知落實的執行力；(3)經營管理者必須訓練各級主管具有診斷與洞悉實情的能力。 3.積極培植儲備主管與服務業務人才，如：(1)各部門或各休閒事業部均應明確建立接班人計畫，包括經營管理階層在內；(2)積極培植各層級與各事業部接班人，同時建立評核驗證的模式；(3)經營者須具備指引部屬的能力、有培養出善於建議改進的部屬，及培植卓越能力的部屬，如此才能成為成長型的組織。
三、克服組織體制與人才的瓶頸	1.積極建立具有競爭力的組織體制：如：(1)發展經營管理者的先見、先著手與先攻的戰術，結合組織資源做有效分配，以提高全體同仁的目標意識與達成目標之士氣；(2)將組織建構在具機動力與彈性行動力的組織體制；(3)建構明確與完整的各階層員工職務、責任與權限的賦權制度；(4)實施具有公平、公正與公開特質的激勵獎賞制度；(5)建構透明的人事管理制度與人力資源發展策略。 2.全力建構資訊蒐集的系統化與制度化，如：(1)建構資訊管理體制；(2)建構資訊分析與整合系統；(3)建立可用資訊庫（如：作業SOP／SIP、市場／顧客分析、市場／顧客資料與行為分析）。 3.建立組織的競爭行動力與執行力環境，如：(1)建構提高員工士氣與服務品質之氣氛與文化；(2)將組織內部塑造為具有活潑、積極，與品質意識的作業環境與組織文化；(3)推動TQM方案，以目標管理、激勵管理、參與管理與員工滿意分享之制度來推動，以塑造組織的服務作業文化。 4.積極形塑組織內部的熱忱、有倫理道德觀的人才，如：(1)隨時鑑別出員工的需求與期望；(2)針對員工期望加以規劃教育訓練及朝向為員工做好職業生涯規劃的方向來發展；(3)積極訓練培植具有發展潛力與工作熱忱的內部人才；(4)隨時在作業現場給予員工最貼切、最實用、最有效的訓練；(5)對於員工的績效與服務態度之考核，並須建立公平、公正與公開的績效考核制度。

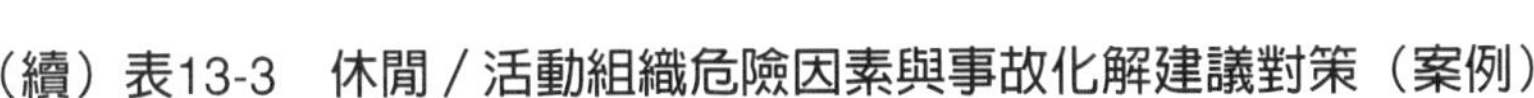

（續）表13-3　休閒／活動組織危險因素與事故化解建議對策（案例）

對策項目	建議可採取對策
四、建立企業家或創業精神的經營管理理	1.必須將組織願景、方針、目標明確傳達到每一個員工，如：(1)組織的經營理念與願景使命目標，應形塑為組織內部全體員工的共同願景方針目標與服務理念；(2)經營管理者要妥善制定經營計畫與利益計畫，並明確傳達給所有的員工了解；(3)組織目標計畫一旦界定完成，就應相對地要求各級主管擬定達成目標的行動方案。 2.全力推進經營與利益目標計畫，如：(1)進行組織的SWOT分析與PEST自我診斷，以確實了解組織的資源與優劣勢、機會威脅；(2)建構達成目標的管理模式（運用PDCA管理能力來進行）；(3)對於任何目標的預算與資源分配應妥為規劃、執行、檢討與調整；(4)鼓動向前看、務求先著手與先獲取組織的經營成果之領先管理策略與行動；(5)目標進行中須做落後目標檢討會議，在會議中運用要因分析法等統計手法加以分析，以利擬定妥適有效的矯正預防措施。
五、追求改善與強化組織的財務體質	1.強化提高資本力，如：(1)加強賒銷貨款之回收；(2)壓低庫存商品；(3)設備設施投資腳步放緩或暫停；(4)採取股票增資或開放投資方式，所蒐集之資金作為償還借款用途，以壓低借款利息；(5)增加自有資金之周轉與調配能力；(6)降低成本；(7)提高績效增加收入等。 2.建立損益平衡點分析與管理模式，如：(1)建立損益平衡降低策略行動（如：增加業績收入、減少固定支出、減少變動成本）；(2)危險型組織（高固定費用與高損益平衡點）須縮小經營規模（如：出售閒置資產、削減經費、裁員）與擴大營業額為對策；(3)高收益型組織（高固定費用、低損益平衡點）則應持續強化財務體質（自有資本50%與長期資本比率70%以內）、投資新休閒活動的開發、擴大現有市場／顧客與開發新市場／顧客、積極辦理促銷活動及激勵員工工作與服務潛能；(4)慢性赤字型組織（低固定費用、高損益平衡點）則應採取降低變動費用比率、挑選有利潤的休閒商品／服務與顧客、檢討活動別之利益情形與服務人員之業績情形、設法提高活動別的利潤；(5)安定收益型組織（低固定費、低損益平衡點）則採取充實自有資本、開發有利益的休閒商品／服務／活動、利用價值分析手法改良商品／服務／活動、減低變動費用、擴大市場與顧客規模，及積極蒐集市場與顧客的資訊，以確立商品／服務／活動發展方向；(6)提高員工每人的附加價值。
六、妥善規劃與管理資金調配	1.積極強化組織財務體質，如：(1)建立中長期資金計畫制度；(2)縮減不必要的資產；(3)強化自有資本；(4)加強支付能力；(5)壓縮貸款額度。

（續）表13-3　休閒／活動組織危險因素與事故化解建議對策（案例）

對策項目	建議可採取對策
六、妥善規劃與管理資金調配	2.強化資產調度管理，如：(1)編製資金供需分析表與對策方案；(2)掌握損益表與實際資金動向；(3)資金調度必須每天管理而不是定期管理；(4)經營管理者與財務部門溝通管道必須暢通；(5)緊急資金調度策略的運用（如：出售閒置資產、利用政府的策略性貸款、善用股東往來壓低向行庫借款壓力、利用幹部做連帶保證人貸款、獲取顧客融資、撤退或出售組織的辦事處或公司、善用金融租賃貸款方案、延遲付款或申請延期／分期繳納稅金……等）。 3.積極與金融機構建立良好關係，如：(1)選擇主要往來銀行並密切往來（應占交易量半數以上）；(2)妥適建立與銀行的聯繫溝通管道；(3)檢討銀行利息高低與存借率的高低作為主力銀行選擇參考。 4.建構緊急事件與危險事故之管理，如：(1)平時對顧客的信用管理不可馬虎；(2)參與產物保險、地震保險、員工與經營者保險，及產品責任險或賠償責任險，以為分散風險；(3)建立緊急事件處置與預防作業程序與標準，並落實實施；(4)建立接班人計畫；(5)防止財務投資風險等。
七、注意日常管理	1.推展機會管理與防止機會損失，如：(1)防止眼睛看不到的損失；(2)建置各級主管的SOP與SIP，並增加其管理能力；(3)凡事要力求「今日事今日畢」的原則等。 2.建立進行商務談判體系與增強談判技能，如：(1)主管應能到現場做不定時不定點的訪查，以建立優質服務品質水準；(2)建立客訴處理與回饋機制，使顧客憤怒消弭於無形；(3)建立防止索賠與糾紛的內部作業程序並督導落實實施；(4)改進日常業務管理制度；(5)訓練培育對外人員與第一線服務人員的溝通、協商、磋商、說服與談判的技能、知識與經驗。 3.發展組織未來的藍圖：如：(1)經營理念；(2)長期願景；(3)創造組織的優質服務文化；(4)培植優秀接班人；(5)建立「適者企業」的企業標竿地位。

資料來源：改寫自川名正晃著，吳榮炎譯，《公司診斷85要訣》，台北市：創意力文化事業公司，1987年。

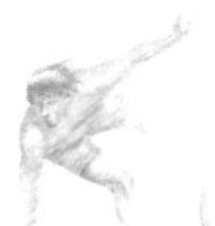

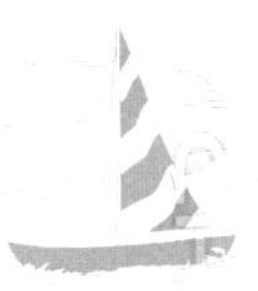

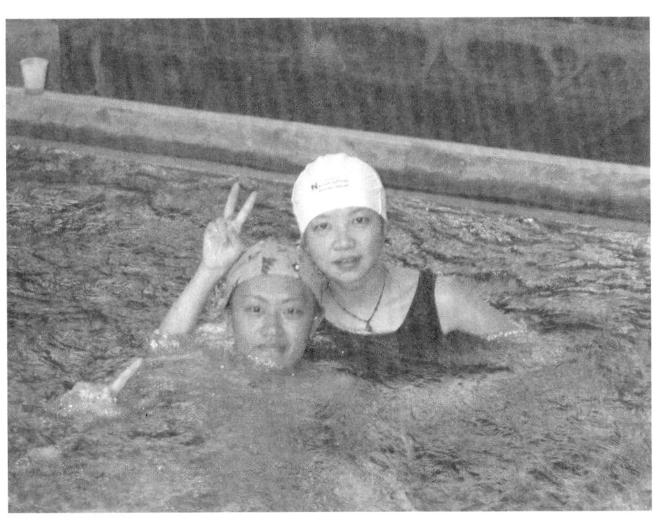

▲泡溫泉SPA

泡溫泉前，請先閱讀並遵守各溫泉管理單位的規定，如不著衣物、不在水中擦拭身體、不可使用肥皂等，接著，請先淋浴，將身體洗淨後，才可進入池中浸泡，這是禮貌，也是公德。進入溫泉池中，除了不要搓洗身體外，也不要在池中運動或踢打，正確的作法，是靜靜躺在溫泉池中，享受溫泉滲入身上的感覺。建議有下述情況者不要泡溫泉：1.患有嚴重之動脈硬化、高血壓或心臟血管方面之疾病者（輕微者亦切勿貿然入池）；2.皮膚有傷口或對溫泉過敏者；3.癌症、白血病患者及各種急性疾病患者；4.有血管併發症的糖尿病重患者；5.女性生理期間、懷孕初期與末期也不宜浸泡溫泉；6.過於疲勞、飲酒過量、空腹或過飽時皆不宜浸泡溫泉。

照片來源：南投中寮阿姆的染布店　吳美珍

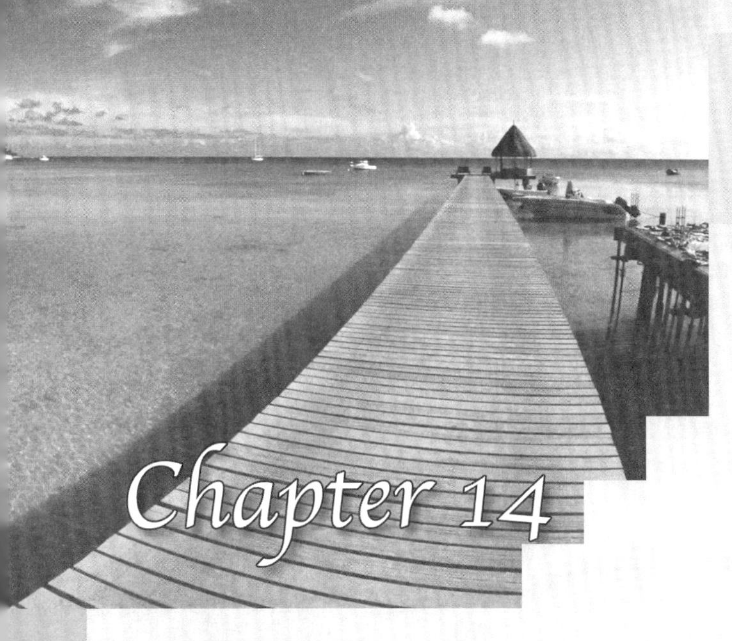

Chapter 14

休閒服務業化與發展趨勢

Easy Leisure

一、探索休閒趨勢及休閒服務業化策略議題
二、釐清服務業化休閒服務品質的關鍵課題
三、了解將休閒服務有形化具體化可行途徑
四、認知無形服務與有形商品活動品質要求
五、學習如何將無形服務具體化以因應潮流
六、界定創新休閒的新典範及服務管理策略
七、提供變動時代休閒發展趨勢的創新策略

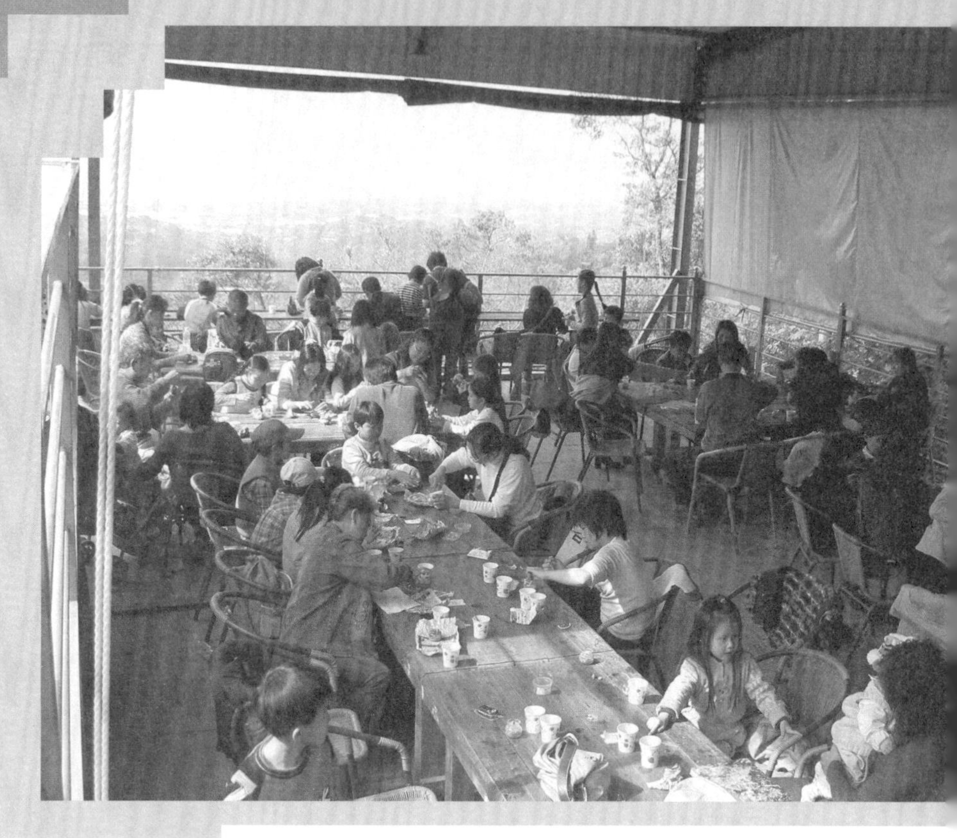

▲ 生態保護兒童研習營

為使得兒童、青少年及社會人士，能夠發展正常的環境保護機會，有關組織應該設計一系列成長性及關懷性營隊活動，以積極主動之精神辦理兒童、青少年及社會人士生活體驗營等活動，使兒童、青少年及社會人士得以培養互助合作之精神，更經由專業休閒知能活動之實施，設計一系列知性、感性之課程，幫助關懷保護自然環境，同時學習自我成長的機會，俾能促進社會祥和。

照片來源：彰化縣王功蚵藝文化協會　余季

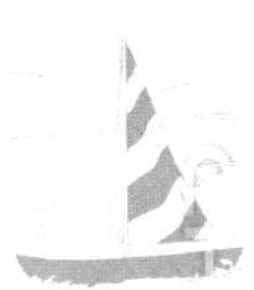

在二十一世紀，產業的成長變化趨勢中，我們可以發現服務產業將會毫無疑問地在成長態勢上遠遠超過製造產業，而休閒產業正是服務產業的一環，不可避免的未來的產業發展趨勢上，休閒產業勢必呈現正成長的趨勢。我們爲求能夠因應此一已經到來的產業變化，就必須針對休閒產業的經營方式與訣竅，加以重視，同時對於新休閒商品／服務／活動的開發與創新步調更不可以放慢，凡此種種均是當前無論國內或國外皆不可否認的事實。

事實上，休閒活動正是必須要給予顧客一個“service”與“surprise”，所謂的service乃是對於前來參與休閒活動的顧客，我們要提供他們各種服務，例如：運輸、通信、金融、保險、媒體報導與宣傳廣告、休閒與活動資訊、教育與學習、競爭與比賽、休閒與觀光、遊戲與遊憩、餐飲與美食、住宿與休息、演講與導覽介紹、社交活動與活動體驗、購物與閒逛、公共服務……等活動均是。而這些服務活動有的是與其參與費用有對價關係，有些則爲免費的，另有些則採捐助或捐贈方式之休閒活動所產生之“service”爲對象的。

休閒活動的服務大都爲無形的，乃是依照顧客的感覺、視覺、味覺、嗅覺與觸覺而感受到其所參與的活動，乃是符合其期待的活動體驗之價值與效益，而在符合其需求與期望之外，若尚在顧客的價值認知上超過其預期之目標，則會給予顧客一個surprise。事實上若是休閒／活動組織所規劃設計與上市行銷、推廣傳遞的活動，能夠給予顧客的感受性、感覺性與感動性達到其參與之前的期待時，大都會給予休閒組織與休閒活動一個surprise的。

休閒／活動組織或休閒活動想要追求顧客滿足與高滿意度，就要相當的努力於休閒活動的經營創新與革新，有了持續的service創新，才會給予顧客永遠的surprise，也才能導引其組織與該活動的永續經營與發展。事實上，休閒產業或休閒活動在經營上，究竟應該在哪些地方力求創新？要怎麼樣來追求創新？這些就是本章的主要目的，惟在這個領域的研究，在目前來說尚屬嶄新，有待今後的

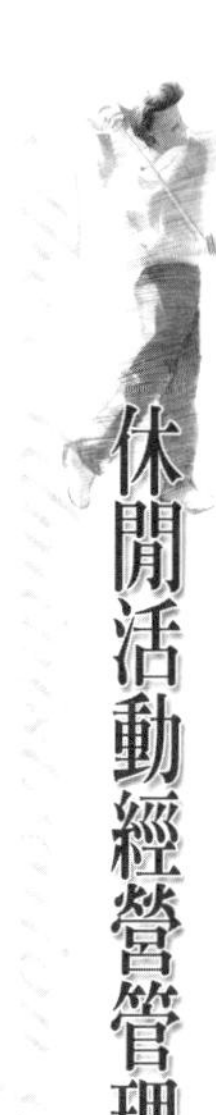

進一步研究之處自屬良多，因此利用撰寫本章之機會，對休閒產業與活動辦理機構建議多在經營的實踐上及研究上、持續改進上多加著墨，則本章的撰寫當屬有其價值與貢獻所在。

第一節　服務業化的休閒服務品質

休閒產業歷經二十世紀末與二十一世紀初的最具變遷的時代洗禮，無論在業種業態與業際方面，均隨著這二、三十年間的政治、經濟、社會與科技變動而產生相當大幅度與多元化的變動。在這波變遷的洪流裡，人們的生涯規劃產生極大的變遷，例如：(1)年輕的職場新進者逐漸傾向服務業（含休閒產業）就職，而且人數呈現遞增的趨勢；(2)人們從事服務業（含休閒產業）的就業人口比率已在美國達到70%以上，日本也逐漸向70%挺進，台灣也突破55%大關；(3)服務業（含休閒產業）在二十一世紀正以極爲快速的速度發展出許多業種，而呈現更多元化的產業形態。

二十一世紀的休閒產業也在這一波變遷與變動的時代中，呈現出走向「服務業化」的激流之中，休閒產業基本上乃是第三次產業（即服務產業）的範疇，休閒產業一如第三次產業一樣，存在有太多太多的變遷因素，尤其休閒者的需求與期望更是日新月異，隨著政治、經濟、社會、科技與文化的變動而產生大幅度的變遷。正如Brauer（1984）所指出「人們因爲對於未來一些概念的了解與認同較爲貧乏，以至於未來的發展將會爲人們與組織帶來更大的模糊空間與可能性」，這就是當代社會所要強調興趣與個人嗜好的多元化與快速化變遷性的理由所在。而所謂的變遷，我們綜合Brauer對變遷的看法而提出如下三種說明：(1)變遷乃是社會演進過程中的正常與不斷地在發生，但不是在例外情形下發生的；(2)變遷乃是在人們與社會的角色扮演的諸多議題（如：家庭倫理、工作倫理、社會責任、兩性倫理、資源維持、環境保護、身心照護、競爭壓力、

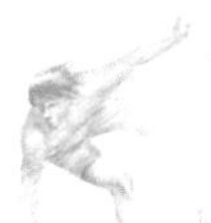

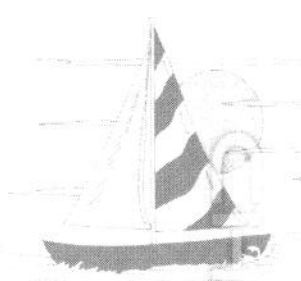

老人化問題……等）影響之下，所顯現的根本與實際之變動；(3)變遷乃是具有在人們的相互依賴、均衡互惠、相互競爭與合作的原則下而產生的普遍性、持續性、自由自主性與國際性之變遷。

所以現代的人們與休閒／活動組織應該要正視這個充滿著持續不斷性、具體實質性、普遍廣泛性、多元複雜性及如影隨形似發生等議題，同時更要能夠掌握住這樣的時代脈動與時勢潮流。人們要能掌握並能充分地自由自在地參與這樣多元化、多變性、休閒潮流與趨勢中的休閒活動體驗，方能在這個變動時代洪流中享受自然、幸福、歡娛、緊張、刺激、競爭、成長與良好人際關係的互動交流之體驗價值與效益。而休閒／活動組織更應了解休閒趨勢變動方向，能夠及早解讀與預測未來的休閒變動趨勢，並進行前瞻性與人們關注焦點的卓越領導，以迎接任何變動之挑戰！

一、服務的內涵到底是什麼

服務乃由如下兩個構面來加以探討，其一爲附隨於休閒商品與休閒活動而提供的服務，而這樣的服務應該包括有讓顧客有滿意度與提供附加價值；其二爲利用休閒服務而提供服務，這樣的服務應該包括有服務的提供與參與服務時的體驗（如**表14-1**所示）。

二、服務品質的意義與價值

服務品質到底要怎麼形容？事實上，服務品質乃是要從幾個面向來探討的，所謂的服務，不單是指商品／服務／活動的提供而已，它應該還要涵蓋有關其價格、形象與評價在內，也就是它乃提供了顧客所期待的整體行爲。例如：遊樂園所提供的雲霄飛車或摩天輪所應提供的服務乃應包括：搭乘之前的機械特性說明、示範與注意事項、搭乘中所應注意的事宜（如：緊急事故處理準則、如何充分體驗其價值……等）、搭乘後的引領顧客離開與致歡送禮，以

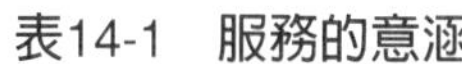

表14-1　服務的意涵

服務來源		簡要說明
休閒商品與活動	一、滿意度	活動參與者在參與休閒活動時，其所參與的整體行為若在休閒商品的購買與休閒活動的參與時，顧客通常會相當注意到商品／活動的價格、體驗價值／商品的性能與功能、取得商品與參與活動體驗的時間與所預估的機會成本／機會利潤，以及商品取得方式或途徑、發票、售後服務或參與體驗過程之服務要求的處理速度、商品用完後的拋棄途徑或方法／成本、體驗活動後的價值／效益……等。
	二、附加價值	附加價值內容涵蓋：取得商品／參與活動後的個人社會形象地位、取得商品／活動參與的方便性、費用支付的方便性、售後服務或參與後有關新活動資訊之提供、參與活動時的SOP與SIP或購買商品的使用說明書與品質保證條款、通路普及性與活動資訊的取得便捷性……等。
休閒服務	一、服務的提供	服務提供時應特別注意到隨著主服務而來的附加服務，例如：便利性、舒服性、娛樂性、競爭性、差異性、成長性、自由性、愉悅性、幸福性、獨特性、零缺點性……等。
	二、參與的體驗	就是參與／接受服務者對於體驗價值／效果／效益的感受程度與感受性、感動性、滿足感、幸福感、尊榮感、快樂感、達成預期期待、回應快速、個別化與周延性服務、低風險性或高競爭性／挑戰性、多樣選擇性、舒適快活、親切招呼與服務……等。

及在整個活動中的招呼顧客、回答顧客問題與要求之額外服務的處置等）。日本經營之神松下幸之助就把「顧客視為親家，商品視為女兒」，休閒／活動組織的經營管理者應該努力去體會箇中眞理，我們願指出「凡是沒有服務顧客的地方就會找不到顧客」及“Customer are king”要作為休閒／活動組織必須深深體認的原則，而且要把這個道理當作服務的準則，否則遲早會走向撤離市場的命運。一般來說，所謂的服務品質乃是「被顧客感覺出來的」，例如：當您參加某種休閒活動服務之運用時，接待人員能夠事前了解報名參與人員的資料及照片，當您前去報到時，服務人員能夠在您尚未自我介紹之前即稱呼您的名字，那時候您的感受性一定會不一樣，因為您從沒有過被如此地重視過，所以您此趟的休閒活動相信會有另一番不同的經驗——就是這個休閒／活動組織的確與衆不

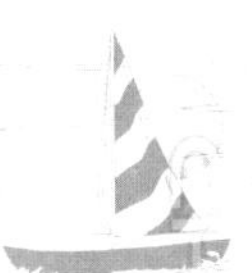

同，而且下次要再參與活動時，一定會第一個想要到這個組織來。

雖然服務品質是看不到、摸不到的東西，但是卻是會爲顧客所感覺出來的，然而在上述例子，若是剛好面對有憂鬱傾向或犯罪傾向的顧客時，可能效果會是負向的，雖然服務品質具有模稜兩可的因子，但是不可否認的事實乃是：不良的服務卻是會完完全全的失掉顧客的再度接受您服務的事實。一般來說，服務品質可以如下定義（Marketing Science Institute, 1984）：「所謂的服務品質，可以說是顧客的事前期待與事後實績評價的相對關係」來加以說明（如**表14-2**所示）。

基本上，服務品質是不易在顧客未正式參與體驗之前即能被找出來的，而且即使被您找出來並把「不良的服務」加以淘汰掉，也是會在有人參與時，休閒／活動組織才能夠發現有不良服務的因素存在，所以不良服務乃是不易被調整、修理或調換的，但是休閒／活動組織卻是不得不努力監視或量測出其所推展的服務與活動或商品之過程中，任何可能潛藏的不良服務因子，以免到了顧客前來參與時才被發現出來，此時已經得罪了或讓顧客存在不滿意與沮喪、憤怒的印象或行動，將會對休閒／活動組織造成不可挽回的損失！

表14-2　服務品質的良窳

相對關係	代表意涵
實績評價＞事前期待	顧客參與接受服務體驗之後，會得到比聽說的還要好的高評價，此顧客將會是再度前來體驗的忠誠顧客，而且會推薦其他人參與。
實績評價＝事前期待	顧客參與接受服務體驗之後，並不會留下任何印象，因為他只不過是接受了一般性的服務，而不具有任何喜出望外的深刻印象，下次是否再度前來則看組織所提供的廣告意象或促銷方案而定。
實績評價＜事前期待	顧客參與接受服務體驗之後，會有沮喪感，因為他們心中會有許多的問題點，如：「為什麼會是這樣子？」「為什麼與廣告或說明書、他人推介的說法不同？」如果如此時，那麼這個顧客將會是永遠不再回頭了。

三、設法把服務有形化與具體化

服務乃是看不見、摸不到的東西，而且更是不易在顧客正式接受服務之前加以測試，所以在顧客未參與體驗之前，乃是不容易判定好壞的，以至於休閒／活動組織所推展的新活動與新服務就往往會在此一情況下，而導致不易那麼早就為人們所接受。但是這些說法並不代表休閒／活動組織就不必要太努力於服務品質的創新與提升，而是要更執著於將有形部分的服務設法提高其品質，並要把服務過程中的無形部分盡力將之有形化，並加以擴張為具體化，如此才能導引顧客的了解與嘗試接受服務。

休閒／活動組織必須將其休閒商品／服務／活動，而且不論是有形的服務或是無形的服務，均要將之當作一個事業來經營。看得見的地方（如：休閒商品、活動場地與設施設備、活動流程、服務人員、活動的周邊設施、環境整理整頓與清潔清掃等）務必要常常進行重新審查與預防保養維護，使其能夠提升品質，以讓顧客能夠看得見您的服務品質。至於看不見的無形部分當中，則要極力探討有沒有可能將之有形化與具體化，以利提高其品質。

(一)將所有的服務列成表

將服務列成表乃是將所有的服務（包括有形部分與無形部分）列製成一份表，之所以要將之列成一份表，乃是服務溝通的一項重要步驟。在列成表之前，必須審查整個服務過程中所有可能呈現給顧客的東西（包括有形與無形部分在內），予以一一的列成一份一覽表，這份一覽表有點類似檢查表的功能，乃是作為與顧客互動時或顧客參與活動時，當做服務人員的SOP或SIP。

■有形的服務

有形的服務乃指「交給顧客的東西」、「讓顧客看的東西」、「讓顧客摸或感覺的東西」、「讓顧客參與的東西」，及「讓顧客使用的東西」等方面，這個方面有：(1)休閒商品及其說明書、指示

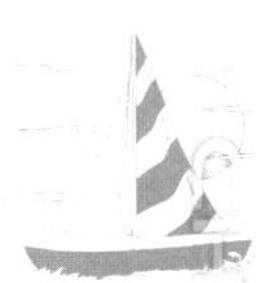

牌、標識物、摺頁或DM；(2)休閒活動及其企劃書、摺頁、報名表或照片／DVD／VCD、交通路線圖／交通工具、餐飲／住宿設施；(3)其他如：參與該休閒活動所擁有組織提供的物品及參與者自備物品之清單、活動企劃案提示（presentation）或建議案（proposal）所應提示的，各個服務階段過程中要使用的與要交付給顧客的東西、休閒商品／服務／活動之體驗方式，與過程中應注意事項。若是活動設備之交付，則應有保養維護的指引；若參與休閒活動，則應在過程中加以說明／提示的SOP／SIP……等。

■無形的服務

無形的服務乃是以「服務」作爲商品或活動，就因爲是如此，所以顧客也就不易或不能客觀地判定服務的好或不好，而且我們也不易於在事前加以審視出來。因而休閒／活動組織在將有形的服務列成表之後，緊接著就要將所有的無形服務部分一一列成一份表，並加以檢討有沒有可能予以有形化與具體化？如果認爲有其必要時，就務必要努力使之有形化與具體化。例如：(1)顧客報到之前的服務過程有：企劃案提示或建議案、活動流程、報名方式、繳費方式，以及服務人員設置以爲負責有關報名或問題回答事宜，另外尚有活動的準備（含場地整理整頓、設施設備檢視、周邊設施檢視……等在內）；(2)顧客報到時的服務過程有：接待、安排、導引、活動有關的各項物品發放、有關活動流程與時間規劃、服務人員的服飾／名牌……等；(3)顧客報到後的服務過程有活動流程管理、疑問與要求事項的回應、活動進行中的安全衛生與服務品質維持、活動結束後的送別與留下顧客互動資料……等。

(二)設法將服務內容有形化與具體化

有形商品溝通的訴求重點不單單在該商品的重要功能與價值而已，尚應將有形商品的期望與需求、優越感、滿意感、幸福感……等感覺、希望與氣氛，一一予以強烈呈現、訴求與表達出來，如此的服務溝通乃是將本來看不到的附屬於有形商品之服務訴求、氣氛與希望，予以簡明的資料／資訊及說明如何兌現，做一個具體的交代。

無形服務的溝通，則考量是否能夠將其服務的內容、意義與價值，轉化爲看得到的事情以作爲訴求重點，若是可以如此的話，將會有相當不錯的效果。例如：將服務的內容轉化爲服務承諾或服務保障、服務宣言等，只是要注意的是，若轉爲服務承諾、保障與宣言時，乃是一種相當強烈的感覺訴求與證據，所以就必須加以兌現，否則會得不償失，尤其現代乃是消費者保護主義盛行的時代，更應加以注意！

(三)在服務過程中力求卓越的服務行爲

如上所說，無形部分的大部分均是在服務過程中予以呈現出來的，所以休閒／活動組織在提供給予顧客服務的過程中，乃是由各種員工進行服務的分工，並努力爲每一個顧客進行服務，以利顧客能夠得到「事前期待」水準以上的感覺與感受。當顧客前來參與活動與享受服務時，對於有直接效用的商品與活動，當然必須讓顧客深深感到滿意與滿足，但是對於附屬於商品與活動的服務品質，則有賴於具有溝通價值與功能之服務行爲加以呈現，例如：休閒商品／服務／活動之企劃案／建議案、摺頁／DM、廣告稿／宣傳書／新聞報導、受理電話／網路預約報名之服務人員應對態度、親自報名與報到時服務人員的應對、報到時服務人員的接待／解說／導引、活動進行時的問題說明與解答、緊急事件之處置與應變說明、顧客抱怨與索賠事件／問題之處理與回覆、服務人員的服裝／儀容／禮貌／禮節、顧客參與活動前之說明與貴重私人物品保管、飲水設施、環境五S、設施設備保養維護、停車場服務、顧客離開時的送行與互道平安／珍重再見、平時的顧客聯繫／互動／溝通……等均是。如上的服務行爲要力求合乎標準化要求之品質水準，因爲上述服務過程所提供的服務品質水準，將會是影響顧客是否會再度參與之要素。

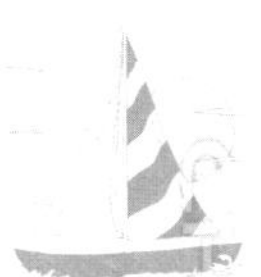

無論如何，在服務行爲過程中，乃是在出售服務，就是在出售有形商品與活動之同時，也必須把「服務過程」一併出售的。基於如此的理念，休閒／活動組織必須要把「服務過程」予以卓越化與優質化，而爲達成卓越的服務行爲與服務品質，乃需要將服務過程予以標準化，在有關的服務過程中之每一個環節、每一個步驟、每一個服務行爲與服務溝通均予以標準化，而且這個標準化乃要優於其他同業的標準，這個卓越的標準化服務行爲與溝通乃是最好的方法，更是保有既有顧客與吸引顧客之最好方法。

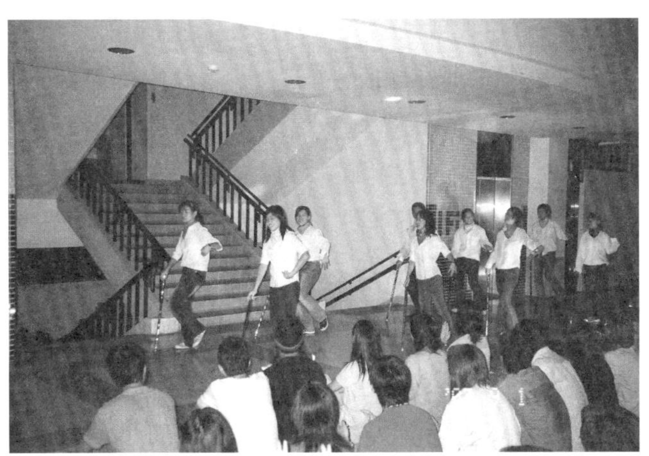

▲**體驗漫長的人生旅途**

體驗人生是一條漫長的旅途，現在的可能是過去的你未曾想過或遇過的，未來的更是無從得知。人生體驗不是得到了就可以學得徹底，這中間酸甜苦辣總在事情過後方才有所感受，任何體驗不是為了別人也不是為了自己，就是要能夠自我體驗人生罷！在體驗之後，又將是另一個有待開展的旅程，也是另一個體驗的開始，到底為什麼？說穿了只是為了體驗人生而已！

照片來源：王香誇

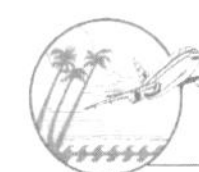

第二節　變動時代的休閒發展趨勢

本節取自吳松齡《休閒產業經營管理》一書第二章第五節，61至72頁。

二十一世紀乃是變動的世紀，舉凡政治、經濟、社會、科技、文化與人類均將會在變動的影響下運轉，也許在這個變動的時代裡，人們的工作形態、生活方式與休閒行爲，將會在變動、變化、變革與變遷的過程中，帶來不同於現在或以前的模式，這或許是微幅的或是巨幅的改變、改革、再生與成長的機會，但無疑地，身在此一變動時代的人們，將要具備有理性與感性的監視、量測、分析、識別、應用與引導社會變動與變遷之能力，方能使人們與其組織持續創新發展，以達到永續生存與發展之個人與組織願景之實現。

休閒產業組織與其所提供之服務在此一變動時代裡，也勢必會爲了休閒參與者或顧客之求新求變的要求下，做某些幅度的調整、修正與創新，其所提供之休閒服務／商品／活動，以爲應對與求生存發展之必要而具體的回應策略，否則將會爲時代之變動要求而被淘汰出局！

一、資訊科技時代

資訊科技時代（the information era，或稱爲後工業社會、科技革新）的來臨，帶動了整體的生活習慣、工作態度、學習行爲與休閒活動相當程度的改變，在這個凡事講究快速回應（Quickly Response; QR）、品質（quality）、成本（cost）與績效（performance）均需要在人們或組織所期望的高標準中，顯現於新的社會、新的價值觀、新的思維與概念、新的作業模式與精神、新的策略規劃與管理之上，以期和時代同步，能夠協同創新新的典範（paradigm），以便持續改進、創新和永續發展。

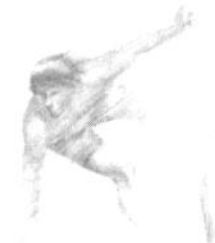

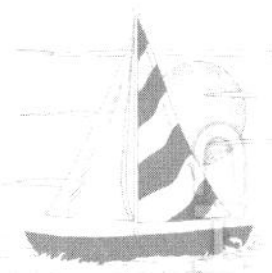

休閒產業組織與人員在此一變動的資訊科技時代裡，無疑的，也面臨了要如何解決顧客持續不斷的需求與期望之產生，要如何面對新需求新價值等一系列問題，要如何永遠遵行顧客的「夢想未來與創造將來」的至高定律，要如何強調個性化、差異化與獨特性的規劃，並執行有系統、有組織的服務，以滿足顧客的個性化、差異化與獨特性之需求、期望、價值、效益與行為。

在此轉型的變動時代裡，休閒產業組織與工作人員必須深切體認到，資訊科技對於休閒服務之提供者與接受服務者之思維、教育、傳遞與體驗產生之衝擊與影響力，而在此些挑戰裡，改變甚或重新定位其提供服務之方向與策略，厚植和休閒產業攸關之經濟面、政治面、社會面與科技面等各項因素之了解與考量，而不是如現在只重視顧客的需求面之尊重與滿足而已。

依據筆者研究觀察，在二十一世紀的變動時代裡，休閒產業之組織與工作人員應該朝向如下各方面規劃與發展其策略地點：

(一)平凡中的創新

為何要平凡中的創新？因為這個時代的新技術已經普及於人們的周遭，任何休閒服務的成功關鍵已不再是電光四射之創意（creativity），而是在創意的精緻裡細心琢磨、砥礪各項潛能的創新（innovation）。諸如某一主題遊樂園只是擁有快速而新穎的創意，故能不斷地推出新商品／服務／活動，然而卻是「蝕本」的休閒組織，若其能在創意爆發出來之後予以精雕細磨、精緻經營，則將會是「洞悉休閒與機會潛能」的新典範，而能夠眞正成長、眞能夠賺錢及永續發展之休閒組織。

(二)e化建構優質的休閒服務

台灣政府推動「挑戰2008國家發展計畫」中，數位台灣與觀光倍增是很重要的政策，政府要打造e-Government，休閒產業組織要e化，要打造e-Leisure。簡單地說，政府為建構「資訊化的優質社

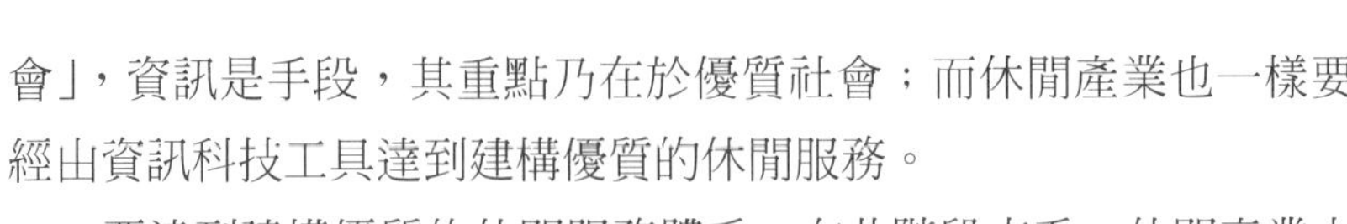

會」，資訊是手段，其重點乃在於優質社會；而休閒產業也一樣要經由資訊科技工具達到建構優質的休閒服務。

要達到建構優質的休閒服務體系，在此階段來看，休閒產業之組織與工作人員要具備有休閒知識、休閒哲學與主張、休閒服務之價值效益，以及永遠持之以恆的學習樂趣（e-Learning），如此才能建構優質的休閒活動，當然沒有資訊科技工具之協助，將會是事倍而功半的！

(三)創意應用、從文化到生活開拓知識型休閒產業

利用資訊科技，以結合文化、藝術、人文、社會、醫療、工業、營建、休閒及生活等各方面之領域，也即將創意與創新做結合，以改進人類溝通、學習、工作、休閒與娛樂之方式，並將科技由工具領域轉換爲服務各產業並爲其結合創意與創新之目的。

結合此項資訊工具，使人們由文化到生活領域中，十足的表現了科技創意、科技應用與休閒服務創新的無限空間，科技可以移植和複製，文化與本土特色卻是沒有辦法移植與複製，在此變動時代，面對國際競爭，休閒組織應該要有本土特色及自己的主題。

(四)不可忽視網路族群消費能力

近來年輕人的商品風起雲湧，據《數位時代》總主筆詹偉雄先生的說法：想像的共同體（imagined community）凝聚與所發揮出來的族群式消費能力，而所謂的凝聚乃是在很短的時間裡就能夠「知曉」、「分享」、「認同」某項商品，並且透過消費鞏固對某項商品和自己的認同，甚至會組織各種次社群，大家一起去豐富某商品／服務／活動之意義，進而帶動消費潮，此種不斷自我生產的生命方式，乃爲某項商品「猛爆式」消費量之來源。

此種新興的數位民族是透過網路的BBS、MSN、ICQ、Skype、個人新聞台、私人相簿、線上遊戲及部落格等社群聊天機制，可天南地北地藉由網路與部落語言形成「分享痛苦又彼此取暖」

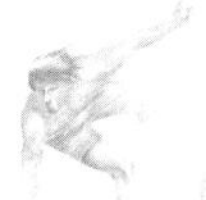

的共同體，此共同體乃是新興市場，其談的是「認同」的力量，其族群中的領袖編織、鼓勵、散播、分享與闡釋商品／服務／活動的意義與其族群之關係，而此類眞情表露又鼓舞了異地的同輩消費者，此也就是「想像共同體」的巨大市場所在。

休閒服務若結合網路之「想像共同體」概念，無疑地將會是繼「茶裡王」、「阿Q桶麵」、「壹週刊」、「三星手機」、「孫燕姿」、「御便當」、「Kitty貓」等之後，形成另一個風潮。

(五)結合人際關係網絡與資訊科技網路進行創新經驗與經驗創新

隨著經濟自由化與全球化的發展，休閒活動已由傳統的單純活動參與及購買／消費休閒商品／服務／活動之模式，轉變爲複合化、連鎖化、網路化與行動化，在資訊、電腦與通信等3C科技的帶動下，及資訊流通與通信行動化的加速下，休閒服務的機能已涵蓋了傳統的休閒商品／服務／活動的交易，以及資訊搜尋、交換與分享。在二十一世紀的變動時代中，過去成功的經驗可能無法保證未來就可以成功，所以休閒活動組織就應該針對這個快速變動／變遷的休閒服務產業的發展環境，努力尋找創新經驗與經驗創新的契機。

進入休閒服務產業化時代，資訊科技已爲繼土地／場地、勞動／員工、資本與企業家精神之後的重要生產力投入的第五大元素，在內部與外部網際網路、手機的結合運用下，資訊的流通與傳遞呈現十倍速的加速效率，傳統的休閒服務經營模式已不合時代需求，現在必須講究「以客爲尊」、「感動、感性與滿足」、「幸福、快樂與愉悅」、「刺激與成長」的行銷，而不是以往僅重視「顧客主權」而已。這就是講究活動與服務過程的創新經驗，以及爲顧客服務與創造活動體驗價値的經驗創新，此兩者乃須仰賴於人際關係網絡與資訊科技網路之結合，同時是缺一不可的，缺少任何一項將會導致休閒／活動組織之經營與其商品／服務／活動之行銷變成失敗的。

二、創意服務時代

休閒產業乃爲服務業，二十一世紀將會是服務業引領風騷的時代，在此創意服務時代（the creative era）中，創意服務更是服務業能夠領航製造業與農業發展之憑藉，而創意服務則以技能的創意、管理的創意與經營的創意爲此一時代之發展焦點。

(一)休閒服務需要創意經營

二十一世紀休閒產業之經營管理模式仍停留在昔日之框架裡，勢必無法因應此一快速回應的高效率時代要求。休閒產業必須將之當作創意產業來經營與管理，從理想、目標與產業之組織願景出發，以創意將其商品／服務／活動塑造成爲銷售之賣點，再透過策略行銷與顧客進行溝通，將休閒產業雕塑爲成功的創意產業。

休閒服務活動涵蓋文化藝術、流行音樂、服裝設計、影像傳播、戶外與競技活動、展演經紀、文化包裝、觀光遊憩、生態旅遊、購物休閒等範圍，其特質在於多樣性、小型化與分散式。休閒產業應以創意概念來進行經營與管理，則可以將創意孕育成長並發展創意、行銷創意與經營創意，而達到延續休閒／活動組織之生命。

■創意來源

休閒產業之商品／服務／活動創意來源相當廣泛，諸如：田園、公園、原住民部落、森林、旅遊、觀光、參訪、遊戲、休閒、競技、學習、購物、會議等區域／行爲，均可孕育出休閒商品／服務／活動之概念，同時經由行銷與經營管理予以發展其創意，並予以行銷創意與經營創意，進而延續休閒產業之生命。

這些創意來源的成功案例相當多，諸如：

1.苗栗縣公館鄉賴森賢經營之「歡樂田園」，因故鄉曾是裝飾陶瓷重鎮，而將花園分成觸摸區、育苗區，同時於週末親自扮演解說員，導覽其花園及傳播香草種植與應用之知識。

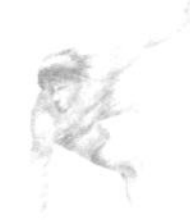

2.台南大億麗緻酒店蘇國垚之創意係來自電影《麻雀變鳳凰》，將飯店變成一個fun店（飯店，有趣的店），讓住房的女客能夠如同該電影的女主角到比佛利大道購物，有門僮陪同女客採購一般的榮耀。

3.可米瑞智製作公司總經理柴智屏成功塑造華人新偶像F4，乃因她對戲劇製作的熱情，擁有核心競爭力之腦力，因而創造華人對偶像之期待的創意範例。

■創意經營

休閒產業要能成爲創意產業，必須經過嚴格的要求與訓練，再透過行銷的手法，使傳統的價值產生創新的價值。諸如：

1.星巴克咖啡重新創造了咖啡的魅力，乃因其總裁Howard Schultz把星巴克咖啡帶進都會生活，變成一種時尚，也成爲中產階級與知識分子生活的一部分。

2.王品牛排戴勝益以「創造新顧客比打倒競爭者更重要」的經營策略，成功地將「西堤牛排」及「陶板屋」設於台北市餐飲圈的一級戰區，事實證明其策略正確，因爲兩家緊鄰的餐廳並沒有發生排擠現象，反而形成顧客群聚效應。

(二)創意產業需要蛻變爲創新產業

不論是技藝的創意、行銷的創意或是經營的創意，乃需要其創意綿綿不斷，方能成爲源源不絕的產業。惟二十一世紀走向全球運籌（Global Logistics; GL）、全球化與國際化之際，創意產業要永恆發展，乃需要將創意產業轉變爲創新產業。

休閒產業的競爭力須將之定位爲「服務業」，依筆者研究認爲：「台灣的休閒產業若不轉型爲服務業，則將會被淘汰出局」。因爲休閒產業在二十一世紀中要發揚服務業的重要價值如下：

1.各休閒產業組織所提供之商品／服務／活動應具有不可取代性。

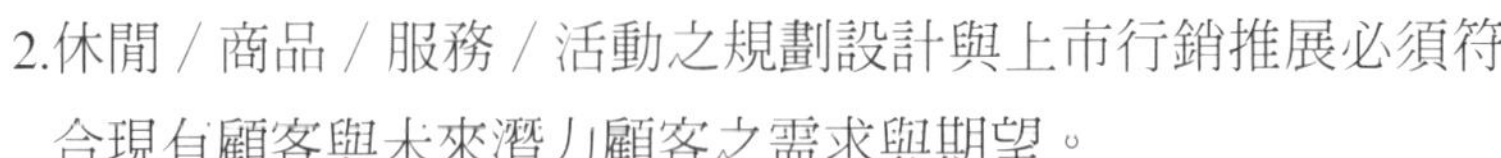

2.休閒／商品／服務／活動之規劃設計與上市行銷推展必須符合現有顧客與未來潛力顧客之需求與期望。

3.休閒／活動組織必須有效率且快速地回應顧客之要求、諮詢與求救。

4.休閒／活動組織應爲顧客提供有價值有效益之商品／服務／活動。

5.休閒服務可爲顧客提供夢想與休閒價值、效益與成就。

6.休閒服務能爲顧客提供附加價值。

7.休閒服務提供自我成長與歸屬之價值。

8.休閒服務可協助顧客紓解壓力，令身心及早回復。

9.休閒／活動組織需要有源源不絕之研發與創新能力。

三、休閒服務新典範

二十一世紀講究顧客滿意、感覺與感動行銷的時代，顧客在休閒服務領域的需求已不再處於被動的角色，顧客已轉換爲主動角色，凡事講求自主參與、價值效益與快速回應、尊重自然環境與重視居民權益等，已形成在此一變動時代的參與休閒活動之主流思想與潮流，所以此世代的休閒服務之規劃與提供者，必須對之前的休閒服務典範予以盤查分析檢討，並在如何取得事業經營利潤與顧客滿意間作一平衡的規劃，建立休閒服務新典範（the new paradigm of leisure service）。

休閒產業發展趨勢正如同政治與社會、科技、經濟與文化的發展趨勢般，走向分散式與行銷服務顧客導向發展，現在講究自主體驗、市場導向、行銷導向、績效與價值掛帥、尊重少數、重視環境保護與本土化發展等改變，也衝擊著休閒產業之未來改變方向，休閒服務提供者比以前更須具備不同領域的專業知識與技能，以服務其組織的顧客。此方面的專業知識與技能不再只是以往的對其所提供商品／服務／活動的專業與專家素養所能給予其顧客之需求與期

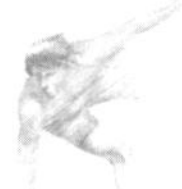

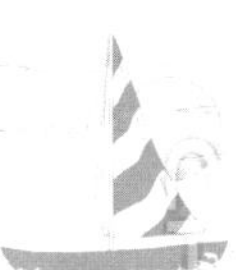

望，而是除此基本的專業與專家素養之外，更需要對顧客參與休閒服務與活動之行為，提供其休閒服務活動的事前、事中與事後之縝密規劃與管理，將其提供的休閒服務以市場的觀點予以開發創意、經營創意與創意服務。此外，將其組織做策略規劃與管理及服務作業系統化標準化，則為其組織聚焦經營管理之重要指標。

故在此一變動時代，休閒組織與休閒參與者間的人性尊嚴要如何取得供需雙方之需要平衡原則？在尋求新典範時，應在經濟方式、倫理道德、人性尊嚴、社會責任、企業公民、文化藝術與自然資源保存、創意創新概念等方面，作為引導新的休閒服務典範於實際的休閒服務活動之中，建立二十一世紀新的休閒觀念與主張。

據Gray（1984）建構的休閒新典範（如**表14-3**所示），其乃實現公共休閒服務組織在時代轉變中之角色定位，就新典範而言，所強調的是符合社會與經濟需求的活動，並非由諸多的休閒活動中產生，而是經由專業人員實質投入團體之中，成為社群之帶動者和催化者。

表14-3　Gray的未來休閒新典範

1.基於社會與經濟的需要，而提供休閒服務。
2.提供超越傳統而且具有人性化的服務遊憩活動。
3.成為社區資源與人民需求相結合之領導者或催化者。
4.在社區中提供活動。
5.培育訓練人們，使之成為具有自我領導之能力。
6.經由各種不同管道增加收入，諸如：使用者付費、契約金、交易品、代理、私人部門合作及稅收資源。
7.以分析社區需求及顧客需求來規劃服務活動。
8.以預估未來的喜好趨勢進行規劃（但應能考量到：潛在顧客、社區居民、其他同業、政治人物、公司及員工等方面）。
9.以市場行銷來經營。
10.從人性尊嚴的角度來評價其提供之服務。
11.激勵員工與民眾一起進行參與服務。
12.依社會需要與活動成效進行預算調整。
13.服務之目標應重視人性關懷與社區發展。

資料來源：C. R. Edginton等著，顏妙桂譯，《休閒活動規劃與管理》，台北市：美商麥格羅希爾國際公司台灣分公司，2002年，頁540-541。

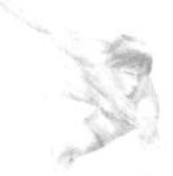

四、休閒產業未來發展策略

二十一世紀休閒產業經營與管理之策略發展過程，將會是緊隨著休閒服務新典範之發展而呈現科學性、文化性、藝術性、文化性、生活性等多方面的發展，所以二十一世紀要能夠成為具有競爭優勢與服務專業能力的休閒產業之規劃者、經營者與管理者，勢必要朝向管理學家、策略學家、藝術家、科學家、社工師、哲學家、治療師等多專長多面向的專業，才能發展其具有多元多面向的專業能力，以為服務其顧客、滿足其顧客之需求與期望。

休閒產業之發展，不是只檢視現在顧客關注的焦點與議題而予以整合發展，即可達到持續生存與發展之事業願景，而是除了檢視顧客現在關注的焦點與議題之外，尚須對現有顧客與潛在顧客之未來關注焦點與議題的趨勢，予以系統化之蒐集分析整合，將休閒產業之商品／服務／活動的創意與創新任務予以導引出來，滿足現在與未來的顧客休閒需求與期望。

(一)顧客行為研究與分析

顧客情感與認知、顧客之消費行為、顧客環境與行銷策略等，均是本項策略之主要議題。由於顧客、顧客團體及整個社會的想法、感受與行動，乃是持續改變的動態消費行為；此外，顧客之消費行為乃是其想法、感覺、行動與環境互動的結果；顧客之消費行為牽涉到人與人間、人與物間、物與物間、感受與人或物間的交換（exchange）行為，以至於顧客之消費行為乃是相當複雜的現象，在進行研究時可分由解釋取向（interpretive approach）、傳統取向（traditional approach）與行銷科學取向（marketing science approach）等在不同的分析層次，以不同的方法深入了解分析與確認顧客之消費行為與行銷策略。

休閒產業進行顧客之消費行為研究，可分由三個群體來蒐集資料、研究分析與確認其經營管理與行銷策略。此三個群體包括：休

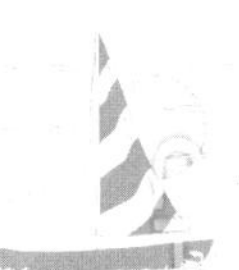

閒產業組織、政府與公共部門組織、休閒參與者／顧客。引用顧客之消費者行爲研究與分析有關之技術、工具及知識，探討出休閒產業、政府與公共部門、休閒參與者均對有關休閒主張與休閒需求期望甚感興趣，其理由乃在於休閒主張與休閒需求期望對於休閒參與者接受休閒服務，和其他兩個群體之間存在著交換與互動因子。

(二)建構優勢的服務管理策略

二十一世紀全球化國際化潮流中，休閒產業同樣也面臨激烈競爭的產業經營管理困境，顧客對休閒商品／服務／活動之品質、社會責任與企業公民的要求呼聲也日益高漲，全台灣地區甚至全球性的環境保護、資源分配、商品安全、職業安全、工作環境符合勞動法令規定等系列壓力問題，此刻正衝激著休閒產業組織。同時，此一世代也深受資訊科技與通信行動之影響，而產生傳統的經營與管理環境和服務管理之方法與思維必須隨著導引e化、m化與v化的多元化、複雜化與快速化的轉型、變革與創新發展。

此世代隨著e化、m化與v化的引領而一切講究顧客爲重與顧客滿意的時代基本要求，顧客的需求與期望時時在變，休閒產業組織不能夠僅知道跟著顧客之需求與期望追趕，以求滿足顧客之作法，而是要建構優勢的服務管理策略。即是要能夠了解與鑑別顧客之需求與期望，並做有效的顧客經營，不是跟在顧客要求之後的服務策略能夠達成顧客經營之目標，而是要創意經營及創新經營組織的現有顧客與未來潛在顧客，要能夠掌握顧客之需求與期望變化，以及變動的趨勢與方向，開創顧客之需求與期望，引領顧客滿意，而達到休閒產業組織之服務經營管理新契機。

休閒產業組織之規劃者與經營管理者應了解，其休閒／商品／服務／活動乃是提供給顧客參與和消費，然而更應了解到其顧客的定義不應局限於參與者或消費者之外部顧客的範疇，而應了解到顧客有可能是包含著其組織之內外部利益關係人在內，所以建構優勢的服務管理策略時，應一併納入考量其組織與其商品／服務／活動

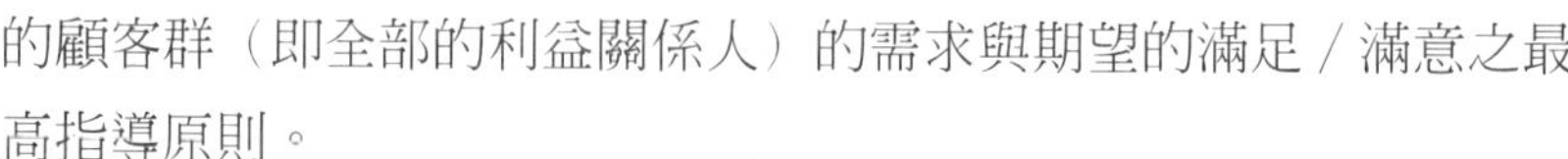

的顧客群（即全部的利益關係人）的需求與期望的滿足／滿意之最高指導原則。

(三)發展以策略爲核心之組織

休閒產業組織爲因應變動與快速回應的時代要求，應以策略爲核心整合組織之方針、目標、行動、計畫、行動方案與預算等組織之短期、中期與長期經營管理目標，依據PDCA循環之模式推展其組織之策略實現。而在組織推動其策略規劃、管理、實現與控制之過程中，最需要的乃是組織之人力資源策略管理之規劃與建構實施，因爲現階段休閒產業組織要想發展爲具有高績效之組織目標，必須建立妥適之服務作業流程與管理程序，作爲其組織推展目標／方針管理之依循，以朝向其組織之願景與方針目標發展，而不至於發生偏誤或瓶頸。

建構策略核心組織可依Kaplan和Norton之建構策略核心組織五大法則來予以建構：(1)將策略轉化爲執行面語言；(2)以策略爲核心整合組織資源；(3)將策略落實爲每位員工之日常工作；(4)讓策略成爲持續的循環流程；(5)由高階經營管理階層帶動組織變革。

五、休閒服務未來發展方向

休閒服務之需求與變化在二十一世紀更爲激烈，尤其休閒參與者之多元化需求與期望，以及休閒主張的多樣化，已形成一股勢力，將顛覆現在休閒服務之主張與哲學，依據休閒學者與休閒產業專家之審視，休閒服務將會隨著人口、經濟、資訊、科技、社會、文化與政治等趨勢而做多面向的轉變，同時也會對休閒產業發生較爲明顯之衝擊與影響。

我們綜合Edginton等人（顏妙桂譯，2002：546-554）之研究，及如下幾位休閒學者如：Kelly（1992）、Franklin（1995）、Naisbett（1994）、Godbey（1992）、 Eclgell（1990）、 Weston（1996）、

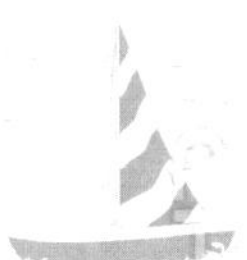

Sklilly（1992）、 DeGraaf和DeGraaf（1994）、Naisbett和 Aburdeen（1995）、Edginton 和 Oliverira（1996）、Fearn和 Jarv'I（1992）、Osbome和Gaebler（1992）、Toalson（1992）等人的觀點，列出如下我們以爲是未來的休閒／活動服務發展方向者：兒童照護、兒童權利、合作、休閒動機、文化之旅、文化活動、生態保育旅遊、老人照護、環境倫理、家庭休閒活動、婦女休閒、旅遊的成長、快速與方便、視訊整合、跨世代的活動規劃、休閒與藝術、休閒與民主生活、休閒與殘障人士、休閒與自我表現、休閒網絡、社會責任、休閒倫理、休閒與流行生活、休閒時間的缺乏、休閒度假村、終生學習、社群中心、多元文化、多樣性的選擇、新族群與新活動、外援服務、套裝遊憩活動、精緻行程、高品質服務、休閒與工作的關係、冒險活動、自助休閒、自我滿足、服務導向、簡便的休閒服務、社會網絡與休閒、心靈成長、時間分配、全程服務、青年活動、健康規劃、禪修、清貧旅遊、遊戲治療、海外遊學活動、極限挑戰活動、分時度假、志工旅遊、複合式休閒活動、國民旅遊活動……等。

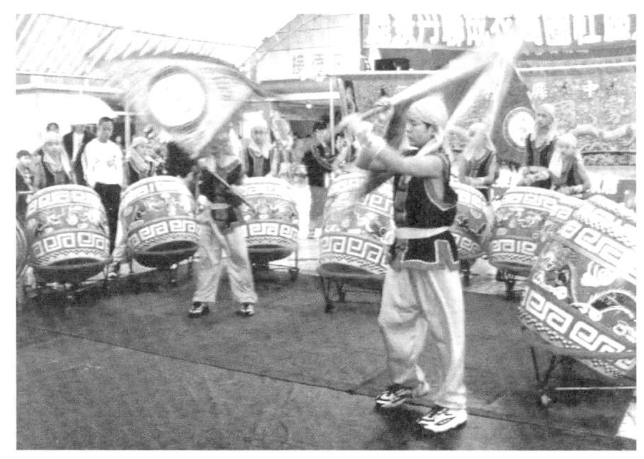

▲舞大旗

舞大旗在公司開張或開幕剪綵及周年晚會上，婚禮、教堂或宴會禮堂，以及民俗節慶活動之中，藉由舞台表演、音響、燈光、場地布置及背板設計而予以呈現出來。

照片來源：中華民國區域產業經濟振興協會　洪西國

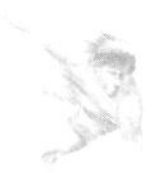

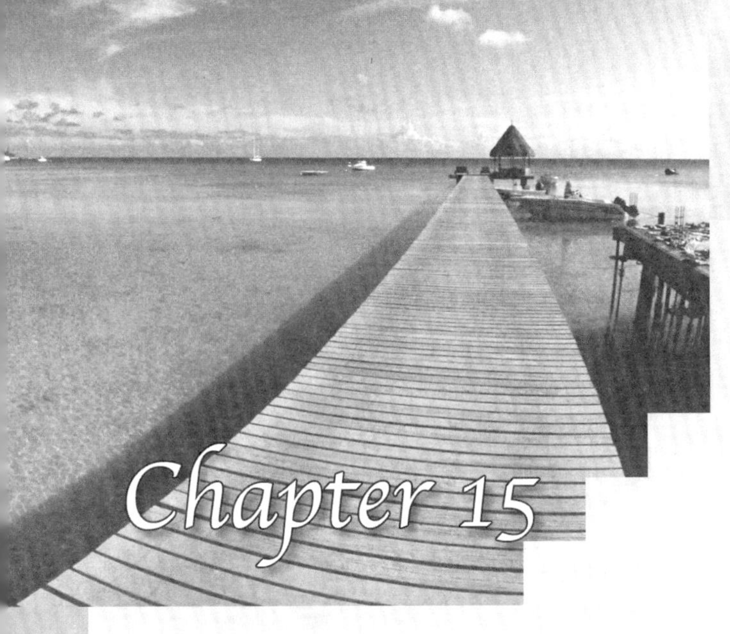

休閒活動的經營管理個案

Easy Leisure

一、探索休閒組織與休閒活動經營管理策略
二、釐清休閒活動經營管理系統的重要構面
三、了解休閒活動經營的有效策略管理方針
四、認知休閒活動經營所應考量的關鍵議題
五、學習成為休閒產業標竿與高績效領導者
六、界定卓越休閒服務品質與經營管理目標
七、提供以顧客滿意為導向的經營管理思維

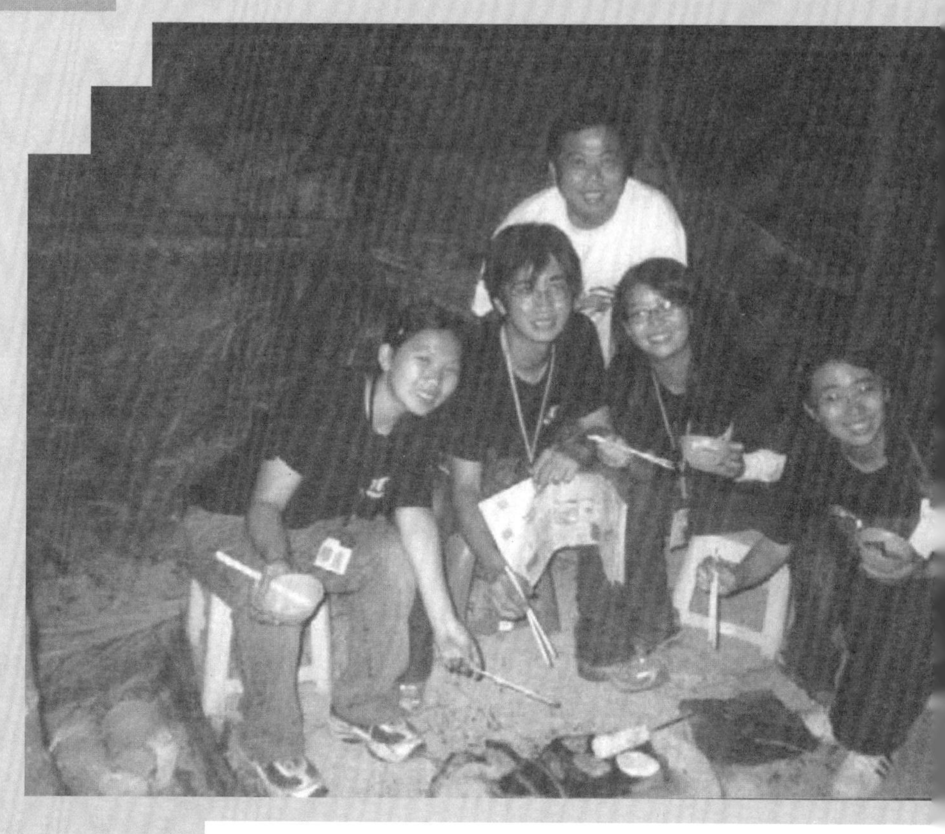

▲ 露營營隊活動

是一個「以大自然為營的溫馨之家」所設立的露營／休閒活動，帶您經歷親水泛舟、越野山林、奔騰虎躍、野外求生、休閒露營，各類戶外自然體驗暨公益慈善活動。

照片來源：王香詅

個案一　招徠顧客的企劃與宣傳（以某餐飲店為例）

一、廣告宣導

(一)餐飲店外觀是最佳廣告媒體

1.切莫忽視招牌的宣傳效果。

2.引領顧客跨入店內的外觀設計

3.海報與告示牌須注意隨時更新，切莫從年頭到年底一式未變的方式。

(二)自製POP廣告（point of sales advertising；店面廣告）

1. POP廣告包括市招（店面招牌）、樣品樹窗（户外POP）、放在桌上與貼在牆上的菜單（户內POP）。

2. 創造形象。

3. 廣告店中商品。

4. 廣告新發售商品。

5. 廣告價格與優待服務。

6. 促進追加餐飲

7. 減少人工。

8. 製作POP廣告材料：紙、布、皮革、木、竹、塑膠、金屬、玻璃、石材……。

9. POP廣告可寫在手巾上、寫在扇子上、印染在布簾上、寫在布簾上、油印在告示上、直接寫在桌面、寫在唱片套上、寫在牆壁所掛大型湯匙上、寫在茶杯墊上、寫在服務員制服上、利用廠商印發的海報予以寫上……等。

10.製作POP廣告注意點：

(1)注意POP廣告數量。

(2)注意張貼位置。

(3)全體員工參與POP製作。

11.盆栽與花卉植栽可以搭配POP廣告，可有另種風格呈現。

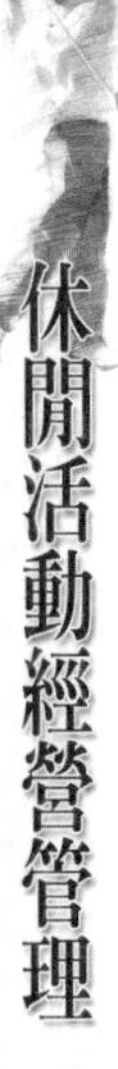

(三)有效運用DM（信函廣告）

1.以特定人物為對象，具有針對需要而展開直接宣傳效果。

2.可以自由發揮您的想像力。

3.可以有雙重傳播的功能。

4.可以自由選擇宣傳的適當時機。

5.寄發DM時機：

(1)開幕、重新裝修開張。

(2)舉辦活動。

(3)推出新產品、新服務。

(4)慶祝（如客戶之生日、結婚紀念日、新生入學日……）。

(5)問候。

(6)致謝。

(7)重大天災之後的關懷。

(四)街頭宣傳單的利用訣竅

1.廣告宣傳的內容，有一種宣傳方式其廣告效果達到98%，只有2%扔掉（傳單上貼上一元硬幣）（打電話叫貨，送貨時送上一元電話費）。

2.店東與員工一起分發宣傳單。

3.託派報組織或廣告分發組織或自行雇用工讀生廣發宣傳單。

(五)地方性媒體的配合廣告或委託廣告（費用較低廉）。

(六)運用報紙夾帶廣告宣傳單

1.主婦是最佳的廣告對象。

2.工商自營者居第二。

3.上班族中製造話題。

(七)報紙或雜誌夾帶廣告宣傳單的契機

1.開幕、舉辦活動或推出新商品、新服務時。

2.反覆不斷地打廣告（如大量印製風格統一的通用宣傳單、每月實施一次或多次的報紙夾帶廣告）（電視插播廣告）。

3.交互運用數家報紙或搭配數家雜誌。

4.慎重考慮廣告日期（惟雜誌則無法依如下廣告日期選定廣告時間）。

星期	星期一	星期二	星期三	星期四	星期五	星期六	星期日
效果	3%	9%	6%	20%	25%	37%	10%

5.大規模的廣告交由廣告公司製作。

(八)捕捉流動顧客的交通廣告

1.可限定區域。

2.曝光時間長。

3.針對商業圈做有效的宣傳。

4.可利用多種媒體（如街角的數位廣告、T霸廣告等）。

5.可限定時間（如：某大型活動期間的搭配施放空中氣球之廣告）。

(九)免收費的消息稿廣告（publicity）

消息稿	電視廣播新聞	報紙股市專欄	TV股市報導	書、雜誌週刊	附近公司行號	廣告	產品	職業
14.4%	4.1%	3.8%	2.4%	1.4%	8.7%	6.5%	4.5%	2.9%

餐飲店利用消息稿的主要方法有：

1.寄送大眾傳播機構（一般採用率5%）。

2.新聞稿具備內容：

(1)標明何人、何時、何地、做什麼事。

(2)預測未來發展及結果。

(3)附有參考資料及照片。

(4)文章用語體文記述成一張完整的原稿。

(5)用讀者易懂的文字，避免主觀的看法。

(6)附有實施日期、公司名稱、地址、電話、e-mail、網址。

(7)附有負責回答記者所提問題的聯絡方法。

3.寄件時機避免在活動結束後才刊登，故宜在預刊日前三天以前寄達報社，而月刊、週刊應於發行日前十天送達。

4.請專家、名人推薦。

5.請地方有線電視與社區報紙加以推介。

(十)餐飲店登上「消息稿」的捷徑

1.內外裝潢新穎。

2.地點在名勝之地或獨特的地方。

3.出奇制勝(如最胖男人比賽、細腰女人比賽、大胃女王比賽……)。

4.價位特別。

5.優待特別服務(如攜帶△△雜誌之顧客將免費招待○○……)。

(十一)與同業(不同地區)或異業策略聯盟互相贈送優惠券或同張貴賓卡,消費時可以享有折扣優惠。

(十二)在人潮匯流地區的跑馬燈式廣告中加以曝光,吸引更多人的注意。

(十三)請知名人物(如:民意代表、演藝人員)代言或推介(惟成本高是缺點)。

二、舉辦活動、贈送禮品

(一)舉辦活動的類型

1.演藝型(卡拉OK、爵士音樂、輕音樂、電影、劇場、民歌活動的餐飲店)。

2.藝術型(畫廊、漫畫、骨董活動的餐飲店)。

3.知識型(書香、K書、新聞、英文會話活動的餐飲店)。

4.實用型(電話、洗衣、影印、照片沖洗活動的餐飲店)。

5.趣味型(周年慶或開幕時可舉行大胃王競賽吸引人氣)。

(二)舉辦活動的要訣

1.話題性(須有新聞性,引起大眾傳播興趣,帶動顧客)。

2.新潮性(須有現代感)。

3.戲劇性。

4.新奇性。

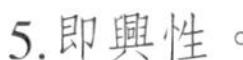

5.即興性。

6.非日常性。

7.單純性（如有創意的企劃，諸如優待券不限額度，而予以分級）。

8.視覺性（人的感官資訊70%透過視覺而來）。

9.參與性（自助式、卡拉OK……）。

10.演出性。

11.聯合性（參與其他組織之活動，互相友情推薦）。

(三)餐飲店的贈品活動

1.紀念用贈品如：

(1)企業贈品（executive）——選定大主顧贈送。

(2)個人送禮（personal）——節日、生日、紀念日。

2.促銷用贈品：

(1)廣告贈品（Ad. gift）——如火柴盒、香煙……。

(2)附獎贈品（premium gift）。

(3)抵用券。

(4)貴賓打折。

(5)來店有禮（小價值之贈品）。

3.贈品策略：

(1)贈品策略目的是什麼？

(2)餐飲店經營策略是什麼？

(3)贈品策略對象是誰？

(四)贈品的流通與溝通作用

(五)提高贈品價值的贈送管道

1.在店內直接贈送。

2.送達顧客家裡或公司。

3.郵寄顧客家裡或公司。

(六)贈送禮品時宜注意細節

1.卡片傳心意。

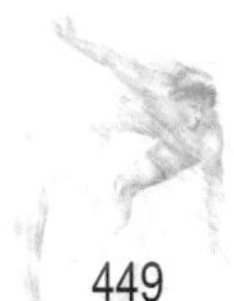

2.包裝精緻。

3.氣氛要熱絡。

三、商品企劃

(一)餐飲業步入專門化經營

(二)從超級市場的促銷中學習誘導顧客增加點餐的方法

1.收銀機旁商品——如口香糖、巧克力糖、乾電池……。

2.圖示菜單。

3.展示實物。

4.推車服務。

5.試吃。

6.現場烹調。

7.累積點數（折扣或抵用餐費）。

(三)午餐時間的經營要領

1.午餐時間的顧客結構。

2.餐飲店的氣氛情調。

3.員工的工作情況。

4.參觀附近餐飲店的菜單。

5.提供午餐及其他時段皆合宜之招牌菜。

(四)設計恰當餐具方便顧客用餐及員工作業

1.兒童快樂方式。

2.機艙餐飲方式（餐盤）。

3.便當方式。

(五)如何取決適當的商品組合

1.以流動人口為主客群時，菜單上花樣不必太多，以能迅速上菜為佳。

2.以勞工階級為主客群的餐飲店，平價是首要條件。

3.以家庭為主客群時，力求商品多樣化，講究美觀變化。

(六)新商品的推出戰略

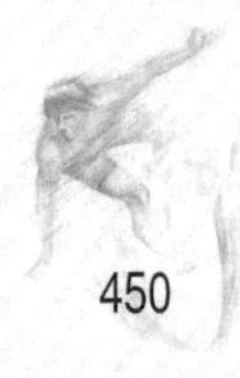

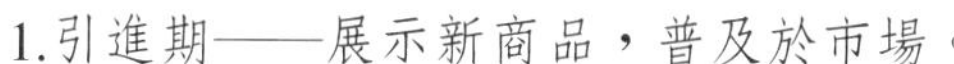

1.引進期——展示新商品，普及於市場。

2.成長期——提高知名度，增加銷售。

3.安定期——在競爭商品中占有市場之一定比率。

4.衰退期——漸受消費者厭膩，而為其他商品所取代。

5.新商品的形態——新產品、改良品、復古品。

6.新商品推出的採行方法：

(1)流行的戰法——配合新流行，提供新的菜單（年輕人多、校園地區）。

(2)發動顧客問卷調查的戰法（樣品試飲、試吃並展開調查）。

(3)強調新奇的戰法（如冷泡咖啡取代熱沖咖啡）。

(4)秘密主義戰法（僅準備有限份數，故意不寫在菜單上，卻私下向顧客推薦之方法）。

(5)高級品戰法。

(6)優待價格戰法

(7)驚喜價格戰法（如：一元雞蛋、十元牛肉麵等）。

7.新商品推出要注意命名與定價須能與商品定位及顧客定位相對稱。

(七)兒童餐的經營促銷法

1.成人一樣的菜單（分量以兒童標準為主，並以大人使用容器裝盛）。

2.附帶贈品的菜單（附贈可帶走的贈品，如旗幟、橡皮擦、糖……）。

3.媽媽可以安心的菜單（自然食品、健康食品）。

4.新奇的菜單花招（如：冰鎮可樂、超音波美容器以愛麗絲為名、娜妲．麗華／烤牛肉、馬鈴薯沙拉、果凍、大衛．強生／烤雞、沙拉、黑麵包、香菇、勞勃．瑞福／雞肉薄脆餅、沙拉、甜點、馬鈴薯）。

5.店內獨特商品應顯示於菜單上，招牌商品更是要以特別醒目

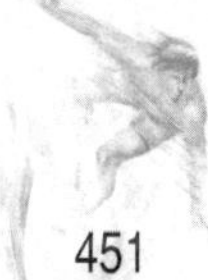

的記號強調，但千萬別太標新立異，以免弄巧成拙，必須適合顧客的心意，以及能為大眾所接受的程度，最基本的是要先考慮餐飲店本身所具有的特色之商品。

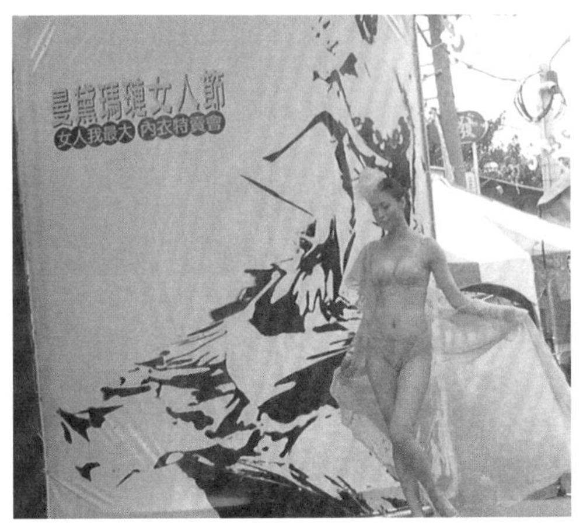

▲女性內衣名模峰情走秀

籌辦女性內衣秀，雖然內衣業者的重點在於創造品牌形象與知名度，但是卻可以融入休閒活動的精神，如此的女性內衣名模峰情走秀，乃是可以當作一種休閒活動來規劃，以為參與者能夠達成歡欣、幸福、購物、滿足、學習與互動交流之目的。

照片來源：艾思妮（曼黛瑪璉）國際股份有限公司　黃雅芬

個案二　經營績效規劃（以某休閒農場為例）

該休閒農場是一家以提供農場休閒活動與銷售地方農特產品為主力商品的休閒事業組織，其銷售對象以蒞臨農場參與休閒活動之顧客為主，並兼有網路行銷之顧客為輔。該休閒農場在農特產品線的擴展上十分迅速，而每年銷售額已達兩千萬元。由於快速成長和多角化的因素，乃迫使該休閒農場從高度集權的機能組織轉變為分權組織。該休閒農場設置很多小組和很多部門，且將技術人員、製造人員、行銷人員與服務人員加以組合，建立很多利潤中心。此項組織的重大變遷，使該休閒農場面臨管理教育的問題。原來在組織中，各級主管都是所屬部門的專家，不論其專精的領域為產品或活動的研發技術、製造、行銷或服務，他們對所有機能的整體運作卻都一無所悉。他們最缺乏的就是一般管理的才能。那麼，他們應該如何快速學得此項技巧呢？

該休閒農場實施很多方案，其中最重要的，就是以績效規劃為導向的主管人員考評制度之設計和執行。該制度將可改善組織結構的運作技巧，其具體作法如下：

最重要的一項過程，即是績效規劃方案可以整合該休閒農場之經營計畫和財務計畫。這可將每個人的力量透過規劃予以整合，而且可藉以訓練一批新的一般管理之經理人，使其具備策略性規劃的概念。

該方案尚有以下層面須予以規劃：

1. 績效規劃方案須就各機能部門個別處理，並將各機能部門予以整合。
2. 績效規劃須經由該休閒農場主管部門之審核，藉此可以獲悉新的利潤中心的經理人對一般管理的認識程度和績效規劃的設計能力。
3. 績效規劃導向之考評制度需要下列永久性之管理目標相配合，以塑造新的組織結構，並發揮龐大效果。

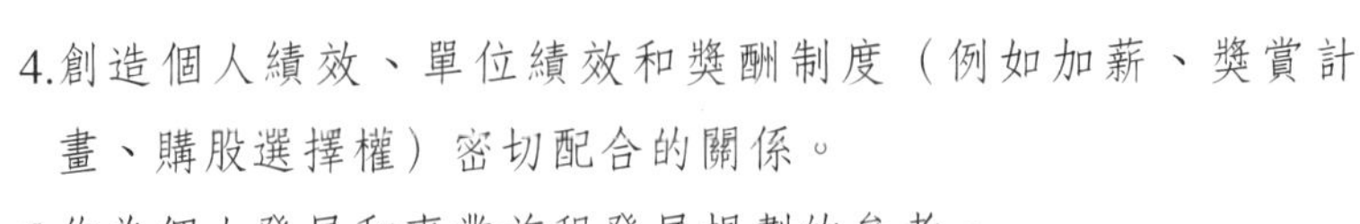

4.創造個人績效、單位績效和獎酬制度（例如加薪、獎賞計畫、購股選擇權）密切配合的關係。

5.作為個人發展和事業前程發展規劃的參考。

6.協助該休閒農場整體計畫和各管理階層與工作有關計畫之溝通和配合關係。

7.塑造組織各階層產生績效導向的氣氛。

本項方案之推動和執行，係由外界管理顧問和該休閒農場人事人員共同負責。直線管理人員將被要求參與討論，以確保最終商品／服務／活動可以滿足他們的要求和期望。

該休閒農場係透過以下方式引進績效規劃導向的考評制度。首先，由管理顧問編製一套詳細的績效考評手冊。該手冊的內容包括：第一，績效考評表的格式、訓練教材及其用途、管理過程說明。第二，將績效規劃制度、考核制度與企業規劃和公司報告體系整合，並促進彼此之相容性。第三，由管理顧問主持訓練會議，對該休閒農場主管人員和利潤中心經理講授績效規劃技巧，並分配模擬習題，以磨練其能力。必要時，學生可以和主講人進行更深一層的討論磋商。第四，由該休閒農場訓練發展人員到各利潤中心主持顧問會議，俾使成果落實於基層。績效規劃過程包括四個連續步驟：

1.定出每一職位的重要責任和預期成果。

2.設定完成每項責任之明確時間。

3.指出目標成效的衡量方法。

4.確定每項目標績效水準的標準：怎樣的績效水準代表「低劣」，怎樣的績效水準代表「尚可」，怎樣的績效水準代表「優良」。

茲將該休閒農場各部門經理之績效規劃部分簡要介紹如下：

1.責任（Accountability）：制定及執行行銷規劃，俾使部門營業額可以滿足或超過所設定的銷售報酬率目標。

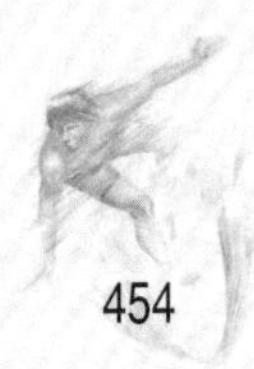

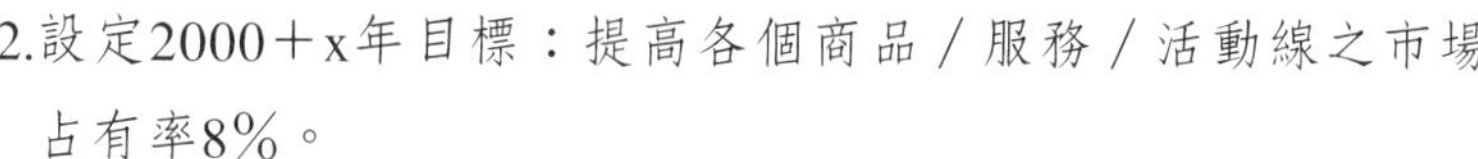

2.設定2000＋x年目標：提高各個商品／服務／活動線之市場占有率8%。

3.衡量方法：每年「休閒農場簡訊」所發布市場占有率報告。

4.績效標準：

績效水準	市場占有率（%）
低劣	7%以下
尚可	9%
普通	11%
尚佳	12%
極佳	13%以上

一套真正以成果為導向的管理制度，其績效規劃和考評過程的成敗，主要取決於農場內部各級主管對本制度是否全力支持。唯有他們願意支持，才肯將時間和精力投資於制度的運作上，以發揮卓越的績效。我們從實際執行的成果可以獲悉：該休閒農場在短期目標和持續目標的完成上相當成功，它已成為該休閒農場管理風格的一部分，各項目標之執行，不再被視為一種間斷性的工作，它乃是一個整體的管理過程。

當然「天下沒有白吃的午餐」，績效規劃程序之執行過程中，第一線人員所耗的成本，管理人員所耗的時間，以及主管人員所耗的精力都很可觀，但還有一些地方未能做得盡善盡美。譬如，還有一些目的、衡量方法和績效標準無法量化。有些人員對無法量化而採主觀的考核方式，感到十分困擾。

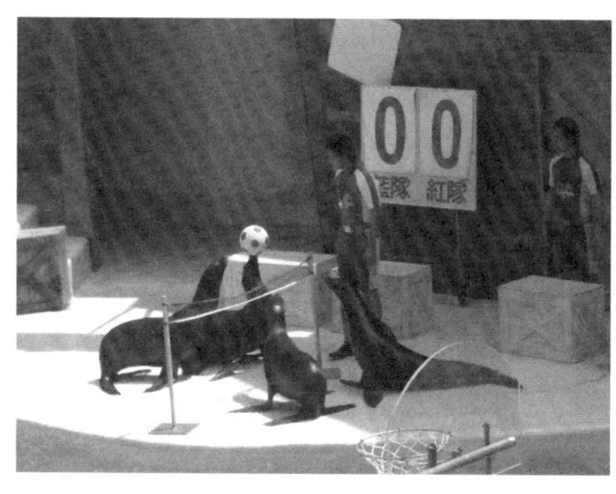

◀海獅爭霸

可愛的海獅們與訓練師必須經由長時間的親近與接觸，才可以在互信的情況下，譜出場場精彩爆笑的演出。在台上，牠們帶給遊客歡樂是牠們的使命，在台下，牠們所擁有的，就是與訓練師長久建立起的濃厚情誼，以及帶給遊客歡欣鼓舞的掌聲。

照片來源：南投中寮阿姆的染布店 吳美珍

個案三　不同商品／服務／活動生命週期的策略選擇

狀況A：衡量營運單位／活動項目的績效指標（如圖15-1所示）

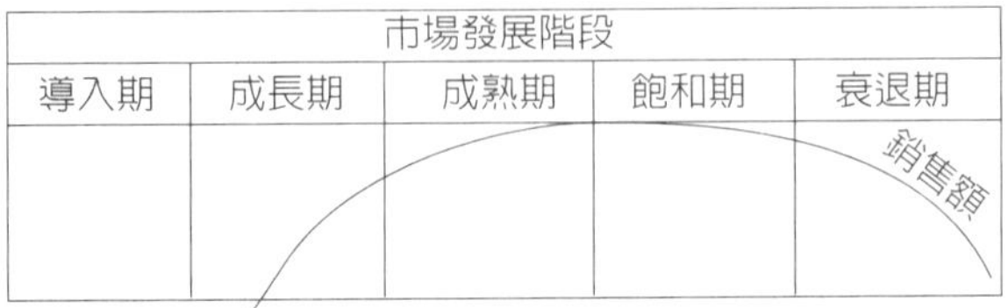

市場發展階段				
導入期	成長期	成熟期	飽和期	衰退期

市場競爭力＼市場吸引力	高	中	低
高	投資／成長（行銷指標）		
中		盈餘／保持（營運指標）	
低			收成／放棄（財務指標）

行銷指標	營運指標	財務指標
1.相關的市場占有率	1.行銷費用÷銷售額	1.投資報酬率
2.真正的銷售量成長	2.研發費用÷銷售額	2.淨現金流量÷投資額
3.資金的投資報酬	3.投資額÷銷售額	3.稅前盈餘÷銷售額
4.相關的品質	4.每位員工之附加價值	4.毛利÷銷售額
5.相關的價格	5.營運費用÷銷售額	5.銷售額÷資產額
	6.設備利用率	

圖15-1　衡量策略營運單位的績效指標

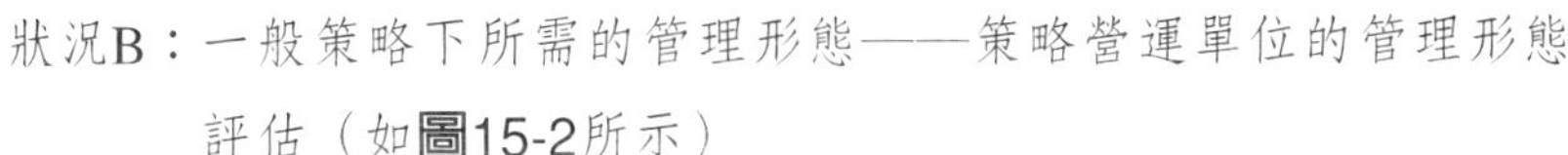

狀況B：一般策略下所需的管理形態——策略營運單位的管理形態評估（如圖15-2所示）

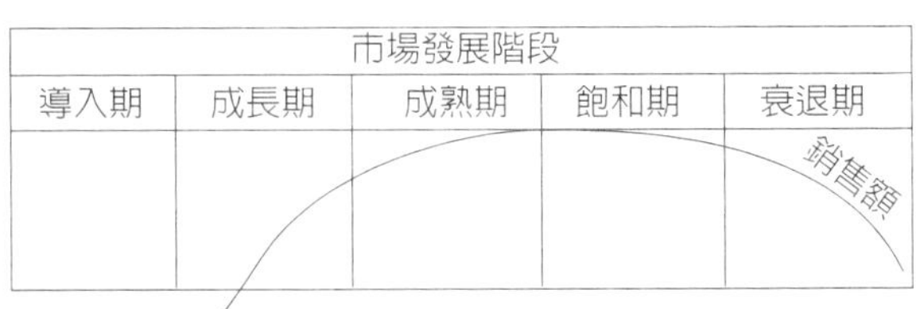

市場吸引力＼市場競爭力	高	中	低
高	投資／成長（創業家）		
中		盈餘／保持（練達的經理）	
低			收成／放棄（挑剔型主管）

創業家	練達的經理	挑剔型主管
(1)能承受風險	(1)中度保守	(1)嫌惡風險
(2)極具冒險性	(2)中度的冒險	(2)高度保守
(3)具創新性	(3)效能效率並重	(3)專斷式
(4)具精神感召力	(4)鼓勵員工參與	(4)實用主義
(5)尋找機會		(5)效率重於效能
(6)效能重於效率		(6)最少的參與
(7)最少的控制		

圖15-2　一般策略下所需的管理形態

狀況C：休閒組織策略規劃矩陣「策略事業單位—某商品／服務／活動」的策略選擇（如**圖15-3**所示）

市場發展階段				
導入期	成長期	成熟期	飽和期	衰退期

銷售額

市場吸引力 ＼ 市場競爭力	高	中	低
高	投資／成長		
中		盈餘／保持	
低			收成／放棄

投資／成長

1. 提高市場占有率
2. 降低售價、增加銷售量／參與活動人數
3. 開發新商品／服務／活動
4. 增加營運規模
5. 擴增推銷火力及配銷體系

盈餘／保持

1. 維持市場占有率
2. 擴大利潤
3. 產品差異化
4. 區隔市場
5. 增進效率

收成／放棄

1. 放棄市場占有率
2. 保持價格與利潤
3. 刪減商品與服務活動項目
4. 減少營運規模
5. 縮減服務與推銷人員

圖15-3　策略規劃矩陣「策略事業單位」之策略選擇

▶海岸聽濤

駐足海岸邊可以欣賞最美的日出、月出、珊瑚礁石海岸、海水澎湃沖擊沿岸聲音、海鳥等美景，難怪能使遊客一再流連忘返。看日出與月出亦是令人駐足的景觀，夜幕籠罩時，皎潔的月亮出現在海面上，月光明亮得刺眼，四周景物不須點燈就可清楚瞧見，而銀色的月光投射在海上，使海面上形成一條閃閃生輝的銀色帶，宛若海市蜃樓，虛幻迷離，海涯高掛的明月一片清輝，令人頓生「海上生明月，天涯共此時」的詩情。

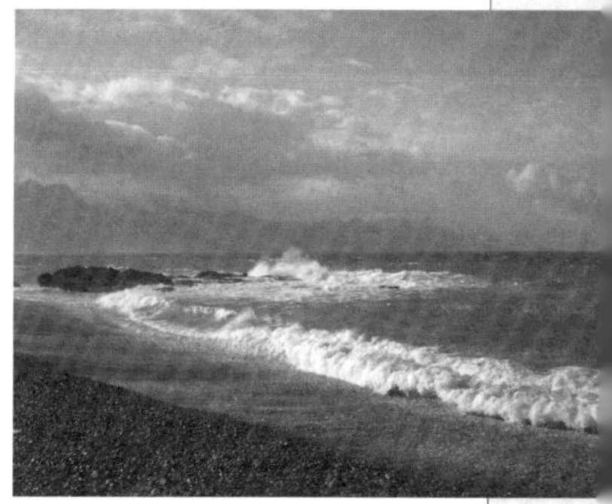

照片來源：南投中寮阿姆的染布店　吳美珍

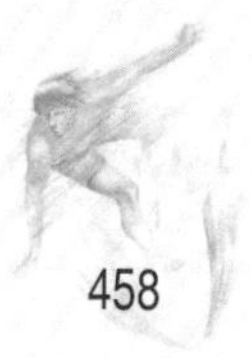

個案四　休閒服務人員應具備的服務作業規範（如表15-1所示）

表15-1　休閒服務人員應具備的服務SOP

區分	項目	主要內容
一、應具備的條件	(一)有豐富的知識	1.商品／服務／活動的知識。 2.服務的主要常識與一般常識。 3.對組織的服務流程相當了解。 4.能夠關心顧客，以誠懇微笑的態度面對顧客。 5.對於一般的服務禮節禮貌有相當的認知。
	(二)有敬業的精神	1.就業基本精神，乃是熱忱、信心、誠實、努力與服務。 2.認識自己的工作，而且能認知工作要點與異常排除之法。 3.工作有規劃性，凡事均能妥為計劃不急躁不冒進。 4.不斷充實努力學習有關知識與技能。 5.能虛心向資深人員與主管請教有關服務顧客的技術與知識、經驗。
	(三)有健康的身體	1.健康的念頭和愉快的心情。 2.利用時間運動，注意身體健康。 3.適當的飲食，不暴飲不暴食，也不會偏食。 4.充分的睡眠及充足休息。 5.不從事不健康的活動。
	(四)有應變的能力	1.在服務過程中能夠充分掌握顧客需求並理解顧客的要求。 2.在服務過程中能妥適且迅速的化解顧客的不滿與憤怒。 3.遇到緊急事故發生時，知道且能夠化解與處理危機以保護顧客安全。 4.對於組織財產與顧客安全方面之維護能自我訓練自我成長。 5.反應機敏、靈活彈性的能力與經驗。
	(五)有整潔的儀容	1.自我要求整理整頓自我儀表與服飾。 2.精神煥發，精神不會委靡不振。 3.對組織規定之服裝與名牌均能依規定穿戴且愛惜之。
	(六)有公關的能力	1.注意顧客反應、利用話題促成交易或引領顧客進行活動體驗。 2.應使用意義明確、簡單易懂的話術與顧客進行服務溝通。 3.服務過程中均應能保持良好的服務態度與行為、溝通。
	(七)有抗壓的能力	1.對於不良或挑剔型顧客也須能夠保持微笑、誠心與信心面對。 2.對於同事或主管的不合理要求，須能委婉說明及說服。 3.對於顧客在服務過程中的不滿與憤怒，能夠委婉化解。

（續）表15-1　休閒服務人員應具備的服務SOP

區分	項目	主要內容
二、應具備的資料	(一)休閒活動的資料	1.對於組織的商品／服務／活動均應能夠深入了解，即使非轄管／服務之休閒活動，也應具有一定的認識與了解。 2.對於所服務的活動流程與方法要能夠深入了解與清楚。 3.對於組織之休閒活動之特性、內容與價值應相當了解。 4.對於組織之休閒活動的活動進行方式與SOP/SIP要深入了解。 5.對於緊急事件之處理流程與方法應深入了解。
	(二)市場資訊與資料	1.相關的休閒活動內容與特色須能了解。 2.同業的活動進行方式、價格與促銷條件也應能了解。 3.了解顧客對組織之休閒活動的滿意與不滿意點所在。 4.了解組織與同業在相關休閒活動方面之優劣勢所在。 5.充分了解市場趨勢及有關顧客之需求與期望。
	(三)顧客資訊與資料	1.顧客的性別、年齡、學歷、職業、所得水準、嗜好與特殊需求。 2.顧客的休閒主張與活動體驗要求之價值在哪裡。 3.顧客的休閒活動行為與需求在哪裡。
三、工作主要內容	(一)市場調查與研究	服務人員應能夠就其負責的活動，依活動類別進行市場調查與研究，了解顧客參與活動之行為趨勢。
	(二)主動服務與接觸	服務人員須能主動地進行顧客之服務，而不是坐著等待顧客前來要求服務再進行與顧客之互動交流服務。
	(三)活動推銷的能力	服務人員須能主動地推銷其所負責的活動，而推銷之焦點乃在於將每一個人都當作您的顧客來發展。
	(四)建立顧客的資料	休閒組織及服務人員應主動地請顧客留下基本資料，以利進行活動傳遞及營造忠誠顧客。
	(五)自我要求與制定服務目標	包括服務顧客人數與服務收入在內，並自訂目標，且能針對差異進行分析，了解原因並採取對策。
	(六)休閒活動之服務品質維持	包括與顧客之間的互動交流、服務要求之處理與回應、顧客困難之主動協助、顧客之關懷與貼心服務等。
	(七)售後服務	應在顧客資料庫中進行分析，了解顧客之休閒頻率與行為類型，及早在其未採取參與休閒之前即能主動邀請，並主動將組織的新活動／服務／商品訊息傳遞給顧客。

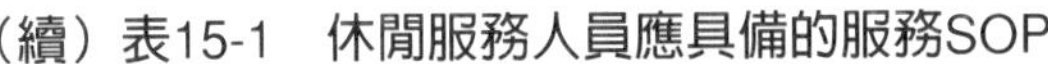

(續) 表15-1　休閒服務人員應具備的服務SOP

區分	項目	主要內容
四、完善的工作方法	(一)應具備的條件	1.在職前教育、在職訓練中，加強商品／服務／活動及服務的一般知識。 2.認識自己的工作，培養敬業精神，學習服務的技術與知識。 3.內心保持希望健康的念頭和愉快的心情，有適當的運動、飲食、睡眠與休息，保持身心健康。 4.利用平常或每週定期舉行營業與服務檢討會，將每人遇到的實例提出討論，以增加應變能力。 5.養成儀表和服飾的整潔習慣。 6.自我訓練有用的說話技巧及應對態度。 7.自我要求遵守組織的SOP與SIP規範，不私自變更或修正。
	(二)應具備的資料	1.組織既有的商品／服務／活動資料，以為了解全組織的各類型休閒活動的內容與相關資訊。 2.與顧客互動交流中應將顧客之參與休閒活動需求，努力加以蒐集，以提供活動規劃者參考。 3.努力蒐集如何做顧客服務與溝通有關知識、技能與經驗。
	(三)應進行的工作內容	1.從與顧客互動交流過程中，了解潛在顧客族群所在，並向組織行銷部門與活動規劃者提出建議方案。 2.要能自我計劃、自我管理與自我成長。 3.盡可能建立顧客資料庫，並與同仁資訊互相流通與分享。 4.以顧客的參與休閒行為及需求面進行有關新的休閒活動規劃建議。 5.極力做好顧客服務工作，絕不與顧客爭執，凡事應以顧客滿意與滿足為工作的最高指導原則。

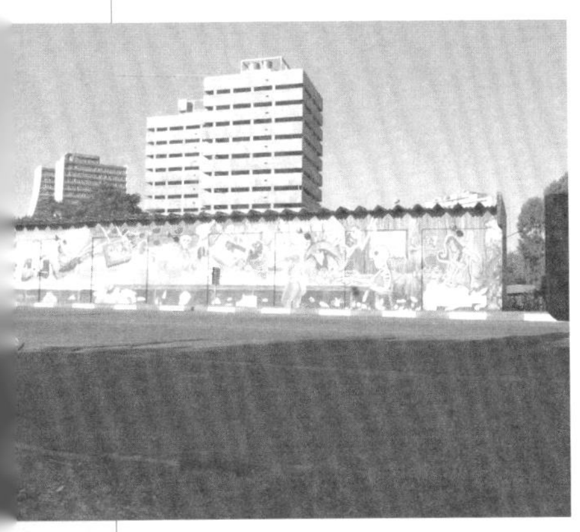

◀街頭藝術展演

近年來，街頭表演正漸漸的盛行，在國內外的街景當中，有很多不比明星遜色的藝人在街頭唱著、跳著、畫著，盡情的為我們這些觀眾表演著，同時更有將街景布置成另一種藝術的展覽場。街頭藝街表演與展覽的範圍很多，大部分的表演都是個人的特殊才藝，像繪畫、手風琴、口琴、魔術、特技等等，而展覽則以繪畫、海報、布幔等為主。

照片來源：南投中寮阿姆的染布店　吳美珍

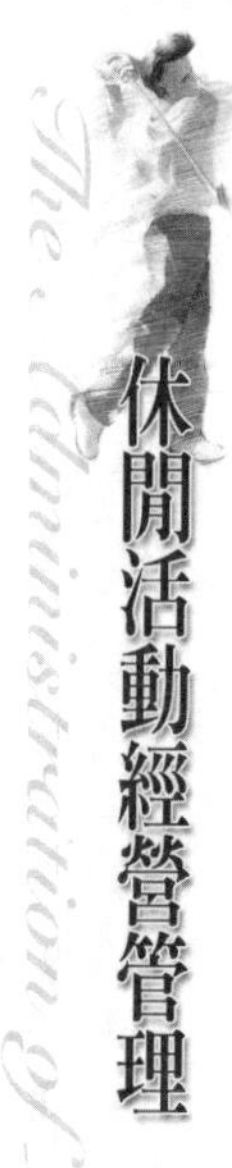

個案五　休閒產業經營診斷（以某休閒農業園區為例）

一、診斷緣由

依據2004年多元就業開發方案計畫管理勞務委託及諮詢輔導計畫之要點辦理。

二、診斷對象與摘要

1.組織名稱：南投縣○○產業促進會。

2.計畫名稱：重建區產業振興——○○休閒農業園區經營計畫。

3.計畫期間：2004年1月1日至2006年12月31日。

4.執行地區：南投縣。

5.核定人數：共五人（含專案經理人一人，工作人員十人）。

6.經營計畫摘要：本協會研擬本案計畫，以現有社區整體之景觀及休閒園區之設備，結合產業文化資源與自然景觀古蹟，整合社區轄內各景點業者與民間資源，建立營運機制，提供良好創業與就業之機會，組織產業策略聯盟，建立人力機制，培育訓練經營管理專業人才，以經營休閒農業為特色主題。帶動週休二日假期，國內旅遊休閒之風潮，提供產銷合作經營計畫，提供農村青年工作機會。本計畫提出策略聯盟組織架構及組織成員工作職掌分配，建立營運機制，擬定經營方法與策略，制定實施三年計畫，分成三階段執行方案，其第一階段為「產業整合發展推動計畫」，第二階段為「專業人才培育訓練計畫」，第三階段為「產業永續經營管理計畫」。分期以階段性完成目標，達成振興產業永續經營之目的。

7.診斷者與日期：諮詢輔導委員吳松齡，2004年8月23日。

三、診斷項目、內容與評分

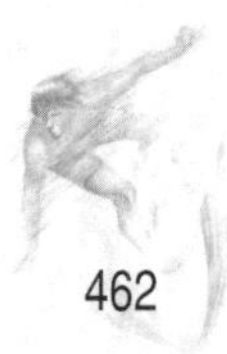

量化指標勾選說明／5：特優　4：優　3：良好　2：普通　1：待改進（單選）

組織面	
評鑑內容	團體精神　10　■5 □4 □3 □2 □1 占10%
參考要項	1.對於創立宗旨與使命的堅持。 2.部門劃分與組織結構明確。
優點及特色缺點與待改進事項	1.組織系統明確，運作正常，分層負責。 2.協進會運作均依協進會宗旨進行運作發展。 3.唯在組織運作過程上應可強化授權與不授權之觀念。
建議事項（敬請分項敘述）	1.對於勞委會的留人政策應抱持肯定態度，但是仍要能夠延續有關專業技能之深耕，也就是培植訓練活動要持續進行。 2.企業精神與企業文化應深植在協會的日常運作之中。 3.應嘗試人員輪調及建立激勵獎賞制度，以凝聚士氣與向心力。

組織面	
評鑑內容	社會福利　8　□5 ■4 □3 □2 □1 占5%
參考要項	1.社會福利回饋機制明確落實。
優點及特色缺點與待改進事項	1.培育人才（如：竹編、導覽、解說）可引介到他人產業就業。 2.吸引遊客入園及創造當地經濟繁榮。 3.唯在公益活動、獎助學生、援助弱勢戶方面應可思考納入經營管理系統之中。
建議事項（敬請分項敘述）	1.建構工藝行銷策略思維（因營運狀況已屬健康）。 2.建置鄰近產業逕行聯合行銷體系，並辦理獎助清寒學生就學，照顧弱勢戶與獨居老人……等活動，以提升協進會形象與社會回饋責任。 3.積極與境內農民建立策略聯盟關係，提供農民銷售管道，創造農業經濟發展。

組織面	
評鑑內容	領導統御　10　■5 □4 □3 □2 □1 占10%
參考要項	1.專案經理領導能力。 2.領導者對於整個組織的掌握度。
優點及特色缺點與待改進事項	1.專業經理人具有領導能力並已能掌握經營態勢。 2.各階層同仁的分層負責體制已能推動順暢。 3.唯「授權時不應將責任一併授出去」，乃是應該加以注意的原則。
建議事項（敬請分項敘述）	1.專業經理人的企業管理能力可再加強，可多參加各部門辦理的有關訓練活動，以培植實質經營管理能力。 2.建立稽核制度，隨時掌握進度達成狀況，當有異常時即予以矯正預防。 3.設置激勵獎賞與提案制度，提高管理績效。

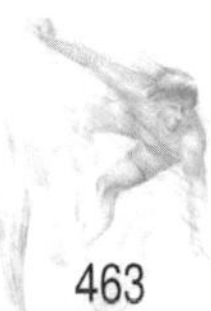

管理面	
評鑑內容	財務管理　8　□5 ■4 □3 □2 □1 占10%
參考要項	1.財務收支機制健全，帳目清楚。 2.收支盈餘對於組織營運的承載能力。 3.多管道的收入機制。
優點及特色缺點與待改進事項	1.帳目清楚，按時記載及查驗。 2.均照有關會計原則編製及執行。 3.惟財務分析與利益計劃能力不足。
建議事項（敬請分項敘述）	1.建立產品別時間別的財務分析體系，以了解各時間各產品的貢獻度，以利提供經營決策。 2.財務利益雖有呈現，惟如何利用財務收支到擴展經營業務項目，則應加以思考，並做規劃。 3.園區已具一定知名度與形象，應可建立產品季節別之創新經營思考，以季節別各種不同的商品／服務／活動之貢獻評核以為推動收入的擴展。

管理面	
評鑑內容	人資管理　9　■5 □4 □3 □2 □1 占10%
參考要項	1.舉辦定期人員技能培訓相關課程。 2.人事升遷、考核、薪資及招募完善。 3.人力開發、教育訓練、前程發展、勞資關係、離職管理與組織發展。 4.人力資源管理制度健全。
優點及特色缺點與待改進事項	1.依照計畫進行人員訓練及定位服務。 2.惟在人員的職業生涯規劃上有待加強（如：輪調與培養多功能專長……等）。 3.未有升遷與獎賞的制度建立。
建議事項（敬請分項敘述）	1.多運用既有人力做職位豐富化，以練就多功能的任職專長能力。 2.建立人力資源發展系統，使員工有目標、有理想、有方向。 3.建立激勵獎賞制度，激勵員工潛能之發揮。

管理面	
評鑑內容	行銷管理　10　■5 □4 □3 □2 □1 占10%
參考要項	1.開闢多點行銷通路。 2.品牌的管理與建立，是否有屬於組織的品牌，品牌知名度是否足夠。 3.行銷的策略面是否健全：定位與區隔、產品策略、價格策略、通路策略，及推廣策略。 4.特色產品開發。 5.形塑地點消費模式，成為地區性社區產業之潛力。 6.創新商品研發規劃。

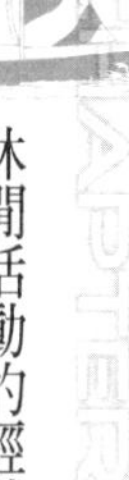

優點及特色缺點與待改進事項	1.場地建設具有指標性，停車場規劃完成，展示間預計下個月落成。 2.園區形象已有一定知名度，頗具吸引人潮的魅力。 3.惟網路行銷尚未導入，產品創新方面仍待加強
建議事項（敬請分項敘述）	1.設置園區網站，並定期維護更新。 2.設計故事行銷的話題與建置資料庫。 3.使用顧客滿意度調查與顧客關係管理手法，強化與顧客互動關係。 4.產品包裝與產品創新方面應持續進行。 5.建立多點銷售通路與展售寄賣機制。
管理面	
評鑑內容	資訊管理　3　□5 □4 ■3 □2 □1 占10%
參考要項	1.資訊科技產品的應用。 2.有足以支援使用高科技資訊產品的專業人員。
優點及特色缺點與待改進事項	1.資訊工具只限於文書處理、電子郵件收發、資料蒐集方面。 2.網站尚未設置也擔心沒有人才。 3.惟網站網路行銷乃現今的趨勢，不應受限於人才與經費而裹足不前。
建議事項（敬請分項敘述）	1.可運用鄰近大專院校與高中職資訊管理科系人才與學生資源，作為指導培育與養成協會的人才來源。 2.網站設置後要定期更新維護，以增加瀏覽人次。 3.產品上網品項選擇應多樣化，分月呈現，不宜發生一個式樣掛一年之窘境。
管理面	
評鑑內容	生產與作業管理　12　□5 ■4 □3 □2 □1 占15%
參考要項	1.生產流程建立 2.生產系統和作業管理 3.品質管理 4.作業與人員排程 5.專案的規劃與進度安排 6.產品品質穩定
優點及特色缺點與待改進事項	1.導覽解說人員的能力培養已告完成。 2.農民提供農特產品之品質管理要求相當嚴謹。 3.惟生產效率與服務品質效率應跳脫人員因素之影響，以穩定在一定水準以上的品質水準。
建議事項（敬請分項敘述）	1.生產作業方面應與農民簽訂契約，要求作業標準化。 2.建立目標計畫進度管制制度及作業稽核制度。 3.建置DIY竹編、竹筒套餐、生態解說、茶對話……等標準作業程序與作業標準書。

	執行面
評鑑內容	開發就業　5　■5 □4 □3 □2 □1 占5%
參考要項	1.創造在地就業能力 2.有永續發展之條件
優點及特色缺點與待改進事項	1.已連續三年辦理竹藝編織人才之培養訓練，共計培植有十五人，並均已投入於製作與營運銷售活動之中。 2.輔導民宿經營管理與農特產品營銷，創造當地人就業機會。 3.惟對於追求企業永續發展而言，除了硬體設備妥善之外，尚須具有扎實的文化做支撐，故不宜忽略服務品質與組織文化的培植。
建議事項（敬請分項敘述）	1.與農民簽訂供應合約，協助農民增加收入。 2.講究靈活的行銷策略，藉以促進營業績效並同時創造當地居民就業機會。 3.在當地村民共識下傳遞園區經營理念與組織文化，使鄰居均能以成為協會與園區的一員為榮，共同發展園區產業與該地區的地方產業。
	執行面
評鑑內容	執行績效　5　■5 □4 □3 □2 □1 占5%
參考要項	1.多元就業開發方案計劃執行管理能力。
優點及特色缺點與待改進事項	1.均依進度計畫執行有關業務活動。 2.上自理事長、總幹事、專案經理人以至於員工，均相當支持多元就業開發方案。 3.惟績效達成時應該要準備好構思再成長的持續發展行動方案。
建議事項（敬請分項敘述）	1.目標進度執行過程中，要定期查驗執行成效。 2.遇有異常或雖合格但未能突破再度成長時，應做要因分析與採取矯正預防措施，必須能夠及時改進有關缺失。 3.專案經理人宜養成具有異常改進的緊急應變能力。
	執行面
評鑑內容	發展潛力　5　■5 □4 □3 □2 □1 占5%
參考要項	1.地方產業發展特色，具有地域之特色。
優點及特色缺點與待改進事項	1.在地特色相當濃厚，乃是一個相當卓越的地方特色產業。 2.設施、場地與農民合作網絡相當不錯，其茶香竹韻特色頗具發展潛力。 3.惟與鄰近產業之差異特色有待再提升與創新。
建議事項（敬請分項敘述）	1.依照山魷魚之發展經驗，以引領更多產品做此類似創新開發產品之參考模式。 2.故事行銷與事件行銷、公益行銷、綠色行銷的導入。 3.結合政府資源擴展經營實力，奠定永續發展事業的能量。

<table>
<tr><td colspan="2">特色加分（請敘述特色事實）：10 ■5 □4 □3 □2 □1 占10%
1.具有茶香竹韻的地區特色，發展潛力雄厚。
2.理事長、總幹事與專案經理人均具有企業管理氣質、知識與企圖心。
3.場地設施良好妥適，具有一般事業經營魄力。
4.產品創新能力尚稱不錯，如：山魷魚的問世等。
5.服務人員向心力強，態度具有服務業架式。</td></tr>
<tr><td colspan="2">總評及建議：
1.事業經營理念明確、經營策略具有行動與規劃能力、場地設施及交通環境良好、經營手法符合事業經營精神、主事者具有創業家精神。
2.建議：
(1)網路行銷的建構應加速排除困難予以導入。
(2)結合民宿網、旅遊網及休閒觀光產業者做策略聯盟。
(3)跳脫地方產業固定模式，應以嶄新的行銷策略來進行（如：顧客資料庫行銷、主動拜訪機關團體與企業組織的福利委員會、主動辦理活動……等）。
(4)建立方針目標管理與激勵獎賞制度。
(5)拓展多點行銷與靈活行銷於各重要公部門主辦的活動現場。</td></tr>
<tr><td>總計100%</td><td>95</td></tr>
<tr><td>諮詢輔導委員</td><td>簽章：吳松齡
訪視日期：＿＿＿＿＿＿ 2004年8月23日</td></tr>
</table>

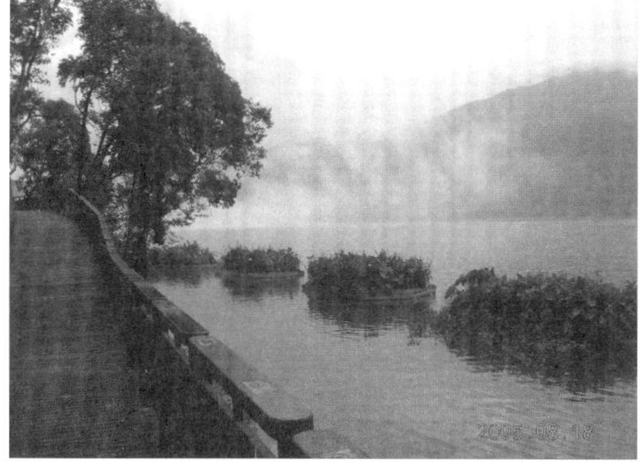

▲日月潭朦朧之美

日月潭舊稱水沙連，以 LALU島(原光華島)為界，南形如月弧，北形如日輪，故名日月潭，潭面景象萬千，為台灣的八景之一，其一景一物皆渾然天成，無論四季晨昏，都有不同的感受。日月潭位於南投縣魚池鄉，魚池鄉舊稱五城堡，後因魚池、東池兩村間有七個天然池並有日月潭的大片水域，池面蓮花盛開，魚戲蓮葉間，而取名為「魚池」。

照片來源：德菲管理顧問公司　許峰銘

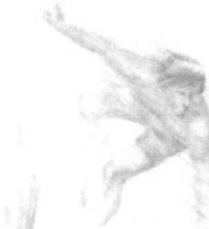

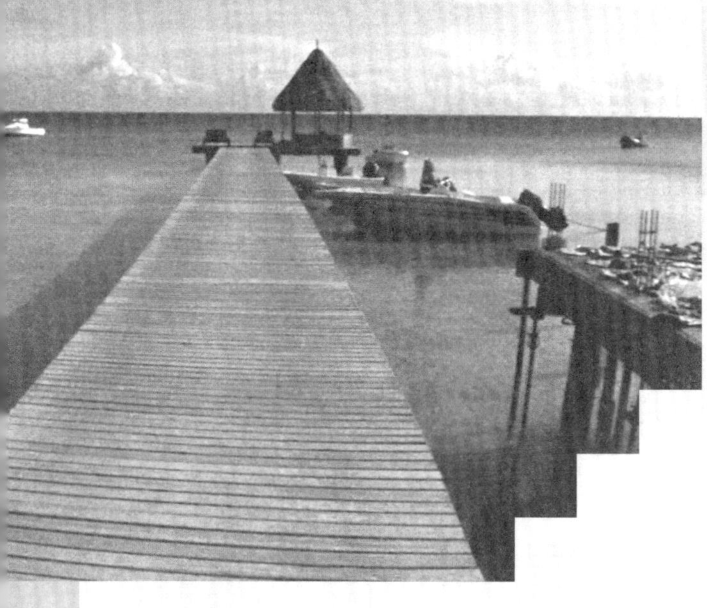

參考書目

一、中文部分

Charles W. L. Hill和Gareth R. Jones著，黃營杉譯（1999年）。《策略管理》（四版）。台北市：華泰文化事業公司。

Christopher R. Edginton等著，顏妙桂等譯（2002年）。《休閒活動規劃與管理》（一版）。台北市：美商麥格羅希爾國際公司台灣分公司。

Erich Joachimsthaler等著，高登第譯（2002年）。《品牌管理》（一版）。台北市：天下遠見出版公司。

Gareth R. Jones著，楊仁壽、俞慧芸、許碧芬譯（2002年）。《組織理論與管理》（一版）。台北市：台灣培生教育出版公司。

Henry R. Luce著，李芳齡譯（2003年）。《未來式領導人》（一版）。台北市：商智文化事業公司。

J. Paul Peter和Jerry C. Olson著，賴其勛譯（2001年）。《消費者行爲》（一版）。台中市：滄海書局。

J. Robert Rossman和Barbara Elwood Schlatter著，陳惠美、鄭佳昆、沈立等譯（2003年）。《休閒活動企劃—原理與構想發展》（一版）。台北市：品度股份有限公司。

Kevin Lane Keller著，吳克振譯（2001年）。《品牌管理》（一版）。台北市：華泰文化事業公司。

Paul E. Spector著，林財丁、賴建榮譯（1999年）。《工業與組織心理學》（一版）。台中市：滄海書局。

Ronald W. Hilton著，張進德、陳道青譯（2004年）。《管理會計精要》（一版）。台北市：美商麥格羅希爾國際公司台灣分公司。

S. Thomas Foster著，戴久永審訂（2002年）。《品質管理》（一版）。台北市：台灣培生教育出版公司。

Stanley R. Rich和David E. Gumpert著，林隆儀譯（1988年）。《經營計劃實務》（一版）。台北市：清華企業管理圖書中心。

Stephen George和Aronld Weimerskirch著，汝明麗譯（1995年）。《全面品質管理》（一版）。台北市：智勝文化事業公司。

Stephen J. Hoch、Howard C. Kunrcuther和Robert E. Gunther著，李紹廷譯（2004年）。《決策聖經》（一版）。台北市：城邦文化事業公司商周出版。

Stephen P. Robbins著，王秉鈞譯（1995年）。《管理學》（四版）。台北市：華泰書局。

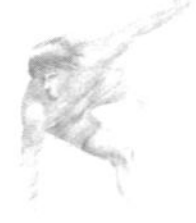

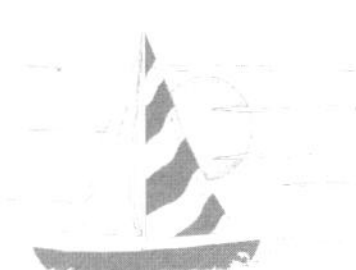

Stephen P. Robbins著，何文榮、黃君葆譯（1999年）。《今日管理》（二版）。台北市：新陸書局。

W. Chan Kim和Rence Mauborgne著，黃秀媛譯（2005年）。《藍海策略》（一版）。台北市：天下遠見出版公司。

Wright、Kroll和Parnell著，蔡碧鳳譯（1998年）。《策略管理》（一版）。台北市：台灣西書出版社。

石文典、陸劍清、宋繼文、陳菲（2002年）。《市場營銷心理學》（一版）。台北市：揚智文化事業公司。

名倉康修著，林耀川、黃南斗譯（1984年）。《管理者取勝之道》（一版）。台北市：中華企業管理發展中心。

吳克群、周昕（2003年）。《酒店會議經營》（一版）。台北市：揚智文化事業公司。

吳松齡（2002年）。《國際標準品質管理：理論與實務》（一版）。台中市：滄海書局。

吳松齡（2003年）。《休閒產業經營管理》（一版）。台北市：揚智文化事業公司。

吳松齡（2005年）。《創新管理》（一版）。台北市：五南圖書公司。

宋瑞、薛怡珍（2004年）。《生態旅遊的理論與實務》（一版）。台北縣：新文京開發出版公司。

李宗黎、林惠眞（2003年）。《管理會計學：理論與應用》（一版）。台北市：新陸書局。

李銘輝、郭建興（2000年）。《觀光遊憩資源規劃》（一版）。台北市：揚智文化事業公司。

周文賢、柯國慶（1994年）。《工程專案管理》（一版）。台北市：華泰書局。

林仁和（2001年）。《商業心理學》（一版）。台北市：揚智文化事業公司。

林志軍（2002年）。《管理會計》（一版）。台北市：五南圖書出版公司。

林炳滄（1995年）。《內部稽核理論與實務》（一版）。台北市：作者自行出版。

金樹人（1999年）。《生涯諮商與輔導》（一版）。台北市：台灣東華書局。

洪順慶（2003年）。《行銷學》（一版）。台北市：福懋出版社公司。

徐堅白（2002年）。《俱樂部的經營管理》（一版）。台北市：揚智文化事業公司。

國友隆一著，鐘永香、葉晨美譯（1987年）。《報告書》（一版）。台北市：遠流出版事業公司。

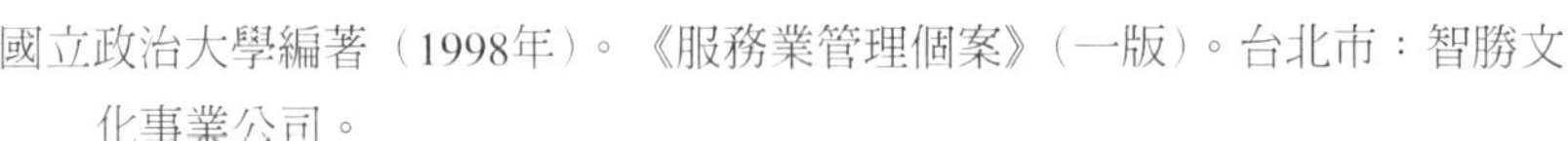
國立政治大學編著（1998年）。《服務業管理個案》（一版）。台北市：智勝文化事業公司。

張火燦（1997年）。《策略性人力資源管理》（一版）。台北市：揚智文化事業公司。

張宮熊、林鉦琴（2002年）。《休閒事業管理》（一版）。台北市：揚智文化事業公司。

逢甲大學建築與都市計劃研究所景觀研究室（1991年）。嘉義縣番路鄉龍頭休閒農業區規劃研究報告。行政院農委會委託。

陳嘉隆（2002年）。《旅行業經營與管理》（二版）。台北市：作者自行發行。

游文志（2000年）。《永續的海洋生態旅遊——尋找台灣賞鯨活動與鯨豚保育的平衡點》。台北市：財團法人牽成永續發展文教基金會獎學金研究論文。

程紹同等著（2004年）。《運動賽會管理：理論與實務》（一版）。台北市：揚智文化事業公司。

黃天中（1998年）。《生涯規劃概論》（二版）。台北市：桂冠圖書公司。

黃俊英（2002年）。《行銷學》（二版）。台北市：華泰文化事業公司。

黃鴻程（2003年）。《服務業經營》（一版）。台中市：滄海書局。

楊明賢（2002年）。《觀光學概論》（二版）。台北市：揚智文化事業公司。

經濟部商業司（1996年）。《大型購物中心——開發經營管理實務手冊》（一版）。台北市：財團法人中衛發展中心。

鈴木敏文口述，緒方知行編撰，劉錦秀譯（2005年）。《7-ELEVEn零售聖經》（一版）。台北市：英屬蓋曼群島商家庭傳媒公司城邦分公司。

劉平文（1993年）。《經營分析與企業診斷》（一版）。台北市：華泰書局。

蔣明晃（2001年）。《管理科學概論》（一版）。台北市：華泰文化事業公司。

鄭平吉（1991年）。《企業經營範典》（十一版）。台北市：投資與企業社。

鄭健雄（2002年）。《休閒與遊憩產業分析——Case Study》。台中縣：台中健康暨管理學院未出版講義。

謝其淼（1998年）。《主題遊樂園》（一版）。台北市：詹氏書局。

謝其淼（1999年）。《購物中心（Shopping Center）的經營管理》（一版）。台北市：詹氏書局。

謝森展（1987年）。《服務業指南——促銷服務的規劃與實施》（二版）。台北市：創意力文化事業公司。

二、英文部分

Albrecht, K. & Zemake, R. (1985). *Service, America*! Homewood, IL: DcwJames-Irwili.

Allen, L. R. & McGovern, T. D. (1997). BBM: lt's working. *Parks and Recreation, 32*(8), 48-55.

Beck-Ford, V. & Brown, R. (1984). *Leisure training and rehabilitation.* Springfield, IL: Charles C. Thomas.

Blamer, H.(1969). *Symbolic interactionism.* Englewood Cliffs, NJ: Prentice-Hall.

Brauer, D. G.(1980). Survival in the information era. *Parks and Recreation, 19*(5), 58-59.

Bullock, C.C. & Coffey, T.(1980). Triangulation as applied to the evaluative process. *Journal of Physical Education and Recreation, 51*(8), 50-52.

Carroll, A. B.(1979, October). A three-dimensional conceptual model of corporate performance. *Academy of Management Review,* p.499.

Chinn, K.A. & Jowiask, K. F. (1981). Leisure education and leisure counseling. *Therapeutic Recreation Journal, 15*(4), 4-7.

Clawson, M. & Knetsch, J. L.(1966). *Economics of outdoor recreation.* Baltimore: Johns Hopkins Press.

Connolly, M. L.(1977). Leisure counseling: A values clarification and asservive training approach. In A. Epperson, P. A. Witt, & G. Hitzhwsen (Eds.), *Leisure counseling.* Springfield, IL: Thomas.

Crompton, J. L.(1981, March). How to find the price that's right. *Parks & Recreation, March, 1981,* 32-40.

Crompton, J. L., Reid, I. S., & Uysal, M.(1987). Empirical identifaction of product life-cycle patterns in the delivery of municipal park and recreation services. *Journal of Park and Recreation Administration,* 5(1), 17-34.

DeGraaf, D. G. & DeGraaf, K.(1994). *U. S. Army Youth Services Training Guide: Planning and Supervising Camp Programs.*

Denzin, N. K.(1975). Play, games, and interaction: The contexts of childhood socialization. *The Sociological Quarterly, 16,* 458-478.

Denzin, N. K.(1978). *The research act*(2nd ed.). New York: McGraw-Hill.

Dyson, Freeman J. (1997). *Imagined World.* Commonwealth Publishing Co.

Edginton, C. R., Hansen, C. J., & Edginton, S. R.(1992). *Leisure programming: Concepts, trends, and professional practice.* Dubuque, IA: WCB Brown & Benchmark.

Edwards, P. B.(1977). *Leisure counseling techniques.* Los Angeles: University Publishers.

Eisentadt, S. N. & Curelarn, M.(1977). Macrosocialogy theory, analysis, and comparative studies. *Current Sociology, 25*(2), 44-47.

Farrell, P. & Lundergren, H. M. (1978). *The process of recreation programming.* New York: Wiley.

Farrell, P. & Lundergren H.M.(1991). *The process of recreation programming theory and technique*(3rd ed.). State College, PA: Venture Publishing.

Foster, K.(1990). *How to create newspaper ads.* Manhattan, KS: Learning Resources Network.

Gavin Barrett(2001). *Forensic marketing: Optimizing results from marketing communication.* McGraw-Hill Int'l Enterprise Inc.

Goffman, E.(1959). *The presentation of self in everyday life.* Garden City, NY: Doubleday.

Henderson, K. A. & Eialeschki, D.(1996). *Evaluating leisure services.* State College, PA: Venture.

Henderson, K. A.(1995). *Evaluating leisure services: Making enlightened decisions.* State College, PA: Venture.

Heyel, C.(1982). *The encyclopedia of management*(3rd ed.). New York: Van Nostrand Reinhold.

Howard, D. R. & Crompton, J. L.(1980). *Financing, managing, and marketing recreation and park resources.* Dubuque, IA: Wm. C. Brown.

Kelly, J. R.(1987). *Freedom to be: A new sociology of leisure.* New York: Macmillan.

Kelly, J. R.(1991). Commodification and consciousness: An initial study. *Leisure Studies, 10,* 7-18.

Kotler, P. & Kaluger, M. F.(1984). *Human development: The span of life*(3rd ed.). St. Louis: Times Mirror/Mosby College Publishing.

Kleiber, D., Caldwell, L., & Shaw, S.(1992, October). *Leisure meaning in adolescence.* Paper presented at the 1992 Symposium on Leisure Research, Cincinnati, OH.

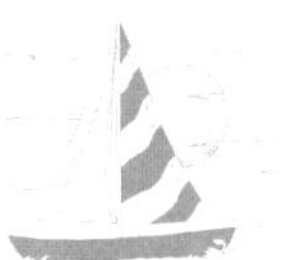

Kotler, P. & Andreasen, A. R.(1987). *Strategic marketing for nonprofit organization*(3rd ed.). Englewood Cliffs, NJ: Prentice-Hall.

Kotler, P. & Armstrong, G.(1990). *Marketing: An introduction*(3rd ed.). Englewood Cliffs, NJ: Prentice-Hall.

Lawler, E. E.(1996). *From the ground up: Six principles for creating the new logic corporation.* San Francisco: Jossey-Bass.

Lawler, E. E.(2000). *Rewarding excellence: Strategies for the new economy.* San Francisco: Jossey-Bass.

Little, S. L.(1973). Leisure program design and evaluation. *Journal of Physical Education, Recreation and Dance, 64*(8), 26-29, 33.

Martilla, J. A. & James, J. C.(1979) Importance-performance analysis. *Journal of Marketing, 41*(1), 77-79.

Mathis, R. L. & Jackson, J. H.(1982). *Personal: Contemporary perspectives and applications*(3rd ed.). St. Paul, NN: West.

Miller, W. C.(1988). Techniques for stimulating new ideas: A matter of fluency. IR. L. Kuhn(Ed.), *Handbook for creative innovative mangers.* New York: McGraw-Hill.

Murphy, J. & Howard, D.(1977). *Delivery of community leisure services: A holistic approach.* Philadelphia: Lea & Febiger.

Naisbett, J.(1994). *Global paradox.* New York: Morrow.

Navar, N.(1980). A rationale for leisure skill assessment with handicapped adults. *Therapeutic Recreation Journal, 14*(4), 21-28.

Osborne, D. & Gaebler, T. (1992). *Reinventing government.* New York: Addison Wesley.

Rossman, J. K.(1994). *Recreation programming: Designing leisure experience.* Champaign, IL: Sagamore.

Russell, R. V.(1982). *Planning programs in recreation.* St. Louis: C. V. Mosby.

Ryan, M. & Tankard, J. W., Jr.(1977). *Basic news reporting.* Palo Alto, CA: Mayfield.

Simon, Francoise & Kotler, Philip(2003). *Building global biobrands-taking biotechnology to market.* Commonwealth Publishing Co., Ltd.

Sklilly, J.(1992). Beyond the PC: Apple's promised land. *The New York Times,* 15 November.

Steward, W. P.(1996). Leisure as multiphase experiences: Challenging tradition.

Journal of Leisure Research, 30, 391-400.

Suchman, J. A.(1967). *Evaluation research.* New York: Russell Sage Foundation.

Tillman, A.(1973). *The program book for recreation professionals.* Palo Alto, CA: Mayfield.

Tinsley, H. E. A. & Kass, R. A.(1978). Leisure activities and need satisfaction: A replication extension. *Journal of Leisure Research, 10,* 191-202.

Trout, Jack & Rivkin, Steve (2000). *Differentiate or die.* John Wiley & Sons Inc.

Welch, Jack & Welch, Suzy (2002). *Winning.* Commonwealth publishing Co., Ltd.

Worthun, B. R. & Sanders, J. R.(1973). *Educational evaluation: Theory and practice.* Belmont, CA: Wadsworth.

休閒遊憩系列 4

休閒活動經營管理——發展執行與永續經營

作　　者／吳松齡
出 版 者／揚智文化事業股份有限公司
發 行 人／葉忠賢
總 編 輯／閻富萍
地　　址／台北縣深坑鄉北深路三段 260 號 8 樓
電　　話／(02)2664-7780
傳　　真／(02)2664-7633
E-mail ／service@ycrc.com.tw
郵撥帳號／19735365
户　　名／葉忠賢
印　　刷／鼎易印刷事業股份有限公司
ISBN ／978-957-818-815-0
初版一刷／2007 年 5 月
定　　價／新台幣 550 元

國家圖書館出版品預行編目資料

休閒活動經營管理：發展執行與永續經營=
The administration of leisure service / 吳松齡著.－初版.-- 臺北縣深坑鄉：揚智文化, 2007 [民 96]
面； 公分（休閒遊憩系列；4）
參考書目：面
ISBN 978-957-818-815-0(平裝)

1.休閒活動-管理 2.休閒業-管理

990 96006442